21世纪高等院校规划教材

单片机原理及应用

主　　编　杨恢先　黄辉先
副主编　欧青立　戴　永　何凤庭
参编人员（按姓氏笔画）
王仕果　王求真　尹艳群　李　卫
李玉声　李志斌　朱　江　张东波
宋　芳　肖登辉　冷爱莲　赵延明
范小春　谭乔来

湘潭大学出版社

前　言

以一个大规模集成电路为主组成的微型计算机——单片微型计算机(Single chip microcomputer),简称为单片机,又称为嵌入式微控制器(Embedded microcontroller)。它的诞生是计算机发展史上一个新的里程碑。

单片机由于具有功能强、体积小、可靠性好和价格便宜等优点,已成为传统工业技术改造和新产品研发与更新的理想机种,发展前景广阔。单片机技术的应用,使得许多领域的技术水平和自动化程度得以显著提高。可以说,当今世界正面临着一场以单片机技术为标志的新技术革命,人们渴望迅速走进单片机应用与开发的大门。编者特地结合自身的教学和科研实践编写了本书,奉献给广大读者。

本书的编写可以追溯到2003年,当时由国防科技大学出版社出版,后经较大修改后于2007年由人民邮电出版社出版。考虑到近年来串行外设在速度和精度上达到甚至超过同类并行接口芯片,而串行外设在占用I/O口线和抗干扰能力等方面比并行外设更具优势,因而近年来单片机应用系统越来越多地采用串行外设接口技术,同时考虑到工程技术人员一般采用C语言编写单片机应用系统程序,为此我们在2007年版的基础上再次做了较大修改后重新出版,期望能得到广大读者的认可。

全书共分9章,全面翔实地论述了MCS—51单片机的系统结构、系统资源、单片机应用系统的扩展原理和方法。全书结构紧凑、章节编排合理,有一定的先进性、系统性和实用性,文句力求简练、深入浅出和通俗易懂。第1章为单片机概述,简单介绍了单片机的发展过程及应用领域;第2章至第6章系统地介绍了MCS—51单片机的系统结构、指令系统与汇编语言程序设计、C51程序设计、内部硬件资源及基本应用、系统基本扩展技术;第7章介绍了串行外设接口技术;第8章简单介绍了单片机应用系统的基本设计方法;第9章简单介绍了与MCS—51单片机兼容的常用单片机。

本书由杨恢先、黄辉先担任主编,欧青立、戴永、何凤庭担任副主编。宋斌、翟云龙、蔡勇勇、吴美勇、周杰文、任昆、喻世东、李璇等整理了部分文字和插图,编写和调试了部分程序。本书在编写过程中得到了湘潭大学教务处、湘潭大学信息工程学院、湘潭大学材料与光电物理学院、湖南科技大学信息与电气工程学院领导的支持,在此表示感谢。

限于编者水平,书中错误和不妥之处在所难免,敬请读者批评指正。

编　者

2013年1月

目 录

第1章　单片微型计算机概述及预备知识

自1946年美国宾夕法尼亚大学研制了世界上第一台电子计算机ENIAC(Electronic Numerical Integrator and Computer)以来，计算机的发展经历了4个时代(电子管时代、晶体管时代、集成电路时代、大规模及超大规模集成电路时代)，现代的计算机都是大规模集成电路计算机，它们具有功能强、结构紧凑、系统可靠等特点，其发展趋势是巨型化、微型化、网络化及智能化。微型化是计算机发展的重要方向，把计算机的运算器、控制器、存储器、输入/输出(I/O)接口4个组成部分集成在一个硅片内，于是出现了以一个大规模集成电路为主组成的微型计算机——单片微型计算机(Single chip microcomputer)，简称单片机。由于单片机的重要应用领域为智能化电子产品，一般需嵌入仪器设备内，故又称嵌入式微控制器(Embedded microcontroller)。目前生产单片机的厂商很多，产品型号规格数不胜数，性能亦各具特色。本书以在我国应用较早、占有较大市场份额的Intel公司生产的MCS－51系列单片机为例来介绍单片机原理及应用。

1.1　单片机的发展历史和发展趋势

1.1.1　单片机发展历史

单片机的发展可以分为4个阶段：

第一阶段(1974～1976年)：单片机初级阶段。因工艺限制，此阶段的单片机采用双片的形式而且功能比较简单。例如，仙童公司生产的F8单片机，只包括了8位CPU(Central Processing Unit，称为中央处理器，由计算机的运算器和控制器组成，是计算机的核心)，64个字节的RAM(Random Access Memory，随机存取存储器)和两个并行口，需要加一块具有1 KB的ROM(Read Only Memory，只读存储器)、定时器/计数器和两个并行口的3851芯片才能组成一台完整的计算机。

第二阶段(1976～1978年)：低性能单片机阶段。此阶段的单片机已为一台完整的计算机，但内部资源不够丰富，以Intel公司生产的MCS－48系列为代表，片内集成了8位CPU、8位定时器/计数器、RAM和ROM等，但无串行口，中断系统也比较简单，片内RAM和ROM容量较小且寻址范围不大于4 KB。

第三阶段(1978～)：高性能单片机阶段。此阶段的单片机内部资源丰富，以Intel公司生产的MCS－51系列为代表，片内集成了8位CPU、16位定时器/计数器、串行I/O口、多级中断系统、RAM和ROM等，片内RAM和ROM容量加大，寻址范围可达64 KB。有的型号内部还带有A/D转换器。

第四阶段(1982～)：8位单片机的巩固发展及16位、32位单片机推出阶段。16位单片机以Intel公司生产的MCS－96系列为代表，在片内带有多通道A/D转换器和高速输入/

输出(HSI/HSO)部件,中断处理和实时处理能力很强。目前单片机的品种众多,其中性能优良的8位单片机在今后若干年内仍将是在工业检测、控制应用领域的主角。

1.1.2 单片机发展趋势

单片机的发展趋势是:向高性能化、大容量、微型化、外围电路内装化等方面发展。

1. CPU的改进

(1) 采用双CPU结构,以提高处理速度和处理能力。

(2) 增加数据总线宽度,以提高数据处理速度和能力。

(3) 采用流水线结构,指令以队列形式出现在CPU中,且具有很快的运算速度,尤其适合于作实时数字信号处理用。

(4) 串行总线结构。菲利浦公司开发了一种新型总线——IIC总线(Inter ICbus),该总线采用3条数据线代替现行的8位数据总线,从而大大地减少了单片机的引线,降低了单片机的成本,特别适用于电子仪器设备的微型化。

2. 存储器的发展

(1) 增大存储容量。新型单片机片内ROM一般为4～8 KB,有的甚至可达128 KB。片内存储器存储容量的增大有利于外围扩展电路的简化,从而提高产品的稳定性,降低产品的成本。

(2) 片内EPROM开始EEPROM化。片内EPROM由于需要高压编程写入、紫外线擦抹删除,存在诸多不便。采用可电改写的EEPROM后,不需要紫外线擦抹,只需重新写入。特别是能在+5 V下读写的EPROM,既有静态RAM读写操作简便的优点,又有在掉电时数据不会丢失这一ROM的优点。片内EEPROM的使用不仅会对单片机结构产生影响,而且会大大简化应用系统的组成结构,从而提高产品的稳定性,降低产品的成本。由于EEPROM中数据写入后能永久保持,因此有的单片机将它作为片内RAM使用,甚至有的单片机将EEPROM用作片内通用寄存器使用。

(3) 程序保密化。一般EPROM中的程序很容易被复制,为防止复制,某些公司开始采用KEPROM(Keyed access EPROM)编程写入,对片内EPROM或EEPROM采用加锁方式。加锁后,无法读出其中的程序,防止应用系统程序被抄袭。

3. 片内I/O的改进

一般单片机都有较多的并行口,以满足外围设备、芯片扩展的需要,并配有串行口,以满足多机通信等功能的要求。

(1) 提高并行口的驱动能力。这样可减少外围驱动芯片,有的单片机能直接输出大电流和高电压,以便能直接驱动LED和VFD(荧光显示器)等。

(2) 增加I/O口的逻辑控制功能。中高档单片机的位处理系统能够对I/O口线进行位寻址及位操作,加强了I/O口线控制的灵活性。

(3) 特殊的串行接口功能。为单片机构成网络系统提供更便利的条件。

4. 外围电路内装化

集成电路集成度的不断提高,有可能把众多的外围功能电路集成到单片机芯片内。除了一般必须具备的ROM、RAM、定时器/计数器、中断系统外,为适应检测、控制功能更高的要求,片内集成的部件还可有A/D转换器、D/A转换器、DMA控制器、中断控制器、锁相环、频率合成器、字符发生器、声音发生器、CRT 控制器、译码驱动器等。由于集成工艺在不断改进和提高，能集成于片内的外围电路也可以是大规模的，把所需的外围电路全部集成到单片机内，即系统的单片化是目前单片机发展的重要趋势。

5. 低功耗化

8 位单片机中有半数以上产品已 CMOS 化，CMOS 单片机具有功耗小的优点。为了充分发挥低功耗的特点，这类单片机普遍设置有空闲和掉电两种工作方式。如采用 CHMOS 工艺的 MCS－51 系列单片机 80C51BH/80C31/87C51 在正常运行时(5 V，12 MHz)，工作电流为 16 mA；同样条件下在空闲方式工作时，工作电流为 3.7 mA；而在掉电方式(2 V) 工作时，工作电流仅为 50 μA。

1.2　计算机的数制和码制及数制之间的转换

所谓数制是指数的形式，是人们利用符号计数的一种科学方法。数制是人类在长期的生存斗争和社会实践中逐步形成的，比如现代人数数用的 10 进制；时钟计时用的 12 进制；用于早期衡器计量的 16 进制等。用于计算机的常用数制有二进制、八进制、十进制和十六进制 4 种。二进制是当前一般计算机所用的物理数制形式，其他数制均通过二进制的数据结构表达。计算机都是以二进制形式进行算术运算和逻辑操作的，因此，用户在键盘上输入的十进制数字和符号命令，计算机都必须先把它们转换成二进制形式进行识别、运算和处理，然后再把运算或处理的结果还原成十进制数字和符号供显示或打印。为此必须事先为这些数字、符号等进行二进制编码，当然所需编码的数字、符号等越多，编码的二进制数字位数也越长。

1.2.1　计算机的数制

进位计数制的特征可概括如下：

• 有一个固定的基数 r，数的每一位只能取大于等于 0，小于 r 的数字，即符号集是{0，1，2，…，$r-1$}；

• 逢 r 进位，它的第 i 个数位对应于一个固定的值 r^i，r^i 称为该位的“权”。小数点左边各位的权是基数 r 的正次幂，依次为 0，1，2，…，m 次幂，小数点右边各位的权是基数 r 的负次幂，依次为 -1，-2，…，$-n$ 次幂。r 进制数在计数过程中，当它的某位计满 r 时就要向它临近的高位进 1。

一般用( )$_r$ 表示括号内的数为 r 进制数。将 r 进制数按权展开，表达式为：

$$a_m \times r^m + a_{m-1} \times r^{m-1} + \cdots + a_1 \times r^1 + a_0 \times r^0 + a_{-1} \times r^{-1} + a_{-2} \times r^{-2} + \cdots + a_{-n} \times r^{-n}$$

$$= \sum_{i=-n}^{m} a_i \times r^i$$

由此看来我们可以用任意数制来表示数，但因长期以来形成的习惯和计算处理的方便，一般只用二进制、八进制、十进制和十六进制 4 种数制来表示数。

1. 十进制数

十进制数的基数 $r=10$，逢十进位，符号集为{0，1，2，3，4，5，6，7，8，9}，其权为：…，10^2，10^1，10^0，10^{-1}，10^{-2}，…。对于十进制数，因人们已经习惯，一般不用括号和基数的方式来表示，如十进制数$(123.456)_{10}$就写成 123.456。有时也用 D(Decimal)表示。

例 1—1 $(123.45)_{10}=123.45=123.45D=1\times10^2+2\times10^1+3\times10^0+4\times10^{-1}+5\times10^{-2}$

2. 二进制数

二进制数的基数 $r=2$，符号集为{0,1}，其权为：…，2^2，2^1，2^0，2^{-1}，2^{-2}，…，常用 B(Binary)表示。

例 1—2 $(1011.011)_2=1011.011B=1\times2^3+0\times2^2+1\times2^1+1\times2^0+0\times2^{-1}+1\times2^{-2}+1\times2^{-3}$

3. 八进制数

八进制数的基数 $r=8$，其符号集为{0,1,2,3,4,5,6,7}，其权为：…，8^2，8^1，8^0，8^{-1}，8^{-2}，…，常用 O(Octadic)表示。

例 1—3 $(7016.235)_8=7016.235O=7\times8^3+0\times8^2+1\times8^1+6\times8^0+2\times8^{-1}+3\times8^{-2}+5\times8^{-3}$

4. 十六进制数

十六进制数的基数 r＝16，符号集为{0,1,2,3,4,5,6,7,8,9,A,B,C,D,E,F}，其权为：…，16^2，16^1，16^0，16^{-1}，16^{-2}，…。常用 H(Hexadecimal)表示。

例 1—4 $(12AB.F9)_8=12AB.F9H=1\times16^3+2\times16^2+10\times16^1+11\times16^0+15\times16^{-1}+9\times16^{-2}$

二进制、八进制、十进制和十六进制之间的数码对照表如表 1—1 所示。

表 1—1 十进制、二进制、八进制和十六进制之间的数码对照表

整数				小数			
十进制	二进制	八进制	十六进制	十进制	二进制	八进制	十六进制
0	0000B	00O	0H	0	0B	0O	0H
1	0001B	01O	1H	0.5	0.1B	0.4O	0.8H
2	0010B	02O	2H	0.25	0.01B	0.2O	0.4H
3	0011B	03O	3H	0.125	0.001B	0.1O	0.2H
4	0100B	04O	4H	0.0625	0.0001B	0.04O	0.1H
5	0101B	05O	5H	0.03125	0.00001B	0.02O	0.08H
6	0110B	06O	6H	0.015625	0.000001B	0.01O	0.04H
7	0111B	07O	7H	…	…	…	…
8	1000B	10O	8H				
9	1001B	11O	9H				
10	1010B	12O	AH				
11	1011B	13O	BH				
12	1100B	14O	CH				
13	1101B	15O	DH				
14	1110B	16O	EH				
15	1111B	17O	FH				

1.2.2 计算机的码制

在日常生活中，编码问题是经常会遇到的。例如，电话号码、房间编号、学号等，这些编码问题的共同特点是采用十进制数字来编码的。而计算机只能识别 0 和 1 两种符号，但计算机处理的信息却有多种形式，例如：数字、文字符号和命令、图形等。要表示这么多各种各样的信息并且能识别它们，就必须对这些信息进行编码。即上述各种信息只有按特定的规则用二进制编码后才能在计算机中表示和识别。

下面介绍几种计算机中常用的编码。

1. BCD 码

BCD(Binary Coded Decimal)码为用二进制表示的十进制数。BCD 码是为了满足人们利用计算机来进行十进制计数，同时又为能满足计算机处理信息需要二进制编码的需要，从而设计的一种编码。因为任何十进制数都是 0～9 这 10 个数字的组合，这样必须对十进制的 0～9 这 10 个数字符号进行二进制编码，即 BCD 码具有二进制和十进制两种数制编码的某些特征。

(1) 8421BCD 码

BCD 码用四位二进制码来表示 0～9 的十进制数。一般采用 8421 方式编码，即组成的四位二进制数码的权分别为 8、4、2、1，编码 0～9 这十个数字的 8421 BCD 码的编码表如表 1—2 所示。

表 1—2　8421 BCD 码编码表

十进制数	8421 BCD 码	十进制数	8421 BCD 码
0	0000B	8	1000B
1	0001B	9	1001B
2	0010B	10	00010000B
3	0011B	11	00010001B
4	0100B	12	00010010B
5	0101B	13	00010011B
6	0110B	14	00010100B
7	0111B	15	00010101B

用四位二进制数字来完全编码则共有 16 种组合，但 BCD 码只用了其中 0000B～1001B 的基本代码系统，而 1010B～1111B 则未被使用，这部分在 8421 BCD 码中称为非法码或冗余码。10 以上的所有十进制数至少需要二位 BCD 码。因此，BCD 码数是由 BCD 码构成的，是以二进制形式出现的，每一位十进制数是用四位二进制数表示，当四位二进制数满 10，则向高位 BCD 码进位，即实现逢十进一，它不是一个真正的二进制数，因为二进制数是逢二进位的。例如：十进制数 45 的 BCD 码形式为 01000101B(即 45H)，而它的等值二进制数为 00101101B(即 2DH)。

BCD 码具有转换方便，容易阅读的优点，但也具有位长较用纯二进制表示的十进制数更长的缺点，导致电路复杂性增加，运算速度也慢一些。

需要指出的是用二进制编码表示十进制数的编码方式并不是只有 8421 编码一种，只是 8421 编码比较直观和符合人们的习惯。另外还有 2421、5211、余 3 码等编码方式，因 2421、5211 编码表示的十进制数不唯一，而余 3 码编码不太符合编码习惯，所以一般采用 8421 编码方式。

(2) BCD码加减法运算

所谓BCD码加法运算是指两个BCD码数按“逢十进位”原则进行加法运算，其和也是一个BCD码数。但因计算机只能进行二进制数加法运算，进位是“逢十六进位”，这样当两个BCD码数进行加法运算时在两个BCD码之间也只能按“逢十六进位”的原则进行，即不可能满足BCD码数按“逢十进位”原则进行加法运算的规则。因此，计算机在进行BCD码加法运算时，必须对因采用二进制加法的原则进行运算的结果进行调整，使两个紧邻的BCD码数之间真正能够做到“逢十进位”。

在进行BCD码数加法运算过程中，计算机对因采用二进制数加法运算原则的运算结果进行调整的原则是：若和的低4位大于9或低4位向高4位有进位，则低4位需加6调整；若和的高4位大于9或高4位向最高位有进位，则高4位需加6调整。在第3章将会学到这种调整的过程是通过特定的指令(DA A)由微处理器内部的十进制调整电路自动完成的。两个BCD码运算调整结果的具体示例将在第3章介绍十进制调整指令(DA A)时讨论。

同样，对于两个BCD码数进行减法运算时，因相同的原因也要进行十进制调整。在进行BCD码数减法运算过程中，计算机对因采用二进制数减法运算原则的运算结果进行调整的原则是：若差的低4位大于9或低4位向高4位有借位，则低4位需减6调整；若差的高4位大于9或高4位向最高位有借位，则高4位需减6调整。

2. ASCII码(字母数字代码)

计算机不仅要处理数字信息，而且还要处理大量字母、字母数字和符号信息，为此需要对这些信息进行二进制编码，以供计算机识别、存储和处理。

ASCII码(American Standard Code for Information Interchange)，即美国信息交换标准码。ASCII码为一种8位代码，但采用7位代码编码(一般其最高位为0)，故共可为128个字符编码。其中96个为图形字符，32个为控制字符。96个图形字符中包括十进制数字符0～9共10个、大小写英文字母52个及其他字符34个，这96个字符都可以在CRT上显示、通过打印机在打印纸上打印，其编码可以存储、传送和处理。32个控制字符包括回车符、换行符、退格符、设备控制符和信息分隔符等，这类字符没有特定形状，其编码可以存储、传送和起某种控制作用，但这些字符本身是不能在CRT上显示和通过打印机在打印纸上打印的。

ASCII码编码表见附录D。

我国于1980年制订了“信息处理交换用的7位编码字符集”，即国家标准GB1988－80。其中除了用人民币符号￥代替美元符号＄外，其余代码和含义都与ASCII码相同。

1.2.3 各数制间的转换

计算机是采用二进制数操作的，但人们已习惯了使用十进制数，这就要求常用的几种不同数制之间能够相互转换。

1. r 进制数↔十进制数

(1) r 进制数→十进制数

将 r 进制数转换成十进制数只要将 r 进制数中出现非0的位按权展开相加即可。例如：

$$11010.01B = 1\times2^4 + 1\times2^3 + 1\times2^1 + 1\times2^{-2} = 26.25$$

又例如：

$$3FEA.1CH = 3\times16^3 + 15\times16^2 + 14\times16^1 + 10\times16^0 + 1\times16^{-1} + 12\times16^{-2} = 16362.109375$$

(2) 十进制数→r 进制数

一个十进制数可以分成两个部分，即整数部分和小数部分。将其转换成 r 进制数需对整数部分和小数部分分开来转换，然后再合并起来。

对十进制整数部分转换成 r 进制数的方法一般是将十进制数整数部分依次除以所需要转换进制数的基数(r)，并记录余数就能够转换成 r 进制的数。例如：为了将十进制数的整数部分转换成相应的二进制数，只要把十进制数的整数部分依次除以 2 并记下每次所得的余数(这种情况下余数总是为 1 或 0)，所得的余数按规则排列起来即为相应的二进制数的整数部分，这种方法称为余数法。

例 1－5　试求出十进制数 215 的二进制数。

解：以下采用余数法来求转换的结果。

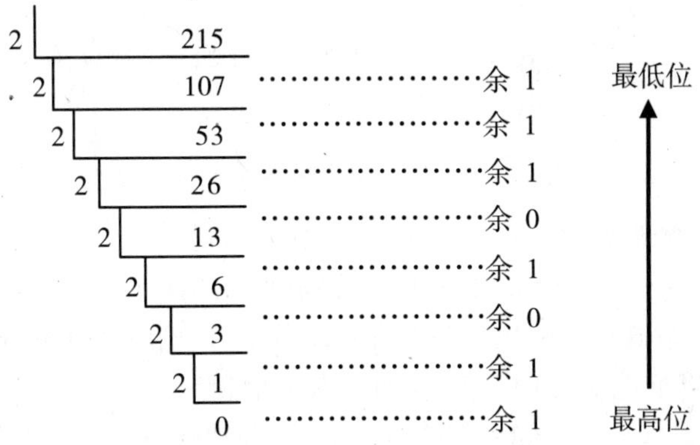

把所得的余数按箭头方向从高到低排列起来便可得到：

215D＝11010111B

例 1－6　试求出十进制数 125 的十六进制数。

解：以下采用余数法来求转换的结果。

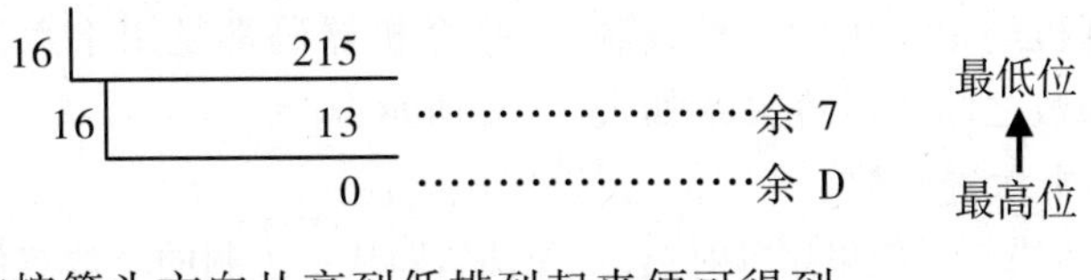

把所得的余数按箭头方向从高到低排列起来便可得到：

215D＝0D7H

注意：十六进制数的最高位如果大于等于 10，则在其前面添 0。

对十进制小数部分转换成 r 进制数的方法一般是将十进制数小数部分依次乘以所需要转换进制数的基数(r)，并记录溢出数(即整数部分)就能够转换成 r 进制的数。例如：为了将十进制数的小数部分转换成相应的二进制数，只要把十进制数的小数部分依次乘以 2 并记下每次所得的整数(这种情况下整数总是为 1 或 0)，所得的整数按规则排列起来即为相应的二进制数。这种方法称为取整法。

例 1－7　试把十进制小数 0.3125 转换为二进制小数。

解：以下采用取整法来求转换的结果。

```
  0.3125
×      2
————————
  0.625   ……… 取得整数为 0      最高位
×      2                           │
————————                           │
  1.250   ……… 取得整数为 1        │
  0.250                            │
×      2                           │
————————                           │
  0.500   ……… 取得整数为 0        │
×      2                           ↓
————————
  1.000   ……… 取得整数为 1      最低位
```

把所得的整数按箭头方向从高到低排列起来便可得到：

$$0.3125D = 0.0101B$$

例 1－8 试把十进制小数 0.3125 转换为八进制小数。

```
  0.3125
×      8
————————
  2.500   ……… 取得整数为 2      最高位
  0.500                            │
×      8                           ↓
————————
  4.000   ……… 取得整数为 4      最低位
```

把所得的整数按箭头方向从高到低排列起来便可得到：

$$0.3125D = 0.24O = 0.5H$$

如果一个十进制数既存在整数部分又存在小数部分，则将两部分分别转换后合并即可。

例 1－9 试求出十进制数 215.3125 的十六进制数。

解：将十进制整数部分 215 和小数部分 0.3125 分别转换成十六进制数后得：

$$215.3125 = 0D7.5H$$

应当指出：任何十进制整数都可以精确转换成一个二进制整数，但十进制小数却不一定可以精确转换成一个二进制小数。

2. 十六进制数↔二进制数

十六进制是计算机经常使用的一种数制，如指令机器码都是用十六进制表示的。部分十进制数和十六进制数之间的对应关系如表 1－1 所示。

(1) 二进制数→十六进制数

二进制转换成十六进制一般采用"四位合一位法"，即从二进制的小数点位置开始，左右两边每四位一组，不足四位以 0 补足，然后分别把每组用十六进制数码表示，并按序相连即可。

例 1－10 试将二进制数 1101111100011.100101B 转换为十六进制数。

解： **000**1101111100011.100101**00**

则得

$$1101111100011.100101B = 1BE3.94H$$

(2) 十六进制数→二进制数

将十六进制数的每位分别用四位二进制数码表示，然后把它们连成一体。

例 1－11　试将十六进制数 3AB.7A5H 转换为二进制数。

解：

3	A	B	. 7	A	5
0011	1010	1011	0111	1010	0101

则得

$$3AB.7A5H=1110101011.011110100101B$$

1.3　计算机中数的表示方法

1.3.1　真值和机器数

一个数是由符号和数值两部分组成的。例如：

$$N_1 = +1001010(+74)$$
$$N_2 = -1001010(-74)$$

在计算机中数的符号也是用二进制码表示的，一般正数的符号用"0"表示，负数的符号用"1"表示。例如：

$$N_1 = 01001010(+74)$$
$$N_2 = 11001010(-74)$$

一个数在机器中的表示形式称为机器数，而把这个数本身称为真值。

1.3.2　带符号数的表示方法

在机器数表示方法中，用"0"表示正，用"1"表示负。这种表示数的方法，称为带符号数的表示方法。在机器中的一般表示形式为：

D_{n-1}	D_{n-2}　D_{n-3} ⋯　D_0
符号位	数值部分

机器数最高位为符号位，其余的 $(n-1)$ 位为数值部分。例如：11001010B 有符号数为－74。

1.3.3　无符号数的表示方法

无符号数没有符号位，机器的全部有效位都用来表示数的大小。无符号数在机器中的一般形式为：

D_{n-1}　D_{n-2}　D_{n-3} ⋯　D_0
数值部分

例如：11001010B 无符号数为 202。

1.3.4　数的定点和浮点表示

十进制数 485.23 也可以表示为 0.48523×10^3，还可表示为 0.048523×10^4，而在计算机内也有类似的两种数的表示方法，那就是定点数和浮点数。

1. 定点表示法

计算机内的定点数格式为：

符号位	.数值部分

或

符号位	数值部分.

小数点固定在数值部分的最高位之前或最低位之后。

2. 浮点表示法

浮点表示法即指小数点的位置是不固定的，而是浮动的。例如：$N_1 = 2^1 \times 0.1011$ 和 $N_2 = 2^3 \times 0.1011$，这两个数的有效数字相同，但小数点位置不一样。对于任何一个二进制数 N 都可以表示为：

$$N = \pm m \times 2^{\pm e}$$

其中，$m \geqslant 0$ 称为 N 的尾数；m 前面的符号称为数符；e 称为 N 的阶码，为非负整数，其前面的符号称为阶符（阶码和阶符决定 N 的小数点位置）。

计算机内浮点数格式为：

阶符	阶码	数符	尾数

由于一个数的浮点表示不是唯一的，为了使数据的有效位数最大，并使运算的精度尽可能高，计算机的浮点数采用规格化浮点数表示。规格化浮点数定义如下：

若 $N = \pm m \times 2^{\pm e}$，则

$$\frac{1}{2} \leqslant m < 1$$

1.3.5 原码、补码和反码

原码、补码和反码都是带符号数在机器中的表示方法。在介绍这 3 种编码方法之前，先介绍模的概念和性质。

我们把一个计量器的容量，称为模或模数，记为 M 或 mod M。例如：一个 n 位二进制计数器，它的容量为 2^n，所以它的模为 2^n（即可表示 2^n 个不同的数）；又如：时钟可表示 12 个钟点，它的模为 12。

模具有这样的性质，当模为 2^n 时，2^n 和 0 的表示形式是相同的。例如：一个 n 位二进制计数器，可以从 0 计数到 2^{n-1}，如果再加 1，计数器就变成了零。所以，2^n 和 0 在 n 位计数器中的表示形式是一样的。同样，时钟的 0 点和 12 点在钟表上的表示形式是相同的。

1. 原码

前面介绍的带符号数在机器中的表示方法，实际上就是原码表示法。原码表示方法是最简单的一种表示方法，只要把真值的符号部分用 0 或 1 表示即可。例如：

$$N_1 = +1001010$$
$$N_2 = -1001010$$

其原码记为：

$$[N_1]_{原} = 01001010$$
$$[N_2]_{原} = 11001010$$

由上述原码的表示形式，可将原码定义为：

$$[X]_{原} = \begin{cases} 2^n + X, & 0 \leqslant X < 2^{n-1} \\ 2^{n-1} + X, & -2^{n-1} < X \leqslant 0 \end{cases}$$

其中,X 为真值的 $(n-1)$ 位绝对值,n 为机器可表示的二进制码位数。

在原码表示中,"0" 有两种表示形式(机器 0):

$$[+0]_{原} = \underbrace{00\cdots0}_{n个“0”} \quad (\text{mod } 2^n)$$

$$[-0]_{原} = 1\underbrace{00\cdots0}_{n个“0”} \quad (\text{mod } 2^n)$$

2. 补码

我们首先介绍同余的概念,然后从同余概念导出补码的概念,进而给出补码的定义和性质。

如果有两个整数 a 和 b,当用某一个正整数 M 去除所得余数相等时,则称 a 和 b 对模数 M 是同余的。

当 a 和 b 对 M 同余时,就称 a 和 b 在以 M 为模数时是相等的,记为:

$$a = b(\text{mod}M)$$

例如:$a = 16$,$b = 4$,若模为 12,则 16 和 4 在以 12 为模时是同余的:

$$16 = 4\ (\text{mod}12)$$

事实上 16 点和 4 点在以 12 为模的钟表上指示是一样的。

由同余的概念可以得出:

$$M + a = a \quad (\text{mod } M)$$

$$2M + a = a \quad (\text{mod } M)$$

因此,当 a 为负数时,如 $a = -3$,在以 10 为模时,有

$$10 + (-3) = -3 \quad (\text{mod } 10)$$

$$12 + (-3) = -3 \quad (\text{mod } 12)$$

钟表上的 9 点可以看成为到 12 点缺 3 个小时。

这样,以 10 为模时,负数(−3)可以转化成正数(+7)了。这时我们说,当以 10 为模时,"−3" 的补码为"7",同理,"−2" 的补码为"8"。

在计算机中,可以表示的二进制码位数是一定的,如果是 n 位,那么它的模是 2^n,2^n 和 0 在机器中的表示形式是完全一样的。以 2^n 为模也称为以 2 为模。

如果 n 位二进制码的最高位表示符号位,则补码的表示形式为:

- $X = +X_{n-2}X_{n-3}\cdots X_1X_0$ 时:

$$[X]_{补} = 2^n + X = 0\ X_{n-2}X_{n-3}\cdots X_1X_0 \quad (\text{mod } 2^n)$$

- $X = -X_{n-2}X_{n-3}\cdots X_1X_0$ 时:

$$[X]_{补} = 2^n + X = 2^n + 2^{n-1} - X_{n-2}X_{n-3}\cdots X_1X_0$$

$$= 1\ \overline{X}_{n-2}\overline{X}_{n-3}\cdots \overline{X}_1\overline{X}_0 + 1 \quad (\text{mod } 2^n)$$

综上所述,X 的补码可定义为:

$$[X]_{补} = 2^n + X$$

当 X 为正数时 $[X]_{补}$ 与 X 的区别只是符号位用零代替,当 X 为负数时,从 2^n 中减去 X 的绝对值,即负数的补码可以通过对原码(除符号位外),各位求反后加"1"求得。

特殊地，当 X 为纯小数，即 $X=\pm 0.X_{-1}X_{-2}\cdots X_{-n-1}$ 时，补码可表示为：

$$[X]_{补}=\begin{cases}X, & 1>X\geqslant 0\\ 2+X, & 0>X\geqslant 1\end{cases}$$

补码具有下列性质：

$$[X+Y]_{补}=[X]_{补}+[Y]_{补}$$

$$[X-Y]_{补}=[X]_{补}+[-Y]_{补}$$

请读者根据补码的定义加以证明。

3. *反码*

在补码表示法中已提到负数的补码可以通过对原码(除符号位外)，各位求反后加“1”得到，如果只求反不加1，就得到另一种机器数的表示方法——反码表示法。因此，反码定义如下：

$$[X]_{反}=\begin{cases}2^n+X, & 0\leqslant X<2^{n-1}\\ (2^n-1+X), & -2^{n-1}<X\leqslant 0\end{cases}$$

从定义可看出，X 为正数时 $[X]_{反}$ 与 X 的差别只是用零代替符号位。X 为负数时，用“1”代替符号位，其他各位求反。

1.4 微型计算机的二进制数运算

在微型计算机中，经常碰到的运算分为两类：一类是算术运算；另一类是逻辑运算，算术运算包括加、减、乘、除，逻辑运算有逻辑乘、逻辑加、逻辑非和逻辑异或等。现分别加以介绍。

1.4.1 算术运算

1. *加法运算*

二进制加法法则为：

0+0=0； 1+0=0+1=1；

1+1=10(向邻近高位有进位)； 1+1+1=11(向邻近高位有进位)

两个二进制数的加法过程和十进制加法过程类似，现举例加以说明。

例1－12 设有两个8位二进制数 $X=10110110B$，$Y=11011001B$，试求出 $X+Y$ 的值。

解：$X+Y$ 可写成如下竖式：

被加数 X 10110110B

加数 Y 11011001B

和 $X+Y$ 110001111B

$\therefore X+Y=10110110B+11011001B=110001111B$

两个二进制数相加时要注意低位的进位，两个8位二进位数的和最大不会超过9位。

2. *减法运算*

二进制减法法则为：

0－0＝0； 1－1＝0； 1－0＝1； 0－1＝1(向邻近位借1当做2)

两个二进制数的减法运算的过程和十进制减法的类似，现举例进行说明。

例 1—13　设两个 8 位二进制数 $X = 10010111B$，$Y = 11011001B$，试求 $X - Y$ 之值。

解：由于 $Y > X$，故有 $X - Y = -(Y - X)$，相应竖式为：

被减数 Y	11011001B
减数　X	10010111B
差数 $Y - X$	01000010B

$\therefore X - Y = -01000010B$

两个二进制数相减时先要判断它们的大小，把大数作为被减数，小数作为减数，差的符号由两数关系决定。此外，在减法过程中还要注意低位向高位借 1 应看作 2。

3. 乘法运算

二进制乘法法则为：

$$1\times0 = 0\times1 = 0;\quad 1\times1 = 1$$

两个二进制数相乘与两个十进制数相类似，可以用乘数的每一位分别去乘被乘数，所得结果的最低位与相应乘数位对齐，最后把所有结果总加起来，便得到积，这些中间结果又称部分积。

例 1—14　设两个 4 位二进制数 $X = 1101B$ 和 $Y = 1011B$，试用手工算法求出 $X \times Y$ 的值。

解：二进制乘法运算竖式为：

```
被乘数          1101B
  乘数     ×    1011B
------------------------
                1101
               1101
              0000
           +1101
------------------------
乘积       10001111B
```

$\therefore X \cdot Y = 1101B \times 1011B = 10001111B$

4. 除法运算

除法是乘法的逆运算。与十进制类似，二进制除法也是从被除数最高位开始，查找出够减除数的位数，并在其最高位处上商 1 和完成它对除数的减法运算，然后把被除数的下一位移到余数位置上。若余数不够减除数，则上商 0，并把被除数的再下一位移到余数位置上。若余数够减除数，则上商 1，余数减除数。这样反复进行，直到全部被除数的各位都下移到余数位置上为止。

例 1—15　设 $X = 10101011B$，$Y = 110B$，试求 $X \div Y$ 之值。

解：$X + Y$ 的竖式是：

```
         11100
110 )10101011
      110
     ------
      1001
       110
     ------
        110
        110
     ------
         11
```

$\therefore X \div Y = 10101011B \div 110B = 11100B$　…余 11B

在微型计算机中，二进制除法和上述手工算法类似。进行除法时，先让被除数左移一位，然后从移出的高位或余数中减去除数。若够减，则上商1，并从中减去除数。若不够减，则上商0。如此重复上述过程，一直进行到被除数全部从被除数寄存器中左移出为止。

1.4.2 逻辑运算

计算机处理数据时常常要用到逻辑运算。逻辑运算是由专门的逻辑电路完成的。下面介绍几种常用的逻辑运算。

1. 逻辑乘运算

逻辑乘又称逻辑与，常用“∧”运算符表示，逻辑乘运算法则为：

$$0\wedge 0=0;\quad 1\wedge 0=0\wedge 1=0;\quad 1\wedge 1=1$$

两个二进制数进行逻辑乘，其运算方法类似于二进制算术运算。

例1—16 已知 $X=01100110B$，$Y=11110000B$，试求 $X\wedge Y$ 的值。

解：$X\wedge Y$ 的运算竖式为：

$$\begin{array}{r} 01100110 \\ \wedge\ 11110000 \\ \hline 01100000 \end{array}$$

$\therefore X\wedge Y=01100000B$

2. 逻辑加运算

逻辑加又称逻辑或，常用算符“∨”表示，逻辑加的运算规则为：

$$0\vee 0=0;\quad 1\vee 0=0\vee 1=1;\quad 1\vee 1=1$$

例1—17 已知 $X=01100110B$，$Y=11110000B$，试求 $X\vee Y$ 的值。

解：$X\vee Y$ 的运算竖式为：

$$\begin{array}{r} 01100110 \\ \vee\ 11110000 \\ \hline 11110110 \end{array}$$

$\therefore X\vee Y=11110110B$

3. 逻辑非运算

逻辑非运算又称逻辑取反，常采用“—”运算符表示。运算规则为：

$$\overline{0}=1;\quad \overline{1}=0$$

例1—18 已知 $X=11000011B$，试求 $\overline{X}$ 的值。

解：$\because X=11000011B$，　$\therefore \overline{X}=00111100B$

4. 逻辑异或

逻辑异或又称半加，是不考虑进位的加法，常用⊕算符表示。逻辑异或的运算规则为：

$$0\oplus 0=1\oplus 1=0;\quad 1\oplus 0=0\oplus 1=1$$

例1—19 已知 $X=10110110B$，$Y=11110000B$，试求 $X\oplus Y$ 的值。

解：$X\oplus Y$ 的运算竖式为：

$$\begin{array}{r} 10110110 \\ \oplus\ 11110000 \\ \hline 01000110 \end{array}$$

$\therefore X\oplus Y=10110110B\oplus 11110000B=01000110B$

1.5　常用的单片机产品

目前生产单片机的厂商主要有 Intel 公司、Motorola 公司、Philips 公司、ATMEL 公司、WinBond 公司、Microchip 公司、AMD 公司、Zilog 公司等，产品型号规格众多，性能各具特色。Intel 公司单片机产品进入我国市场较早，在我国机电控制、智能仪器领域的应用占有较大的市场份额，尤其是其 MCS－51 系列产品应用十分广泛，是我国广大单片机开发与应用技术人员非常熟悉的品种，至今以及今后的若干年内都是应用的重要产品之一。表 1－3 给出了 Intel 公司 51 系列单片机典型产品。

表 1－3　Intel 公司 51 系列单片机典型产品

型号	ROM/EPROM（字节）	RAM（字节）	时钟速度（MHz）	I/O 线	定时器/计数器	串行口	中断源	PCA 通道	A/D 通道	SEP	GSC	DMA 通道	保密位	省电方式
8031AH	—	128	12	32	2	1	5	0	0	0	0	0	—	—
8051AH	4 K	128	12	32	2	1	5	0	0	0	0	0	0	—
8751BH	4 K	128	12	32	2	1	5	0	0	0	0	0	2	—
8032AH	—	256	12	32	3	1	6	0	0	0	0	0	—	—
8052AH	8 K	256	12	32	3	1	6	0	0	0	0	0	0	—
8752BH	8 K	256	12	32	3	1	6	0	0	0	0	0	2	—
80C31BH	—	128	12,16	32	2	1	5	0	0	0	0	0	—	√
80C51BH	4 K	128	12,16	32	2	1	5	0	0	0	0	0	0	√
87C51	4 K	128	12～24	32	2	1	5	0	0	0	0	0	3	√
80C32	—	256	12～24	32	3	1	6	0	0	0	0	0	—	√
80C52	8 K	256	12～24	32	3	1	6	0	0	0	0	0	1	√
87C52	8 K	256	12～24	32	3	1	6	0	0	0	0	0	3	√
80C54	16 K	256	12～24	32	3	1	6	0	0	0	0	0	1	√
87C54	16 K	256	12～24	32	3	1	6	0	0	0	0	0	3	√
87C58	32 K	256	12～24	32	3	1	6	0	0	0	0	0	3	√
80C51GB	—	256	12,16	48	3	1	15	10	8	1	0	0	—	√
87C51GB	8 K	256	12,16	48	3	1	15	10	8	1	0	0	3	√

MCS－96 是 Ietel 公司推出的一种 16 位的高档次单片机，具有 16 位 CPU，在 I/O 口、中断源以及 A/D 等方面都比 MCS－51 有很大的增强，另外增加了高速输入/输出（HSI/HSO），看门狗（Watchdog）等功能，特别是其 CPU 采用多累加器结构，解决了 MCS－51 单片机单累加器编程的瓶颈问题，编程十分方便。典型产品有 80C196 等。

1.6 单片机的应用与选择

1.6.1 单片机特点

综合来看，单片机具有如下明显的特点：

(1) 小巧灵活、成本低、易于产品化 能利用它方便地组装成各种智能式测控设备及各种智能仪器仪表。很容易满足仪器设备既智能化又微型化的要求。

(2) 可靠性高、适用的温度范围宽 单片机芯片一般是按工业测控环境要求设计的，能适应各种恶劣的环境，这一特点是其他机种无法比拟的。

(3) 易扩展、控制功能强 通过单片机本身或扩展可以方便地构成各种规模的应用系统及多机和分布式计算机控制系统。

(4) 指令系统相对简单，较易掌握 指令中有较丰富的逻辑控制功能指令，能较方便地直接操作外部输入输出设备。

1.6.2 单片机应用领域

目前单片机的应用已深入到国民经济的各个领域，对各个行业的技术改造和产品的更新换代起重要的推动作用。由单片机的特点决定了单片机的主要应用领域——智能仪器仪表、机电一体化、实时控制、民用电子产品及国防工业等方面。

1. 单片机在智能仪表中的应用

单片机广泛地应用于实验室、交通运输工具、计量等各种仪器仪表之中，使仪器仪表智能化，提高它们的测量精度，加强其功能，简化仪器仪表的结构，便于使用、维护和改进。例如：电度表校验仪，电阻、电容、电感测量仪，船舶航行状态记录仪，烟叶水分测试器，智能超声波测厚仪等。单片机在该领域的应用，不仅使传统的仪器仪表发生根本的变革，也给传统的仪器仪表行业的改造带来了曙光和美好的前景。

2. 单片机在机电一体化中的应用

机电一体化是机械工业发展的重要方向。机电一体化产品是指集机械技术，微电子技术、自动化技术和计算机技术于一体，具有智能化特征的机电产品。例如：微机控制的铣床、车床、钻床、磨床等等。单片机的出现促进了机电一体化的进程，它作为机电产品中的控制器，能充分发挥它的体积小、可靠性高、控制功能强、安装方便等优点，大大提升了机器的功能，提高了机器的自动化、智能化程度。

3. 单片机在实时控制中的应用

单片机也可广泛地应用于各种实时控制系统中，如对工业上各种窑炉的温度、酸度、化学成分的测量和控制。将测量技术、自动控制技术和单片机技术相结合，充分发挥数据处理和实时控制功能，使系统工作于最佳状态，提高系统的生产效率和产品的质量。在航空航天、通信、遥控、遥测、工业机器人控制等各种实时控制和实时数据采集系统中都可以用单片机作为控制器。

4. 在军工领域的应用

利用单片机的可靠性高、适用的温度范围宽，能适应各种恶劣的环境的特点可广泛应用于导弹控制、鱼雷制导控制、智能武器装备、航天飞机导航系统等领域。

5. 单片机在分布式多机系统中的应用

利用单片机可以构成分布式测控系统，系统中有若干台由单片机组成的功能各异的仪器设备，它们通过通信相互联系，各自完成特定的任务，协调完成整个任务，能同时采集或处理的信息更多，使单片机的应用进入了一种新水平。

6. 在民用电子产品中的应用

单片机在民用电子产品中的应用，能明显提高产品的性能价格比，提高产品在市场上的竞争力，受到产品开发商和用户的双重青睐。目前较高档些的家用电器、电子玩具等几乎都是由单片机来作为控制器。

习 题

1. 简述单片机的发展历史和趋势。

2. 列出 MCS—51 的几种常用产品型号，说明其程序存储器以及数据存储器的差异。

3. 如何选用单片机的应用产品作为应用系统的微控制器？

4. 画出 MCS—51 最小系统与扩展系统的基本结构。

5. 简述 MCS—51 的主要应用领域和应用途径。

6. 把下列十进制数转换为二进制数和十六进制数。

① 135；② 127；③ 256；④ 45.0625；⑤ 112.66；⑥ 265.965。

7. 把下列二进制数转换为十进制数和十六进制数。

① 111010110B；② 1100110111B；③ 0.1011B；④ 1011.1101B；⑤ 1110001111.11011B。

8. 把下列十六进制数转换为十进制数和二进制数。

① 0AAH；② 23BH；③ 9AE.2DH；④ 128.56H；⑤ ABC.EFH。

9. 写出下列各十进制数的原码、补码和反码。

① 28；② 68；③ −28；④ −68；⑤ −126。

10. 写出两二进制数 $X=11001011B$，$Y=01110101B$ 的与、或、异或结果。

11. 写出下列各数的 BCD 码。

① 128；② 68；③ 345；④ 257.87。

第 2 章　MCS－51 系列单片机硬件结构

Intel 公司 20 世纪 80 年代初推出 MCS－51 系列单片机以后，世界上许多著名的半导体厂商相继生产与这个系列兼容的单片机，使产品型号不断增加、品种不断丰富、功能不断增强。从系统结构上看，所有的 51 系列单片机都是以 Intel 公司最早的典型产品 8051 为核心、增删了一定的功能部件后构成的。本章以 8051 为主阐述 MCS－51 系列单片机的系统结构、工作原理和应用中的一些技术问题。

2.1　逻辑结构及信号引脚

2.1.1　MCS－51 单片机的结构框图

到目前为止，绝大多数计算机的体系结构仍采用冯·诺依曼体系结构，即一台计算机是由运算器、控制器、存储器、输入设备、输出设备 5 个基本部分组成。和普通微型计算机不同的是，在单片机中把那些作为控制应用所必需的部件，如 CPU、存储器、并行输入/输出口电路、串行通信口电路、中断和定时器电路等都集成在一个芯片上。8051 单片机基本结构框图如图 2－1 所示。

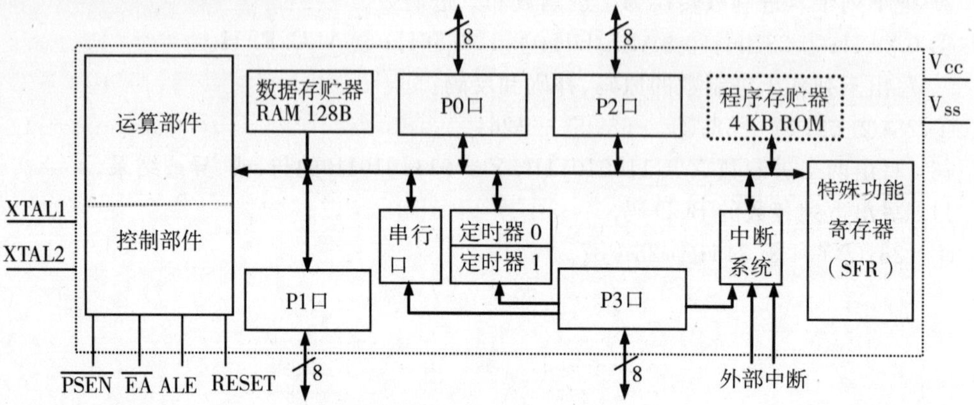

图 2-1　8051 单片机基本结构框图

MCS－51 单片机的内部结构按功能可划分为 8 个组成部分：运算部件、控制部件、数据存储器、程序存储器、特殊功能寄存器(SFR)、I/O 口、定时器/计数器、中断系统。它们是通过片内单一总线连接起来的。为了进一步阐明各部分的功能及其关联，图 2－2 给出了 8051 单片机内部更详细的逻辑结构图。现对各组成部分的情况介绍如下：

1. 中央处理单元(CPU)

按其功能来划分，中央处理单元包括运算器和控制器两大部分，它是单片机的核心，完成运算和控制操作。

（1）运算器

运算器是单片机的运算部件，用于实现算术和逻辑运算。它由图 2－2 中的 ALU（算术逻辑单元）、ACC（累加器）、B 寄存器、程序状态字（PSW）和两个暂存寄存器等组成。

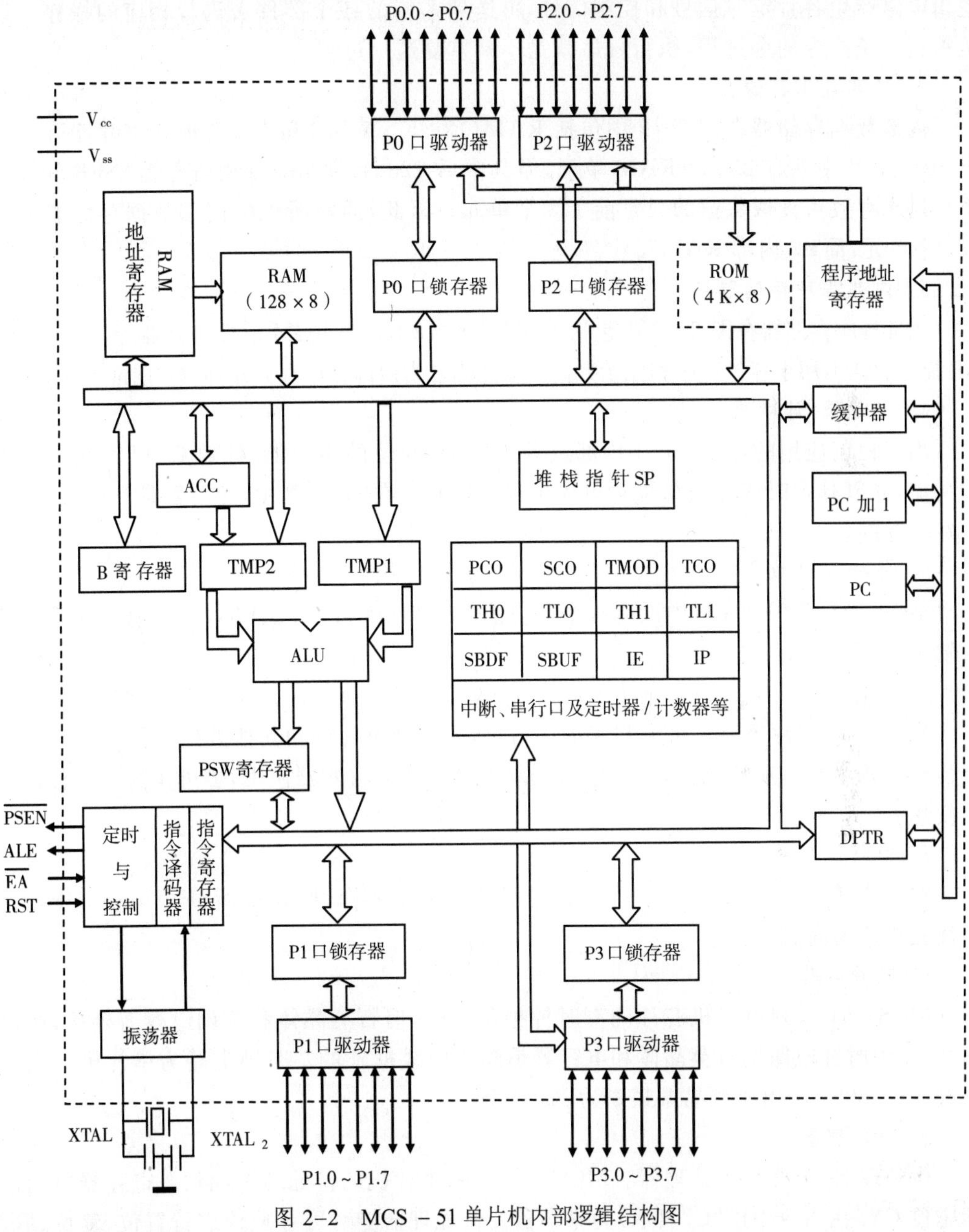

图 2－2　MCS－51 单片机内部逻辑结构图

运算器以 ALU 为核心，基本的算术运算和逻辑运算均在其中进行，包括加、减、乘、除、增量、减量、十进制调整、比较等算术运算，与、或、异或等逻辑运算，左、右移位和半字节交换等操作。运算和操作结果的状态由状态寄存器保存。

（2）控制器

控制器是单片机的指挥控制部件，它保证单片机各部分能自动而协调地工作。图 2－2

中的 PC(程序计数器)、PC 加 1 寄存器、指令寄存器、指令译码器、定时与控制电路等均属于控制器。单片机执行指令是在控制器的控制下进行的。首先从程序存储器中读出指令，送指令寄存器保存，然后送指令译码器进行译码，译码结果送定时控制逻辑电路，由定时控制逻辑电路产生各种定时信号和控制信号，再送到系统的各个部件去进行相应的操作。这就是执行一条指令的全过程，执行程序就是不断重复这一过程。

2. 内部数据存储器

内部数据存储器在图 2－2 中包括 RAM(128 K×8 bit)和 RAM 地址寄存器等。实际上 8051 芯片中共有 256 个 RAM 单元，但其中后 128 个单元被专用寄存器(SFR)占用，供用户用来存放可读取数据的只是前 128 个单元。因此，通常所说的内部数据存储器是指前 128 个单元，简称“内部 RAM”。

3. 内部程序存储器

内部程序存储器在图 2－2 中包括 ROM(4 K×8 bit)和 ROM 地址寄存器等。8051 内有 4 KB 掩膜 ROM，用于存放程序和原始数据。因此称之为内部程序存储器，简称“内部 ROM”。

4. 定时器/计数器

出于控制应用的需要，8051 内部设置了两个 16 位的定时器/计数器，以实现定时或计数功能，并以其定时或计数结果对单片机进行控制。在图 2－2 中，定时器是和中断、串行口画在一起的。

5. 并行 I/O 口

MCS－51 系列单片机内设有 4 个 8 位的 I/O 口(P0、P1、P2、P3)，以实现数据的并行输入输出。

6. 串行口

MCS－51 单片机有一个全双工的串行口，以实现单片机和其他数据设备之间的串行数据传送。该串行口功能较强，既可作为全双工异步通信收发器使用，也可作为同步移位寄存器使用。

7. 中断控制系统

8051 共有 5 个中断源，即 2 个外部中断、2 个定时器/计数器中断、1 个串行口中断。中断优先级分为高、低两级。

8. 时钟电路

MCS－51 系列单片机芯片内有时钟振荡电路，但石英晶体和微调电容需外接，所以在图 2－2 中时钟电路用石英晶体和电容器是画在虚线框外的。时钟电路为单片机产生时钟脉冲序列，8051 所用典型晶振频率为 12 MHz。

9. 位处理器

位处理器，也称布尔处理器。MCS－51 系列单片机的位处理器以状态寄存器中的进位标志位 CY(在指令中用“C”表示)为累加器。位处理器能对可寻址位进行置位、复位、取反、等于“0”转移、等于“1”转移且清“0”的操作，同时可寻址位与 C 之间可进行传送、逻辑与、逻辑或等位操作。位处理操作也是通过运算器实现的，但在图 2－2 中没有具体画出。

必须指出，虽然图中没有把位处理器具体画出，但位处理器是单片机的重要组成部分，因为它是单片机实现控制功能的保证。有关位处理器的问题在第 3 章的“位处理指令”部分中还要介绍。

10. 总线

上述这些部件都是通过总线连接起来以后，才能构成一个完整的单片机系统。总线在图 2—2 中以带箭头的空心线表示，系统的地址信号、数据信号和控制信号都是通过总线传送的。总线结构减少了单片机的连线和引脚，提高了集成度和可靠性。

从上述内容可以看出，虽然 MCS—51 单片机只是一块芯片，但“麻雀虽小，却五脏俱全”，作为计算机系统应该具有的基本部件在单片机芯片中几乎都包括，因此，实际上它已经是一个简单的微型计算机系统了，应当按计算机系统的概念来理解单片机。

2.1.2　MCS—51 单片机的外部引脚

制造工艺为 HMOS 的系列单片机都采用 40 条引脚的双列直插式封装（DIP），引脚排列如图 2—3a 所示，40 条引脚按功能可分为 3 部分。

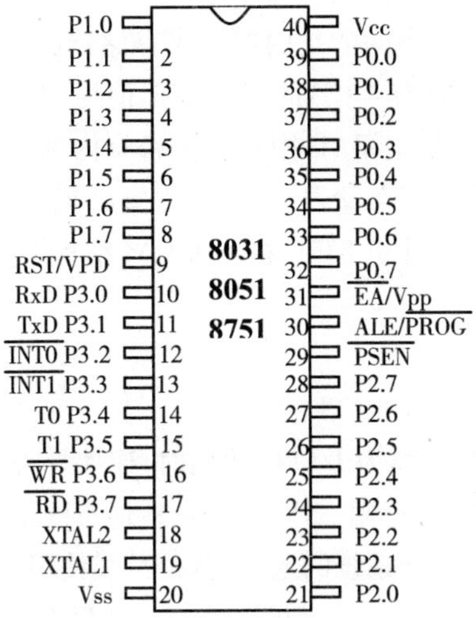

图 2-3a　MCS-51 引脚图

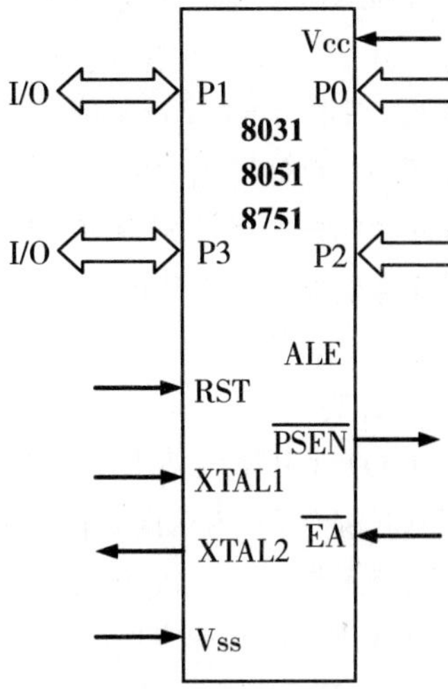

图 2-3b　逻辑符号

1. 电源及时钟引脚

此部分引脚包括电源引脚 Vcc、Vss 及时钟引脚 XTAL1、XTAL2。

电源引脚接入单片机的工作电源。

Vcc（40 脚）：接＋5 V 电源；

Vss（20 脚）：接地。

时钟引脚（18、19 脚）外接晶体时与片内的反相放大器构成一个振荡器，它提供单片机的时钟控制信号。时钟引脚也可外接晶体振荡器。

XTAL1（19 脚）：接外部晶体的一个引脚。在单片机内部，它是一个反相放大器的输入端。当采用外接晶体振荡器时，此引脚应接地。

XTAL 2（18 脚）：接外部晶体的另一端，在单片机内部接至反相放大器的输出端。若采用外部振荡器时，该引脚接收振荡器的信号，即把此信号直接接到内部时钟发生器的输入端。

2. 控制引脚

它包括 RESET（即 RST）、ALE、$\overline{PSEN}$、$\overline{EA}$等。此类引脚提供控制信号，有些引脚具有复用功能。

(1) RST/VPD(9 脚):当振荡器运行时,在此引脚加上两个机器周期以上的高电平将使单片机复位(RST)。复位后应使此引脚电平为≤0.5 V 的低电平,以保证单片机正常工作。掉电期间,此引脚可接备用电源(VPD),以保持内部 RAM 中的数据不丢失。当 Vcc 下降到低于规定值,而 VPD 在其规定的电压范围内(5±0.5 V)时,VPD 就向内部 RAM 提供备用电源。

(2) ALE/PROG(30 脚):当单片机访问外部存储器时,ALE(地址锁存允许)输出脉冲的下降沿用于锁存 16 位地址的低 8 位。即使不访问外部存储器,ALE 端仍有周期性正脉冲输出,其频率为振荡器频率的 1/6。但是,每当访问外部数据存储器时,在两个机器周期中 ALE 只出现一次,即丢失一个 ALE 脉冲。ALE 端可以驱动 8 个 TTL 负载。对于片内具有 EPROM 型的单片机 8751,在 EPROM 编程期间,此引脚用于输入编程脉冲 PROG。

(3) $\overline{\text{PSEN}}$(29 脚):此输出为单片机访问外部程序存储器的读选通信号。在从外部程序存储器取指令(或常数)期间,每个机器周期$\overline{\text{PSEN}}$两次有效。但在此期间,每当访问外部数据存储器时,这两次有效的$\overline{\text{PSEN}}$信号将不出现。$\overline{\text{PSEN}}$同样可以驱动 8 个 TTL 负载。

(4) $\overline{\text{EA}}$/Vpp(31 脚):当$\overline{\text{EA}}$端保持高电平时,单片机访问的是内部程序存储器(对 8051、8751 来说),但当 PC(程序计数器)值超过某值(如 8751 内部含有 4 KB 的 EPROM,值为 0FFFH)时,将自动转向执行外部程序存储器内的程序。当$\overline{\text{EA}}$端保持低电平时,则不管是否有内部程序存储器而只访问外部程序存储器。对 8031 来说,因其无内部程序存储器,所以该引脚必须接地,即此时只能访问外部程序存储器。对于片内有 EPROM 型的单片机 8751,在 EPROM 编程期间,此引脚用于施加编程电源 Vpp。

3. 输入/输出引脚

输入/输出(I/O)口引脚包括 P0 口、P1 口、P2 口和 P3 口。

(1) P0 口(P0.0~P0.7):为双向 8 位三态 I/O 口,当作为 I/O 口使用时,连接外部 I/O 设备由于输出的驱动电路工作于开漏状态,因此需要外接上拉电阻。P0 口还是地址总线低 8 位及数据总线分时复用口,可驱动 8 个 TTL 负载。通常作为扩展系统的地址/数据总线使用。

(2) P1 口(P1.0~P1.7):为 8 位准双向 I/O 口,它的每一位都可以分别定义为输入线或输出线(作为输入时,口锁存器必须置 1),可驱动 4 个 TTL 负载。

(3) P2 口(P2.0~P2.7):为 8 位准双向 I/O 口,当作为 I/O 口使用时,可直接连接外部 I/O 设备。它是与地址总线高 8 位复用,可驱动 4 个 TTL 负载。一般作为扩展时地址总线的高 8 位使用。

(4) P3 口(P3.0~P3.7):为 8 位准双向 I/O 口,是双功能复用口,可驱动 4 个 TTL 负载。

2.2 时钟电路与时序

时钟电路是单片机的心脏,它用于产生单片机工作所需要的时钟信号。可以说单片机本身就是一个复杂的同步时序电路,为了保证同步工作方式的实现,电路应在统一的时钟信号控制下严格地按时序进行工作。而时序所研究的则是指令执行中各信号之间的相互时间关系。

2.2.1 时钟电路

单片机的时钟产生方法有内部时钟方式和外部时钟方式两种,大多数单片机应用系统采用内部时钟方式。

1. 内部时钟方式

MCS－51 片内有一个高增益反相放大器，XTAL1、XTAL2 引脚分别为该反相放大器的输入端和输出端，在芯片的外部通过这两个引脚跨接石英晶体振荡器和微调电容，形成反馈电路，就构成了一个稳定的自激振荡器，如图 2－4 所示。

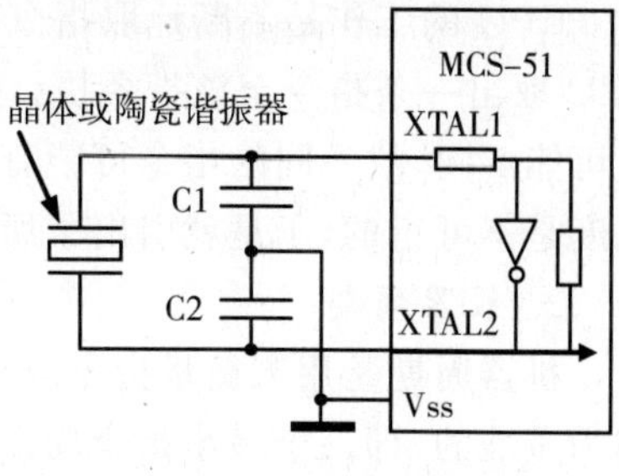

图2-4 内部时钟方式的时钟电路

图 2－4 中的石英晶体在对时钟频率要求不高的情况下，也可用电感或陶瓷谐振器代替。电路中的电容 C1、C2 值对振荡频率输出的频率值、稳定性及振荡电路起振速度有少许影响，C1、C2 可在 20～100 pF 之间选择，一般当外接晶体时典型取值为 30 pF，外接陶瓷谐振器时典型取值为 47 pF，取 60～70 pF 时振荡器有较高的频率稳定性。无论是 HMOS 还是 CHMOS 型单片机，其并联谐振回路及其参数相同。MCS－51 单片机允许的晶体振荡频率可以在 1.2～12 MHz 之间选择。晶体振荡频率高，则系统的时钟频率也高，单片机运行速度也就快。但反过来运行速度快对存储器的速度要求就高，对印刷电路板的工艺要求也高(线间寄生电容要小)。MCS－51 单片机在通常情况下，使用 6 MHz 的石英晶体，而 12 MHz 主要是在高速串行通信的情况下使用。随着技术的发展，单片机的时钟频率也在提高，现在 8 位高速单片机芯片的最高使用频率已达 40 MHz。

应该指出：振荡电路产生的振荡脉冲并不直接为系统所用，而是经过二分频后才作为系统时钟信号(在时序分析中常称为状态，用 Si 表示)，时钟信号再三分频产生 ALE 信号，而时钟信号再六分频得到机器周期信号。

2. 外部时钟方式

外部时钟方式是利用外部振荡信号源直接接入 XTAL1 或 XTAL2。由于 HMOS 和 CHMOS 单片机内部时钟进入的引脚不同，其外部振荡信号源接入的方式也不同，CHMOS 型单片机由 XTAL1 进入，HMOS 型单片机由 XTAL2 进入，因而有两种不同的外部时钟信号源接入方法。图 2－5 为 HMOS 型单片机的外部振荡信号源的接入方法，由于 XTAL2 端的逻辑电平不是 TTL 电平，故外接一个 4.7～10 kΩ的上拉电阻。一般当整个单片机系统已有时钟源或者为了取得时钟上的同步时，可以考虑使用此方式。

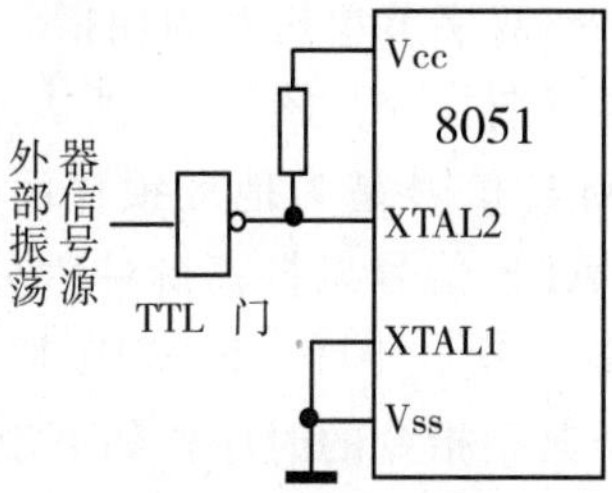

图2-5 HMOS型单片机的外部脉冲源接入方法

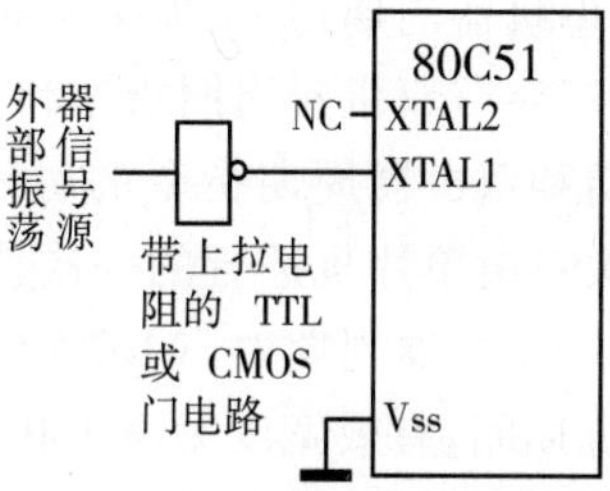

图2-6 CHMOS型单片机的外部脉冲源接入方法

CHMOS 型单片机采用外部时钟方式时，接入方式与 HMOS 型不同：①外部振荡信号源接 XTAL1，不接 XTAL2；②CMOS 芯片可在软件的控制下使振荡器停振，芯片处于失电保持状态。图 2－6 为 CHMOS 型单片机的外部振荡信号源的接入方法。对外部振荡信号的占空比没有什么要求，但要求外部振荡信号高电平持续时间和低电平持续时间均应大于 20 μs。

2.2.2 指令周期、机器周期、节拍和状态

1. 指令周期

CPU 的工作是不断地取指令和执行指令，以完成数据的处理、传送和输入/输出操作。CPU 取出一条指令至该指令执行完所需的时间称为指令周期，因不同的指令执行所需的时间可能不同，故不同的指令可能有不同的指令周期。显然，直接用指令周期来衡量指令执行速度是不可行的，于是就引出了所谓机器周期。

2. 机器周期

机器周期是用来衡量指令或程序执行速度的最小单位。它的确定原则是以最小指令周期为基准的，即一个最小指令周期为一个机器周期。这样，一条较长执行时间的指令就有可能包含几个机器周期。例如：MCS－51 单片机的指令系统中就有一机器周期、两机器周期和四机器周期的指令。

单片机执行指令是在时钟电路的控制下一步一步进行的，人们通常用工作波形图的形式来表明相关信号出现的先后次序，这种工作波形图俗称时序图。为了更明确地说明信号的时序关系，通常还需要将机器周期进一步细分，如将机器周期再分成节拍和状态等。

3. 节拍和状态

在 MCS－51 单片机中，把时钟电路振荡脉冲的周期定义为节拍(用“P”表示)。把振荡脉冲经过二分频后的时钟信号的周期定义为状态(用“S”表示)。这样，一个状态就包含两个节拍，其前半周期对应的节拍叫节拍 1(P1)，后半个周期对应的节拍叫节拍 2(P2)。由 6 个状态周期(S1，S2，…，S6)组成一个机器周期，每个状态周期由 2 个时钟周期组成(时相 P1、P2)，因此一个机器周期包含 12 个时钟周期(S1P1、S1P2、S2P1、S2P2、…、S6P1、S6P2)，若采用 12 MHz 的晶体振荡器，则每个机器周期的时间恰好为 1 μs。

2.2.3 典型指令的时序

MCS－51 单片机共有 111 条指令，全部指令按其指令长度可分为单字节指令，双字节指令和三字节指令。执行这些指令所需的机器周期数目是不同的，概括起来共有以下几种情况：单字节单机器周期指令、单字节双机器周期指令、双字节单机器周期指令、双字节双机器周期指令、三字节双机器周期指令和单字节四机器周期指令。图 2－7 所表示的是几种典型单机器周期和双机器周期指令的时序。图中的 ALE 信号是为地址锁存而定义的，该信号每有效一次对应单片机进行的一次读指令操作。ALE 信号以振荡脉冲六分之一的频率出现，因此在一个机器周期中，ALE 信号两次有效，第一次在 S1P2 和 S2P1 期间，第二次在 S4P2 和 S5P1 期间，有效宽度为一个状态。现对几个典型指令的时序作如下说明：

1. 单字节单周期指令时序(例如 INC A)

由于是单字节指令，因此只需进行一次读指令操作。当第二个 ALE 有效时，由于 PC 没有加 1，所以读出的还是原指令，属于一次无效操作。到第一机器周期的 S6 状态时指令执行完毕。

2. 双字节单周期指令(例如 ADD A，# data)

双字节单周期指令对应于 ALE 的两次读操作都是有效的，第一次是读指令操作码，第二次是读指令的第二字节(本例中是立即数)。同样，到第一机器周期的 S6 状态时指令执行完毕。

3. 单字节双周期指令(例如 INC DPTR)

对于这类指令,机器在两个机器周期间共进行 4 次读指令操作,由于只有一个字节操作码,故后三次的读操作全是无效的。到第二机器周期的 S6 状态时指令执行完毕。

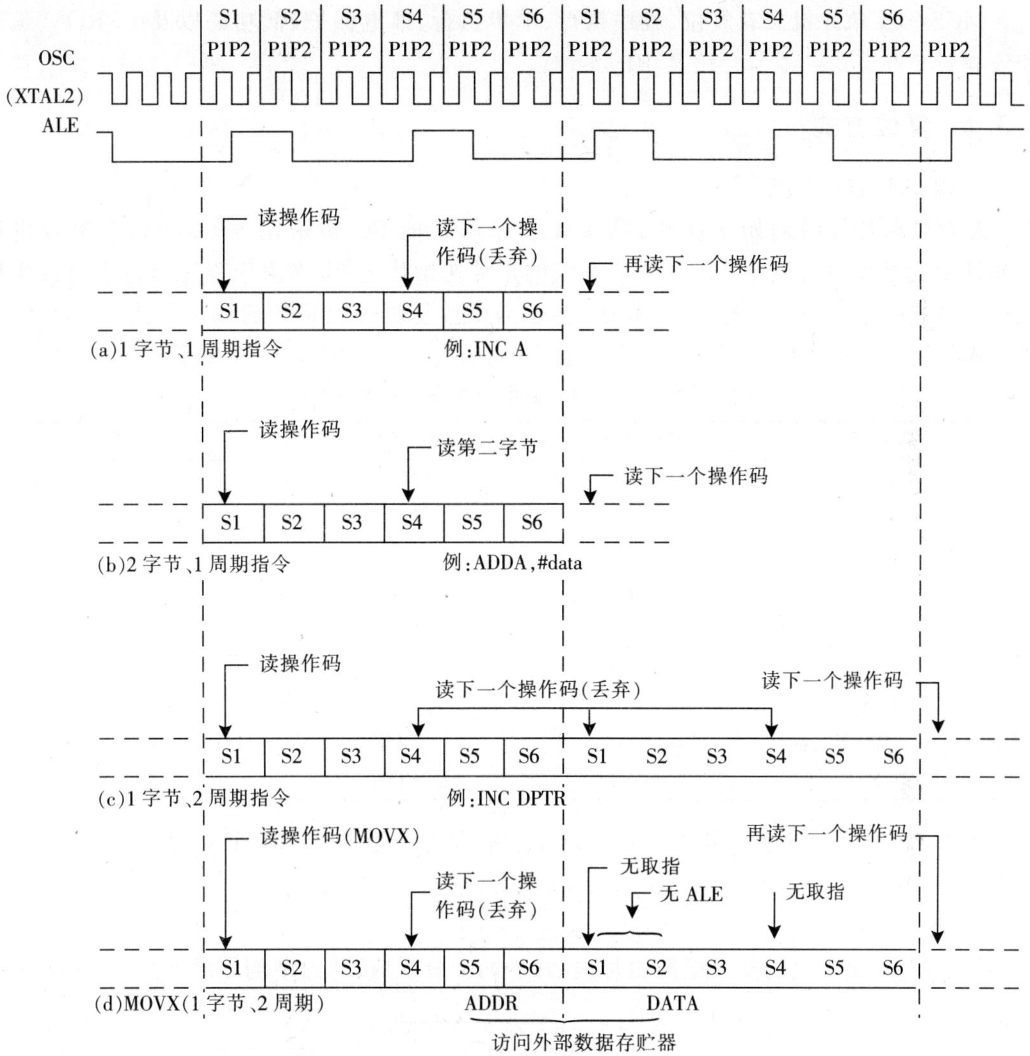

图 2-7　MCS 51 单片机典型指令的取指/执行时序

4. 单字节双周期指令(如 MOVX 类指令)

如前述每个机器周期内有两次读指令操作,但 MOVX 类指令情况有所不同。因为执行这类指令时,先在 ROM 中读取指令操作码,然后对外部 RAM 进行读/写操作。第一机器周期时,与上述指令一样,第一次读指令操作有效,第二次读指令操作无效。第二机器周期时,进行外部 RAM 访问,此时与 ALE 信号无关,机器内部亦不产生 ALE 脉冲,因此不产生读指令操作。这类指令也是到第二机器周期的 S6 状态执行完毕。

一般情况下,每个机器周期 ALE 信号出现两次,作为一种周期信号,可以供其他外部设备使用。但是在访问外部数据存储器时,ALE 不是周期性的,使用时需注意。另外值得指出的是:大多数 8051 指令执行时间为 1 个或 2 个机器周期。MUL(乘法)和 DIV(除法)是仅有的需 2 个以上机器周期的指令,它们需 4 个机器周期。

2.3 工作方式

MCS－51 单片机共有复位、程序执行、单步执行、掉电保护、低功耗以及 EPROM 编程和效验等 6 种方式。本节介绍其中的 4 种。

2.3.1 复位方式

1. 复位操作的作用

复位是单片机的初始化操作，其主要的作用是把 PC 初始化为 0000H，使单片机从 0000H 单元开始执行程序。除了进入系统的正常初始化之外，当由于程序运行出错或操作失误使系统处于死锁状态时，为摆脱困境，也需要按复位键以重新启动。除使 PC 归零外，复位操作还对其他一些专用寄存器有影响，它们的复位状态如表 2－1 所示。

表 2－1 复位后的内部寄存器状态

寄存器	复位状态	寄存器	复位状态
PC	0000H	TMOD	00H
ACC	00H	TCON	00H
B	00H	TH0	00H
PSW	00H	TL0	00H
SP	07H	TH1	00H
DPTR	0000H	TL1	00H
P0～P3	0FFH	SCON	00H
IP	(×××00000)	SBUF	(××××××××)
IE	(0 ××00000)	PCON	(0 ×××0000)

另外，复位操作还对单片机的个别引脚有影响，例如会把 ALE 和 $\overline{PSEN}$ 变为无效状态，即使 ALE ＝ 0，$\overline{PSEN}$＝ 1。RST 变为低电平后，退出复位状态，CPU 从初始状态开始工作。

2. 复位电路

MCS－51 单片机的复位电路由片内、片外两部分组成，片内结构原理如图 2－8 所示。

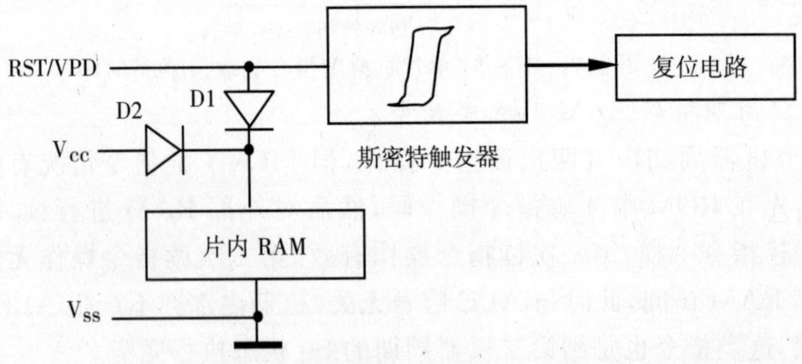

图2-8 复位电路逻辑图

进行复位操作时，外部电路需在复位引脚 RST 端产生大于 2 个机器周期的高电平信号，RST 引脚通过片内斯密特触发器与复位电路相连(斯密特触发器的作用是脉冲整形和抑制噪声)。在每个机器周期的 S5P2 时刻，内部复位电路采样斯密特触发器的输出，得到复位信号后完成内部复位。

MCS－51 单片机的复位操作有两种方式：上电自动复位和按钮复位。上电复位电路如图 2－9 所示。对于 CMOS 型单片机因 RST 引脚的内部有一下拉电阻，故电阻 R 可不接。单片机上电瞬间，RC 电路充电，RST 引脚端出现正脉冲，只要 RST 端保持 2 个机器周期以上的高电平(因为振荡器从起振到稳定需要大约 10 ms 的时间，故通常定为大于 10 ms)，就能使单片机有效地复位。当晶体振荡频率为 12 MHz 时，RC 的典型值为 $C = 10\ \mu F$，$R = 8.2\ k\Omega$。简单复位电路中，干扰信号易串入复位端，可能会引起内部某些寄存器错误复位，这时可在 RST 引脚上接一去耦电容。

通常因为系统运行等的需要，常常需要人工按钮复位，如图 2－10 所示，只需将一个常开按钮开关并联于上电复位电路，按下开关一定时间就能使 RST 引脚端为高电平，从而使单片机复位。

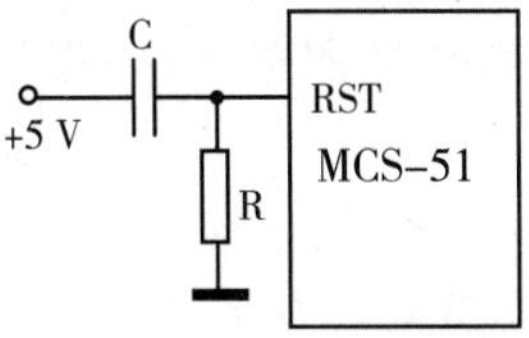

图2-9　上电复位电路

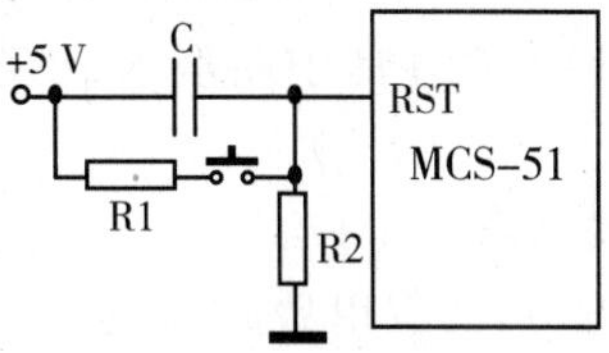

图2-10　上电按钮复位电路

3. 系统复位

在单片机实际应用系统中，除单片机本身需复位以外，外部扩展的 I/O 接口电路等也需要复位，因此需要一个系统的同步复位信号，即单片机复位后，CPU 开始工作时，外部电路一定要复位好，以保证 CPU 有效地对外部电路进行初始化编程。如上所述，MCS－51 的复位端 RST 是一个斯密特触发器的输入，高电平有效，而 I/O 接口电路的复位端一般为 TTL 电平输入，通常也是高电平有效，但这两种复位有效电平不完全相同。若将图 2－9 和图 2－10 中单片机的复位端和 I/O 接口电路复位端简单相连，将使 CPU 和 I/O 接口的复位可能不同步，导致 CPU 对 I/O 初始化编程无效，将使系统不能正常工作，这可以通过延时一段时间以后对外部电路进行初始化编程来解决。

图 2－11 所示为两种实用的系统复位电路(上电自动复位和按钮复位)。图中将复位电路产生的复位信号经斯密特电路整形后作为系统复位信号，加到 MCS－51 单片机和外部 I/O 接口电路的复位端。

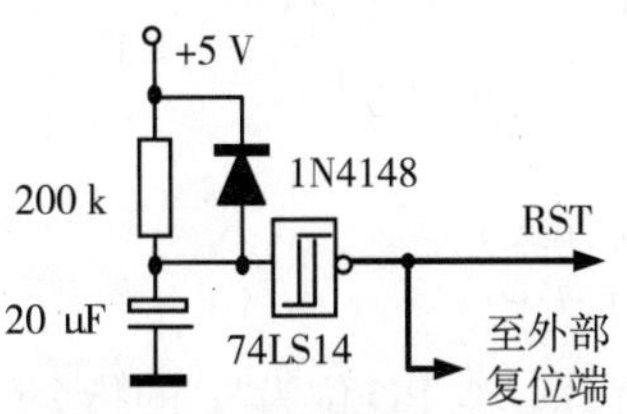

图2-11a　上电(系统)复位电路

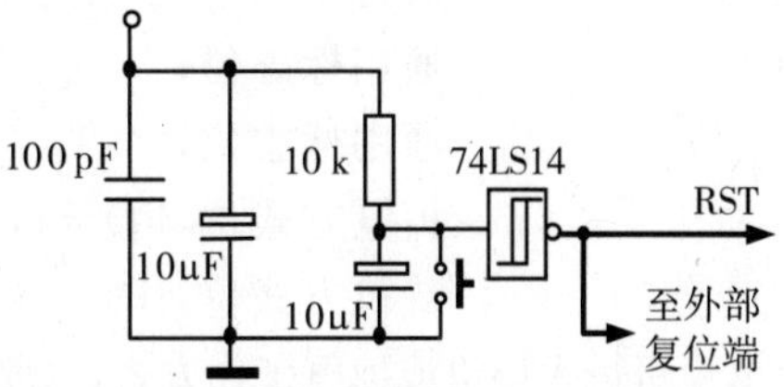

图2-11b　按钮(系统)复位电路

2.3.2　程序执行方式

程序执行方式是单片机的基本工作方式。由于复位后 PC＝0000H，因此程序执行总是从地址 0000H 开始。但是用户程序一般并不存放在其中，故通常需要在 0000H 单元放一条无条件转移指令(如 LJMP addr16),使程序转向实际的用户入口地址去执行。

2.3.3 掉电保护方式

单片机系统在运行过程中,如发生掉电故障,将会使系统数据丢失,其后果有时是很严重的。为此,MCS—51 单片机设置有掉电保护措施,进行掉电保护处理。其具体做法是,先把有用数据转存,然后再启用备用电源维持供电。

1. 数据转存

所谓数据转存是指当电源出现故障时,立即将系统的有用数据转存到内部 RAM 中。数据转存是通过中断服务程序完成的,即通常所说的“掉电中断”。因为单片机电源端都接有滤波电容,掉电后电容蓄存的电能尚能维持有效电压达几个毫秒之久,足以完成一次掉电中断操作。为此应在单片机系统中设置一个电压检测电路,一旦检测到电源电压下降,立即通过$\overline{INT0}$或$\overline{INT1}$产生外部中断请求,中断响应后执行中断服务程序,把有用数据送内部 RAM 保护起来。

2. 接通备用电源

为了保存转存后的有用数据,掉电后给内部 RAM 供电。为此,系统应预先装有备用电源,并在掉电后立即接通。备用电源由单片机的 RST/VPD 引脚接入。为了在掉电时能及时接通备用电源,系统中还需具有备用电源与 Vcc 电源的自动切换电路,这个电路的作用由图 2—8 中的 D1 和 D2 承担。由于备用电源容量有限,为减少消耗,掉电后时钟电路和 CPU 皆停止工作,只有内部 RAM 和专用寄存器继续工作,以保存数据。当电源 Vcc 恢复时,RST/PVD 端备用电源还应维持一段时间(约 10 ms),以便给其他电路从启动到稳定工作留出足够的过渡时间来,然后才结束掉电保护状态,单片机开始工作。

2.3.4 CHMOS 工艺单片机的低功耗方式

CHMOS 工艺的 MCS—51 单片机(如 80C51)有两种低功耗方式,即待机方式和掉电保护方式。其待机方式和掉电保护方式都是由专用寄存器 PCON 的有关位来控制的。PCON 寄存器的格式如下:

位 序	D7	D6	D5	D4	D3	D2	D1	D0
位符号	SMOD	/	/	/	GF1	GF0	PD	IDL

其中:SMOD　　波特率加倍位,在串行通信中使用;

GF0　　通用标志位;

GF1　　通用标志位;

PD　　掉电方式位,PD=1,则进入掉电方式;

IDL　　待机方式位,IDL=1,则进入待机方式。

要使单片机进入待机或掉电工作方式,只要执行一条使 IDL 或 PD 位为“1”的指令就可以。

1. 待机方式

如果使用指令使 PCON 寄存器的 IDL 位置“1”,则单片机即进入待机工作方式。这时振荡器仍然工作,并向中断系统、串行口和定时器/计数器提供时钟,但向 CPU 提供时钟的电路被阻断,因此 CPU 不能工作,与 CPU 有关的专用寄存器(如 SP、PC、PWS、ACC 等)以及全部通用寄存器也都被“冻结”在原状态。另外,在待机方式下,中断功能应继续保留,以便采用中断方法退出待机方式。为此，应引入一个外中断请求信号，在单片机响应中断的同时，PCON. 0(IDL)位被硬件自动清“0”，单片机退出待机方式而进入正常工作方式。其实在中断服务程序中只需要安排一条 RETI 指令，就可以使单片机恢复正常工作，且返回断点继续执行程序。

2. 掉电保护方式

对于 CHMOS 工艺单片机，在检测到电源故障时，除了进行信息保护外，还把 PCON. 1(PD)位置“1”，使之进入掉电保护方式。此时单片机一切工作都停止，只有内部 RAM 单元的内容被保存。80C51 类单片机除进入掉电保护方式的方法与 8051 类不同外，还有备用电源由 Vcc 端引入的特点。Vcc 正常后，硬件复位信号维持 10 ms 就能使单片机退出掉电方式。

2.4 内部存储器

2.4.1 MCS—51 单片机系统的存储器结构特点

计算机的存储器按其功能来分有程序存储器和数据存储器。程序存储器用来存放程序指令及表格等，系统在运行过程中只能读不能修改其数据，因此也称只读存储器(ROM)；数据存储器则用来存放缓冲数据，系统在运行过程中可修改其数据，故也称读写存储器(RAM)。单片机的存储器亦有程序存储器和数据存储器，但其结构与微型机算机有很大的不同。MCS—51 单片机的存储器结构有两个重要的特点：一是把数据存储器和程序存储器截然分开，二是存储器有内外之分，其地址空间、存取指令和控制信号均各有一套。MCS—51 系列单片机有 5 个独立的存储空间：① 64 KB 程序存储器(ROM)空间(0000H～0FFFFH)；② 64 KB 外部数据存储器(RAM/IO)空间(0000H～0FFFFH)；③ 256 B 内部 RAM 空间(00H～0FFH)；④ 128 B 内部特殊功能寄存器(SFR)空间(80H～0FFH)；⑤ 位寻址空间(20H～2FH 及特殊功能寄存器中地址能被 8 整除的部分)。

2.4.2 程序存储器

MCS—51 的程序存储器空间为 64 KB，其地址指针为 16 位的程序计数器 PC。从 0 开始的部分程序存储器(4 K，8 K，16 K，…)可以在单片机的内部也可以在单片机的外部，这取决于单片机的类型，并由输入到$\overline{EA}$引脚的电平所控制，如图 2—12 所示。

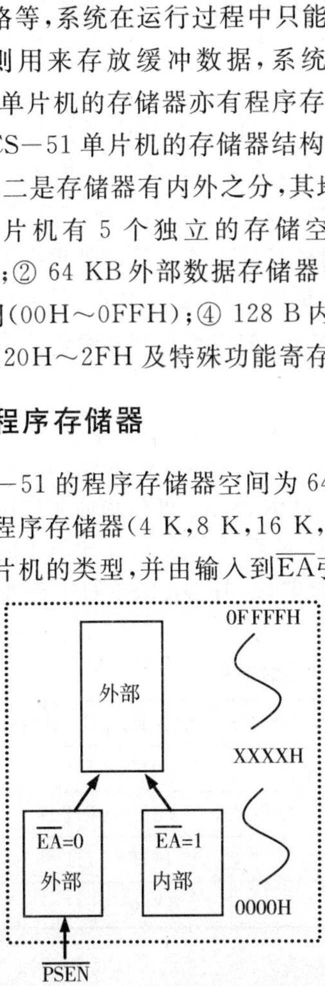

图2-12 MCS-51程序存储器结构

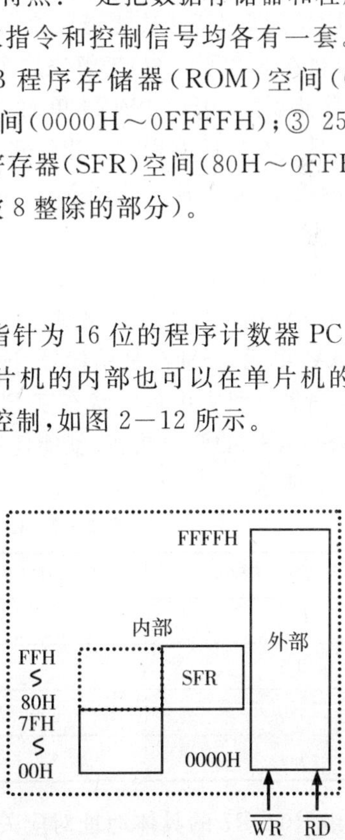

图2-13 MCS-51数据存储器结构

如对于内部有 4 KB 程序存储器的芯片(如 8051 或 8751),若$\overline{EA}$引脚接 Vcc(+5 V),则程序计数器 PC 的值在 000H～0FFFH(4 KB)之间时,CPU 取指令时访问内部的程序存储器;若 PC 值大于 0FFFH 时,则访问外部的程序存储器。如果$\overline{EA}$引脚接 Vss(地),则内部的程序存储器被忽略,即 CPU 只能访问外部的程序存储器。程序存储器的操作完全由程序计数器 PC 控制。对于内部有程序存储器(ROM 或 EPROM)的芯片,$\overline{EA}$引脚可接高电平也可接低电平,而对内部无程序存储器(如 8031、8032)的芯片必须外部扩展程序存储器,$\overline{EA}$引脚必须接地。

2.4.3 数据存储器

MCS－51 的数据存储器分为内部数据存储器和外部数据存储器,如图 2－13 所示。MCS－51 的外部数据存储器(RAM/IO)空间为 64 KB(地址为 0000H～0FFFFH),一般通过 16 位的数据指针 DPTR 来访问,且外部 RAM 和外部 I/O 的地址安排是统一编址的。MCS－51 的内部数据存储器为 128 或 256 字节(8031、8051、8751 的内部数据存储器为 128 字节,地址空间为 00～7FH,8032、8052、8752 的内部数据存储器为 256 字节,地址空间为 00～0FFH)。MCS－51 将内部数据存储器中的不同区域从功能和用途方面来划分,可以分为三个区域:工作寄存器区(00H～1FH)、位寻址区(20H～2FH)、堆栈和数据缓冲器区(30H～7FH 或 30H～0FFH)。

MCS－51 特殊功能寄存器的地址空间为 80H～0FFH,显然其内部数据存储器区的 80H～0FFH 空间与特殊功能寄存器的地址空间相重叠,通过在指令中采取不同的寻址方式(该内容将在 3.2 节介绍)来解决这个重叠问题,即特殊功能寄存器只能用直接寻址方式,内部数据存储器区 80H～0FFH 单元只能用寄存器间接寻址方式。故地址重叠但不会造成操作混乱,只是在软件编程时应当注意。片内、外地址重叠部分,由于片内、外数据存储器使用不相同的指令(其中片内使用 MOV,片外使用 MOVX),故地址虽然重叠但不会造成操作混乱。

1. 工作寄存器区

内部 RAM 的工作寄存器区地址为 00H～1FH,共有 32 个 RAM 单元,分为 4 组,每组占 8 个 RAM 单元,分别都是用代号 R0～R7 来表示。即 R0～R7 可以指向 4 组中的任何一组,具体指向哪一组则由程序状态字 PSW 的 RS0、RS1 位的状态来决定,即 CPU 通过修改 PSW 中 RS0、RS1 的两位状态,就能任选一个工作寄存器区。RS0、RS1 对工作寄存器的选择如表 2－2 所示。

表 2－2 RS1、RS0 对工作寄存器的选择

PSW(RS1 RS0)	R0～R7 对应的组号	内部 RAM 中 R0～R7 对应的地址
0 0	0	00H～07H
0 1	1	08H～0FH
1 0	2	10H～17H
1 1	3	18H～1FH

不同组 R0～R7 的具体地址对应关系如表 2－3 所示。

表 2－3　不同区工作寄存器 R0～R7 的地址对应关系

寄存器	对应的物理地址			
	0 区	1 区	2 区	3 区
R0	00H	08H	10H	18H
R1	01H	09H	11H	19H
R2	02H	0AH	12H	1AH
R3	03H	0BH	13H	1BH
R4	04H	0CH	14H	1CH
R5	05H	0DH	15H	1DH
R6	06H	0EH	16H	1EH
R7	07H	0FH	17H	1FH

2. 位寻址区

内部 RAM 的位操作区地址为 20H～2FH，共 16 个 RAM 单元。这 16 个 RAM 单元具有双重功能。它们既可以像普通内部 RAM 单元一样按字节存取，也可以对其每个单元中的任何一位单独存取，即位寻址。这 16 个单元的每个单元的每一位都有一个位地址映象，它们占据 128(16＊8)个位地址空间，从 00H～7FH。内部 RAM 的位操作区 20H～2FH 的位地址映象地址如表 2－4 所示。由于位寻址区既可以按字节存取又可以对其每个单元中的任何一位单独存取，故在编程时该区域一般不应被其他用途所占用。

表 2－4　RAM 位寻址区(20H～2FH)地址映象

地　址	位　　地　　址							
	D7	D6	D5	D4	D3	D2	D1	D0
20H	07H	06H	05H	04H	03H	02H	01H	00H
21H	0FH	0EH	0DH	0CH	0BH	0AH	09H	08H
22H	17H	16H	15H	14H	13H	12H	11H	10H
23H	1FH	1EH	1DH	1CH	1BH	1AH	19H	18H
24H	27H	26H	25H	24H	23H	22H	21H	20H
25H	2FH	2EH	2DH	2CH	2BH	2AH	29H	28H
26H	37H	36H	35H	34H	33H	32H	31H	30H
27H	3FH	3EH	3DH	3CH	3BH	3AH	39H	38H
28H	47H	46H	45H	44H	43H	42H	41H	40H
29H	4FH	4EH	4DH	4CH	4BH	4AH	49H	48H
2AH	57H	56H	55H	54H	53H	52H	51H	50H
2BH	5FH	5EH	5DH	5CH	5BH	5AH	59H	58H
2CH	67H	66H	65H	64H	63H	62H	61H	60H
2DH	6FH	6EH	6DH	6CH	6BH	6AH	69H	68H
2EH	77H	76H	75H	74H	73H	72H	71H	70H
2FH	7FH	7EH	7DH	7CH	7BH	7AH	79H	78H

3. 堆栈和数据缓冲器区

堆栈是一种数据结构，所谓堆栈就是只允许在其一端进行数据写入和数据读出的线性表。数据写入堆栈称为压入操作(PUSH)，也称入栈。数据从堆栈中读出称之为弹出(POP)，也称出栈。MCS－51 单片机的堆栈采用的是“后进先出”(Last-In First-Out)的数据操作规则，这里所说的进与出就是数据的入栈和出栈。堆栈区的设置原则上可以在内部 RAM 的任意区域，但由于 MCS－51 单片机内部 RAM 的 0～1FH 地址单元已被工作寄存器 R0～R7 占用,20H～2FH 为可位寻址区,故堆栈一般设在 30H～7FH(对于 8032 系列芯片可为 30H～0FFH)的区域内。堆栈区的具体设置是通过置堆栈指针 SP 的值来实现的。MCS－51 的堆栈是一个向上生长型结构,即 SP 始终指向栈顶,当数据入堆栈时,SP 的内容应先加 1,再压入数据,数据出栈时,却是数据先弹出,然后才进行 SP 的内容减 1 操作。

数据缓冲器区一般用来存放输入的数据或运算的结果。数据缓冲器区原则上可以设在内部 RAM 的任意连续或非连续区域,但应尽量避开那些已有专门用途的区域。

2.4.4 特殊功能寄存器

特殊功能寄存器(SFR)也称专用寄存器,顾名思义也就是派有特殊或专门用途的寄存器。MCS－51 的 SFR 包括内部的 I/O 口锁存器、累加器以及定时器、串行口、中断的各种控制寄存器和状态寄存器等,共 18 个 SFR(8032 系列芯片有 21 个 SFR),其中 3 个(8032 系列芯片有 5 个)是双字节寄存器,它们离散地分布在 80H～0FFH 的 SFR 地址空间,特殊功能寄存器名及对应的地址如表 2－5 所示。

表 2－5 特殊功能寄存器列表

标 示 符	名 称	地 址
ACC	累加器	0E0H
B	B 寄存器	0F0H
PSW	程序状态字	0D0H
SP	堆栈指针	81H
DPTR	数据指针(包括 DPH 和 DPL)	83H 和 82H
P0	I/O 口 0	80H
P1	I/O 口 1	90H
P2	I/O 口 2	0A0H
P3	I/O 口 3	0B0H
IP	中断优先级控制	0B8H
IE	中断允许控制	0A8H
TMOD	定时器/计数器工作方式控制	89H
TCON	定时器/计数器控制	88H
* T2CON	定时器/计数器 2 控制	0C8H
TH0	定时器/计数器 0 定时常数(高位字节)	8CH
TL0	定时器/计数器 0 定时常数(低位字节)	8AH
TH1	定时器/计数器 1 定时常数(高位字节)	8DH
TL1	定时器/计数器 1 定时常数(低位字节)	8BH
* TH2	定时器/计数器 2 定时常数(高位字节)	0CDH
* TL2	定时器/计数器 2 定时常数(低位字节)	0CCH
* RLDH	定时器/计数器 2 自动再装载(高位字节)	0CBH
* RLDL	定时器/计数器 2 自动再装载(低位字节)	0CAH
SCON	串行口控制	98H
SBUF	串行数据接收、发送缓冲器	99H
PCON	电源控制	87H

注:带‘*’号的寄存器是定时器/计数器 2 的有关的寄存器,仅在 8032 系列芯片中存在。

除了上表中的 18 个(8032 系列为 22 个)SFR 外，还有 PC 寄存器，PC 寄存器在物理上是独立的，其余的寄存器都属于内部数据存储器的 SFR 块。在 80H～0FFH 的 SFR 地址空间，对其余没有定义的地址单元，用户不能对这些单元进行读/写操作，若访问没有定义的地址单元，则将得到一个不确定的随机数。

1. 程序计数器 PC

PC 是一个 16 位的计数器。其内容为将要执行的指令地址，寻址范围达 64 KB。PC 有自动加 1 功能，以实现程序的顺序执行。它是 SFR 中唯一一个隐含地址的，因此，用户无法对它进行读写。但在执行转移、调用、返回等指令时能自动改变其内容，以实现改变程序的执行顺序。

2. 累加器 ACC

累加器 ACC 是 MCS－51 运算器中最重要的和最常用的 SFR。大部分单操作数指令的操作数取自累加器，累加器还用于存放参加运算的操作数和运算的结果。在指令系统中常用助记符 A 来表示累加器。

3. B 寄存器

B 寄存器也是 MCS－51 运算器中的一个 SFR，在乘法和除法运算中和累加器 A 一起组成 AB 寄存器对，用于存放操作数和运算的结果，在其他运算中，可以作为 RAM 中的一个单元来使用。

4. 堆栈指针 SP

堆栈指针 SP 是一个 8 位的 SFR，它用来指示出堆栈顶部在内部 RAM 块中的位置。系统复位后 SP 为 07H，若不对 SP 设置初值，则堆栈在 08H 开始的区域，为了不占用工作寄存器 R0～R7 的地址，一般在编程时应设置 SP 的初值(最好在 30H～7FH 区域)。

5. 数据指针 DPTR

数据指针 DPTR 为一个 16 位的 SFR，其高位字节用 DPH 表示，低位字节用 DPL 表示。既可以作为一个 16 位寄存器 DPTR 来处理，也可以作为 2 个独立的 8 位寄存器 DPH 和 DPL 来处理。一般作为访问外部数据存储器的地址指针使用，用来保存一个 16 位的地址。

6. 程序状态字 PSW

程序状态字 PSW 是一个 8 位的 SFR，用来保存数据操作的结果标志，其格式和功能为：

D7	D6	D5	D4	D3	D2	D1	D0
CV	AC	F0	RS1	RS0	OV	F1	P

Cy(PSW.7)：进位标志，同时又是布尔处理机的累加器 C。在执行某些算术和逻辑指令时，可以被硬件或软件置位或清零。如果数据操作结果最高位有进位输出(加法时)或借位输入(减法时)，则置位 Cy，即 Cy＝1，否则清 Cy，即 Cy＝0。

AC(PSW.6)：辅助进位标志，又称半进位标志。当进行加减法操作而产生由低 4 位向高 4 位进位(加法)或借位(减法)时，则置位 AC，否则清 AC。

F0、F1(PSW.5、PSW.1)：用户标志。供用户使用的标志位，其功能和内部 RAM 中位寻址区的各位相似。

RS1、RS0(PSW.4、PSW.3)：工作寄存器区选择位。RS1、RS0 对工作寄存器的选择情况见表 2－2。

OV(PSW.2)：溢出标志。溢出标志位常用于补码运算，当有符号的两个数运算结果超出了目的寄存器所能表示的带符号数的范围（－128～＋127）时置位OV。即当操作结果有进位进入最高位但最高位没有产生进位，或者最高位产生进位而次高位没有向最高位进位，则置位OV，否则清OV。或描述成当位6向位7有进位而位7不向Cy进位时，或位6不向位7进位而位7向Cy进位时，则置位OV，否则清OV。

P(PSW.0)：奇偶标志。表示累加器ACC的值二进制表示时1的个数，若1的个数为奇数，则置位P，否则清P。注意ACC的值二进制表示时1的个数为奇数并不能表示ACC的值为奇数，如(A)＝00001110b，因ACC中1的个数为3个，为奇数，则P＝1，但ACC的值为14，是偶数。

7. 其他特殊功能寄存器

其他如端口P0～P3、串行数据接收发送缓冲器、定时器/计数器控制、中断控制等特殊功能寄存器的功能及描述将在相应的功能部件中具体介绍。

2.4.5　位存储器

MCS－51的位存储器由以内部RAM中20H～2FH单元和特殊功能寄存器中地址为8的倍数的特殊功能寄存器两个部分组成。内部RAM中20H～2FH单元中的每个单元的每一位都有一个位地址映象，见表2－4，特殊功能寄存器中地址为8的倍数的特殊功能寄存器的位地址映象如表2－6所示。从80H开始每8个单元有一个可以位寻址的特殊功能寄存器，目前已定义了12个，尚有0C0H、0D8H、0E8H及0F8H保留未用。特殊功能寄存器的位地址映象的最低位D0位地址即为对应特殊功能寄存器的字节地址。

表2－6　特殊功能寄存器位地址映象

特殊功能寄存器	D7	D6	D5	D4	D3	D2	D1	D0	字节地址
ACC	E7H	E6H	E5H	E4H	E3H	E2H	E1H	E0H	E0H
B	F7H	F6H	F5H	F4H	F3H	F2H	F1H	F0H	F0H
PSW	D7H	D6H	D5H	D4H	D3H	D2H	D1H	D0H	D0H
P0	87H	86H	85H	84H	83H	82H	81H	80H	80H
P1	97H	96H	95H	94H	93H	92H	91H	90H	90H
P2	A7H	A6H	A5H	A4H	A3H	A2H	A1H	A0H	A0H
P3	B7H	B6H	B5H	B4H	B3H	B2H	B1H	B0H	B0H
IP	—	—	—	BCH	BBH	BAH	B9H	B8H	B8H
IE	—	—	—	ACH	ABH	AAH	A9H	A8H	A8H
TCON	8FH	8EH	8DH	8CH	8BH	8AH	89H	88H	88H
T2CON	CFH	CEH	CDH	CCH	CBH	CAH	C9H	C8H	C8H
SCON	9FH	9EH	9DH	9CH	9BH	9AH	99H	98H	98H

习　题

1. 根据单片机组成部分简单画出单片机的结构框图。

2. MCS－51 单片机的内部资源包括哪些？

3. 简述 MCS－51 单片机 4 个 I/O 口的主要用途和区别。

4. MCS－51 单片机内部程序存储器的类型有哪些？

5. MCS－51 单片机几个控制引脚的用途是什么？

6. 简述 MCS－51 单片机的时钟接入方式，画出一种典型时钟电路并请标出各器件典型参数值。

7. 简述机器周期、状态周期及指令周期之间的区别。

8. 画出 MCS－51 单片机一种系统复位电路，并请标出各器件典型参数值。

9. 简述 MCS－51 单片机内部 RAM 地址空间、内部特殊功能寄存器空间及位地址空间的区别，如果它们之间存在地址重叠区间，是否会造成混乱？说明它们之间如何区分。

10. MCS－51 单片机可扩展的程序存储器和数据存储器的地址空间各为多少？它们之间的地址空间如果存在重叠区间，是否会造成混乱？请说明理由。

11. 简述堆栈的机制。

12. 请简述程序状态字(PSW)的几个标志的意义及置位和复位的条件。

第3章 MCS－51指令系统与汇编语言程序设计

指示计算机硬件系统完成一定操作的命令称为计算机指令，某型计算机的全体指令的集合即为该计算机的指令系统。从硬件的角度看，指令系统具有专属性。指令代码称为目标码，与物理属性直接关联，当代计算机硬件系统内部通常用 TTL 高电平对应指令中的代码“1”；用 TTL 低电平对应指令中代码“0”。指令系统构成计算机的机器语言，机器语言指令是计算机唯一能识别和执行的指令。指令由“0”、“1”序列构成，用机器语言编写程序也就是用指令的目标码编程。目标码难以记忆更不便书写及编程，实用时通常使用汇编语言指令（符号指令）和高级语言（用自然语言描述）来描述计算机的指令系统。汇编指令需通过汇编程序或人工的方法汇编成机器能识别和执行的机器语言指令，高级语言需经过编译或解释成机器能识别和执行的机器语言指令。MCS－51 系列机可采用汇编语言编写程序（相应的汇编程序系统有 ASM51），同时也开发有高级语言系统（如 C51），本章重点介绍基于 MCS－51 指令系统的汇编语言程序设计。

3.1 汇编语言指令格式

3.1.1 汇编语言格式

汇编语言指令是指能汇编成机器语言代码的指令。

MCS－51 汇编语言指令的格式如下：

[标号:]操作码 └ ─ ┘ [操作数 1],[操作数 2],[操作数 3];[注释]

[　　　]内部分表示可有可无，操作码必须有。

第一部分为标号（可以没有）。它为用户定义的符号，标号实际上为符号地址，标号值代表这条指令在程序存储器中的存放地址。标号以字母开始，后跟 1～8 个英文字母或数字，并以冒号“:”结尾。有了标号，程序中其他语句才能访问该语句。语句中标号的有无，取决于本程序中该语句是否需要被其他语句访问。标号在一个程序中不能重复定义，不能使用指令系统中助记符，伪指令等保留字作标号。

第二部分为操作码。在汇编语言中它由英文字母省写而成，因此亦称助记符。它反映了指令的功能，是汇编指令中唯一不可缺少的部分。

第三部分为操作数。根据不同的指令，可以有 1、2、3 个或根本没有操作数，它与操作助记符之间至少需有一个空格，可以有多个空格作为分隔符号，操作数之间用逗号“,”作为分隔符号。它给指令的操作提供数据或数据地址。

第四部分为注释（可以没有）。它是以分号“;”开始，是用户对该条指令或程序段的说明，注释在一行之内未写完，换行时需另外以分号“;”开始。注释内容可为任何字符。注释有利于程序的阅读、理解、维护和交流。

3.1.2　汇编伪指令

汇编语言除了定义了汇编指令外，还定义了一些汇编伪指令，伪指令是汇编时不产生机器语言代码的指令，是 CPU 不能执行的指令，伪指令是程序员发给汇编程序的命令，用来设置符号值、保留和初始化存储空间、控制用户代码的位置，称为汇编程序的控制命令。伪指令只出现在汇编程序的源程序中，不产生可执行的目标代码，不影响程序的执行。

MCS－51 常用的伪指令有如下几条：

1. ORG 定位伪指令

格式为：

```
ORG    m
```

m 是一般为 16 位二进制数，m 指出在该伪指令后的（伪）指令的汇编地址，即生成的机器指令的起始存储器地址。它必须放在每段源程序或数据段的开始行，在一个汇编语言源程序中允许存在多条定位伪指令，但其每个 m 值都应和前面生成的机器指令存放地址不重叠。

例 3－1

```
         ORG    1000H
START：  MOVA，＃10H
         …
         ORG    2000H
SECOND：CLR    A
         …
```

第一条定位伪指令指定了标号 START 的地址为 1000H，MOVA，＃10H 指令及其后面的指令汇编成的机器码放在从 1000H 开始的存储单元中。第二条定位伪指令指定了标号 SECOND 的地址为 2000H。从 START 地址开始的程序段所占用的存储地址最多只能到 1FFFH，否则与从 SECOND 开始的程序段地址重叠。程序在编译时并不会发生错误，但在运行时就会发生错误。

2. DB 定义字节伪指令

格式为：

[标号：]DB　X1，X2，…，Xn

标号可有可无，Xi 为单字节数据，它可为十进制或十六进制数，可以为一个表达式，也可以为括在‘’号中的字符串，两个数据之间用逗号“，”分开。它通知汇编程序从当前 ROM 地址开始，保留存储单元，并存入 DB 后面的数据。

例 3－2

```
             ORG    1000H
             DB     0AAH
SJ_DATA：    DB     25,25H
ZFC_DATA：   DB     'MCS－51'
```

经汇编后，从地址 1000H 处存储器的内容为：

(1000H)＝ AAH

(1001H)＝ 19H；　　25＝19H

(1002H)＝ 25H
(1003H)＝ 4DH； 'M'
(1004H)＝ 43H； 'C'
(1005H)＝ 53H； 'S'
(1006H)＝ 2DH； '—'
(1007H)＝ 35H； '5'
(1008H)＝ 31H； '1'

其中从 1003H 地址单元开始的内容为字符串'MCS—51'共 6 个字符对应的 ASCII 编码值。

3. DW 定义字伪指令

格式为：

[标号:]DW Y1,Y2,…,Yn

标号可有可无，Yi 为双字节数据，它可为十进制或十六进制数，可以为一个表达式，两个数据之间用逗号“,”分开。它通知汇编程序从当前 ROM 地址开始，保留存储单元，并存入 DW 后面的数据。存放时高 8 位在前，低 8 位在后。

常用 DB 定义数据，用 DW 定义地址。

例 3—3

```
          ORG    1000H
          DW     1234H
SJ_DATA:  DW     56H,2000
```

经汇编后，从地址 1000H 处存储器的内容为：

(1000H)＝ 12H
(1001H)＝ 34H
(1002H)＝ 00H
(1003H)＝ 56H
(1004H)＝ 07H； 2000＝07D0H
(1005H)＝ D0H

4. EQU 赋值伪指令

格式为：

字符名称 EQU 项(数或汇编符号)

EQU 伪指令是把“项”赋给“字符名称”，注意这里的“字符名称”不同于标号(其后没有冒号)，但它是必需的，其中的项，可以是数也可以是汇编符号。用 EQU 赋过值的符号名可以用作数据地址、代码地址、位地址或是一个立即数。因此，它可以是 8 位的、也可以是 16 位的。

例 3—4

```
AA     EQU    R1
MOV    A,AA
```

这里 AA 就代表了工作寄存器 R1。

例 3—5

```
D10     EQU    10
ADD_Y   EQU    07ABH
```

```
MOV   A,D10
LCALL   ADD_Y
```

这里D10当做RAM上的一个直接地址，而ADD_Y定义了一个16位地址，实际上它是一个子程序的入口。

5. DS定义存储空间伪指令

格式为：

DS　　表达式

在汇编时，从指定地址开始保留DS之后“表达式”的值所规定的存储单元。

例3—6

```
ORG     1000H
DS      07H
DB      20H,20
DW      12H
```

经汇编后，从地址1000H开始保留7个单元，然后从1007H处存储器的内容为：

(1007H)＝20H

(1008H)＝14H

(1009H)＝00H

(100AH)＝12H

DB、DW、DS伪指令都只对程序存储器起作用，它们不能对数据存储器进行初始化。

6. BIT定义位地址符号伪指令

格式为：

字符名称　　BIT　　位地址

其中这里的“字符名称”与标号不同(其后没有冒号)，但它是必需的，其功能是把BIT之后的“位地址”值赋给“字符名称”。

例3—7

```
P11     BIT     P1.1
A02     BIT 02H
```

这样，P1口位1地址91H就赋给了P11，而A02的值为02H。

7. DATA数据地址赋值伪指令

格式为：

字符名称　　DATA　　表达式

其中这里的“字符名称”与标号不同(其后没有冒号)，但它是必需的，其功能是把“表达式”的值赋给左边的“字符名称”。这里，表达式可以是一个数据或地址，也可以是一个包含所定义“字符名称”在内的表达式，但不可以是一个汇编符号(如：R0、R7)。DATA伪指令与EQU伪指令的主要区别是：EQU定义的“字符名称”必须先定义后使用，而DATA定义的“字符名称”没有这种限制，故DATA伪指令通常用在源程序的开头或末尾。

DATA伪指令一般用来定义程序中所用的8位或16位数据或地址，但也有些汇编程序只允许DATA定义8位的数据或地址，16位地址需用XDATA伪指令来定义，XDATA伪指令的定义格式与DATA伪指令的格式相同。

例 3－8

```
        ORG     0100H
AA      DATA    35H
DPTRA   DATA    0AA00H
        MOV     A,AA;          (35H)→A
        MOV     DPTR,＃DPTRA ;0AA00H →DPTR
        …
```

8. END 汇编结束伪指令

格式为：

END ［标号］

END 伪指令通知汇编程序结束汇编。在 END 之后即使后面还有指令，汇编程序也不作处理。在程序中可以有多条 END 指令，一般在程序的最后需要一条 END 伪指令，否则汇编程序会提示警告错误，当然这并不会影响程序的正常运行。

如果源程序是一段子程序，END 之后不写标号；如果源程序是主程序，END 之后必须写标号，所写标号就是该主程序第一条指令的符号地址。

3.2 寻址方式

寻址就是寻找指令中操作数或操作数所在地址。在高级语言编程时，程序设计人员不必关心程序和数据的内存空间安排问题。例如，用 BASIC 语言编写的以下语句：

```
x =10 ;y =20
z = x +y
```

编程者只要知道数据 10 存放在一个叫 x 的单元，20 存放在一个叫 y 的单元，结果存放在一个叫 z 的单元中，至于它们具体的存放地址则根本不必关心。但在汇编语言程序设计时，要针对系统的硬件环境编程，数据的存放、传送、运算都要通过指令来完成，编程者必须自始至终都十分清楚操作数的位置，以便将它们传送至适当的空间去操作。因此，如何寻找存放操作数的空间位置和提取操作数就变得十分重要了。所谓寻址方式就是如何找到存放操作数的地址，把操作数提取出来的方法。它是计算机的重要性能指标之一，也是汇编语言程序设计中最基本的内容之一。MCS－51 单片机寻址方式有 8 种：寄存器寻址、直接寻址、立即寻址、寄存器间接寻址、基寄存器加变址寄存器间接寻址、相对寻址、位寻址、页面寻址。

3.2.1 寄存器寻址

寄存器寻址就是由指令指出某一个寄存器的内容作为操作数，对所选的工作寄存器组 R0～R7 进行操作，累加器 ACC、B 寄存器、数据指针 DPTR 和进位 C(布尔处理机的累加器 C)也可用寄存器寻址方式访问，只是对它们的寻址具体寄存器名隐含在操作码中。

例 3－9

```
MOV     A,R0      ;(R0)→A
MOV     P1,A      ;(A)→P1 口
INC     R0        ;(R0)+1→R0
```

3.2.2　直接寻址

直接寻址方式在指令中直接给出操作数所在存储单元的地址，该地址指出了参与运算或传送的数据所在的字节单元或位的地址。直接寻址方式访问以下 3 种存储空间：

• 特殊功能寄存器（特殊功能寄存器只能用直接寻址方式访问，访问时即可以用它们的地址，也可以使用它们的名字）；

• 内部数据存储器的低 128 字节（对于 8032 系列芯片，其内部数据存储器高 128 字节（80H～0FFH）不能用直接寻址方式访问）；

• 位地址空间。

作为区别，用于位操作的称为直接位寻址，用于访问字节的称为直接字节寻址，简称为直接寻址。

例 3－10

MOV　　A,5AH　　;(5AH)→A

是把片内 RAM 中 5AH 这个地址单元的内容送累加器 A。

MOV　　A,P1　　;(P1)→A

是把 SFR 中 P1 口内容送累加器 A，它也可写成

MOV　　A,90H

其中，90H 就是 P1 口的地址。

直接寻址的地址需占一个字节，所以一条直接寻址方式的指令至少占内存两个单元。

3.2.3　立即寻址

立即寻址方式中操作数包含在指令字节中，操作码后面紧跟的是一字节或两字节操作数（称为立即数），即操作数以指令字节的形式存放于程序存储器中，在编写程序时用“#”号表示，以区别于直接寻址。

例 3－11

MOV　　A,5AH　　;(5AH)→A

MOV　　A,#5AH　　;5AH→A

前者是把片内 RAM 中 5AH 地址单元的内容送累加器 A，而后者则为把 5AH 这个立即数本身送累加器 A。请读者注意其各自的注释字段中的区别。

例 3－12

MOV　　DPTR,#2000H;　　2000H→DPTR

表示 2000H 这个 16 位的立即数送数据指针 DPTR。

3.2.4　寄存器间接寻址

操作数的地址事先存放在某个工作寄存器中，寄存器间接寻址方式是把指定寄存器的内容作为地址，由该地址所指定的单元内容作为操作数。MCS－51 规定 R0 和 R1 为间接寻址寄存器即地址指针（对堆栈操作指令用栈指针 SP），它可寻址内部 RAM 低 128 字节地址单元的内容。寄存器间接寻址方式也可适用于访问外部扩展的数据存储器，用 R0、R1 或 DPTR 作为地址指针，当用 R0、R1 作地址指针访问片外 RAM 时又可称为页面寻址。寄存器间接寻址用符号@表示。

例 3—13

MOV　　A,@R0;((R0))→A

以指令中所规定的工作寄存器 R0 的内容(图 3—1 中设 R0 的内容为 40H)为地址指针,将该地址指针单元的内容(图 3—1 中设(40H)＝ 55H)送累加器 A。

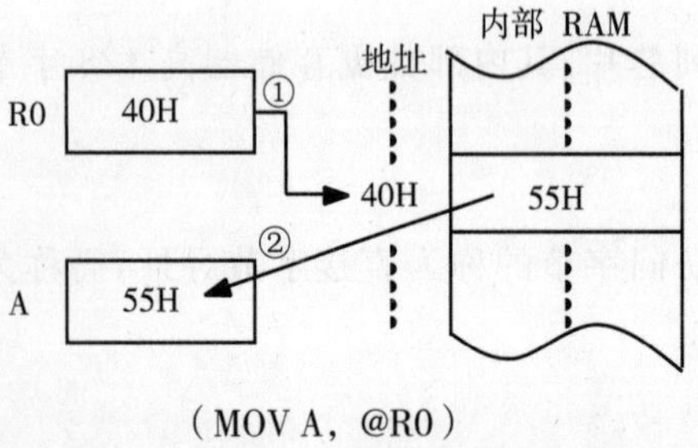

图3-1　寄存器间接寻址示意图

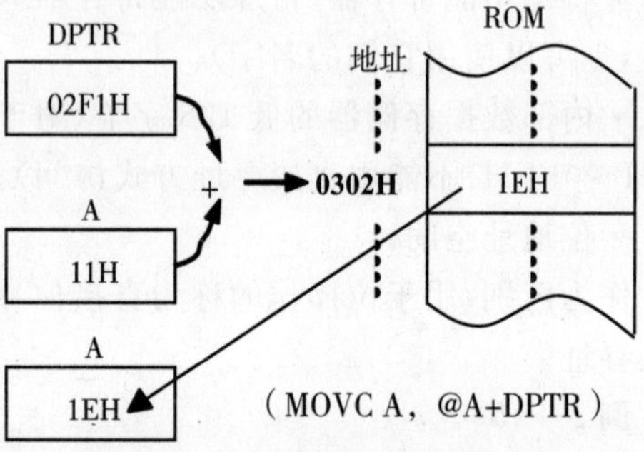

图3-2　变址寻址示意图

3.2.5　基址寄存器加变址寄存器间接寻址

基址寄存器加变址寄存器间接寻址的寻址方式是以 16 位的程序计数器 PC 或数据指针 DPTR 作为基址寄存器,以 8 位的累加器 A 作为变址寄存器,基址寄存器和变址寄存器的内容相加形成新的 16 位地址,该地址即为操作数的地址。在 MCS—51 中,用变址寻址方式只能访问程序存储器,当然访问时只能从 ROM 中读取数据而不能写入数据,故这种寻址方式多用于查表操作。

例 3—14

MOVC　　A,@A＋DPTR

图 3—2 为该指令工作原理示意图,基址寄存器为数据指针 DPTR,内容为 02F1H,变址寄存器为累加器 A,内容为 11H。两者相加形成新的 16 位地址,该地址单元的内容送累加器 A。

3.2.6　相对寻址

相对寻址方式是以当前程序计数器 PC 值加上指令中给定的偏移量 rel 所得结果作为转移地址。一般将相对转移指令操作码所在地址称为源地址,转移后的地址称为目的地址,则有:

目的地址 ＝ 源地址 ＋ 相对转移指令字节数 ＋ rel

MCS—51 指令中相对转移指令字节数有 2 字节的,也有 3 字节的,偏移量为有符号数,其取值范围为 —128～＋127,在程序中一般以补码表示。

例 3—15

JC　　75H　　;(PC)＋2＋75H → PC

这是一条以进位标志 Cy 为条件的转移指令,指令字节数为 2,当 Cy 为 1 时程序跳转至(PC)＋2＋75H 的地址单元去执行。图 3—3 中设这条双字节指令存放在 1000H,取出操作码后 PC 指向 1001H,取出偏移量后 PC 指向 1002H。则当 Cy 为 1 时程序跳转至 1000H＋2＋75H 的地址单元去执行。

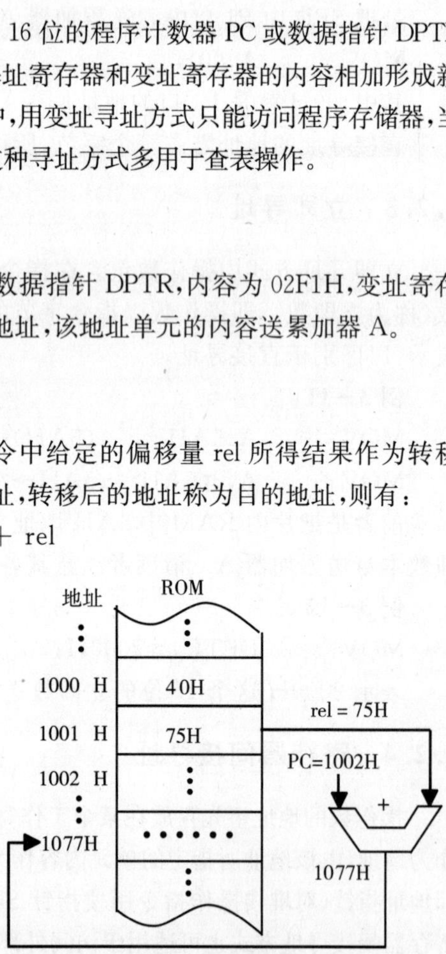

图3-3　相对寻址(JC 75H)示意图

3.2.7　位寻址

在计算机中，操作数不仅可以按照字节为单位进行存取和操作，而且也可以按照 8 位二进制数中的某一位为单位进行存取和操作。位寻址方式的操作数是 8 位二进制数中的某一位。在指令中给出的是位地址，即给出片内 RAM 某一单元中的一位。位地址在指令中用 bit 表示。

MCS－51 片内 RAM 有两个区域可以位寻址，其一是 20H～2FH 的 16 个单元中的 128 位；其二是字节地址为 8 的倍数的特殊功能寄存器。

MCS－51 中位寻址常用两种方式表示：

• 直接使用位地址。对于 20H～2FH 的 16 个单元共 128 位的位地址一般采用直接使用位地址的方式，如位地址 08H 表示 21H 单元的第 0 位。

• 对于特殊功能寄存器，还可以直接用寄存器名字加位数表示，如 PSW.3（或位地址 0D3H），还可以用位名称 RS0 表示。

例 3－16　　MOV　　C，01H；　　01H 为位地址

表示(20H).1 的内容传送到进位累加器。

例 3－17　　SETB　　$\overline{EA}$

表示中断允许寄存器 IE 的位 7 置 1。

3.2.8　页面寻址

当用 R0、R1 作地址指针访问片外 RAM 时的寻址方式称为页面寻址。页面地址由 P2 口的内容决定，页面内的地址由 R0 或 R1 的内容决定。

例 3－18

```
MOV    P2,#0A0H
MOV    R0,#01H
MOV    A,#10H
MOVX   @R0,A;  (A)→0A001H
```

表示将累加器 A 中的数据 10H 传送到页面为 A0H，页内地址为 01H 的外部数据存储器地址单元，即实际为传送到 0A001H 地址单元。

虽然 MCS－51 单片机的寻址方式有多种，但指令对哪一个存储器空间进行操作是由指令的操作码和寻址方式确定的。总的来说，具有以下几点原则：

• 对程序存储器只能采用立即寻址和基寄存器加变址寄存器间接寻址寻址方式。

• 对特殊功能寄存器空间只能采用直接寻址方式（可以用符号来代表地址），不能采用寄存器间接寻址方式。

• 内部数据存储器高 128 B 只能采用寄存器间接寻址方式（8052 系列），不能采用直接寻址方式。

• 内部数据存储器低 128 B 既能采用寄存器间接寻址方式，又能采用直接寻址方式。

• 外部扩展的数据存储器只能采用 MOVX 指令访问。

一般来说，指令中源操作数和目的操作数都有寻址方式的问题。通常约定右边的操作数为源操作数，左边的操作数为目的操作数。例如：

MOV 45H,R1; (R1)→ 45H

源操作数是R1,寄存器寻址方式;目的操作数是45H,直接寻址方式;源操作数适用以上各种不同寻址方式。目的操作数只能是寄存器寻址、寄存器间接寻址、直接寻址和位寻址4种寻址方式。

3.3 指令系统

MCS－51指令系统共有42种操作助记符用来描述33种操作功能,由111条指令组成。其中单字节指令49条,双字节指令45条,三字节指令17条。MCS－51指令系统具有简单易学易用、存储效率高、执行速度快等特点。MCS－51指令系统按功能来分类如下:

- 数据传送类指令(29条)
- 算术运算类指令(24条)
- 逻辑运算类指令(24条)
- 位操作类指令 (17条)
- 控制转移类指令(17条)

3.3.1 数据传送类指令

CPU在进行算术和逻辑操作时,绝大多数指令都有操作数,所以数的传送是一种最基本、最主要的操作。在通常的应用程序中,传送指令在程序中占着极大的比例,数据传送是否灵活、迅速,对整个程序的编写和执行都起着很大的作用。MCS－51为用户提供了极其丰富的数据传送指令,功能很强,其数据传送指令操作可以在累加器A、工作寄存器R0～R7、内部数据存储器、外部数据存储器和程序存储器之间进行,其中对累加器A和R0～R7的操作最多。其数据传送指令又可以分为3类:数据传送、数据交换和栈操作。这类指令有:MOV,MOVX,MOVC,XCH,XCHD,SWAP,POP,PUSH共8种操作助记符。

数据传送类指令一般的操作是把源操作数的内容传送到目的操作数,指令执行后,一般是源操作数的内容不改变,目的操作数的内容修改为源操作数的内容,或者源操作数与目的操作数的内容互换。

1. 以累加器A为目的的操作数指令

① MOV A,Rn ;寄存器寻址,(Rn)→A,n = 0～7

② MOV A,direct ;直接寻址,(direct)→A

③ MOV A,@Ri ;间接寻址,((Ri))→A,i = 0,1

④ MOV A,#data ;立即寻址,data→A

这组指令的功能是把源操作数的内容送累加器A,源操作数的内容不发生改变。注意第三条指令是以Ri寄存器的内容作为地址,该地址单元的内容送累加器A。

注意:在以下的各有关指令注释中,工作寄存器R的下标为n时,则$n = 0 \sim 7$,为i时则$i = 0$或1。

例3－19

MOV A,R7 ;(R7)→A。设(R7)＝40H,则执行后(A)＝40H,(R7)＝40H。

MOV A,30H ;(30H)→A。设(30H)＝40H,则执行后(A)＝40H,(30H)＝40H。

MOV　A,@R0　;((R0))→A。设(R0)=30H,(30H)=40H,则(A)=40H。

MOV　A,#10H ;10H→A。(A)=10H,注意不能没有'#'。

2. Rn为目的的操作数指令

① MOV　Rn,A　;寄存器寻址,(A)→Rn

② MOV　Rn,direct ;直接寻址,(direct)→Rn

③ MOV　Rn,#data;立即寻址,data→Rn

这组指令的功能是把源操作数的内容送到当前工作寄存器组R0～R7中的某个寄存器,源操作数的内容不发生改变。

例3—20

MOV　R1,A　;(A)→R1,n = 0～7。设(A)=50H,则(R1)=50H。

MOV　R2,70H　;(70H)→R2。设(70H)=50H,则(R2)=50H。

MOV　R3,#70H;70H→R3。(R3)=70H,注意必须有'#'。

3. 以直接地址为目的的操作数的指令

① MOV　direct,A　;寄存器寻址,(A)→direct。

② MOV　direct,Rn　;寄存器寻址,(Rn)→direct。

③ MOV　direct1,direct2 ;直接寻址,(direct2)→direct1。

④ MOV　direct,@Ri　;寄存器间接寻址,((Ri))→direct。

⑤ MOV　direct,#data　;立即寻址,data→direct。

这组指令的功能是把源操作数的内容送到直接地址指出的存储单元。

例3—21

MOV　P1,A　;(A)→P1。设(A)=30H,则(P1)=30H。

MOV　30H,R3　;(R3)→30H。设(R3)=20H,则(30H)=20H。

MOV　40H,70H　;(70H)→40H。设(70H)=20H,则(40H)=20H。

MOV　50H,@R0　;((R0))→50H。设(R0)=30H,(30H)=20H,则(50H)=20H。

MOV　60H,#77H ;77H→60H,则(60H)=77H,注意必须有'#'。

4. 以间接地址为目的操作数的指令

① MOV　@Ri,A　;寄存器寻址,(A)→(Ri)。

② MOV　@Ri,direct ;直接寻址,(direct)→(Ri)。

③ MOV　@Ri,#data;立即寻址,data→(Ri)。

这组指令的功能是把源操作数的内容送到以R0或R1的内容作为地址的内部RAM存储单元中。

例3—22

MOV　@R0,A;(A)→(R0)。

设(A)=20H,(R0)=30H,　执行前(30H)=40H,执行后(30H)=20H。

MOV　@R1,60H;(60H)→(R1)。

设(60H)=50H,(R1)=30H,执行前(30H)=40H,执行后(30H)=50H。

MOV　@R0,#77H;77H→(R0)。

设(R0)=40H,执行前(40H)=50H,执行后(40H)=77H。

5. 16 位数据传送指令

MOV DPTR,#data16;立即寻址,data16→DPTR 或 dataH→DPH,dataL→DPL。

这条指令的功能是把 16 位立即数传送到数据指针 DPTR,16 位数据的高 8 位送 DPH,低 8 位送 DPL。

例 3－23

MOV DPTR,#1234H;1234H→DPTR,DPTR＝1234H,DPH＝12H,DPL＝34H。

6. 查表指令

① MOVC A,@A＋PC ;基寄存器加变址寄存器间接寻址,((A)＋(PC))→A。

② MOVC A,@A＋DPTR;基寄存器加变址寄存器间接寻址,((A)＋(DPTR))→A。

这组指令的功能是以基寄存器(PC 或 DPTR)的内容与变址寄存器 A 作为无符号数的内容相加,组成新的 16 位地址,该地址单元的内容送到累加器 A。这两条指令专门用于读取存放在程序存储器中的常数,简称查表指令。这里应特别注意 PC 总是指向下一条指令的首地址。

第一条查表指令因为当前的 PC 值是由查表指令本身的存储地址确定的,而变址寄存器 A 的内容为 0～255,所以(A)和(PC)相加所得到的新地址只能在该查表指令以下 256 个单元内,表格的大小受到了限制。

第二条查表指令与该指令存放的地址无关,只与数据指针 DPTR 及累加器 A 的内容有关,因此数据表格大小和位置可在 64 KB 字节程序存储器中任意安排。

例 3－24

```
        ORG     8000H
        MOV     A,#30H  ;2 字节指令
        MOVC    A,@A+PC      ;1 字节指令,执行时(PC)=8003H
          ⋮
        ORG  8030H
TAB:DB       'ABCDEFGHIJ'
          ⋮
```

上面的查表指令执行后,将 8003H＋30H＝8033H 地址所对应的程序存储器中的内容 44H(字符'D'的 ASCII 码)送到累加器 A。

例 3－25

```
MOV      DPTR,#8030H          ;DPTR 指向 TAB 表首地址
MOV      A,#03H               ;(A)为 TAB 表内偏移量
MOVC     A,@A+DPTR            ;(A)=44H,字符'D'的 ASCII 码
```

上面的指令执行后,将 8033H 所对应的程序存储器中的内容 44H 送到累加器 A。

7. 累加器 A 与片外 RAM 数据传送指令

① MOVX A,@Ri ;页面寻址,(P2)((Ri))→ A

② MOVX A,@DPTR ;寄存器间接寻址,((DPTR))→ A

③ MOVX @Ri,A ;页面寻址,(A)→ P2(Ri)

④ MOVX @DPTR,A ;寄存器间接寻址,(A)→(DPTR)

这组指令的功能是将累加器A和外部扩展的RAM/IO口之间的数据传送。由于外部RAM/IO口是统一编址的，共占一个64 KB字节的空间，所以从指令本身看不出来是对RAM还是对I/O口操作，而只能由硬件的地址分配情况来确定。

例3－26

```
MOV    DPTR,#6000H
MOVX   A,@DPTR
```

上面的指令执行后，将地址为6000H的外部数据存储器的内容送到累加器A。

例3－27

```
MOV    DPTR,#6000H
MOV    A, #10H
MOVX   @DPTR,A
```

上面的指令执行后，将累加器A中的内容送到地址为6000H的外部数据存储器。

8. 堆栈操作指令

① PUSH direct； 直接寻址，(SP)＋1→SP，(direct)→(SP)

这条指令的功能是首先将堆栈指针SP加1，然后把直接地址指出的内容传送到堆栈指针SP寻址的内部RAM单元中。

② POP direct； 直接寻址，((SP))→direct，(SP)－1→SP

这条指令的功能是将堆栈指针SP寻址的内部RAM单元中的内容送到直接地址指出的内部RAM字节单元中，然后堆栈指针SP减1。

例3－28

设(SP)＝60H，(A)＝30H，(B)＝70H，执行下列指令后(SP)＝?，(DPTR)＝?

```
PUSH   ACC    ;(SP)= 60H+1= 61H,(61H)=(A)= 30H
PUSH   B      ;(SP)=61H+1= 62H,(62H)=(B)= 70H
POP    DPL    ;(DPL)=(62H)=70H,(SP)=62H-1 = 61H
POP    DPH    ;(DPH)=(61H)=30H,(SP)=61H-1= 60H
```

上面的指令执行后，(SP)＝60H，(DPTR)＝3070H。

堆栈操作(PASH——压栈指令，POP——弹栈指令)指令一般用于子程序调用，中断等保护数据或保护CPU现场，应特别注意是任何可能的程序支路PUSH和POP指令都应成对出现(包括隐性存在的PUSH、POP指令，如子程序调用LCALL指令隐含压栈2次，子程序返回指令RET隐含弹栈2次)。堆栈操作指令的功能是实现内部RAM(低128字节或特殊功能寄存器SFR)单元内容送入栈顶或由栈顶取出，送至指定的内部RAM单元。堆栈操作指令实质是以SP为间接地址寄存器的间接寻址方式，因为SP的唯一性，所以指令中隐含了此操作数，而只表示出直接寻址的地址单元。

9. 交换指令

① XCH A,Rn ；寄存器寻址，(A)↔(Rn)

② XCH A,direct ；直接寻址，(A)↔(direct)

③ XCH A,@Ri ；寄存器间接寻址，(A)↔((Ri))

④ XCHD A,@Ri ；寄存器间接寻址，(A)0～3 ↔((Ri))0～3

⑤ SWAP A ；寄存器寻址，(A)3～0 ↔(A)7～4

数据传送类指令一般是把源操作数的内容传送到目的操作数，指令执行后，源操作数的内容不改变。但交换指令的源操作数的内容也会发生改变。

前3条指令为字节交换指令，其功能是将累加器A的内容和源操作数的内容相互交换。

第④条指令为半字节交换指令，其功能是将累加器A的内容的低四位和源操作数的内容的低四位相互交换，操作数的高四位内容不变。

最后一条指令为累加器A自身半字节交换指令，其功能是将累加器A的内容的低四位与高四位交换。

例 3－29

设(A)＝10H，(R1)＝20H，执行指令：

```
XCH    A,R1
```

则执行后结果为：(A)＝20H，(R1)＝10H

例 3－30

设(A)＝10H，(70H)＝20H，执行指令：

```
XCH    A,70H
```

则执行后结果为：(A)＝20H，(70H)＝10H

例 3－31

设(A)＝10H，(R1)＝30H，(30H)＝20H，执行指令：

```
XCH    A,@R1
```

则执行后结果为：(A)＝20H，(30H)＝10H

例 3－32

设(A)＝12H，(R1)＝30H，(30H)＝34H，执行指令：

```
XCHD   A,@R1
```

则执行后结果为：(A)＝14H，(30H)＝32H

例 3－33

设(A)＝12H，执行指令：

```
SWAP   A
```

则执行后结果为：(A)＝21H

完成同样的数据传送功能，可以使用不同寻址方式的指令来实现。为实现将累加器A的内容传送到内部50H单元，可以采用以下4种不同方式：

```
① MOV    50H,A      ;源操作数为寄存器寻址方式，指令为2字节。
② MOV    R0,#50H
  MOV    @R0,A
③ MOV    50H,0E0H   ;源操作数为直接寻址方式，指令为3字节。
④ PUSH   ACC        ;ACC表示直接地址。
  POP    50H
```

3.3.2 算术运算类指令

MCS－51算术运算类指令包括加、减、乘、除基本四则运算和增量(加1)、减量(减1)运算，执行结果将使进位(Cy)、辅助进位(AC)，溢出(OV)标志置位或复位。但加1和减1指令不影响以上标志。算术/逻辑运算(ALU)部件仅执行无符号二进制整数的算术运算。借助溢出标志，可对带符号数进行 2 的补码运算；借助进位标志，可进行多精度加、减运算；也可以对压缩的 BCD 码数进行运算。这类指令有：ADD、ADDC、INC、SUBB、DEC、DA、MUL、DIV 共 8 种操作助记符。

BCD 码为用二进制编码表示的十进制数，因一个 0～9 的十进制数只需 4 位二进制编码，故一个字节数(8 位)的高、低四位均可存放一个 BCD 数，这种在一个字节中存放 2 个 BCD 码的数称为压缩的 BCD 码。

1. 不带进位的加法指令

```
① ADD    A,Rn      ;(A)+(Rn)→ A
② ADD    A,direct  ;(A)+(direct)→ A
③ ADD    A,@Ri     ;(A)+((Ri))→ A
④ ADD    A,#data   ;(A)+ data → A
```

这组指令的功能是把累加器 A 的内容与工作寄存器的内容或内部 RAM 单元内容或立即数的 8 位无符号二进制数相加，其和的结果存放在累加器 A 中。如果位 7 有进位输出，则置位进位标志 Cy，否则清 Cy；如果位 3 有进位输出，则置位半进位标志 AC，否则清 AC；如果位 6 有进位输出而位 7 没有或者位 7 有进位输出而位 6 没有，则置位溢出标志 OV，否则清 OV。

例 3－34

设(A)＝53H，(70H)＝0FCH，执行指令

```
    ADD    A,70H
```

执行结果为：(A)＝4FH，Cy＝1，AC＝0，OV＝0，P＝1

```
   01010011
+) 11111100
-----------
  101001111
```

例 3－35

设(A)＝85H，(R1)＝30H，(30H)＝ 0AFH，执行指令

```
    ADD    A,@R1
```

执行结果为：(A)＝34H，Cy＝1，AC＝1，OV＝1，P＝1

```
   10000101
+) 10101111
-----------
  100110100
```

2. 带进位的加法指令

```
① ADDC   A,Rn      ;(A)+(Rn)+ Cy → A
② ADDC   A,direct  ;(A)+(direct)+ Cy → A
③ ADDC   A,@Ri     ;(A)+((Ri))+ Cy → A
④ ADDC   A,#data   ;(A)+ data + Cy → A
```

这组指令的功能是把累加器 A 的内容与工作寄存器的内容或内部 RAM 单元内容或立即数的 8 位无符号二进制数和进位标志一起相加，其结果存放在累加器 A 中。如果位 7 有进位输出，则置位进位标志 Cy，否则清 Cy；如果位 3 有进位输出，则置位半进位标志 AC，否则清 AC；如果位 6 有进位输出而位 7 没有或者位 7 有进位输出而位 6 没有，则置位溢出标志 OV，否则清 OV。当进位标志为 0 时，其结果与不带进位的加法指令的运行结果相同。

```
   01010011
   11111011
+)        1
-----------
  101001111
```

例 3－36

设(A)＝53H，Cy＝1，执行指令

```
    ADDC    A,#0FBH
```

执行结果为：(A)＝4FH，Cy＝1，AC＝0，OV＝0，P＝1

```
   10000101
   10101110
+)        1
-----------
  100110100
```

例 3—37

设(A)＝85H,(R0)＝30H,(30H)＝0AEH,

Cy＝1 执行指令

ADDC A,@R0

执行结果为:(A)＝34H,Cy＝1,AC＝1,OV＝1,P＝1

3. 带进位的减法指令

① SUBB A,Rn ;(A)－(Rn)－Cy→A

② SUBB A,direct ;(A)－(direct)－Cy→A

③ SUBB A,@Ri ;(A)－((Ri))－Cy→A

④ SUBB A,#data ;(A)－data－Cy→A

这组指令的功能是把累加器 A 的内容减工作寄存器的内容或减内部 RAM 单元内容或减立即数的 8 位无符号二进制数,并减进位,其结果存放在累加器 A 中。如果位 7 需借位,则置位进位标志 Cy,否则清 Cy;如果位 3 需借位,则置位半进位标志 AC,否则清 AC;如果位 6 需借位而位 7 不需借位或者位 7 需借位而位 6 不需借位,则置位溢出标志 OV,否则清 OV。

例 3—38

设(A)＝0C9H,(R0)＝30H,(30H)＝54H,Cy＝1,执行指令

SUBB A,@R0

执行结果为:(A)＝74H,Cy＝0,AC＝0,OV＝1,P＝0

```
    11001001
    01010100
–)         1
————————————
    01110100
```

例 3—39

设(A)＝85H,(60H)＝0AEH,Cy＝1 执行指令

SUBB A,60H

执行结果为:(A)＝0D6H,Cy＝1,AC＝1,OV＝0,P＝1

```
    10000101
    10101110
–)         1
————————————
   111010110
```

关于溢出标志位 OV 讨论:

无符号数相加,和的溢出是与进位 Cy 的置位是统一的。

带符号数相加,和的溢出是指－128＞和＞＋127,超出了一个字节表达带符号数的范围,用 OV＝1 表示。

无符号数相减,不够减时,向高字节借位与借位 C 的置位是统一的。

带符号数相减,差的溢出是指－128＞差＞＋127,超出了一个字节表达带符号数的范围,用 OV＝1 表示。

机器内码中,负数用补码表示。

＋120＝78H＝01111000B

－120＝88H＝10001000B

＋105＝69H＝01101001B

－105＝97H＝10010111B

① (＋120)＋(＋105)＝225 ;225＞＋127

```
  01111000 B
+ 01101001 B
————————————
  11100001 B        ;E1H 为负数。
```

最高位无进位,Cy＝0,次高位有进位,OV＝1,溢出。

② (－120)＋(－105)＝ －225　　　;－225 ＜ －128

```
  10001000 B
+ 10010111 B
-------------
1 00011111 B          ;1FH 为正数。
```

最高为有进位,Cy＝1,次高位无进位,OV＝1,溢出。

③ (＋120)－(－105)＝ 225　　　;225 ＞ ＋127

```
  01111000 B
+ 10010111 B
-------------
1 11100001 B          ;E1H 为负数。
```

最高位有借位,Cy＝1,次高位无借位,OV＝1,溢出。

④ (－120)－(＋105)＝ －225　　　;－225 ＜ －128

```
   1000 1000 B
-  0110 1001 B
---------------
   0001 1111 B        ;1FH 为正数
```

最高位无借位,Cy＝0,次高位有借位,OV＝1,溢出。

综上所述,溢出位 OV＝1 的条件是:

(最高位进位)⊕(次高为进位)＝ 1 或(最高位借位)⊕(次高为借位)＝ 1 。

4. 增量(加 1)指令

```
① INC    A      ;(A)+ 1→ A
② INC    Rn     ;(Rn)+ 1→ Rn
③ INC    direct ;(direct)+ 1→ direct
④ INC    @Ri    ;((Ri))+ 1→(Ri)
⑤ INC    DPTR;(DPTR)+ 1→ DPTR
```

这组增量指令的功能是将操作数所指定单元的内容加 1,除对累加器 A 操作影响 P 标志外,其操作不影响其他标志。

例 3－40

设(A)＝0FFH,(R7)＝10H,(70H)＝0E0H,(R0)＝30H,(30H)＝0FH,(DPTR)＝8000H,顺序执行以下指令:

```
INC    A
INC    R7
INC    70H
INC    @R0
INC    DPTR
```

执行结果为:(A)＝00H,(R7)＝11H,(70H)＝0E1H,(R0)＝30H,

(30H)＝10H,(DPTR)＝8001H

5. 减量(减 1)

```
① DEC    A      ;(A)- 1→ A
② DEC    Rn     ;(Rn)- 1→ Rn
```

③ DEC direct ;(direct)－ 1→ direct

④ DEC @Ri ;((Ri))－ 1→(Ri)

这组减量指令的功能是操作数所指定单元的内容减 1,除对累加器 A 操作影响 P 标志外,其操作不影响其他标志。

例 3－41

设(A)＝00H,(R5)＝10H,(60H)＝0E0H,(R1)＝40H,(40H)＝0AH,

顺序执行以下指令:

```
DEC    A
DEC    R5
DEC    60H
DEC    @R1
```

执行结果为:(A)＝0FFH,(R5)＝0FH,(60H)＝0DFH,(R1)＝40H,(40H)＝09H

6. 十进制调整指令

DA A

这条指令跟在加法指令(ADD、ADDC)指令后,对累加器 A 中 8 位结果进行调整,使它调整为压缩的 BCD 码的数,以完成十进制加法运算功能。两个压缩的 BCD 码按二进制数相加之后,必须要经本指令调整后才能得到压缩的 BCD 码的和数。本指令的操作过程见图 3－4,即可得指令的步骤为:

① 若 A3～0＞9 或 AC＝1,则(A)＋06H→A;

② 若 A7～4＞9 或 Cy＝1,则(A)＋60H→A。

且需注意第②步判断是在第一步判断并运算后的基础上进行的。

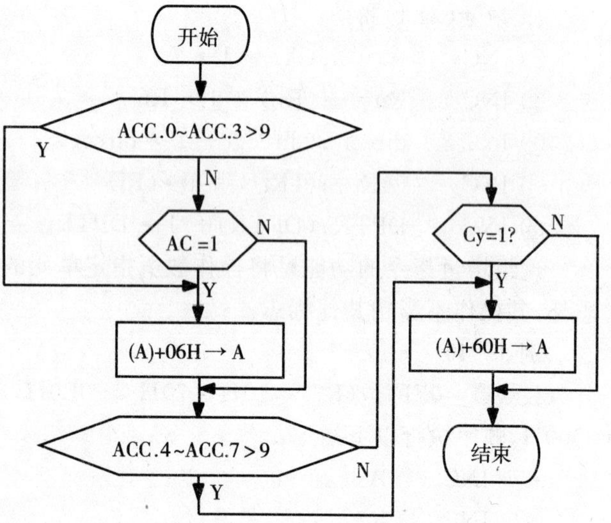

图3-4 DA A 指令执行示意图

例 3－42

设(A)＝78H,(R3)＝25H,

执行如下指令:

```
ADD    A,R3
DA     A
```

执行结果为:(A)＝ 03H,Cy ＝ 1

不能用 DAA 直接对十进制减法结果进行调整。

若累加器 A 中为压缩的 BCD 码的数,则

(A)＋1 的编程:

```
ADD    A,#01H
DA     A
```

(A)－1 的编程:

```
ADD    A,#99H
DA     A
```

7. 乘法指令

MUL　　AB

这条指令的功能是把累加器 A 和寄存器 B 中的两个 8 位无符号数相乘，其 16 位积的低 8 位在累加器 A 中，高 8 位在寄存器 B 中。如果积大于 255(0FFH)，则置位溢出标志 OV，进位标志 Cy 总是清 0。

例 3－43

设(A)＝4EH，(B)＝5DH，执行指令：

　　MUL　　AB

执行结果为：(A)＝56H，(B)＝1CH，OV＝1，Cy＝0，即积为 1C56H。

8. 除法指令

DIV　　AB

这条指令的功能是把累加器 A 中的 8 位无符号数除以寄存器 B 中的 8 位无符号数，所得商的整数部分存放在累加器 A 中，余数保留在寄存器 B 中。如果原来 B 中的内容为 0，即除数为 0，则结果 A 和 B 中的内容不定，此时置位溢出标志 OV，进位标志 Cy 总是为 0。

例 3－44

设(A)＝0BFH，(B)＝32H。执行指令：

DIV　　AB

执行结果为：(A)＝03H，(B)＝29H，OV＝0，Cy＝0

3.3.3　逻辑运算类指令

MCS－51 逻辑运算类指令包括清除、求反、移位及与、或、异或等操作。这类指令有：CLR、CPL、RL、RLC、RR、RRC、ANL、ORL、XRL，共 9 种操作助记符。

1. 对累加器 A 的单操作数的逻辑操作指令

(1) CLR　A；(A)＝ 0

这条指令的功能是将累加器 A 的内容清为 0，即(A)＝0，不影响 Cy，AC，OV 标志，只影响 P 标志。

(2) CPL　A；(A)→A

这条指令的功能是将累加器 A 的内容逐位逻辑取反，不影响标志位。

(3) RL　A

这条指令的功能是累加器 A 的内容向左循环移位 1 位，不影响标志位。移位情况见图 3－5(a)。

(4) RR　A

这条指令的功能是累加器 A 的内容向右循环移位 1 位，不影响标志位。移位情况见图 3－5(b)。

(5) RLC　A

这条指令的功能是累加器 A 的内容和进位标志 Cy 一起向左循环移位 1 位，不影响 AC、OV 标志位。移位情况见图 3－5(c)。

(6) RRC　A

这条指令的功能是累加器 A 的内容和进位标志 Cy 一起向右循环移位 1 位，不影响

AC、OV 标志位。移位情况见图 3－5(d)。

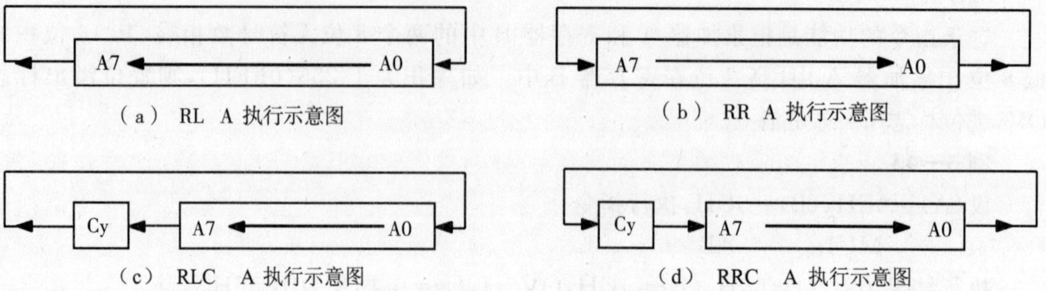

图3-5 循环移位指令执行示意图

例 3－45

设(A)＝ 0F3H,Cy ＝ 1,顺序执行以下指令：

```
CPL    A   ;(A)= 0CH,Cy = 1
RL     A   ;(A)= 18H,Cy = 1
RLC    A   ;(A)= 31H,Cy = 0
RR     A   ;(A)= 98H,Cy = 0
RRC    A   ;(A)= 4CH,Cy = 0
CLR    A   ;(A)= 0,  Cy = 0
```

2. 两个操作数的逻辑操作指令

(1) 逻辑与操作指令

① ANL A,Rn ;(A)∧(Rn)→ A

② ANL A,direct ;(A)∧(direct)→ A

③ ANL A,#data ;(A)∧ data → A

④ ANL A,@Ri ;(A)∧((Ri))→ A

⑤ ANL direct,A ;(direct)∧(A)→ direct

⑥ ANL direct,#data ;(direct)∧data → direct

这组指令的前 4 条指令是将累加器 A 的内容与第二操作数所指出的内容按位进行逻辑与操作,结果存放在 A 中。后两条指令是将直接地址单元中的内容与第二操作数所指出的内容按位进行逻辑与操作,结果存放在直接地址单元中。

例 3－46

设(A)＝ 73H,(R0)＝3AH,(3AH)＝ 35H,(60H)＝76H,顺序执行以下指令：

```
ANL    A,R0        ;(A)= 32H
ANL    A,60H       ;(A)= 32H
ANL    A,#0E2H     ;(A)= 22H
ANL    A,@R0       ;(A)= 20H
ANL    60H,A       ;(60H)= 20H
ANL    60H,#0CFH   ;(60H)= 00H
```

(2) 逻辑或操作指令

① ORL A,Rn ;(A)∨(Rn)→ A

```
② ORL    A,direct   ;(A) ∨ (direct)→ A
③ ORL    A,#data    ;(A) ∨ data → A
④ ORL    A,@Ri      ;(A) ∨ ((Ri))→ A
⑤ ORL    direct,A   ;(direct) ∨ (A)→ direct
⑥ ORL    direct,#data  ;(direct) ∨ data → direct
```

这组指令的前 4 条指令是将累加器 A 的内容与第二操作数所指出的内容按位进行逻辑或操作，结果存放在 A 中。后两条指令是将直接地址单元中的内容与第二操作数所指出的内容按位进行逻辑或操作，结果存放在直接地址单元中。

例 3－47

设(A)＝ 23H,(R0)＝34H,(34H)＝ 80H,(60H)＝26H,顺序执行以下指令：

```
ORL    A,R0      ;(A)＝ 37H
ORL    A,60H     ;(A)＝ 37H
ORL    A,#62H    ;(A)＝ 77H
ORL    A,@R0     ;(A)＝ 0F7H
ORL    60H,A     ;(60H)＝ 0F7H
ORL    60H,#08H    ;(60H)＝ 0FFH
```

(3) 逻辑异或操作指令

```
① XRL    A,Rn       ;(A)⊕(Rn)→ A
② XRL    A,direct   ;(A)⊕(direct)→ A
③ XRL    A,#data    ;(A)⊕data → A
④ XRL    A,@Ri      ;(A)⊕((Ri))→ A
⑤ XRL    direct,A   ;(direct)⊕(A)→ direct
⑥ XRL    direct,#data;     (direct)⊕data → direct
```

这组指令的前 4 条指令是将累加器 A 的内容与第二操作数所指出的内容按位进行逻辑异或操作，结果存放在 A 中。后两条指令是将直接地址单元中的内容与第二操作数所指出的内容按位进行逻辑异或操作，结果存放在直接地址单元中。

例 3－48

设(A)＝ 73H,(R0)＝3AH,(3AH)＝ 35H,(60H)＝76H,顺序执行以下指令：

```
XRL    A,R0      ;(A)＝ 49H
XRL    A,60H     ;(A)＝ 3FH
XRL    A,#62H    ;(A)＝ 5DH
XRL    A,@R0     ;(A)＝ 68H
XRL    60H,A     ;(60H)＝ 1EH
XRL    60H,#80H;     (60H)＝ 9EH
```

3.3.4　位操作类指令

MCS－51 系列单片机内有一个布尔处理机，它具有一套处理位变量的指令集，它以进位标志 Cy 作为位累加器 C，以 RAM 地址 20H～2FH 单元中的 128 位和地址为 8 的倍数的特殊功能寄存器的位地址单元作为操作数，进行位变量的传送、位状态控制、修改和位逻辑操作等操作。这类指令有:MOV、CLR、CPL、SETB、ANL、ORL、JC、JNC、JB、JNB、JBC 共 11 种操作助记符。在汇编语言中位地址的描述方式有多种:

① 直接位地址方式。如:D4H;

② 操作符号方式(特殊功能寄存器名)。如:PSW.4、(D0H).4;

③ 位名称方式。如:RS1;

④ 用户定义方式。如:用伪指令 bit 定义:

GZ.REG bit RS1

经定义后,允许指令中用 GZ.REG 来代替 RS1。

上面 4 种方式都可用来表达 D0H 地址中的位 4,它的位地址是 D4H,而名称为 RS1,特殊功能寄存器名表示方式是 PSW.4 及用户定义的位地址符号是 GZ.REG。

1. 位数据传送指令

① MOV C,bit ;(bit)→ Cy

② MOV bit,C ;Cy → bit

这组指令的功能是把由源操作数指出的位变量送到目的操作数指定的位单元中。其中以进位标志 Cy 作为位累加器 C,即其中一个操作数为位累加器 C,另一个操作数可以是任何直接寻址的位(以 RAM 地址 20H~2FH 单元中的 128 个位地址和地址为 8 的倍数的特殊功能寄存器的位地址)。不影响其他寄存器或标志位。

例 3—49

设(20H)= 02H,顺序执行以下指令:

```
MOV    C,01H     ;Cy = (20H).1= 1
MOV    07H,C     ;(20H).7 = Cy =1
```

执行结果为:(20H)= 82H

2. 位变量修改指令

① CLR C

② CLR bit

③ CPL C

④ CPL bit

⑤ SETB C

⑥ SETB bit

这组指令的功能分别是清 0、取反、置位 1 进位标志位或直接寻址的位。不影响其他寄存器或标志位。

例 3—50

设(21H)= 71H,Cy=1,顺序执行以下指令:

```
CLR    C    ;Cy = 0
CLR    08H  ;(21H)= 70H
CPL    09H  ;(21H)= 72H
SETB   C    ;Cy = 1
SETB   0FH  ;(21H)= 0F2H
CPL    C    ;Cy = 0
```

执行结果为：(21H)＝ 0F2H，Cy ＝ 0

3. 位变量逻辑与、或运算指令

① ANL　C,bit　;(Cy)∧(bit)→ Cy

② ANL　C,/bit　;(Cy)∧(bit)→ Cy

③ ORL　C,bit　;(Cy)∨(bit)→ Cy

④ ORL　C,/bit　;(Cy)∨(bit)→ Cy

这组指令的功能是把位累加器 C 的内容与直接位地址的内容进行逻辑与、或操作，结果传送到位累加器 C 中。第二操作数前的斜杠“/”表示对该位取反后再参与逻辑运算，但该位原来的值不发生改变。

例 3－51　设(P1)＝ 06H，Cy ＝ 1，顺序执行以下指令：

```
ANL    C,P1.0     ;Cy = 0,(P1)= 06H
ORL    C,P1.2     ;Cy = 1,(P1)= 06H
ANL    C,/P1.1    ;Cy = 0,(P1)= 06H
ORL    C,/P1.3    ;Cy = 1,(P1)= 06H
```

执行结果为：(P1)＝ 06H，Cy ＝ 1

4. 位变量条件转移指令

① JC　rel　;若 Cy ＝ 1，则 PC＋2＋rel→PC，若 Cy ＝ 0，则 PC＋2→PC

② JNC　rel　;若 Cy ＝ 0，则 PC＋2＋rel→PC，若 Cy ＝ 1，则 PC＋2→PC

③ JB　bit,rel　;若(bit) ＝ 1，则 PC＋3＋rel→PC，若(bit) ＝ 0，则 PC＋3→PC

④ JNB　bit,rel　;若(bit) ＝ 0，则 PC＋3＋rel→PC，若(bit) ＝ 1，则 PC＋3→PC

⑤ JBC　bit,rel　; 若(bit) ＝ 1，则 PC＋3＋rel→PC，且置(bit) ＝ 0，若(bit) ＝ 0，则 PC＋3→PC

这组指令的功能是若满足条件则转移到目标地址去执行，不满足条件则顺序执行下一条指令。指令执行过程如图 3－6 所示。应特别注意目的地址在以下一条指令的起始地址为中心的 256 字节范围内(－128 ～＋127 B)。

在用汇编语言编写程序时，为了容易看懂程序，偏移量 rel 往往用一个标号来代替，汇编时由汇编程序自动计算出偏移字节数，并填入指令代码中。

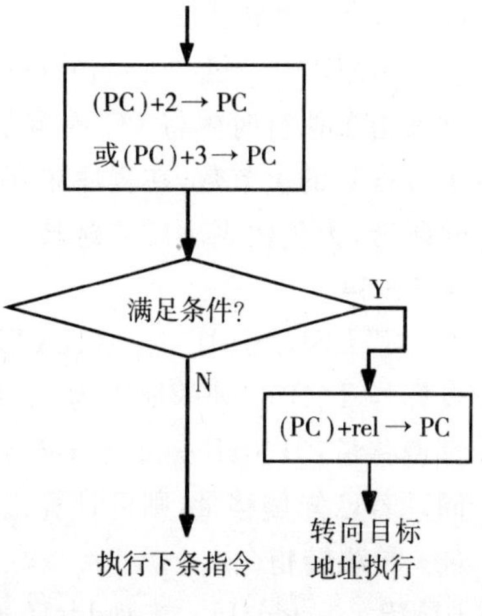

图 3-6　位变量条件转移指令执行过程

例 3－52

设(22H)＝ 02H，且在程序中没有改变 22H 地址单元的内容，请指出当程序执行到位条件转移指令 JB 处时的转移情况。

```
MAIN:
    ⋮
    JB11H,NEXT
    ⋮
NEXT:
    ⋮
```

因为 11H 位地址指出的位地址即为(22H).1,其值为 1,故当程序执行到位条件转移指令处时满足条件,则程序跳转至 NEXT 地址处执行(这里用标号代替偏移量,当然跳转的地址范围为－128～＋127 B)。

3.3.5 控制转移类指令

计算机在运行的过程中,有时因为操作的需要或因程序较复杂,程序指令往往不能按顺序逐条执行,需要改变程序运行方向,即将程序跳转到某个指定的地址处再执行。某些指令具有修改程序计数器 PC 内容的功能(如位操作指令 JC、JNC、JB、JNB、JBC 等),因为 PC 的内容总是指向将要执行的下一条指令的地址,所以计算机执行这类指令就能控制程序转移到新的 PC 地址去执行。除部分位操作指令能实现控制转移外,MCS－51 还有较丰富的控制转移类指令,包括无条件转移、条件转移和调用和返回指令等。这类指令有:AJMP、LJMP、SJMP、JMP、JZ、JNZ、CJNE、DJNZ、ACALL、LCALL、RET、RETI、NOP ,共 13 种操作助记符。

1. 无条件转移指令

(1) 绝对短跳转指令

```
AJMP    addr11    ;(PC)+2 → PC,addr10～0→ PC10～0
```

这是 2KB 字节范围内的无条件转移指令,是绝对跳转。跳转的目标地址必须与 AJMP 的下一条指令的第一个字节在同一 2 KB 个字节范围内,这是因为跳转的目的地址与 AJMP 的下一条指令的第一个字节的高 5 位 addr15～11 相同。这条指令是为与 MCS－48 兼容而保留的指令,现在一般较少使用。

例 3－53

设标号 THISL 地址为 1FF0H,则执行以下指令,程序的跳转目的地址为多少?

```
THISL:AJMP    01FFH
```

程序执行过程为:

① PC=PC+2 = 1FF0H+2 = 1FF2H;

② 程序的跳转目的地址为:19FFH(PC15～11 = 00011,PC10～0 = 00111111111)。

(2) 相对短跳转指令

```
SJMP    rel    ;(PC)+ 2 + rel → PC
```

这条指令执行时先将 PC 内容加 2,再加相对偏移量 rel,计算出跳转的目标地址。rel 是一个带符号的字节数,在程序中用补码表示,其值范围为－128～＋127,当 rel 为正数表示正向跳转,为负数表示反向跳转。

例 3－54

```
THISL:SJMP    THATL
```

设标号 THISL 处的地址为 0100H,标号 THATL 的地址为 0155H,则可按以下表达式来计算偏移量:0100H + 2 + rel = 0155H,则 rel = 53H。

同理若已知偏移量,则可计算出目标地址为:(PC)+ 2 + rel

(3) 长跳转指令

```
LJMP    addr16    ;addr16→ PC
```

这条指令执行时把 16 位操作数的高低 8 位分别装入 PC 的 PCH 和 PCL,无条件地转向指定地址。跳转的目的地址可以在 64 KB 字节程序存储器地址空间的任何地方,不影响任何标志位。

例 3－55

设标号 NEXT 的地址为 3010H，则执行以下程序：

```
    LJMP   NEXT
```

不管这条长跳转指令存放在程序存储器地址空间的什么位置，运行结果都会使程序跳转到 3010H 地址处执行。

(4) 间接跳转指令

```
    JMP    @A+DPTR
```

这条指令的功能是把累加器 A 中的 8 位无符号数与数据指针 DPTR 中的 16 位地址相加，相加形成的 16 位新地址送入 PC。指令执行过程不改变累加器和数据指针的内容，也不影响标志位。利用这条指令能实现程序的散转。

例 3－56

根据累加器 A 中命令键键值(设为 0～3)，设计命令键操作程序入口跳转表：

```
DK:MOV    R2,A
    RL     A
    ADD    A,R2           ;以上为(A)× 3 → PC
    MOV    DPTR,#DKTAB    ;指向命令键跳转表首地址
    JMP    @A+DPTR        ;散转至命令键入口
DKTAB:
    LJMP   PK0            ;转向命令 0 处理入口
    LJMP   PK1            ;转向命令 1 处理入口
    LJMP   PK2            ;转向命令 2 处理入口
    LJMP   PK3            ;转向命令 3 处理入口
```

2. 条件转移指令

(1) 判零跳转指令

① JZ　　rel　;若(A)＝ 0，则 PC ＋ 2 ＋ rel→ PC，若(A)≠0，则 PC ＋ 2→ PC。

② JNZ　rel　;若(A)≠0，则 PC ＋ 2 ＋ rel→ PC，若(A)＝ 0，则 PC ＋ 2→ PC。

这组指令的功能是若满足条件则转移到目标地址去执行，不满足条件则顺序执行下一条指令。目的地址在以下一条指令的起始地址为中心的 256 字节范围内(－128～＋127 字节)。与位变量条件转移指令执行过程相同，指令执行过程如图 3－6 所示。有部分资料中把位变量条件转移指令与这两条指令一起做条件转移指令来介绍。

例 3－57

设(A)＝ 02H，且在程序中没有改变累加器 A 的内容，请指出当程序执行到条件转移指令 JNZ 处时的转移情况。

```
MAIN:
    ⋮
    JNZ  NEXT
    ⋮
NEXT:
    ⋮
```

因为(A)＝ 02H，不为 0，故当程序执行到条件转移指令处时满足条件，则程序跳转至 NEXT 地址处执行。

(2) 比较不相等跳转指令

① CJNE A，direct，rel

指令的执行过程为：

a. (A)＝(direct)，则(PC)＋ 3 → PC，Cy ＝ 0

b. (A)＞(direct)，则(PC)＋ 3 ＋ rel → PC，Cy ＝ 0

c. (A)＜(direct)，则(PC)＋ 3 ＋ rel → PC，Cy ＝ 1

② CJNE A，#data，rel

指令的执行过程为：

a. (A)＝ data，则(PC)＋ 3 → PC，Cy ＝ 0

b. (A)＞data，则(PC)＋ 3 ＋ rel → PC，Cy ＝ 0

c. (A)＜ data，则(PC)＋ 3 ＋ rel → PC，Cy ＝ 1

③ CJNE Rn，#data，rel

指令的执行过程为：

a. (Rn)＝ data，则(PC)＋ 3 → PC，Cy ＝ 0

b. (Rn)＞ data，则(PC)＋ 3 ＋ rel → PC，Cy ＝ 0

c. (Rn)＜data，则(PC)＋ 3 ＋ rel → PC，Cy ＝ 1

④ CJNE @Ri，#data，rel

指令的执行过程为：

a. ((Ri)) ＝ data，则(PC)＋ 3 → PC，Cy ＝ 0

b. ((Ri)) ＞ data，则(PC)＋ 3 ＋ rel → PC，Cy ＝ 0

c. ((Ri)) ＜ data，则(PC)＋ 3 ＋ rel → PC，Cy ＝ 1

这组指令的功能是比较两个操作数的大小，如果它们的值不相等，则转移，当第一操作数内容小于第二操作数的内容，则置位进位标志 Cy，否则清 Cy。

例 3—58

执行下面程序后将根据 A 的内容大于 60H、等于 60H、小于 60H 三种情况不同的处理：

```
        CJNE    A,#60H,NEQ       ;(A)不等于60H则转移
EQ:     …                        ;(A)等于60H处理程序
        ⋮
NEQ:    JC   LOW                 ;(A)小于60H则转移
        ⋮                        ;(A)大于60H处理程序
LOW:    …                        ;(A)小于60H处理程序
```

(3) 减 1 不为 0 跳转指令

① DJNZ Rn，rel

指令的执行过程为：

a. (PC) ＋ 2 → PC

b. (Rn) － 1→ Rn

c. 若(Rn)≠0，则 (PC) ＋ rel → PC，若(Rn) ＝ 0，则结束循环，程序往下执行。

② DJNZ　　direct,rel

指令的执行过程为：

a.(PC) + 3 → PC

b.(direct) − 1→ direct

c.若(direct)≠0,则 (PC) + rel → PC,若(direct) = 0,则结束循环,程序往下执行。

这组指令的功能是程序每执行一次本指令,将第一操作数所指向的地址单元的内容减1,然后判断其值是否为0,若不为0,则转移到目的地址,继续执行循环程序,若为0,则结束循环程序段的执行,程序往下执行。

例 3－59

延时程序：

```
START:  SETB   P1.1
DL:     MOV    30H,#03H
DL0:    MOV    R1,#0F0H
DL1:    DJNZ   R1,DL1
        DJNZ   30H,DL0
        CPL    P1.1
        AJMP   DL
```

这段程序的功能是通过延时在 P1.1 输出一个方波信号,可以通过修改 30H 和 R1 的初值来改变延时时间,从而改变方波频率。

3. 调用和返回指令

在程序设计中,有时因操作要求,需反复执行某段程序,使这段程序能被公用。这样可减少程序编写和调试的工作量,于是引进了主程序和子程序的概念,指令系统中一般都有调用子程序的指令,以及从子程序返回主程序的指令。通常把具有一定功能的公用程序段作为子程序,在子程序的末尾一般需安排一条返回主程序的指令。主程序转子程序以及从子程序返回的过程如图 3－7 所示。

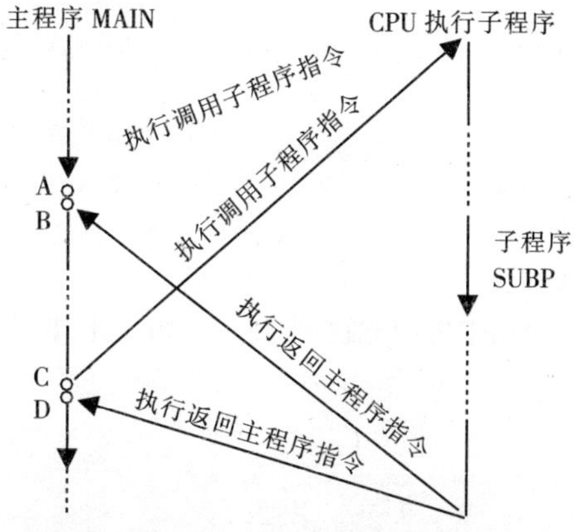

图 3-7　主程序二次调用子程序示意图

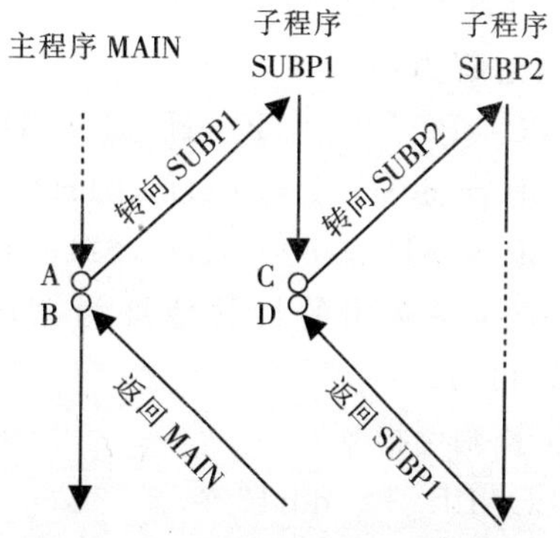

图 3-8　二级子程序嵌套示意图

当主程序执行到 A 处,遇到调用子程序 SUBP 的指令时,CPU 自动把 B 处即下一条指令第一字节的地址(PC 值,称为断点)保留到堆栈中,堆栈指针 SP 加 2,并将子程序 SUBP 的起始地址送入 PC,于是,CPU 就转向执行子程序 SUBP,当碰到 SUBP 中的最后一条指令 RET 返回指令,CPU 自动把断点 B 处的地址从堆栈中取出并送回到 PC,这样 CPU 又回到主程序继续往下执行。当程序执行到 C 处又碰到调用子程序 SUBP 的指令,再一次重复上述过程。可见,子程序 SUBP 能被主程序多次调用,且在主程序中可调用多个子程序。

在一个程序中,往往在子程序中还会调用别的子程序,这称为子程序嵌套。二级子程序嵌套过程如图 3－8 所示。为了保证正确地从子程序 SUBP2 返回子程序 SUBPl,再从 SUBPl 返回主程序,每次调用子程序时必须将下条指令地址保存起来,返回时按后进先出原则依次取出保存的 PC 值。如前所述,堆栈就是按后进先出(LIFO)规律存取数据的,调用指令和返回指令虽然从语句本身看不到 PUSH 和 POP 指令的身影,但却具有自动的压栈保存和弹栈恢复 PC 内容的功能。在程序设计时,应特别注意:在程序中的任何分支 PUSH 的总次数和 POP 的总次数,不管是显性的还是隐含的都必须相等,即有多少个 PUSH 就必然要有多少个 POP。

(1) 短调用指令

ACALL　addr11

指令的执行过程为:

a. (PC)＋2 → PC;

b. (SP)＋1 → SP,(PC0～7)→(SP),PC 低 8 位压栈;

c. (SP)＋1 → SP,(PC8～15)→(SP),PC 高 8 位压栈;

d. addr0～10→ PC0～10。

这是 2 KB 字节范围内的无条件短调用指令。所调用的目标地址必须与 ACALL 的下一条指令的第一个字节在同一 2 KB 个字节范围内,这是因为调用的目的地址与 ACALL 的下一条指令的第一个字节的高 5 位 addr15～11 相同。这条指令隐含二次压栈操作,压栈时先压 PC 低 8 位后压 PC 高 8 位。这条指令是为与 MCS－48 兼容而保留的指令,现在一般较少使用。

例 3－60

设(SP)＝60H,标号 THISL 地址为 1FF0H,子程序 SUBP 的标号地址为 01FFH,则执行以下指令,

THISL:ACALL　　SUBP

执行过程为:

① PC＝PC＋2 ＝ 1FF0H＋2 ＝ 1FF2H;

② SP ＝ 60H＋1 ＝ 61H,(61H)＝ 0F2H

③ SP ＝ 61H＋1 ＝ 62H,(62H)＝1FH

④ 子程序调用的目的地址为:(PC)＝ 19FFH(PC15～11 ＝ 00011,PC10～0 ＝ 00111111111)。

(2) 长调用指令

LCALL　　addr16

这条指令是无条件地调用由 addr16 提供的 16 位目标地址所指定的子程序,即子程序的首地址可设置在 64 KB 程序存储器地址空间的任何位置。这条指令隐含二次压栈操作,压栈时先压 PC 低 8 位后压 PC 高 8 位。

指令的执行过程为:

a.(PC)＋3 → PC；

b.(SP)＋1 → SP，(PC0～7)→(SP)，PC 低 8 位压栈；

c.(SP)＋1 → SP，(PC8～15)→(SP)，PC 高 8 位压栈；

d. addr0～15→ PC。

例 3－61

设(SP)＝60H，标号 THISL 的地址为 1000H，标号 NEXT 的地址为 3010H，则执行以下程序：

THISL：LCALL NEXT

不管这条长调用指令存放在程序存储器地址空间的什么位置，运行结果都会使程序跳转到标号 NEXT 地址(3010H)处执行子程序，即不管标号 THISL 的地址为多少，执行该指令后都会使程序跳转到标号 NEXT 地址(3010H)处执行子程序。

执行过程为：

① PC＝PC＋3 ＝ 1000H＋3 ＝ 1003H；

② SP ＝ 60H＋1 ＝ 61H，(61H)＝ 03H

③ SP ＝ 61H＋1 ＝ 62H，(62H)＝10H

④ 子程序调用的目的地址为：(PC)＝ 3010H。

如果标号 THISL 的地址为 2050H，则执行结果为：

(SP)＝ 62H，(61H)＝ 53H，(62H)＝ 20H，(PC)＝3010H

(3) 从子程序返回指令

RET

这条指令的功能是当程序执行到本指令时，表示结束子程序的执行，返回到调用子程序指令(ACALL 或 LCALL)的下一条指令处(断点)继续往下执行。这条指令隐含二次弹栈操作，弹栈时先弹 PC 高 8 位后弹 PC 低 8 位。

指令的执行过程为：

a.((SP))→ PC8～15，弹出断点高 8 位地址；

b.(SP)－1 → SP；

c.((SP))→ PC0～7，弹出断点低 8 位地址；

d.(SP)－1 → SP。

例 3－62

设(SP)＝62H，(62H)＝ 73H，(61H)＝ 20H，则执行指令：

RET

执行过程为：

① (62H)→ PC8～15

② SP ＝ 62H －1 ＝ 61H

③ (61H)→ PC0～7

④ SP ＝ 61H －1 ＝ 60H

执行结果为：(SP)＝60H，(62H)＝73H，(61H)＝20H，(PC)＝7320H。

CPU 从 7320H 处继续往下执行程序。

(4) 从中断返回指令

RETI

这条指令除了完成 RET 指令的功能外,还清除内部相应的中断状态寄存器触发器(该触发器是不可寻址的,由 CPU 响应中断时置位,指示 CPU 当前是否在处理高级或低级中断)。因此,中断服务程序一般是以 RETI 指令结束。CPU 执行 RETI 指令后至少需再执行一条指令,才能响应新的中断请求。同样这条指令隐含二次弹栈操作,弹栈时先弹 PC 高 8 位后弹 PC 低 8 位。

指令的执行过程为:

a. ((SP))→ PC8～15,弹出断点高 8 位地址;

b. (SP)－1 → SP;

c. ((SP))→ PC0～7,弹出断点低 8 位地址;

d. (SP)－1 → SP。

例 3－63

设(SP)＝62H,(62H)＝ 73H,(61H)＝ 20H,则执行指令:RETI

执行结果为:(SP)＝60H,(62H)＝73H,(61H)＝20H,(PC)＝7320H。

CPU 从 7320H 处继续往下执行程序。

4. 空操作指令

NOP;　　(PC)＋1 → PC

该指令除完成 PC 内容加 1 外,不影响其他寄存器和标志位。该指令常用于产生一个机器周期的延时和调试程序。

3.4　汇编语言程序设计方法

3.4.1　程序设计步骤

根据设计任务要求,采用汇编语言编制程序的过程称为汇编语言程序设计。一个应用程序的设计,从拟定设计任务到编制的持续调试通过,通常分成以下几个步骤:

(1) 拟定任务书;

(2) 建立数学模型;

(3) 建立算法;

(4) 绘制程序流程图;

(5) 编制汇编语言源程序;

(6) 上机调试。

汇编语言程序设计人员在按照上述六个步骤完成某一任务时,中间可能进行几次反复,若第一次拟定的数学模型不完全确定,一次设计下来,系统的性能指标可能不能完全达到要求,这时就需要调整数学模型,并重复后续几个步骤。同样,若系统的数学模型正确,但建立的算法及实现的程序过于复杂,程序运行过长,最后导致系统的某些性能指标达不到要求,此时必须重新设计算法、简化程序设计。即使在程序调试过程中,也可能会遇到许多问题,需要在程序调试过程中修改部分指令,直到程序最后调试通过,系统达到所需的性能指标。

3.4.2　程序设计的基本方法

汇编语言程序设计并不难，但要编制出高质量、可读性好、存储容量小和执行速度快的优秀程序并非十分容易。要做到这一点，除了应掌握所依托的指令系统外，还应掌握程序设计的基本方法，熟悉汇编语言源程序设计的分类方法和特点。汇编程序设计的基本方法有以下几种：

(1) 简单程序的设计；

(2) 分支程序设计；

(3) 循环程序设计；

(4) 子程序设计；

(5) 查表程序设计。

3.5　简单和分支程序设计

3.5.1　简单程序设计

简单程序是指程序中没有使用转移类指令的程序段，MCS－51 单片机执行这类程序时只需要按照指令存储位置的先后顺序依次执行，中间不会有任何分支程序，这种程序有时也称之为顺序程序或直线程序。在这类程序中，大量使用了数据传送指令，程序结构简单，易于阅读理解。

例 3－64　请用 MCS－51 汇编指令编写程序，将外部 RAM 单元中 40H、41H 单元 4 位 BCD 数转换成 ASCII 码送到内部 RAM 单元 80H～83H 之中。

解：根据 ASCII 字符表，十进制数 0～9 的 ASCII 和其 BCD 码间仅相差 30H，本题需要把一个字节的两位 BCD 数拆分，再分别和 30H 相加，即得到相应的 ASCII 码。参考设计程序如下：

```
        ORG     1000H
ADDR1   DATA    0040H
ADDR2   EQU     80H
        MOV     DPTR,#ADDR1 ;#0040H 送 DPTR
        MOV     R0,#ADDR2   ;#80H 送 R0
        MOVX    A,@DPTR     ;40H 中 BCD 数送 A
        MOV     B,A
        ANL     A,#0FH      ;(A)=0000XXXXB
        ORL     A,#30H      ;(A)=0011XXXXB
        MOV     @R0,A       ;完成低位 BCD 数转换,存入 80H
        INC     R0          ;(R0)=81H
        MOV     A,B
        ANL     A,#0F0H     ;(A)=XXXX0000B
        SWAP    A           ;高位 BCD 数送低 4 位
        ORL     A,#30H      ;(A)=0011XXXXB
        MOV     @R0,A       ;完成高位 BCD 数转换,存入 81H
        INC     R0          ;(R0)=82H
```

```
        INC     DPTR
        MOVX    A,@DPTR         ;完成第二个 BCD 数转换并存入 82H,83H
        MOV     B,A
        ANL     A,#0FH          ;(A)=0000XXXXB
        ORL     A,#30H          ;(A)=0011XXXXB
        MOV     @R0,A           ;完成低位 BCD 数转换,存入 82H
        INC     R0              ;(R0)=83H
        MOV     A,B
        ANL     A,#0F0H         ;(A)=XXXX0000B
        SWAP    A
        ORL     A,#30H          ;(A)=0011XXXXB
        MOV     @R0,A           ;完成高位 BCD 数转换,存入 83H
        SJMP    $               ;$表示当前地址。
        END
```

3.5.2 分支程序设计

分支程序的特点是程序中含有转移指令。由于转移指令有无条件转移和条件转移之分,因此分支程序也可分为无条件分支程序和条件分支程序两类。无条件分支程序中含有无条件转移指令,因简单这里不作专门讨论;条件分支程序中含有条件转移指令,是我们讨论的重点。条件分支程序体现了计算机执行程序时的分析判断能力。若某种条件满足,则机器就转移到另一分支上执行程序;若条件不满足,则机器就按原程序继续执行。MCS－51 的条件转移指令共有 13 条,分为累加器 A 判零条件转移、比较条件转移、减 1 条件转移和位控制条件转移等 4 类。

例 3－65 已知 VAR 单元内有自变量 X,请按如下条件编出求函数值 Y 并存入 FUNC 单元的程序。

$$Y=\begin{cases}1, & X>0\\ 0, & X=0\\ -1 & X<0\end{cases}$$

解:这是一个三分支归一的条件转移问题,通常可分为"先分支后赋值"和"先赋值后分支"两种求解办法。现分述如下:

1. 先分支后赋值

题意告诉我们,自变量 X 是个带符号数,故可采用累加器判零条件转移和位控制条件转移指令来做,程序流程如图 3－9(a)所示。参考程序为:

```
        ORG     1000H
VAR     DATA    30H
FUNC    DATA    31H
        MOV     A,VAR           ;X 送 A
        JZ      DONE            ;若 X=0,则转 DONE
        JNB     ACC.7,POSI      ;若 X>0,则转 POSI
        MOV     A,#0FFH         ;若 X<0,则－1 送 A
```

```
        SJMP   DONE        ;转 DONE
POSI：  MOV    A,#01H      ;1 送 A
DONE：  MOV    FUNC,A      ;存 Y 值
        SJMP   $
        END
```

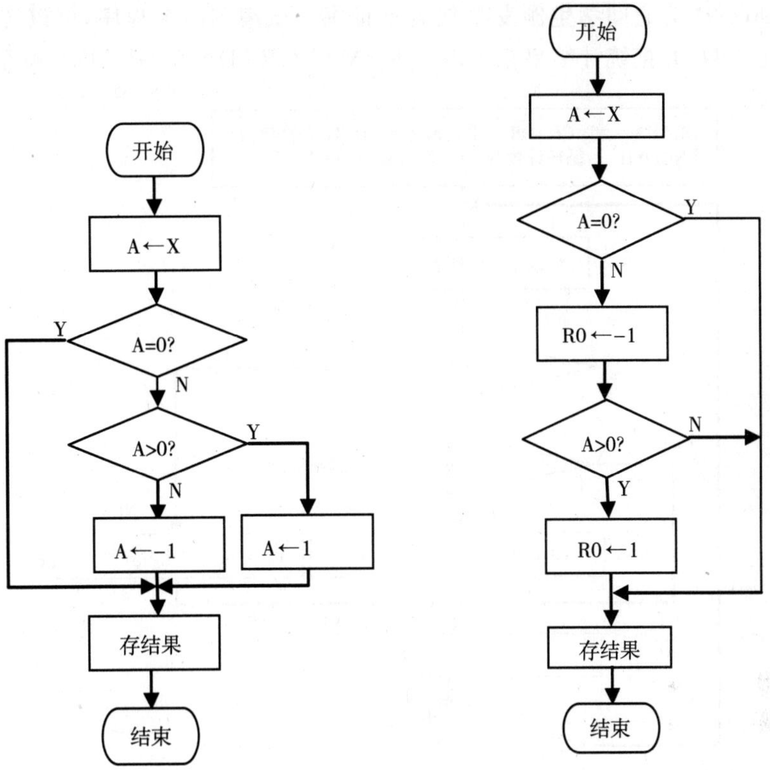

(a) 先分支后赋值　　(b) 先赋值后分支

图3-9 程序流程图

2. 先赋值后分支

先把 X 调入累加器 A,并判断它是否为零？若 X=0,则 A 中内容送 FUNC 单元；若 X ≠0,则先给 R0 赋值（如−1),然后判断 A<0？若 A<0,则 R0 送 FUNC 单元；若 A>0,则把 R0 修改成 1 后送 FUNC 单元,程序流程如图 3−9(b)所示。参考程序为：

```
        ORG    1000H
VAR     DATA   30H
FUNC    DATA   31H
        MOV    A, VAR        ;X 送 A
        JZ     DONE          ;若 X = 0,则转 DONE
        MOV    R0, #0FFH     ;若 X ≠0,则−1 送 R0
        JB     ACC.7, NEG    ;若 X< 0,则转 NEG
        MOV    R0, #01H      ;若 X > 0,则 1 送 R0
NEG：   MOV    A, R0
```

```
DONE： MOV    FUNC,A        ;存 Y 值
       SJMP   $
       END
```

例 3－66 某系有 200 名学生参加外语统考，若成绩已存放在 MCS－51 外部 RAM 始地址为 ENGLISH 的连续存储单元，现决定给成绩在 95～100 分之间学生颁发 A 级合格证书和成绩在 90～94 分之间学生颁发 B 级合格证书。试编制一个程序，可以统计 A 级和 B 级证书的学生人数，并把统计结果存入内部 RAM 的 GRADA 和 GRADB 单元。

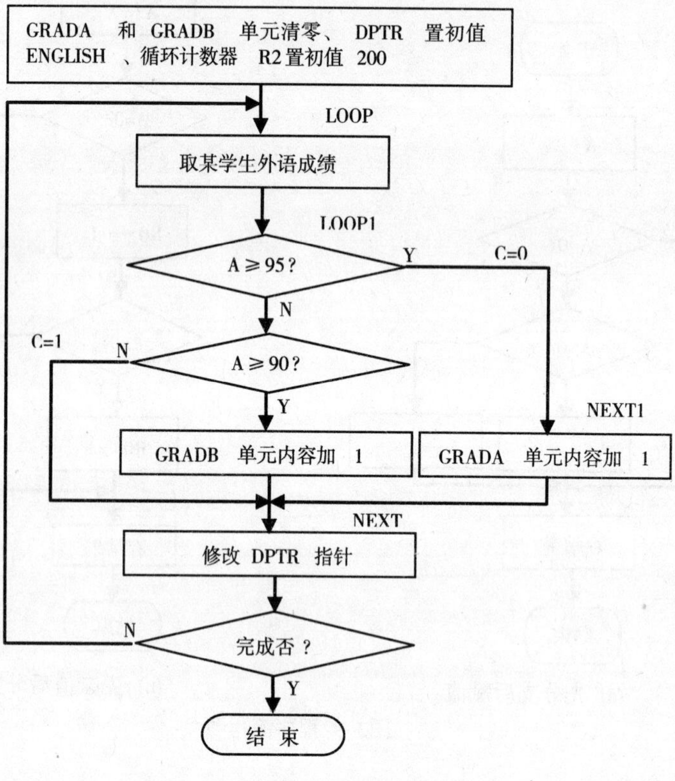

图 3-10 程序流程图

解：这是一个循环和分支相结合程序，程序流程图如图 3－10 所示。参考程序为：

```
         ORG    1000H
ENGLISH  DATA   2000H
GRADA    DATA   20H
GRADB    DATA   21H
         MOV    GRADA，＃00H      ;GRADA 单元清零
         MOV    GRADB，＃00H      ;GRADB 单元清零
         MOV    R2，＃0C8H        ;＃0C8H＝200，参赛总人数送 R2
         MOV    DPTR，＃ENGLISH   ;学生成绩始地址送 DPTR
LOOP：   MOVX   A，@DPTR          ;取某学生成绩到 A
         CJNE   A，＃5FH，LOOP1   ;和 95 作比较，形成 Cy
LOOP1：  JNC    NEXT1             ;若 A≥95，则 NEXT1
```

```
        CJNE   A,＃5AH,LOOP2  ;和 90 作比较
LOOP2:  JC     NEXT           ; A<90,NEXT
        INC    GRADB          ; 为 B 级,则 GRADB 单元内容加 1
        SJMP   NEXT
NEXT1:  INC    GRADA          ; A≥95,则 GRADA 单元内容加 1
NEXT:   INC    DPTR           ;修改学生成绩指针
        DJNZ   R2, LOOP       ; 未完,则 LOOP
        SJMP   $              ; 结束
        END
```

3.5.3　散转程序设计

在利用 MCS－51 单片机指令设计汇编程序时,有时会遇到一类多分支程序的设计。并且分支转移的目标地址不是汇编或编程时确定的,而是在程序运行时动态决定的。对于这一类问题,MCS－51 单片机提供了一条间接转移指令 JMP@A+DPTR,恰好可以实现这一类转移。其中,DPTR 装入多分支转移程序的首地址,用累加器 A 的内容来动态选择其中的某一个分支予以转移,这样一条指令可实现以 DPTR 内容为起始地址的 256 个字节范围的选择转移。

例 3－67　已知通过调用键盘控制程序 KEYREAD 可将按下的按键键值 0 ～ 15 之一读到累加器 A,要求编写程序对读入的不同键值,分别转入对应的键控程序段 KEY0 ～ KEY15 执行。即要求:

当(A)＝0 时,转键控处理程序 KEY0;

当(A)＝1 时,转键控处理程序 KEY1;

……………………………

当(A)＝15 时,转键控处理程序 KEY15。

解:对于上述要求的问题,编写参考程序如下:

```
        ORG    1000H
        ACALL  KEYREAD        ; 读键值程序
        RL     A              ; 调整,(A)×2→A
        MOV    DPTR,＃TABLE   ; 表首址送 DPTR
        JMP    @A+DPTR        ; 以 A 中内容为偏移量跳转
        ……………
TABLE:  AJMP   KEY0           ; 读入键为第 1 个键,转 K0 执行
        AJMP   KEY1           ; 读入键为第 2 个键,转 K1 执行
        ……………
        AJMP   KEY15          ; 读入键为第 16 个键,转 K15 执行
        ……………
KEY0:   [第 1 键处理程序段]
KEY1:   [第 2 键处理程序段]
……………………………………………
KEY15:  [第 16 键处理程序段]
```

3.6 循环和查表程序设计

3.6.1 循环程序设计

循环程序的特点是程序中含有可以重复执行的程序段,该程序段通常称为循环体。例如,求 100 个数的累加和是没有必要连续安排 100 条加法指令的,可以只用一条加法指令并使之循环执行 100 次。因此,循环程序设计不仅可以大大缩短所编程序长度和使程序所占存储单元数最少,也能使程序结构紧凑和可读性变好。初学者还应注意循环程序的设计并不能缩短完成任务的程序执行时间。循环程序由以下 4 部分组成:

1. 循环初始化

循环初始化程序段位于循环程序开头,用于完成循环前的准备工作,例如:循环体中循环计数器和各工作寄存器设置初值,其中循环计数器用于控制循环次数。

2. 循环处理

这部分程序位于循环体内,是循环程序的工作程序,需要重复执行,要求编写得尽可能简练,以提高程序的执行速度。

3. 循环控制

循环控制程序也在循环体内,常常由修改循环计数器内容的语句和条件转移语句等组成,用于控制循环执行次数。

4. 循环结束

这部分程序用于存放执行循环程序所得结果及恢复各工作单元循环前的初值。循环程序通常有两种编制方法:一种是先循环处理后循环控制(即先处理后判断),如图 3－11(a)所示;另一种是先循环控制后循环处理(即先判断后处理),如图 3－11(b)所示。

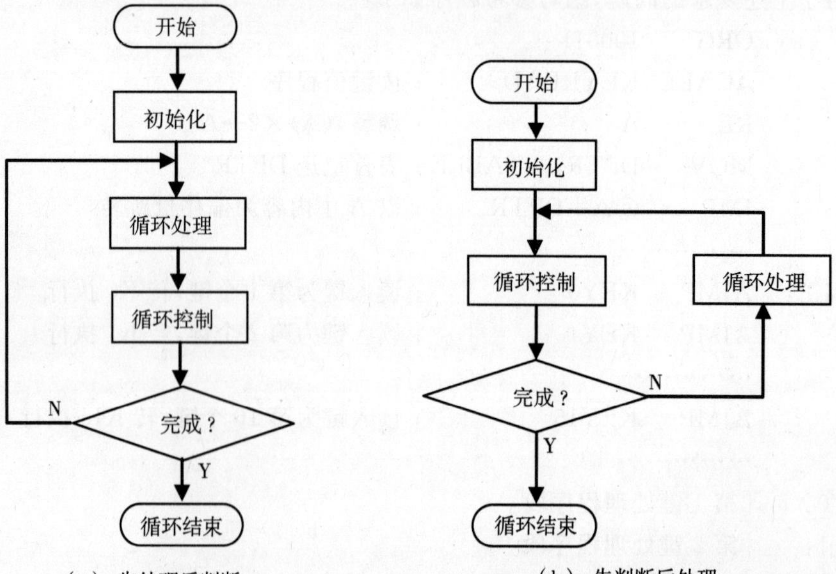

(a) 先处理后判断　　(b) 先判断后处理

图3-11 循环程序结构类型

例 3－68　已知内部 RAM 的 BLOCK 单元开始有一无符号数据块，块长在 LEN 单元。请编出求数据块中各数累加和（不处理进位），并存入 SUM 单元的程序。

解：为使读者对两种循环结构有一个全面了解，以便进行分析比较，现给出两种设计方案。

(1) 先判断后处理（如图 3－12(a)所示）

参考程序为：

```
        ORG     1000H
LEN     DATA    20H
SUM     DATA    21H
BLOCK   DATA    22H
        CLR     A               ;A 清零
        MOV     R2,LEN          ;块长送 R2
        MOV     R1,#BLOCK       ;块始地址送 R1
        INC     R2              ;块长+1
        SJMP    CHECK
LOOP:   ADD     A,@R1           ;(A)+(R1)送 A
        INC     R1              ;修改数据块指针 R1
CHECK:  DJNZ    R2,LOOP         ;若未完，则转 LOOP
        MOV     SUM,A           ;存累加和
        SJMP    $
        END
```

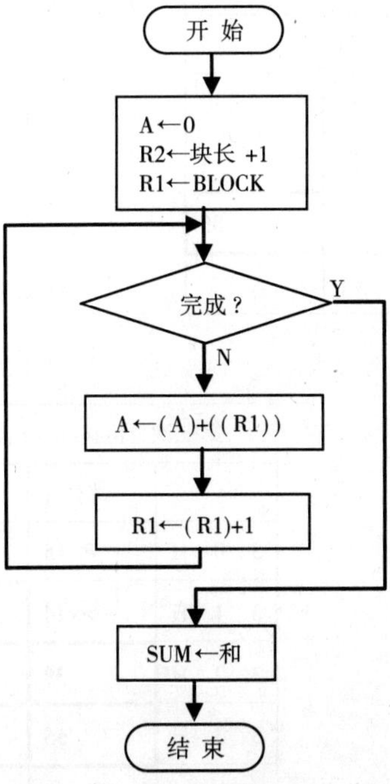

（a） 先处理后判断

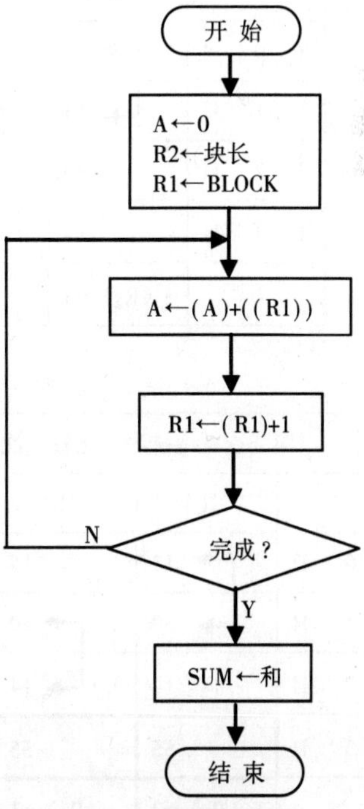

（b） 先判断后处理

图3-12　程序流程图

(2) 处理后判断(如图 3—12(b)所示)

参考程序为：

```
         ORG     1000H
LEN      DATA    20H
SUM      DATA    21H
BLOCK    DATA    22H
         CLR     A              ;A 清零
         MOV     R2,LEN         ;块长送 R2
         MOV     R1,#BLOCK      ;数据始地址送 R1
NEXT:    ADD     A,@R1          ;A+((R1))送 A
         INC     R1             ;修改数据块指针 R1
         DJNZ    R2,NEXT        ;若未完,则转 NEXT
         MOV     SUM,A          ;存累加和
         SJMP    $
         END
```

应当注意:上述两个程序是有区别的。若块长 $L \neq 0$,则两个程序的执行结果相同;若块长 $L=0$,则先处理后判断程序的执行结果是错误的。也就是说,先处理后判断程序至少有一次执行循环体内的程序。

第一次冒泡排序（比较 3 次）				
	比较 1	比较 2	比较 3	
3 0 H	55	15	15	15
3 1 H	15	55	30	30
3 2 H	30	30	55	14
3 3 H	14	14	14	**55**
	$(R_2)=3$	$(R_2)=2$	$(R_2)=1$	

第二次冒泡排序（比较 2 次）			
	比较 1	比较 2	
3 0 H	15	15	15
3 1 H	30	30	14
3 2 H	14	14	**30**
3 3 H	**55**	**55**	**55**
	$(R_2)=2$	$(R_2)=1$	

第三次冒泡排序（比较 1 次）		
	比较 1	
3 0 H	15	14
3 1 H	14	**15**
3 2 H	**30**	**30**
3 3 H	**55**	**55**
	$(R_2)=1$	

图3-13 L=4时气泡排序法排序过程

例 3－69 设单片机 MCS－51 内部 RAM 起始地址为 30H 的数据块中有 64 个无符号数。试编制一个程序能使它们按从小到大数据排列。

解：设有 64 个无符号数，在数据块中使它们按从小到大顺序排列的方法颇多。现以气泡分类法为例加以介绍。气泡分类法又称两两相邻比较法。若 $(N) > (N+1)$，则两个相邻存储单元中内容交换，反之就不交换；然后修改地址指针，$(N+1) \rightarrow N$，按同样原则决定是否交换；一直比较下去；经过（块长 $L-1$）＝63 次比较后（常用内循环 63 次来实现），6FH 地址单元得到数组中的最大值。第二次排序过程和第一次排序过程基本相同，但比较次数只需 62 次，第二次排序后 6EH 地址单元上得到次最大值。如此冒泡排序（即大循环），最多 63 次，两两相邻比较的内循环次数，依次减一，便可完成 64 个数的排序。

如图 3－13 所示为 $L=4$ 时的排序示意图。(R2) 为内循环计数值。其实，64 个无符号数的数组排序需要冒泡 63 次的机会是很少的，每次排序所需的数据比较次数，也是从 63 逐次减少。为了减少那些不必要的冒泡次数，设置一个“交换标志位”。“交换标志位”在循环初始化时清零，在数据交换时置位成 1（表示排序中进行过数据交换）。“交换标志位”用来控制是否再需要排序。若“交换标志位”为 1，则表明刚刚进行的排序中发生过数据交换，即排序尚未完成，应继续进行排序；若“交换标志位”为 0，则表明刚进行完的排序中未发生过数据交换，即排序已完成。

例如，对于一个已经排好序的数组：1，2，3，…，63，64，排序程序只要进行一次排序，便可根据“交换标志位”状态而结束排序程序，这自然可以节省 63－1＝62 次的冒泡时间。冒泡程序流程如图 3－14 所示。参考程序为：

```
         ORG    1000H
         MOV    R2,#3FH          ;(R2)为内循环计数初值
         MOV    R3,#3FH          ;(R3)为外循环计数初值
BUBBLE:  CLR    7FH              ;交换标志(2FH).7 清零
         MOV    A,R3
         MOV    R2,A
         MOV    R0,#30H          ;置数据块地址指针 R0 初值
BULOOP:  MOV    20H,@R0          ; 20H 暂存第一操作数
         MOV    A,@R0            ;(A)为第一操作数
         INC    R0               ;修改地址指针
         MOV    21H,@R0          ; 21H 暂存第二操作数
         CJNE   A,21H,LOOP       ;(20H)和(21H)比较
         SETB   C                ;相等,按<处理,不交换
LOOP:    JC     BUNEXT           ;若(20H)≤ (21H),到 BUNEXT,不交换
         MOV    @R0,20H          ;若(20H) >(21H),则两者交换
         DEC    R0
         MOV    @R0,21H
         INC    R0               ;恢复数块指针
         SETB   7FH              ;交换标志(2FH).7 位置"1"
BUNEXT:  DJNZ   R2,BULOOP        ;若一次冒泡未完, 到 BULOOP
```

```
        JNB     7FH,BUOK       ;若交换标志位为 0,到 BUOK,可结束
        DJNZ    R3,BUBBLE      ;若交换标志位为 1,且 R3≠0;继续排序
BUOK:   SJMP    $              ;结束
END
```

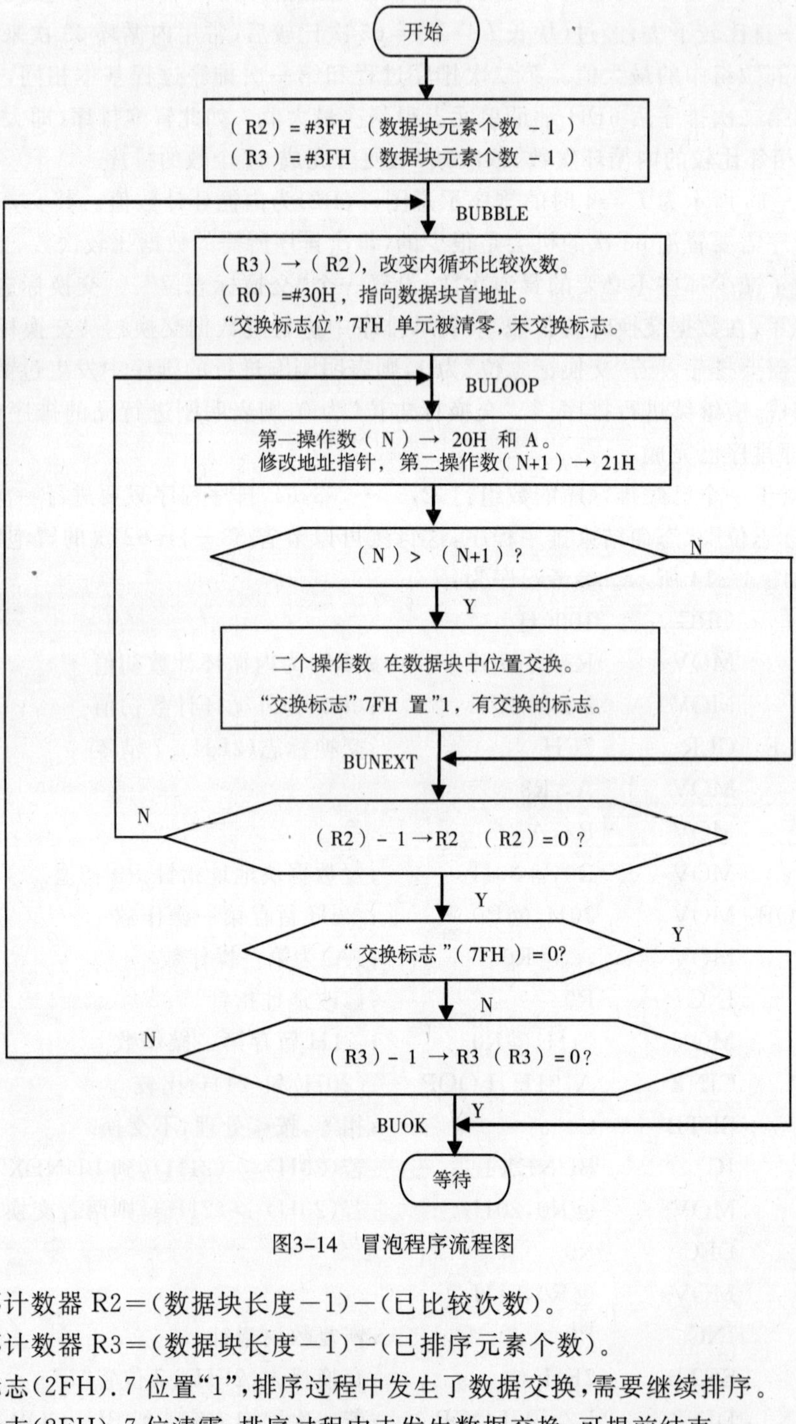

图3-14 冒泡程序流程图

内循环计数器 R2=(数据块长度-1)-(已比较次数)。

外循环计数器 R3=(数据块长度-1)-(已排序元素个数)。

交换标志(2FH).7 位置"1",排序过程中发生了数据交换,需要继续排序。

交换标志(2FH).7 位清零,排序过程中未发生数据交换,可提前结束。

3.6.2　查表程序设计

在许多情况下，本来通过计算才能解决的问题也可以改用查表方法解决，而且要简便得多。因此，在实际单片机应用中，常常需要编制查表程序以缩短程序长度和提高程序执行效率。查表是根据存放在 ROM 中数据表格的项数来查找和它对应的表中值。例如：查 $Y = X^2$（设 X 为 0～9）的平方表时，我们可以预先计算出 X 为 0～9 时的 Y 值作为数据表格的内容，存放在起始地址为 DTAB 的 ROM 存储器中，并使 X 的值和数据表格的项数（所查数据的实际地址对 DTAB 的偏移量）一一对应。这样，我们就可以根据 DTAB＋ X 来找到 X 对应的 Y 值。

采用 MCS－51 汇编语言进行查表尤为方便，它有两条专门的查表指令：

```
MOVC    A, @A+DPTR
MOVC    A, @A+PC
```

第一条查表指令采用 DPTR 存放数据表格的起始地址，其查表过程比较简单。查表前要把数据表格起始地址存入 DPTR，然后把要求查表的项数折算成相对数据表始地址的偏移量，送入累加器 A，最后使用 MOVC A，@A＋DPTR 完成查表。

采用 MOVC A，@A＋PC 指令查表，其步骤可分为如下 3 步。

(1) 使用传送指令把所查数据表格的项数送入累加器 A。

(2) 使用 ADD A，#data 指令对累加器 A 进行修正，data 值由下式确定。

PC ＋ data ＝数据表起始地址 DTAB

其中，PC 是查表指令 MOVC A，@A＋PC 的下一条指令码的起始地址。因此，data 值实际等于查表指令和数据表存放初始地址之间的字节数。

(3) 采用查表指令 MOVC A，@A＋PC 完成查表。

查表程序主要用于代码转换、代码显示、实时值的查表计算和按命令号实现转移等。值得注意的是：MOVC A，@A＋DPTR 指令可以实现 64 KB 地址范围内的数据查寻，而 MOVC A，@A＋PC 指令只能实现 256 个字节范围内的数据查寻。

例 3－70　已知 BLOCK1 为起始地址的数据块（数据块长度在 LEN 单元），数块中每个存储单元中的高、低 4 位分别为两个十六进制数，请编程把它们转换为相应 ASCII 码，并存放在 BLOCK2 开始的连续存储单元（低 4 位 ASCII 码在前，高 4 位 ASCII 码在后）。

解：由于每个存储单元中放有两个十六进制数，因此每个存储单元中十六进制数应分别转换成 ASCII 码。这就需要两次使用查表指令 MOVC A，@A＋PC，这两条查表指令在程序中位置是不相同的，故两次对 PC 调整的值也不相同。在编程时，可以先把整个程序编完，然后再计算两条加法指令中的 data 修正值并填入相应位置。

相应参考程序为：

```
        ORG     1000H
LEN     DATA    30H
BLOCK1  DATA    31H
BLOCK2  DATA    51H
        MOV     R0,#BLOCK1    ;BLOCK1 送 R0
        MOV     R1,#BLOCK2    ;BLOCK2 送 R1
LOOP:   MOV     A,@R0         ;取源数据块中数
```

```
            ANL     A,#0FH        ;取出低 4 位
            ADD     A,#11H        ;第一次地址调整
            MOVC    A,@A+PC       ;第一次查表
            MOV     @R1,A         ;存第一次转换结果
            MOV     A,@R0         ;重新取出被转换数
            SWAP    A             ;高 4 位调入低 4 位
            ANL     A,#0FH        ;取出低 4 位
            ADD     A,#09H        ;第二次地址调整
            MOVC    A,@A+PC       ;第二次查表
            INC     R1            ;修改目的数据块指针
            MOV     @R1,A         ;存第二次转换结果
            INC     R0            ;修改源数据块指针
            INC     R1            ;修改目的数据块指针
            DJNZ    LEN,LOOP      ;若未转换完,则转 LOOP
            SJMP    $             ;结束
    ASCTAB: DB      '0','1','2','3','4'
            DB      '5','6','7','8','9'
            DB      'A','B','C','D','E','F'
            END
```

习　题

1. 计算机语言有几种,简述它们之间的区别?
2. 指出指令和伪指令的区别及各自的作用。
3. 指出从地址 2000H 开始的 12 个程序存储器地址单元的内容。

```
    ORG     2000H
    DS      2
    DW      1098H
    DB      'MCS-51'
    DB      33
```

4. 列出 MCS-51 单片机的几种寻址方式。
5. 写出下列指令的功能:

```
    MOV     A,#78H
    MOV     A,78H
    MOV     A,@R0
    MOVX    A,@R1
    MOVC    A,@A+PC
    MOVC    A,@A+DPTR
    MOVX    A,@DPTR
```

6. 指出下列指令的寻址方式和操作功能：

```
INC     @R1
INC     30H
INC     B
RLC     A
SETB    P1.1
```

7. 指出下列指令中哪些是非法的？如果非法请改正。

```
INC     DPTR
DEC     DPTR
MOV     A,@R1
MOV     A,@R2
MOV     30H,@R3
MOV     30,@R0
RL      B
JNZ     A,NEXT
JNB     08H,NEXT
```

8. 试编写一段程序，其功能为：将 30H～32H 压缩的 BCD 码拆成单字节 BCD 码存放到 33H 开始的单元中。

9. 试编写一段程序，其功能为：将 33H～38H 中 6 个单字节 BCD 码拼成 3 个压缩的 BCD 码存放在 32H 开始的单元中。

10. 试编写一段程序，其功能为：将 20H 开始的 10 个单元中的压缩的 BCD 码的高低四位分别转换成 ASCII 数据，存放到外部数据存储器的 4000H 开始的单元中。

11. 汇编语言程序设计分哪几步？各步骤的任务是什么？

12. 设内部 RAM 20H 单元有两个非零 BCD 数，请编出求两个 BCD 数的积并把积送至 21H 单元的程序。

13. 设自变量 X 为一无符号数，存放在内部 RAM 的 VAR 单元，函数 Y 存放在 FUNC 单元。请编出满足如下关系的程序：

$$\begin{cases} X, & \text{当} \quad X \geqslant 50 \\ 5X, & \text{当} \quad 50 > X \geqslant 20 \\ 2X, & \text{当} \quad X < 20 \end{cases}$$

14. 外部 RAM 的 SOURCE(二进制 8 位)单元开始有一数据块，该数据块以“$”字符结尾。请编写一个程序，把它们传送到内部 RAM 起始地址为 DIST 的区域（“$”字符也要传送）。

15. 在外部 RAM 的低 256 地址单元区，起始地址为 SOURCE 和长度在 LEN 单元的数据块。请编出一个能对他们进行奇偶校验的程序。凡满足奇校验（奇数个 1）的数据均送至内部 RAM 起始地址为 DIST 的存储区。

16. 设有一个起始地址为 FIRST+1 的数据块，存放在内部 RAM 单元，数据块长度在 FIRST 单元而且不为 0，要求统计该数据块中正偶数和负奇数个数，并将他们分别存放在 PAPE 单元和 NAOE 单元。试画出能实现上述要求的程序流程图和编出相应程序。

17. 请编一个能在内部 RAM 的 BLOCK 为起始地址的 100 个无符号数中找出最小值和把它送入 MIN 单元的程序。

18. 在内部 RAM 中，有一个以 BLOCK 为起始地址的数据块，块长在 LEN 单元，请用查表指令编一个程序，先检查它们是否是 16 进制数中的 A～F，若是 16 进制数中的 A～F 则把它们变为 ASCII 码；若不是，则把它们变为 00H。

19. 在内部 RAM 中，BLOCK 开始的存储区有 10 个双字节十进制数求和(和为 4 位 BCD 数)，请编程求 BCD 数之和，并把它们存于 SUM 开始的连续单元。

20. 已知内部 RAM 的 MA(被减数)和 MB(减数)中分别有两个带符号数。请编一个减法程序，并把差存入 RESULT 和 RESULT＋1(低 8 位在 RESULT 单元)中。

21. 设 R0 内为一补码形式的带符号被除数，R1 内为补码形式的带符号除数，请编程完成除法，并把商置于 R2 内和余数置于 R3 内。

第4章　MCS－51单片机的C语言简介

在单片机应用系统开发过程中，应用程序设计是整个应用系统开发的重要组成部分，直接决定着应用系统开发周期长短、性能。以前单片机应用系统程序主要是用汇编语言编写。采用汇编语言编写的应用程序可直接操作系统的硬件资源，能编写出高运行效率的程序代码，程序运行速度快。但因汇编语言难学、可读性差、修改调试困难，且编写比较复杂的数值计算程序非常困难，为提高单片机系统应用程序的开发效率，改善程序的可读性和可移植性，最好采用高级语言编程。采用高级语言编程有利于产品的更新换代，可大大加快单片机应用程序的开发速度。随着国内单片机开发工具水平的提高，现在的单片机仿真器普遍支持C语言程序的调试。本章介绍MCS－51单片机C语言的基本技术和方法，限于篇幅这里只介绍C语言在MCS－51中的特殊用途，与标准C语言相同的内容从略。

4.1　MCS－51的C语言

用汇编语言程序设计MCS－51系列单片机应用程序时，必须要考虑其存储器结构，尤其必须考虑其片内数据存储器与特殊功能寄存器的正确、合理使用以及按实际地址处理端口数据，也就是说编程者必须具体地组织、分配存储器资源和处理端口数据。

C语言是一种结构化的高级程序设计语言，且能直接对计算机的硬件进行操作，与汇编语言相比，它的优点有：① 对单片机的指令系统不要求了解，仅要求对MCS－51的存储器结构有初步了解；② 寄存器分配、不同存储器的寻址及数据类型等细节可由编译器管理；③ 程序有规范的结构，可分为不同的函数，这种方式可使程序结构化；④ 采用自然描述语言、以近似人的思维过程方式使用，改善了程序的可读性；⑤ 编程及程序调试时间显著缩短，大大提高效率；⑥ 提供的库函数包含了许多标准子程序，且具有较强的数据处理能力；⑦ 程序易于移植。

用高级语言编程时，不必考虑计算机的硬件特性与接口结构。事实上，任何高级语言程序最终要转换成计算机可识别、并能执行的机器指令代码，定位于存储器。程序中的数据也必须以一定的存储结构定位于存储器中。这种转换定位是由高级语言编译器来实现的。在高级语言程序中，对不同类型数据的存储及引用是通过不同类型的变量来实现的。即高级语言的变量就代表存储单元，变量的类型结构就表示了数据的存储、引用结构。

对于在MCS－51中使用的高级语言C语言，虽然不像用汇编语言那样要具体地组织、分配存储器资源和处理端口数据，但对数据类型与变量的定义，必须要与单片机的存储结构相关联，否则编译器不能正确地映射定位。用C语言编写单片机应用程序与编写标准的C语言程序的不同之处就在于根据单片机存储结构及内部资源定义相应的数据类型和变量。所以，在以后几节中就主要介绍用C语言设计单片机应用程序时如何定义与单片机相对应的数据类型和变量，其他的语法规定、程序结构及程序设计方法都与标准C语言程序设计基本相同，这部分内容就不在这里赘述。也就是说，学习本章内容需要同学们有C语言基础。

C51程序与标准C语言程序主要存在的不同之处有：① 库函数不同，C51的库函数是按MCS－51系列单片机的相应情况来定义的；② 数据类型有一定区别，在C51中增加了几种针对MCS－51系列单片机特有的数据类型，现有数据类型也稍有些差别；③ 变量的存储模式不同，C51的存储模式与MCS－51系列单片机的存储器紧密相关的；④ 输入/输出处理不同，C51的输入/输出是通过MCS－51系列单片机的串行口来完成的，输入/输出指令执行前必须要对单片机串行口进行初始化；⑤ 在函数使用方面也有一定的区别；⑥ C51中定义有专门的中断服务函数。

不管是高级语言程序还是汇编语言程序都不是计算机能直接运行的程序，只有机器码程序计算机才能直接运行。对于汇编语言程序需通过汇编程序汇编成机器码程序，对于高级语言程序一般需通过编译器程序编译成(个别高级语言是通过解释程序)机器码程序，支持MCS－51系列单片机的C语言编译器程序有很多种，如American Automation、Auocet、BSO/TASKING、Archimedes、Keil/Franklin等。其中Keil/Franklin以其代码紧凑和使用方便等优于其他编译器程序。国内在MCS－51中使用的C高级语言基本上采用Keil/Franklin C语言，简称C51语言。本章也只针对Keil/Franklin C语言来介绍MCS－51系列单片机C语言程序设计。

4.2 C51数据类型与存储方式

4.2.1 C51数据类型

数据是计算机操作的对象。不管使用何种语言、算法进行程序设计，最终在计算机中运行的只有数据流。数据类型是数据的不同格式，数据按一定的数据类型进行的排列、组合、架构称为数据结构。C51提供的数据结构是以数据类型的形式出现的，Franklin C51编译器支持的数据类型有：位型(bit)、无符号字符型(unsigned char)、有符号字符型(signed char)、无符号整型(unsigned int)、有符号整型(signed int)、无符号长整型(unsigned long)、有符号长整型(signed long)、浮点型(float)、双精度浮点型(double)以及指针类型等。

表4－1 Franklin C51编译器的数据类型

数据类型	长度(bit)	长度(byte)	数据表示域
unsigned char	8	1	0～255
signed char	8	1	－128～127
unsigned int	16	2	0～65535
signed int	16	2	－32768～32767
unsigned long	32	4	0～4294967295
signed long	32	4	－2147483648～2147483647
float	32	4	±1.176E－38～±3.40E＋38(6位数字)
double	64	8	±1.176E－38～±3.40E＋38(10位数字)
指针类型	24	3	存储空间0～65536
bit	1		0，1
sbit	1		0，1
sfr	8	1	0～255
sfr16	16	2	0～65535

Franklin C51 编译器支持的数据类型、长度和数据表示域如表 4—1 所示。

由于 MCS—51 系列单片机是 8 位机型，因而不存在字节校准问题，即数据结构成员是顺序放置的。另外，Franklin C51 还支持构造数据类型。构造的数据类型（如结构、联合等）可以包括表 4—1 中所列的所有数据变量类型。在 C 语言程序中的表达式或变量赋值运算中，有时会出现与运算对象的数据类型不一致的情况，Franklin C51 允许任何标准数据类型之间的自动隐式类型转换。自动隐式类型转换按以下优先级别自动进行：

bit → char → int → long → float；　　signed→ unsigned

其中，箭头方向表示数据类型级别的高低，转换时由低向高进行，而不是数据转换时的顺序。一般来说，如果有几种不同类型的数据同时参加运算，先将低级别类型的数据转换成高级别类型，再作运算处理，并且运算结果为高级别类型数据。如当 char 型与 int 型数据进行运算时，则先自动将 char 型数据扩展为 int 型，然后与 int 型数据运算，运算结果为 int 型。C51 除支持自动隐式类型转换外，也支持通过强制类型转换符“()”对数据进行人为的强制转换。

4.2.2　C51 数据变量在 MCS—51 中的存储方式

对于 C 这样的高级语言，不管使用何种数据类型，虽然在程序中好像操作十分简单，实际上 C51 编译器要用一系列机器指令对其进行复杂的数据类型处理。如果在程序中使用大量的、不必要的数据变量类型，这样导致 C51 编译器相应地增加所调用的库函数的数量，从而明显增加程序长度和程序运行时间。另外，数据变量类型有符号和无符号型两种，在编写程序时，如果使用了 signed 和 unsigned 两种数据类型，相应地也就要使用两种格式的库函数，这也将成倍增长占用的存储空间。因此，在编程时最好采用无符号型数据和尽量少的数据变量类型，这样将明显提高代码的运行效率。

位型变量用位型数据类型定义，位变量的值可以是 1(true)或 0(false)。与 MCS—51 特性操作有关的位变量必需定位在 MCS—51 片内 RAM 的位寻址空间中。

字符型变量用无符号或有符号字符型数据类型定义，即字符变量长度为 1 byte，这很适合 MCS—51 系列单片机，因为 MCS—51 系列单片机每次可处理的数据也为 8 位。

整型变量用无符号或有符号整型数据类型定义，占用 2 byte 存储空间。MCS—51 系列单片机整型变量存放时高位字节在低地址位置，低位字节在高地址位置。如设整型变量 x 的值为 0x1234，则 MCS—51 系列单片机在内存中的存放方式如图 4—1 所示。

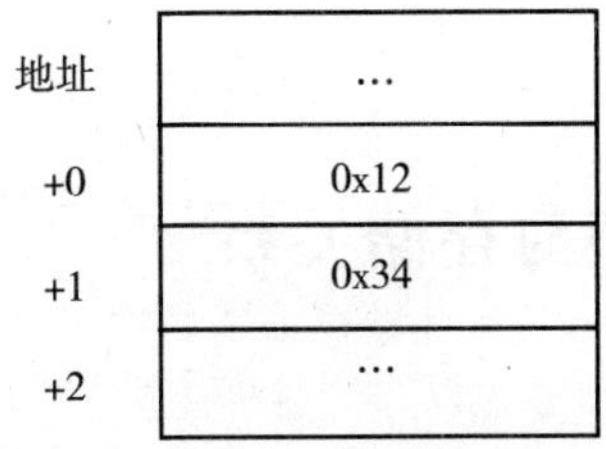

图4-1　整型变量在内存的保存方式

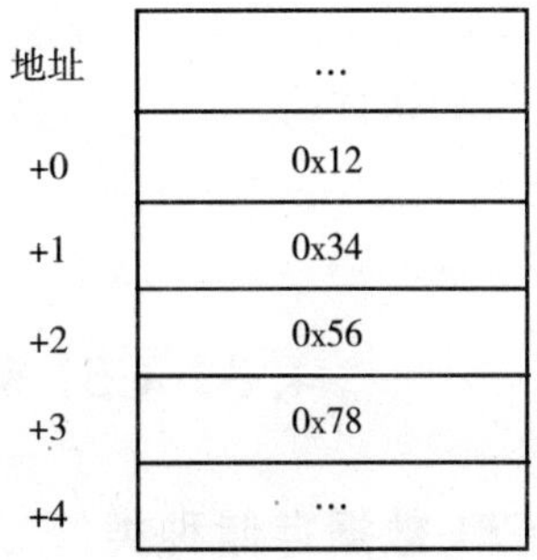

图4-2　长整型变量在内存的保存方式

长整型变量用无符号或有符号长整型数据类型定义，占用 4 byte 存储空间。如设长整型变量 x 的值为 0x12345678，则 MCS－51 系列单片机在内存中的存放方式如图 4－2 所示。

浮点型变量用浮点型数据类型定义，占用 4 byte 存储空间。它用符号位表示数的符号，用阶码和尾数表示数的大小。Franklin C51 的浮点变量使用格式与 IEEE－754 标准有关，为 24 位精度，尾数的高位始终为“1”，因而不保存，位的分布为：

- 1 位符号位
- 8 位阶码位
- 23 位尾数位

符号位为最高位，尾数位为最低位，32 位按字节在内存中的存储顺序如图 4－3 所示。

地址	+3	+2	+1	+0
内容	SEEEEEEE	EMMMMMMM	MMMMMMMM	MMMMMMMM

图4-3 浮点型变量在内存中按字节存贮格式

其中，S 为符号位，1 表示负数，0 表示正数；E 为阶码位，共 8 位用补码表示，取值范围为 1～254，对应的实际取值范围为－126～＋127；M 为 23 位尾数位，最高位为“1”。

故一个浮点数的取值为：$(-1)^S \times 2^{E-127} \times (1.M)$

例如浮点数＋124.75＝＋1111100.11B＝＋1.11110011×2^{+110}，正数的符号位 S 为 0，8 位阶码 E 为 110＋1111111＝10000101B，23 尾数 M 为 111 1001 1000 0000 0000b。在内存中保存的数据为：01000010　11111001　10000000　00000000b＝42F98000H。

另外为了增加程序的可读性，对于变量的定义 C51 允许使用别名形式来定义，其方法是在源程序开头位置使用＃define 或 typedef 语句来定义数据类型别名形式。具体格式为：

＃define　别名　C51 固有的数据类型

typedef　C51 固有的数据类型　别名；

两种定义别名的方式都可以，定义别名后就可以用别名代替原有数据类型符对变量进行定义。例如：

```
#define uchar unsigned char
typedef unsigned int   WORD;
```

这样，在其下面的程序语句就可以用 uchar 代替 unsigned char，用 WORD 代替 unsigned int 来定义变量，从而节省书写时间、增加程序可读性和减少书写错误。如：

```
uchar x;          //定义变量 x 为无符号字符型变量
WORD y;           //定义变量 y 为无符号整型变量
```

4.3 C51 数据的存储类型与存储关系

4.3.1 C51 数据存储种类

存储种类是指变量在程序执行过程中的作用范围。C51 变量的存储种类有四种，分别是自动（auto）、外部（extern）、静态（static）和寄存器（register）。

1. auto

使用auto定义的变量称为自动变量，其作用范围在定义它的函数体或复合语句内部。当定义它的函数体或复合语句执行时，C51才为该变量分配相应的内存空间，结束时同时释放占用的内存空间。auto变量一般被分配在内存的堆栈空间中。定义变量时如果省略存储种类，则该变量默认为auto变量。

2. extern

使用extern定义的变量称为外部变量。在一个函数体内，如要使用一个已在该函数体外或别的程序中定义过的外部变量时，该变量在该函数体内要用extern说明。extern变量被定义后分配固定的内存空间，在程序执行时间内都有效，直到程序结束才释放相应内存。

3. static

使用static定义的变量称为静态变量。static变量又分为内部静态变量和外部静态变量。在函数体内部定义的static变量为内部静态变量，它在对应的函数体内有效，且一直存在，但在函数体外不可见。这样不仅使变量在定义它的函数体外被保护，还可以实现当离开函数时值不被改变。在函数外部定义的static变量为外部静态变量，它在程序中一直存在，但在定义的范围之外是不可见的。如在多文件或多模块处理中，外部静态变量只在文件内部或模块内部有效。

4. register

使用register定义的变量称为寄存器变量。它定义的变量存放在MCS－51的内部寄存器中，处理速度快，但数目少。C51编译器编译时能自动识别程序中使用频率最高的变量，并自动将其作为register变量，用户可以无需专门声明。

4.3.2　C51数据的存储类型

存储器类型是用于指明变量所处于MCS－51系列单片机的存储器区域情况。Franklin C51是面向MCS－51系列单片机及其硬件控制系统的开发工具，它定义的任何数据类型都必须以一定的存储类型的方式定位于MCS－51系列单片机的某一存储区中。这样，我们首先要对MCS－51系列单片机的存储器结构比较熟悉。在MCS－51系列单片机中，程序存储器与数据存储器是严格分开的，且都分为片内和片外两个独立的寻址空间，特殊功能寄存器与片内RAM统一编址，数据存储器与I/O口统一编址，这是MCS－51系列单片机与一般微机存储器结构不同的显著特点。

表4－2　C51存储类型与MCS－51实际存储空间的对应关系

存储类型	与MCS－51系列单片机存储空间的对应关系	备　注
data	直接寻址片内数据存储区，访问速度快	低128 B
bdata	可位寻址片内数据存储区，允许位与字节混合访问	片内20H～2FH RAM空间
idata	间接寻址片内数据存储区，可访问片内全部RAM	片内全部RAM
pdata	分页寻址片外数据存储区，每页256 B	由MOVX　@R*i*访问
xdata	片外数据存储区，64 KB空间	由MOVX　@DPTR访问
code	程序存储区，64 KB空间	由MOVC　@DPTR访问

Franklin C51 完全支持 MCS－51 系列单片机的硬件结构，可完全访问 MCS－51 系列单片机硬件系统的所有部分。Franklin C51 编译器通过将变量、常量定义成不同的存储类型的方法，将它们定位在不同的存储区中。Franklin C51 存储类型与 MCS－51 系列单片机实际存储空间的对应关系如表 4－2 所示。

Franklin C51 存储类型及其数据长度和值域范围如表 4－3 所示。

表 4－3 C51 存储类型及其数据长度和值域范围

存储类型	长度(bit)	长度(byte)	值域范围
data	8	1	0～255
bdata	8	1	0～255
idata	8	1	0～255
pdata	8	1	0～255
xdata	16	2	0～65535
code	16	2	0～65535

访问片内数据存储器(data、idata、bdata)比访问片外数据存储器(xdata)相对要快很多，其中尤其以访问 data 型数据最快，因此，可将经常使用的变量置于片内数据存储器中，而将较大以及很少使用的数据单元置于外部数据存储器中。带存储类型的变量定义的一般格式为：

数据类型　存储类型　变量名；

例如：

```
char data var1;                    //字符变量 var1 定义为 data 存储类型
bit bdata flags;                   //位变量 flags 定义为 bdata 存储类型
float idata x;                     //浮点变量 x 定义为 idata 存储类型
unsigned int pdata var2;           //无符号整形变量 var2 定义为 pada 存储类型
unsigned char xdata vector[10][4]; //无符号字符数组变量定义为 xdata 存储类型
```

4.3.3 C51 存储模式

在程序设计时，有经验的程序员一般会给定存储类型，如果用户不对变量的存储类型定义，则 Franklin C51 编译器自动选择默认的存储类型，默认的存储类型由编译器的编译控制命令的存储模式部分决定。

存储模式决定了变量的默认存储器类型、参数传递区和无明确存储区类型的说明，存储器模式说明如表 4－4 所示。

表 4－4 存储器模式说明

存储器模式	说　明
SMALL	默认的存储类型为 data，参数及局部变量放入可直接寻址的片内 RAM 中。另外，所有对象(包括堆栈)，都必须嵌入片内 RAM 中
COMPACT	默认的存储类型为 pdata，参数及局部变量放入分页的外部 RAM，通过@R0 或@R1 间接访问，栈空间位于片内 RAM 中
LARGE	默认的存储类型为 xdata，参数及局部变量放入外部 RAM，使用数据指针 DPTR 来进行寻址，用此指针访问效率较低。栈空间也位于外部 RAM 中

在固定的存储器地址空间进行变量的传递，是 C51 的重要特征之一。在 SMALL 模式下，参数传递是在片内 RAM 中完成的。COMPACT 和 LARGE 模式下允许参数在外部 RAM 中传递。C51 同时也支持混合模式。例如在 LARGE 模式下，生成的程序可将一些函数放入 SMALL 模式中，从而加快程序执行速度。C51 的 3 种存储器模式的 ROM 空间是一样的，都是片内外混合编址的 64 KB 空间，但 RAM 空间随存储模式的不同而不同。MCS—51 系列单片机的片内 RAM 至少有 data(128B)空间，而片内 RAM 的 idata(0～256 B)空间因芯片而异，片内 RAM 空间不随存储模式而变，只与芯片本身有关。

C51 允许在变量类型定义之前指定存储模式。因此定义 data char x 与定义 char data x 是等价的，但应尽量使用后一种方法。

在 C51 中有两种方法来指定存储模式，以下为以两种方法来指定 COMPACT 模式：

方法 1：在编译时指定。如使用命令 C51 PROC. C COMPACT。

方法 2：在程序的第一句加预处理命令 ＃ pragma COMPACT。

当然由于 C51 支持混合模式，所以一般在编程时很少指定存储模式，而是在定义变量的同时指定存储模式。如 char data x，就表示为在片内 RAM 中定义字符型变量 x。

4.4　特殊功能寄存器(SFR)及其 C51 定义方法

MCS—51 系列单片机中，除了程序计数器 PC 和 4 组工作寄存器组外，其他所有的寄存器均为特殊功能寄存器(SFR)，分布在片内 RAM 的高 128B 中，地址范围为 80H～0FFH。SFR 中地址为 8 的倍数的寄存器具有位寻址能力。为了能直接访问 SFR，Franklin C51 编译器提供了一种与标准 C 语言不兼容，而只适用于对 MCS—51 系列单片机进行 C 语言编程的 SFR 定义方法，其定义 8 位 SFR 语句的一般格式为：

```
sfr  sfr-name = int  constant;
```

最前面的"sfr"是定义特殊功能寄存器的关键字，其后在 sfr-name 处必须是一个 MCS—51 系列单片机真实存在的 SFR 名，"＝"后面必须是一个整型常数，不允许带有运算符的表达式，是 SFR"sfr-name"的字节地址，这个常数的取值必须在 SFR 地址范围(80H～0FFH)内。当然 sfr-name 的字符名称可以任意设置，只要"＝"后边的常数值正确就行，但最好用与在汇编语言中的名字相同。例如：

```
sfr  SCON = 0x98;  //设置 SFR 串行口寄存器地址为 98H
sfr  TMOD = 0x89;  //设置 SFR 定时器/计数器方式控制寄存器地址为 89H
```

注意 SFR 的地址不是任意设置的，它必须与 MCS—51 系列单片机内部定义的完全相同，因 MCS—51 系列单片机的 SFR 的数量与类型不尽相同，况且一般而言每个 C51 源程序都会要用到 SFR 的设置，所以一般把 SFR 的定义放入一个头文件中，如 Franklin C51 编译器自带的头文件"reg51. h"就是为了设置 SFR 的。用户可以根据具体的单片机型号对该文件进行增删。

在新的 MCS—51 单片机中，有些 SFR 在功能上组合为 16 位值，当 SFR 的高字节地址直接位于低字节之后时，这时对 16 位的 SFR 可以直接进行访问。采用关键字用"sfr16"来定义，其他的与定义 8 位 SFR 的方法相同，只是"＝"后面的地址必须用 16 位 SFR 的低字节地址，即 16 位 SFR 的低地址作为"sfr16"的定义地址，其高位地址在定义中没有体现。但

应注意,这种定义方法只适用于所有新的 SFR,不能用于定时器/计数器 0 和 1 的定义。如:

sfr16　T2 = 0xCC;　//定义定时器 T2 的低 8 位地址为 0CCH,高 8 位地址为 0CDH

sfr16　T0 = 0x8A;　//定义错误,不能用来定义定时器/计数器 0

对定时器/计数器 0 的定义应为:

sfr　TH0 = 0x8C;　//定义定时器/计数器 0 的高位地址

sfr　TL0 = 0x8A;　//定义定时器/计数器 0 的低位地址

对定时器/计数器 1 的定义也应与定时器/计数器 0 的定义方法相同。

SFR 的 sfr-name 被定义后,就可以像普通变量一样用赋值语句进行赋值从而改变对应的 SFR 的值。

由于 SFR 中地址为 8 的倍数的寄存器具有位寻址能力,那能否也像汇编语言一样能逐一访问这些 SFR 的位呢?是的,在 Franklin C51 中规定了支持 SFR 位操作的定义,当然这也是与标准 C 语言不兼容的,使用"sbit"来定义 SFR 的位寻址单元。定义 SFR 的位寻址单元的语法格式有 3 种:

第一种格式:sbit bit-name = sfr-name ^ int constant;

这是一种最常用也是最直观的定义方法。这里"sbit"是关键字,其后在 bit-name 处必须是一个 MCS—51 系列单片机真实存在的某 SFR 的位名,"="后面在 sfr-name 处必须是一个 MCS—51 系列单片机真实存在的 SFR 名,且必须是已定义过的 SFR 的名字,"^"后的整型常数是寻址位在 SFR"sfr-name"中的位号,取值范围为 0～7。例如:

sfr PSW = 0xD0;　//先定义程序状态字 PSW 的地址为 0D0H

sbit OV = PSW^2　//定义溢出标志 OV 为 PSW.2,地址映象为 0D2H

sbit CY = PSW^7　//定义进位标志 CY 为 PSW.7,地址映象为 0D7H

第二种格式:sbit bit-name = int constant ^ int constant;

与第一种格式不同的是在第一种格式中的 sfr-name 处用 SFR 的地址代替,这样,定义 SFR 的那条语句就可省略了。例如:

sbit OV = 0xD0^2//定义溢出标志 OV,是地址 0D0H 的第 2 位,地址映象为 0D2H

sbit CY = 0xD0^7//定义进位标志 CY,是地址 0D0H 的第 7 位,地址映象为 0D7H

这里用 0xD0 代替了 PSW,同时定义 PSW 的语句就可省略。

第三种格式:sbit bit-name = int constant;

这里直接定义 SFR 的位寻址单元的地址映象地址。例如:

sbit OV = 0xD2　//直接定义溢出标志 OV,地址映象为 0D2H

sbit CY = 0xD7　//直接定义进位标志 CY,地址映象为 0D7H

bit-name 通过定义以后就可以当做普通位变量进行存取了。

4.5　并行接口及其 C51 定义方法

MCS—51 系列单片机片内有 4 个并行 I/O 口(P0～P3),因这 4 个并行 I/O 口都是 SFR,故这 4 个并行 I/O 口的定义采用定义 SFR 的方法。另外,MCS—51 系列单片机在片外可扩展并行 I/O 口,因其外部 I/O 口与外部 RAM 是统一编址的,即把一个外部 I/O 口当做外部 RAM 的一个单元来看待。利用绝对地址访问的头文件 absace.h 可对不同的存储区进行访问。该头文件的函数有：

CBYTE　（访问 code 区字符型）
DBYTE　（访问 data 区字符型）
PBYTE　（访问 pdata 区或 I/O 口字符型）
XBYTE　（访问 xdata 区或 I/O 口字符型）

另外还有 CWORD、DWORD、PWORD、XWORD 四个函数，它们的访问区域同上，只是访问的数据类型为 int 型。

对于片外扩展的 I/O 口，根据硬件译码地址，将其看作片外 RAM 的一个单元，使用语句 ＃define 进行定义。例如：

```
#include <absace.h>//必须要，不能少
#define  PORTA  XBYTE[0xFFC0]//定义外部 I/O 口 PORTA 的地址为 0FFC0H
```

当然也可把对外部 I/O 口的定义放在一个头文件中，然后在程序中通过＃include 语句调用，一旦在头文件或程序中通过使用＃define 语句对片外 I/O 口进行了定义，在程序中就可以自由使用变量名（如：PORTA）来访问这些外部 I/O 口了。

4.6　位变量及其 C51 定义方法

Franklin C51 编译器提供了一种与标准 C 语言不兼容，而只适用于对 MCS－51 系列单片机进行 C 语言编程的"bit"数据类型用来定义位变量，其具体定义方法说明如下：

4.6.1　位变量的 C51 定义的方法

C51 通过"bit"关键字来定义位变量，一般格式为：bit bit-name；

例如：

```
bit s-flag;        //将 s-flag 定义为位变量
```

4.6.2　C51 程序函数的参数及返回值

C51 程序函数可包含类型为"bit"的参数，也可以将其作为返回值。例如：

```
bit func(bit b0,bit b1)//位变量 b0、b1 作为函数的参数
  {
    ...
    return(b1);        //位变量 b1 作为函数的返回值
  }
```

注意，使用编译器伪指令＃pragma disable（加于某函数的前一行，是该函数在执行期间不被中断。本控制伪指令只对其后的一个函数有效）或包含明确的寄存器组切换（using n）的函数不能返回位值，否则编译器将会给出一个错误信息。

4.6.3　对位变量的限制

位变量不能说明为指针和数组。例如：

```
    bit *ptr;          //用位变量定义指针，错误
```

```
bit b-array[ ];      //用位变量定义数组,错误
```

在定义位变量时,允许定义存储类型,位变量都被放入一个位段,此段总位于 MCS－51 系列单片机片内 RAM 中,因此其存储类型限制为 data 或 idata,如果将其定义成其他类型都将在编译时出错。

对位变量的操作也可以采用先定义变量的数据类型和存储类型,其存储类型只能为 bdata,然后采用"sbit"关键字来定义可独立寻址访问的对象位。例如:

```
bdata int ibase;              //定义 ibase 为 bdata 存储类型的整型变量
bdata char bary[4];           //定义 bary[4]为 bdata 存储类型的字符型变量
sbit ibase0 = ibase^0;        //定义 ibase0 为 ibase 变量的第 0 位
sbit ibase15 = ibase^15;      //定义 ibase15 为 ibase 变量的第 15 位
sbit bary07 = bary[0]^7;      //定义 bary07 为 bary[0]数据元素的第 7 位
sbit bary36 = bary[3]^6;      //定义 bary36 为 bary[3]数据元素的第 6 位
```

对采用这种方式定义的位变量既可以位寻址又可以字节寻址。例如:

```
bary36 = 1;                   //位寻址,给 bary[3]数据元素的第 6 位赋值为 1
bary[3] = 'a';                //字节寻址,给 bary[3]数据元素赋值为字符 a
```

注意,可独立寻址访问的对象位的位置操作符("^")后的取值依赖于位变量的数据类型,对于 char/unsigned char 型为 0～7,对 int/unsigned int 型为 0～15,对 long/unsigned long 型为 0～31。

4.7 C51 构造数据类型

Franklin C51 编译器支持的基本数据类型有:位型(bit)、无符号字符(unsigned char)、有符号字符(signed char)、无符号整型(unsigned int)、有符号整型(signed int)、无符号长整型(unsigned long)、有符号长整型(signed long)、浮点(float)、双精度浮点(double),另外 C51 还提供了一些扩展的数据类型,它们是由 C51 支持的基本数据类型按一定的规则组合成的数据类型,称之为构造数据类型。C51 支持的构造数据类型有:数组、结构、指针、共同体、枚举等。其实 C51 支持的构造数据类型与标准 C 语言是一样的,对构造数据类型的定义、引用以及运算的规则也与标准的 C 语言相同。

因为 MCS－51 系列单片机的最大数据存储空间只有 64 KB,因此在进行 C51 编程时,要仔细地根据需要来选择构造类型数据的大小以节省存储空间,且一般在不用构造数据类型就能以较高效率解决问题的情况下,应尽量不用构造类型数据。

下面就在 C 语言中较常用也是较难理解的指针变量在 C51 中的应用进行必要的说明。指针变量是指一个专门用来存放另一个变量地址(指针)的变量。指针实质上就是内存中某项内容的地址,在 C51 中,不仅有指向一般变量的指针,还有指向各种构造数据类型成员的指针。Franklin C51 编译器支持"基于存储器"的指针和"通用指针"两种指针类型。

4.7.1 基于存储器的指针

基于存储器的指针以存储类型为参量,在编译时确定,用这种指针可以高效访问指针指向单元的内容。这类指针的长度为 1 个字节(idata *,data *,pdata *)或 2 个字节(code

*，xdata *）。例如：

```
char xdata * px;
```

表示在 xdata 存储空间定义一指向字符型指针变量 px，注意指针变量名是 px，不是 * px。指针自身在默认存储区（具体在哪个存储区由存储器模式决定），长度为 2 个字节（0～0xFFFF）。

```
char xdata * data px;
```

这里明确了指针自身位于 MCS－51 内部存储区 data 区，与存储器模式无关。其他与上例相同。

```
data char xdata * px;
```

与上例意义完全相同。C51 允许将存储器类型定义放在语句的开头，也可以直接放在定义的对象名之前，一般多采用后一种定义方法。

4.7.2　通用指针

凡是在指针定义时未对指针指向的对象存储空间进行修饰说明的，编译器都使用 3 个字节的通用指针。一个通用指针可以访问任何变量而不管它在 MCS—51 哪个存储空间的什么位置。通用指针只在编译和连接/定位时才把存储空间代码和地址填入预留的 3 个字节中。通用指针包括 3 个字节，其中 1 个字节为存储类型，另 2 个字节为偏移地址。存储类型决定了对象所占用的 MCS—51 存储空间，偏移地址指向实际地址。有关通用指针的字节分配、存储类型编码以及通用指针到具体存储空间的定位如表 4—5、表 4—6 和图 4—4 所示。

表 4—5　通用指针的字节分配

地　址	+0	+1	+2
地址保存内容	存储器类型	偏移地址高位字节	偏移地址低位字节

表 4—6　通用指针的存储器类型编码

存储器类型	idata	xdata	pdata	data	code
编码值	1	2	3	4	5

注意：使用以上存储器类型编码值以外的值可能会导致不可预测的程序动作。

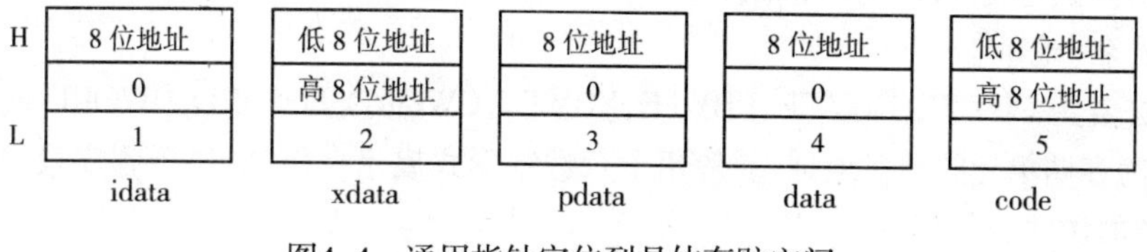

图4-4　通用指针定位到具体存贮空间

例如，以 xdata 类型的 0x1030 地址为指针的通用指针的字节分配如下：

地　址	+0	+1	+2
地址保存内容	2	0x10	0x30

例如，将常数值 0x21 写入地址为 1030H 的外部 RAM。

```
#define XBYTE((char *)0x20000L)
XBYTE[0x1030] = 0x21;
```

这里，XBYTE 被定义为（char *）0x20000L，0x20000L 为一般指针，其存储类型为 2

(xdata 类型),偏移地址为 0000H,这样 XBYTE 成为指向 xdata 零地址的指针。而 XBYTE[0x1030]则是外部 RAM 的 1030H 绝对地址。绝对地址被定义为“long”型常量,低 16 位包含偏移地址,而高 8 位是存储类类型定义,这种指针必须用长整型数来定义。同时应注意,Franklin C51 编译器不检查指针常数,用户必须选择有实际意义的地址值。

4.8　C51 的绝对地址访问

4.8.1　使用 C51 运行库中预定义宏

C51 编译器提供了一组宏定义来对 MSC－51 系列单片机的 code、data、pdata 和 xdata 空间进行绝对寻址。规定只能以无符号数方式访问,宏定义有:

```
#define  CBYTE  unsigned  char  volatile  code *) 0 )
#define  DBYTE  unsigned  char  volatile  data *) 0 )
#define  PBYTE  unsigned  char  volatile  pdata *) 0 )
#define  XBYTE  unsigned  char  volatile  xdata *) 0 )
#define  CWORD  unsigned  int   volatile  code *) 0 )
#define  DWORD  unsigned  int   volatile  data *) 0 )
#define  PWORD  unsigned  int   volatile  pdata *) 0 )
#define  XWORD  unsigned  int   volatile  xdata *) 0 )
```

其中:CBYTE、CWORD 分别是以字节和字的形式对 code 区寻址,DBYTE、DWORD 分别是以字节和字的形式对 data 区寻址,PBYTE、PWORD 分别是以字节和字的形式对 pdata 区寻址,XBYTE、XWORD 分别是以字节和字的形式对 xdata 区寻址。

这些函数原型在 absace.h 头文件中,使用时须用预处理命令把该头文件包含到 C51 文件中,即在 C51 文件中要有以下预处理语句:

```
#include  <absace.h>
```

具体访问这些绝对地址的格式为:

　　宏名[地址]

其中宏名为 CBYTE、DBYTE、PBYTE、XBYTE、CWORD、DWORD、PWORD 或 XWORD 中之一,地址为存储单元的绝对地址,一般用十六进制形式表示。例如:以下程序段可以实现对具体绝对地址的访问。

```
#include <absace.h>
#define  uchar unsigned char
#define  uint unsigned int
void main(void)
{
    uchar var1;
    uint var2;
    var1=XBYTE[0x0008];   //访问片外 RAM 的 0008H 字节单元
    var2=XWORD[0x1002];   //访问片外 RAM 的 1002H 字单元
```

```
    ...
    while(1);
}
```

4.8.2　通过指针访问

采用指针的方法，可以实现在 C51 中对存储器任意指定的绝对地址访问。例如：以下程序段可以实现对具体绝对地址的访问。

```
#define uchar unsigned char
#define uint unsigned int
void main(void)
{ uchar data var1;
    uchar pdata *dp1;          //定义指向一个 pdata 区的指针 dp1
    uint xdata *dp2;           //定义指向一个 xdata 区的指针 dp2
    uchar data *dp3;           //定义指向一个 data 区的指针 dp3
    dp1=0x30;                  //指针赋值，指向 pdata 区的 30H 单元
    dp2=0x1000;                //指针赋值，指向 xdata 区的 1000H 单元
    *dp1=0x80;                 //将数据 80H 送到片外 RAM 的 30H 单元
    *dp2=0x2012;               //将数据 2012H 送到片外 RAM 的 1000H 单元
    dp3=&var1;                 //dp3 指针指向 data 区的 var1 变量
    *dp3=0x60;                 //给变量 var1 赋值 60H
    ...
    while(1);
}
```

4.8.3　使用 C51 扩展关键字_at_

使用 C51 扩展关键字_at_对存储器绝对地址访问的一般格式为：

[存储器类型]　数据类型 变量名　_at_ 地址常数；

其中存储器类型可以是 data、bdata、idata、pdata 和 xdata 中的一种。如省略则按存储模式规定的默认存储类型，地址常数用于指定变量的绝对地址，必须位于有效的存储器空间之内。另外使用 _at_ 定义的变量必须为全局变量。例如：以下程序段可以实现对具体绝对地址的访问。

```
#define uchar unsigned char
#define uint unsigned int
data uchar var1 _at_ 0x40;     //在 data 区定义字节变量 var1，地址为 40H
xdata uint var2 _at_ 0x2000;   //在 xdata 区定义字变量 var2，地址为 2000H
void main(void)
{
    var1=0x90;                 //给片内 data 区 RAM 地址 40H 赋值 90H
    var2=0x2012;               //给片外 RAM 地址 2000H 赋值 2012H
    ...
```

```
    while(1);
}
```

4.9 C51的输入输出

C51本身不提供输入和输出语句,其输入输出操作是通过函数来实现的,在C51的标准函数库中提供了一个名为“stdio.h”的一般I/O函数库。当在C51中使用输入输出时,需先用预处理命令“#include 〈stdio.h〉”将该函数库包含到C51程序文件中。

在“stdio.h”中定义了C51中的输入输出函数,它们以getkey()和putchar()函数为基础,包含:字符输入函数getchar()和字符输出函数putchar();字符串输入函数gets()和字符串输出函数puts();格式输入函数scanf()和字格式输出函数printf()等。这些函数都是通过MCS－51的串行口来实现,故在使用I/O函数之前应先对MCS－51单片机的串行口进行初始化。一般MCS－51的串行口选择工作于方式1,波特率由定时器/计数器1的溢出率决定,定时器/计数器1一般选择模式2。

4.9.1 格式输出函数printf()

格式输出函数的作用是通过串行口输出符合格式控制要求的特定类型的数据,格式为:

printf(格式控制,输出参数表);

格式控制为用双引号括起来的字符串,也成转换控制字符串,它包括3种信息:格式说明符、普通字符和转义字符。

(1) 格式说明符,由“%”和格式字符组成,其作用是指明输出数据的类型和格式,具体功能如表4－7所示。

(2) 普通字符,按原样输出,用来输出某些提示信息。

表4－7 C51中的printf()函数的格式字符及功能

格式字符	数据类型	输出格式
d	int	有符号十进制数
u	int	无符号十进制数
o	int	无符号八进制数
x	int	无符号十六进制数数,用小写字母“a ～ f”表示
X	int	无符号十六进制数数,用大写字母“A ～ F”表示
f	float	带符号十进制浮点数,形式为[－]dddd.dddd
e,E	float	带符号十进制浮点数,形式为[－]dddd ±dd
g,G	float	自动选择e或f格式中更紧凑的一种输出格式
c	char	单个字符
s	指针	指向一个带结束符的字符串

(3) 转义字符,用来输出特定的不可显示的控制信息和字符。对不可显示的控制字符须在其前面加上反斜杠“\”组成转义字符,转移字符表如表4－8所示。

表 4—8　C51 中的常用的转义字符及含义

转义字符	含义	对应 ASCII 码
\0	空字符(null)	00H
\n	换行符(LF)	0AH
\r	回车符(CR)	0DH
\t	水平制表符(HT)	09H
\b	退格符(BS)	08H
\f	换页符(FF)	0CH
\'	单引号	27H
\"	双引号	22H
\\	反斜杠	5CH

4.9.2　格式输入函数 scanf()

scanf()函数的作用是通过串行口实现数据输入，其使用方法与 printf()类似，其格式为：

scanf(格式控制，地址列表)；

格式控制为用双括号括起来的字符串，包括三种信息，即空白字符、普通字符和格式说明：

(1) 空白字符，包含空格、制表符、换行符等，这些字符在输出时被忽略。

(2) 普通字符，是除了以"%"开头的格式说明符外的所有非空白字符，在输入时会原样显示。

(3) 格式说明，由"%"和格式说明符组成，作用是指明输入数据的格式。在 scanf()中的格式说明符与 printf()中的基本相同。以下程序段为使用 scanf()和 printf()函数输入输出相关数据。

```
#include  <reg51.h>
#include  <stdio.h>                        //一般 I/O 函数库
void  main(void)
{   int x, y;
    SCON = 0x52;                           //串行口工作于方式 1
    TMOD = 0x20;                           //定时器/计数器 1 选择模式 2
    TH1 = 0xF3;                            //设定波特率
    TL1 = 0xF3;
    TR1 = 1;
    printf("Input x, y:\n");               //输出提示信息 Input x, y:,并换行
    scanf("%d%d", &x, &y);                 //输入 x, y 的值
    printf("\n");                          //输出换行
    printf("%d+%d=%d", x, y, x+y);         //按十进制形式输出
    printf("\n");
    printf("%xH+%xH=%xH", x, y, x+y);          //按十六进制形式输出
    while(1);
}
```

4.10 C51中断服务函数的定义方法

Franklin C51编译器支持直接编写中断服务函数程序，从而减轻了采用汇编语言编写中断服务程序的繁琐程度。为了在C语言源程序中直接编写中断服务函数的需要，C51编译器对函数的定义进行了扩展，增加了一个扩展关键字interrupt，使用关键字interrupt可以将一个函数定义成中断服务函数。由于C51编译器在编译时对申明为中断服务程序的函数自动添加了进行相应的现场保护、阻断其他中断、返回时恢复现场等处理的程序段，因而在编写C51中断服务函数时可以不必考虑这些问题，而把精力集中在如何处理引发中断的事件上。定义中断服务函数的一般形式为：

函数类型　函数名(形式参数表)[interrupt n][using n]

关键字interrupt后面的n是中断号，n的取值范围为0～31。编译器从8＊n+3处产生中断向量，具体的中断号n和中断向量取决于不同的MCS－51系列单片机芯片，基本中断源和中断向量如表4－9所示。

表4－9　常用中断号和中断向量

n	中断源	中断向量(8 ＊ n + 3)
0	外部中断0	0003H
1	定时器0	000BH
2	外部中断1	0013H
3	定时器1	001BH
4	串行口	0023H
其他值	保留	8 ＊ n + 3

MCS－51系列单片机可以在内部RAM中使用4个不同的工作寄存器组，每个寄存器组中包含8个工作寄存器(R0～R7)。C51编译器扩展了一个关键字using，专门用来选择MCS－51系列单片机中不同的工作寄存器组。using后面的n是一个0～3的整型常数，分别选中4个不同的工作寄存器组。在定义一个函数时using是一个选项，如果不用该选项，则由编译器选择一个寄存器组作绝对寄存器组访问。需要注意的是，关键字using和interrupt的后面都不允许跟一个带运算符的表达式。关键字using对函数目标代码的影响如下：在函数的入口处将当前工作寄存器组保护到堆栈中，指定的工作寄存器内容不会改变，函数返回之前将被保护的工作寄存器组从堆栈中恢复；使用关键字using在函数中确定一个工作寄存器组时必须十分小心，要保证任何寄存器组的切换都只在仔细控制的区域内发生，如果不做到这一点将产生不正确的函数结果；另外还要注意，带using属性的函数原则上不能返回bit类型的值，并且关键字using不允许用于外部函数，关键字interrupt也不允许用于外部函数。

编写MCS－51系列单片机中断程序时应遵循的规则：

(1) 中断函数不能进行参数传递，如果中断函数中包含任何参数声明都将导致编译出错。

(2) 中断函数没有返回值，如果企图定义一个返回值将得到不正确的结果。因此建议在定义中断函数时将其定义为void类型，以明确说明没有返回值。

(3) 在任何情况下都不能直接调用中断函数，否则会产生编译错误。因为中断函数的返回是由MCS－51系列单片机指令RETI完成的，RETI指令影响MCS－51系列单片机的硬件中断系统。如果在没有实际中断请求的情况下直接调用中断函数，RETI 指令的操作结果会产生一个致命的错误。

(4) 如果中断函数中用到浮点运算，必须保存浮点寄存器的状态，当没有其他程序执行浮点运算时可以不保存。C51 编译器的数学函数库 math. h 中，提供了保存浮点寄存器状态的库函数 pfsave 和恢复浮点寄存器状态的库函数 fprestore。

(5) 如果在中断函数中调用了其他函数，则被调用函数所使用的寄存器组必须与中断函数相同。用户必须保证按要求使用相同的寄存器组，否则会产生不正确的结果，这一点必须引起足够的注意。如果定义中断函数时没有使用 using 选项，则由编译器选择一个寄存器组作绝对寄存器组访问。另外，由于中断的产生不可预测，中断函数对其他函数的调用可能形成递归调用，需要时可将被中断函数所调用的其他函数定义成重入函数。

4.11 汇编语言与C51的混合编程

在一个应用程序中，按模块用不同的编程语言编写源程序，最后通过编译器/连接器生成一个可执行的完整程序。这种编程方式称为混合编程。在编写单片机应用程序时可采用 C51 和汇编语言混合编程，一般是用汇编语言编写与硬件有关的程序，用 C51 编写主程序以及数据处理程序。

由于 C51 语言对函数的参数、返回值传送规则、段的选用和命名都做了严格规定，因而在混合编程时汇编语言要按照 C51 语言的规定来编写。这也是一般高级语言与低级语言混合编程的通用规则。当采用 C51 与汇编语言混合编程时，在技术上有两个问题：一个是在 C51 中如何调用汇编语言程序；另一个是 C51 程序如何与汇编语言程序之间实现数据的交换。当采用混合编程时，必须约定这两方面的规则，即命名规则和参数传递规则。

4.11.1 命名规则

在 C51 中被调用函数要在主函数中说明，在汇编语言程序中，要使用伪指令使 CODE 选项有效并申明为可再定位段类型，并且根据不同情况对函数名作转换，函数名的转换原则见表 4－10。

表 4－10 函数名的转换

说 明	符号名	解 释
void func(void)	FUNC	无参数传递或不含寄存器参数的函数名不作改变转入目标文件中，名字只是简单地转为大写形式
void func(char)	_FUNC	带寄存器参数的函数名加入“_”字符前缀以示区别，它表明该函数包含寄存器的参数传递
void func(void) reentrant	_? FUNC	对于重入函数的函数名加入“_?”字符串前缀以示区别，它表明该函数包含栈内的参数传递

在汇编语言中，变量、子程序或标号与其他模块共享时，必须在定义它们的模块开头说明为 PUBLIC(公用)，使用它们的模块必须在模块的开头包含 EXTERN(外部)。

如用汇编语言编写函数“toupper”，参数传递发生在寄存器 R7 中，以供 C51 函数调用。

```
PUBLIC        _TOUPPER              ;入口地址
```

```
UPPER        SEGMENT  CODE       ;定义 UPPER 段为再定位程序段
RSEG         UPPER               ;选择 UPPER 为当前段
_TOUPPER:    MOV      A,R7       ;从 R7 中取参数
             CJNE     A,#'a',$+3
             JC       UPPERET
             CJNE     A,#'z',$+3
             JNC      UPPERET
             CLR      ACC.5
UPPERET:     MOV      R7,A       ;返回值放在 R7 中
             RET                 ;返回到 C51
```

4.11.2 参数传递规则

当采用混合语言编程时，关键是入口参数和出口参数的传递，两种语言必须使用同一规则，否则传递的参数在程序中取不到。典型的规则是所有参数在内部 RAM 固定单元中传递，若是传递位变量，也必须位于内部可位寻址空间的顺序位中。当然参数在内部 RAM 中的顺序和长度必须让调用和被调用程序一致。事实上，内部 RAM 相同标示的数据块可共享。调用程序在进行汇编程序调用之前，在数据块中填入要传递的参数，调用程序在调用时，假定所需的值已在块中。

表 4-11 参数传递的寄存器选择

参数类型	char	int	long,float	一般指针
第 1 个参数	R7	R6,R7	R4～R7	R1,R2,R3
第 2 个参数	R5	R4,R5	R4～R7	R1,R2,R3
第 3 个参数	R3	R2,R3	无	R1,R2,R3

Franklin C51 编译器可使用寄存器传递参数，也可以使用固定存储器或使用堆栈，由于 MCS-51 系列单片机的堆栈深度有限，因此多用寄存器或存储器来传递。利用寄存器最多只能传递 3 个参数，选择固定的寄存器，这种参数传递方法能产生高效率代码，参数传递的寄存器选择如表 4-11 所示。下面提供了几个说明参数传递方法的例子。

func1(int a)，整型变量 a 是第一个参数，在 R6，R7 中传递。

func2(int b，int c，int *d)，整型变量 b 是第一个参数，在 R6，R7 中传递，整型变量 c 是第二个参数，在 R4，R5 中传递，指针变量 d 是第三个参数，在 R1，R2，R3 中传递。

func3(long e，long f)，长整型变量 e 是第一个参数，在 R4～R7 中传递，长整型变量 f 是第二个参数，只能在参数段中传递(第二个参数的传递寄存器 R4～R7 已被占用)。

func4(float g，char h)，单精度浮点变量 g 是第一个参数，在 R4～R7 中传递，字符变量 h 是第二个参数，只能在参数段中传递(第二个参数的传递寄存器 R5 已被占用)。

参数传递段给出了汇编子程序使用的固定存储区，就像参数传递给 C 函数一样，参数传递段的首地址通过名为"？函数名？BYTE"的 PUBLIC 符号确定。当传递位值时，使用名为"？函数名？BIT"的 PUBLIC 符号确定。所有传递的参数放在以首地址开始递增的存储区内，函数返回值放入 CPU 寄存器中，如表 4-12 所示。

表 4－12　函数返回值的寄存器

返回类型	返回的寄存器	说　明
bit	C	在进位标志中返回
(unsigned)char	R7	在 R7 中返回
(unsigned)int	R6、R7	返回值高位字节在 R6 中，低位字节在 R7 中
(unsigned)long	R4～R7	返回值高位字节在 R4 中，低位字节在 R7 中
float	R4～R7	32 位 IEEE 格式，指数和符号位在 R7 中
指针	R1、R2、R3	R3 中放存储器类型，高位地址在 R2 中，低位地址在 R1 中

注意：在汇编程序中，当前选择的寄存器组及寄存器 ACC、B、DPTR 和 PSW 都可能改变。当汇编程序被 C51 调用时，必须无条件地假设这些寄存器的内容已被破坏。

习　题

1. C51 与标准 C 语言主要有哪些方面不同？

2. 试说明为什么 xdata 型的指针长度要用 2 个字节？

3. 定义变量 a、b、c，其中 a 为内部 RAM 的可位寻址区的字符变量，b 为外部数据存储区浮点变量，c 为指向 int 型 xdata 区的指针。

4. C51 的数据存储类型有几种，它们分别表示的存储器区域是什么？

5. 在 C51 中，通过绝对地址来访问的方式有哪几种？

6. 在 C51 中，中断服务函数与一般函数有什么不同？

7. 在 C51 中有哪些特有的数据类型？

8. 在 C51 中，bit 位与 sbit 位有什么区别？

9. 请举例说明在 C51 中如何定义 MCS－51 系列单片机的特殊功能寄存器。

10. 请举例说明在 C51 中如何定义 MCS－51 系列单片机特殊功能寄存器的位。

11. 指出下列程序的错误。

```
#include<reg51.h>
main()
    {
        a=c;
        int a=7,c;
        delay(10)
void delay();
    {
        char i;
        for(i=0;i<=255;i++);
    }
```

12. 编程完成逻辑表达式 P1.2＝P1.4×ACC.0＋ACC.7（式中“×”为逻辑与，“＋”为逻辑或）。

第 5 章　MCS—51 单片机的硬件资源及应用

在第 2 章中对 MCS—51 单片机的系统结构作了一个总体介绍，且对 CPU、控制器、部分特殊功能寄存器及内部存储空间的分配等作了较详细的介绍。本章将对前面尚未详细介绍的并行 I/O 口、定时器/计数器、中断系统和串行口等硬件资源及其应用作较详细的讨论。

5.1　并行 I/O 口及其应用

输入/输出接口(I/O)是 CPU 外设之间相互传递信息的桥梁，它可以制成一块单独的大规模集成电路，也可以和 CPU 集成在同一块芯片上，单片机中就是后一种结构。I/O 接口有并行接口和串行接口两种，本节介绍并行 I/O 口。

5.1.1　并行 I/O 端口

8051 单片机有 4 个并行端口，分别命名为 P0、P1、P2 和 P3 口。这 4 个并行 I/O 端口的内部位结构如图 5—1 所示，每个端口皆有 8 个位口。由图 5—1 可知，每个位结构都有一个输出锁存器和一个输入缓冲器。输出锁存器用于存放需要输出的数据。每个端口的 8 位输出锁存器构成一个特殊功能寄存器，且冠名与端口相同。输入缓冲器用于对端口引脚上输入数据进行缓冲，因此各引脚上输入的数据必须一直保持到 CPU 把它读走为止。P0、P1、P2 和 P3 端口的电路形式各不相同，其功能也不相同。下面结合电路结构就其功能加以说明。

1. P0 口

图 5—1(a)是 P0 口的位结构图，它包括一个输出锁存器，两个三态缓冲器，一个输出驱动电路和一个输出控制电路。其中输出驱动电路由一对场效应管组成推挽输出，其工作状态受输出控制电路的控制。

当从 P0 口输出地址或数据时，控制信号应为高电平"1"，模拟转换开关(MUX)把地址/数据信息经反相器和下拉场效应管接通，同时与门打开。输出的地址或数据既通过与门去驱动上拉场效应管，又通过反相器去驱动下拉场效应管。例如，若地址/数据信息为"0"，该"0"信号一方面通过与门使上拉场效应管截止，另一方面经反相器使下拉场效应管导通，从而使引脚上输出相应的"0"信号；反之，若地址/数据信息为"1"，将会使上拉场效应管导通而下拉场效应管截止，引脚上将出现相应的"1"信号。若 P0 口作为一般 I/O 口使用，在 CPU 向端口输出数据时，对应的输出控制信号应为"0"，模拟转换开关将把输出级与锁存器 Q 端接通。同时，因与门输出为"0"，使上拉场效应管处于截止状态，因此输出级是漏极开路电路。这样，当写脉冲加在触发器时针端 CL 上时，则与内部总线相连的 D 端数据取反后就出现在 Q 端，再经场效应管反相，在 P0 引脚上出现的数据正好是内部总线的数据。

不难看出，P0 口在输出地址/数据信息和作为一般 I/O 口输出数据时，其输出驱动电路的工作状态是有差别的。P0 口作地址/数据总线口使用时，不必外加提升电阻。而作一般 I/O 口使用时，由于输出驱动电路工作于漏极开路状态，故需外接上拉电阻。

当从 P0 口引脚上输入数据时，上拉场效应管(Field Effect Transistor，简称 FET)应一直处于截止状态，引脚上的外部信号即加在下面一个三态缓冲器的输入端，又加在下拉 FET 的漏极，假定在此之前曾输出锁存过数据“0 ”，则下拉 FET 是导通的，这样引脚上的电位就始终被钳位在“0 ”电平，使输入高电平无法读入。因此作为一般 I/O 口使用时，P0 口是一个准双向口，即输入数据时，应先向口写“1”，使上下两个 FET 均截止，然后方可作高阻抗输入。但在 P0 口连接外部存储器时，由于访问外部存储器期间，CPU 会自动向 P0 口的锁存器写入 0FFH，所以，对用户而言，P0 口用作地址/数据总线时，则是一个真正的双向口。

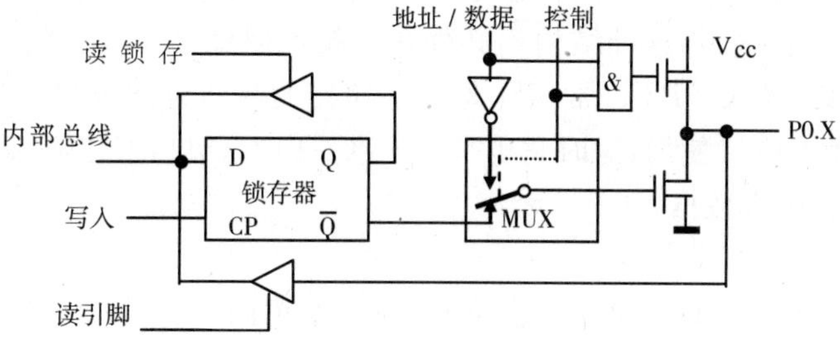

（a） P0 口电路逻辑

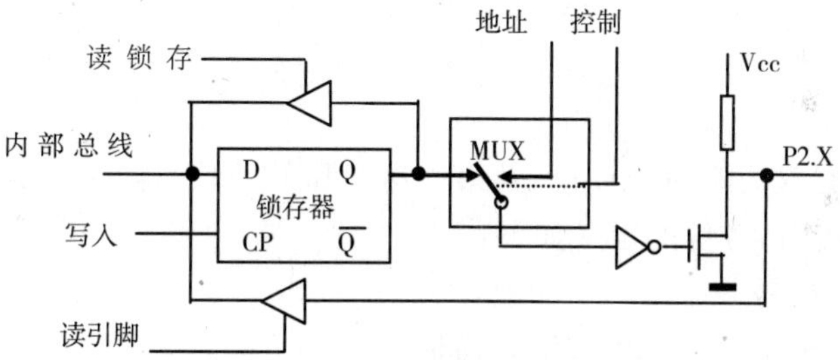

（b）P2 口电路逻辑

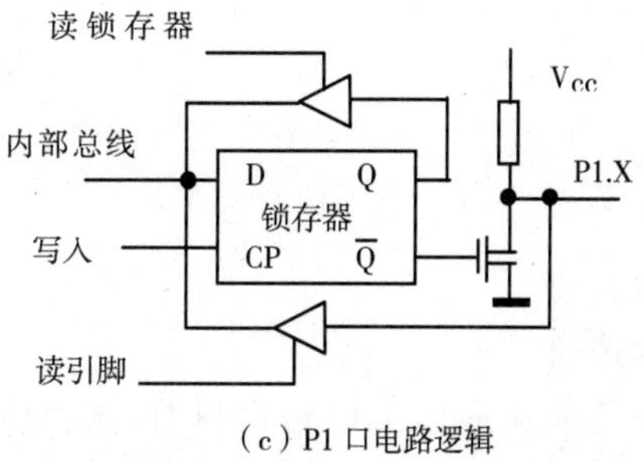

（c）P1 口电路逻辑

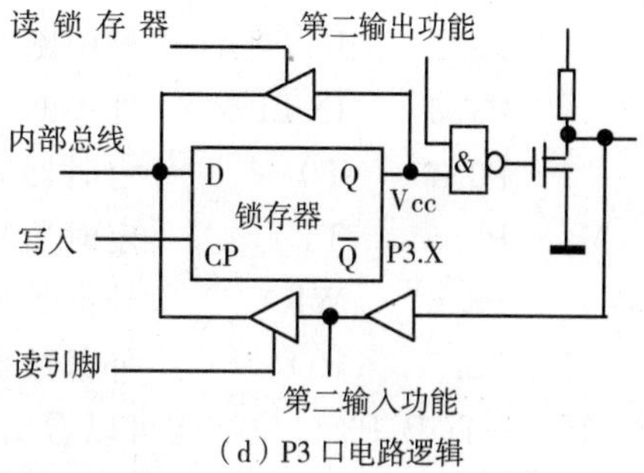

（d）P3 口电路逻辑

图5-1　并行口电路逻辑结构

上面所述为数据由引脚输入的情况，称为“读引脚”操作。但在有些情况下，例如用一个位口输出线去驱动一个外部晶体管的基极，则向此口线写“1”时，外部晶体管导通，并把位口输出引脚上的电平拉低，这时若从输出引脚上读取数据，会把此数据错读为“0”。为了避免错读引脚上电平的可能性，单片机中还提供了另一类所谓“读锁存器”操作。这类操作的特点是：先读位口，随之可对读入的数据进行修改，然后再写到端口上。例如执行指令 ORL P0,A 时，则先把 P0 上的内容读入 CPU，然后与 A 累加器内容按位进行逻辑"或"操作，最后把"或"的结果送回 P0 口。能使单片机产生这种读－修改－写操作的指令，其目的操作数一般为某 I/O 口或口的某一位，这些指令是：ANL、ORL、XRL、JBC、CPL、INC、DEC、DJNZ、MOV PX·Y、C、CLR PX·Y、SETB PX·Y 等，它们的含义详见本书第 3 章指令系统的说明。

综上所述，P0 口既可作地址/数据总线口使用，这时它是真正的双向口，也可作通用 I/O 口使用，但此时只是一个漏极开路的准双向口。一般情况下，P0 口已当做地址/数据口使用时，就不能再作通用 I/O 口使用。

2. P2 口

P2 口的位结构如图 5－1(b) 所示，它与 P0 口基本相同，只有输出部分略有不同，在输出 FET 的漏极接有上拉电阻，这种结构不必外接上拉电阻就可驱动任何 MOS 输入电路，且能驱动 4 个 LSTTL 输入。P2 口常用作外部存储器的高八位地址口。当不用作地址口时，P2 口亦可作通用 I/O 口使用，这时它也是一个准双向 I/O 口，即作输入口使用时必须先给锁存器置 1，然后再输入数据。

3. P1 口

P1 口的位结构如图 5－1(c) 所示，它与 P2 口基本相同，只是少了一个转换器(MUX)和一个反相器，且为使逻辑上的一致将锁存器的 Q 端与输出 FET 的栅极相连。P1 口是专为作通用 I/O 口而设计的，它是一个标准的准双向口，即 P1 口作输入口使用时必须先给锁存器置 1，然后再输入数据。

4. P3 口

P3 口是一个具有双功能的 I/O 口，其第一功能和 P2 口一样，可作为通用 I/O 口使用。P3 口工作于第二功能时，各位的定义如下：

引脚	代号	功能
P3.0	RXD	串行输入通道
P3.1	TXD	串行输出通道
P3.2	$\overline{\text{INT0}}$	外中断 0
P3.3	$\overline{\text{INT1}}$	外中断 1
P3.4	T0	定时器 0 外部输入
P3.5	T1	定时器 1 外部输出
P3.6	$\overline{\text{WR}}$	外部数据存储器写选通
P3.7	$\overline{\text{RD}}$	外部数据存储器读选通

由图 5－1(d) P3 口位结构可以看出，实现第一功能作通用 I/O 输出口时，选择输出功能端应保持高电平，使与非门对锁存器 Q 端是畅通的。同理，实现第二功能做专用信号输出时，则该位的锁存器应置 1，使与非门对选择输出功能端是畅通的。对输入而言，无论该位是作通用输入口还是作第二功能输入口，其输出锁存器和选择输出功能端都应置 1，即使 FET 截止。实际上，由于 MCS－51 系列单片机所有端口锁存器在上电复位时均置为 1，自然满足了上述条件，所以用户不必做任何工作，就可以直接使用 P3 口的第二功能。至于 P3 口的第一功能，应在确信某一引脚第二功能提供的信号不用时，该引脚才可作 I/O 线使用，

其使用方法与一般准双向口相同。图 5—1(d)下面的输入通道中有两个缓冲器,第二功能的专用输入信号取自第一缓冲器输出端,通用输入信号取自"读引脚"缓冲器的输出端。

5.1.2　并行 I/O 口的应用

MCS—51 四个 I/O 并行端口共有 3 种操作方式:输出数据方式、读端口数据方式和读端口引脚方式。在输出数据方式下,CPU 通过一条数据操作指令就可以把输出数据写入 P0～P3 的端口锁存器,然后通过输出驱动器送到端口引脚。因此,凡是端口操作指令都能达到从端口引脚上输出数据的目的,例如,如下指令均可在 P0 口输出数据:

```
MOV   P0,A   ;累加器 A 中的内容送 P0 口
ANL   P0,A   ;P0 口的内容和 A 中的内容相与后送 P0 口
```

读端口数据方式是一种仅对端口锁存器中数据进行读入的操作方式,CPU 读入的这个数据并非端口引脚的数据。因此,CPU 只要用一条传送指令就可把端口锁存器中的数据读入累加器 A 或内部 RAM 中来,例如,如下指令可以从 P1 口输入数据:

```
MOV    A,P1      ;P1 锁存器中数据送 A
MOV    20H,P1    ;P1 锁存器中数据送内部 RAM 区 20H 单元
```

读引脚方式可从端口引脚上读入信息。在这种方式下,CPU 首先必须使待读端口引脚所对应的锁存器置 1,以便使驱动器中的 T2 管截止,然后打开输入三态缓冲器,使相应端口引脚上信号输入 CPU 内部数据总线。因此,用户在读引脚时必须使用两条指令,例如读 P1 口低四位引脚上信号的程序为:

```
MOV    P1, #0FH     ;使 P1 口低 4 位锁存器置 1
MOV    A,P1         ;读 P1 口低 4 位引脚信号
```

应当指出:MCS—51 内部 4 个 I/O 端口既可以字节寻址也可以对它们位寻址,每位既可以用作输入也可以用作输出。现以单片机实现简单数字电路为例来说明其应用。

例 5—1　用 8051 单片机实现 3—8 线译码器逻辑功能。假设以单片机的 P3 口的低 3 位作为译码器的 3 个输入端,P2 口作为译码器的 8 个输出端(低电平有效),P3.5 作为译码器的使能端(低电平有效)。逻辑图如图 5—2 所示。3—8 线译码器的 C51 源程序如下:

```
# include <reg51.h>          // 包含头文件 reg51.h
void  main()
{ unsigned char n;
while(1)
{
P3=0xff;
if(P3_5==0)
{
n=P3&0x07;
switch(n)
{
case 0:P2_0=0;break;
```

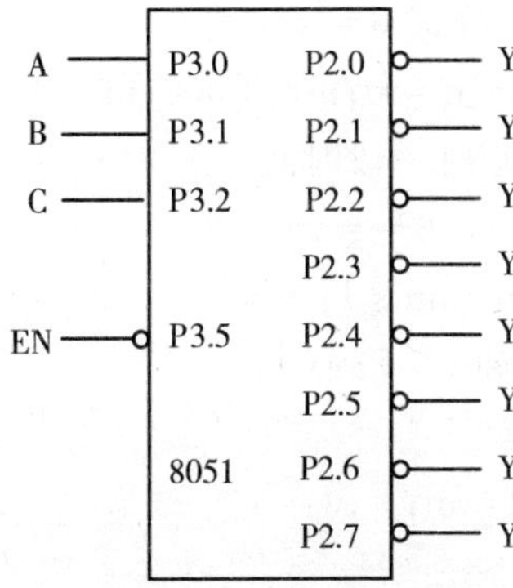

图5-2　线译码器逻辑图

```
case 1:P2_1=0;break;
case 2:P2_2=0;break;
case 3:P2_3=0;break;
case 4:P2_4=0;break;
case 5:P2_5=0;break;
case 6:P2_6=0;break;
case 7:P2_7=0;break;
default:P2=0xff;break;
}
P2=0xff;
}}}
```

例 5－2 用 8051 单片机实现八位左移移位寄存器逻辑功能。假设单片机的 P3.6 引脚连接的按键输出为移位寄存器的移位脉冲，P3.7 引脚作寄存器串行输入端，P2 口作并行输出端，与 P2 口相连的发光二极管显示 P2 口的状态。八位移位寄存器的逻辑图如图 5－3 所示。C51 源程序如下：

```
＃include〈reg51.h〉          // 包含头文件 reg51.h
＃include〈intrins.h〉        // 包含头文件 intrin.h
void  main()
{
unsigned  int  m;
unsigned  char  m;
P3=0xff;
P2=0xff;
while(1)
{
P2_0=P3_7;
nn=P2;
if=(P3_6==0)               //如果按钮按下
{for(m=0;m<3 000;m++);
//延时一段时间
if(P3_6==0)                //如果按钮还在按下状态
{nn=nn≪1;                  //移位
while(! P3_6);             //等待按钮抬起
}}
P2=nn;                     //P2 输出移位结果
}}
```

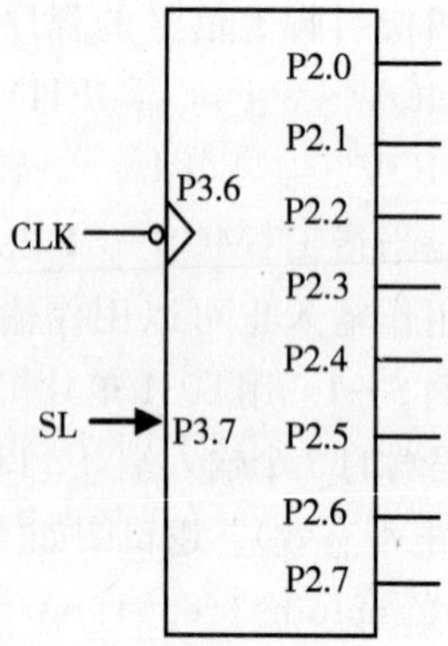

图5-3 八位移位寄存器逻辑图

5.2　中断系统

5.2.1　中断概述

中断是 CPU 与外部设备进行快速信息交换的一种方式。计算机引入中断技术后，使计算机具有实时处理外界事件的能力，解决了 CPU 与外部设备的协调与配合问题，提高了 CPU 的运行效率和处理故障的能力。因此，中断系统功能的强弱是衡量计算机性能的重要技术指标之一。

1. 中断和中断系统

CPU 正在处理某件事的时候，外部发生了另一事件，请求 CPU 迅速处理，CPU 暂时停止当前的工作，转入处理外部所发生的事件，处理结束后，再回到原来的地方，继续原来的工作，这样的过程称为中断，如图 5－4 所示。实现中断功能的部件，统称为中断系统，产生中断请求的源称为中断源。

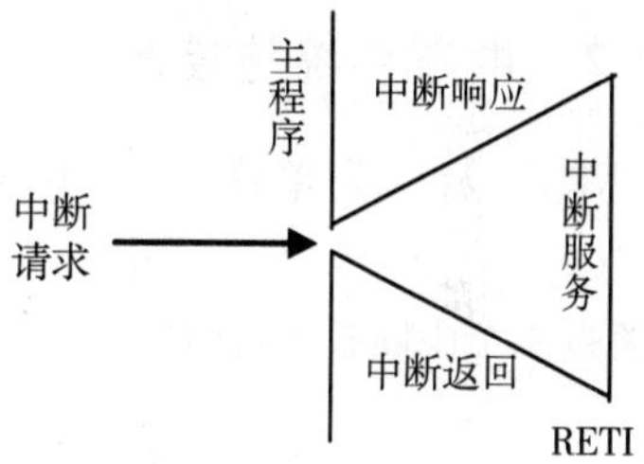

图5-4　中断过程示意图

2. 中断优先级

一般计算机系统允许有多个中断源与之相连。当几个中断源同时向 CPU 请求中断、申请中断服务时，就存在 CPU 优先响应哪一个中断请求的问题。为此系统根据中断源的轻重缓急进行排队，规定每个中断源都有一个中断优先级别，优先处理最紧急事件的中断请求。

3. 中断嵌套

中断嵌套是指 CPU 正在处理一个中断源请求的时候，又发生了另一个优先级比它高的中断源的中断请求而转去执行高优先级中断请求的过程。出现中断嵌套时，CPU 暂时中止执行当前的中断处理程序，转而去处理优先级更高的中断请求，处理结束后，再继续执行原来的低级中断处理程序。不具有中断嵌套功能的系统称为单级中断系统，具有中断嵌套功能的中断系统称为多级中断系统。二级中断嵌套过程如图 5－5 所示。

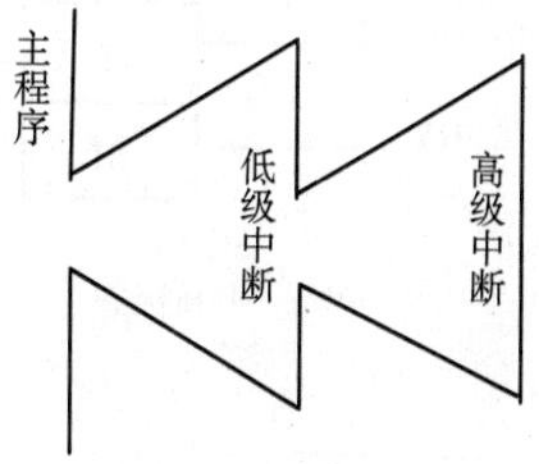

图5-5　二级中断嵌套过程示意图

4. 中断过程

对于不同的计算机，中断过程可能不完全相同，但一般应包括中断请求、中断响应、中断处理和中断返回 4 个过程。

(1) 中断请求

中断过程是由中断源向 CPU 发出中断请求而开始的。有效中断请求信号应该一直保持到 CPU 作出响应为止。

(2) 中断响应

CPU 检测到中断请求信号后，在满足一定条件下进行响应。其主要条件是：中断标志是否开放，是否高级中断，是否执行完一条指令等。

(3) 中断处理

中断处理亦称中断服务，是指执行中断源所要求的中断服务程序。在中断服务程序中需要完成的主要工作是：

① 保护现场——根据需要把断点处有关存储器的内容压入堆栈，以保护主程序运行的结果。

② 开/关中断标志——根据 CPU 响应中断后开/关中断情况，适当处理中断标志，以确保保护/恢复现场的正确进行，确保所需中断嵌套的实现。

③ 中断处理——根据中断源的要求，完成相应的任务，这是中断服务的核心。

④ 恢复现场——在完成中断服务之后，返回被中断的主程序之前，恢复堆栈中保护的各有关寄存器的内容。

(4) 中断返回

在中断服务程序后，用一条中断返回指令(RETI)，保证返回主程序断点处继续执行被中断的程序。实际上，在进行中断处理之前，还存在断点保护问题。具有中断功能的计算机的断点保护都是由中断系统或中断调用指令自动完成。

5.2.2 中断系统与控制

MCS—51 系列单片机中，不同型号的单片机的中断源数量不同，MCS—51 的 51 子系列(8031、8051、8751 等)有 5 个中断源，52 子系列(8032、8052 等)有 6 个中断源，它们均有两级优先级，通过 4 个中断控制器(IE、IP、TCON、SCON)进行中断管理，其结构原理如图5—6所示。

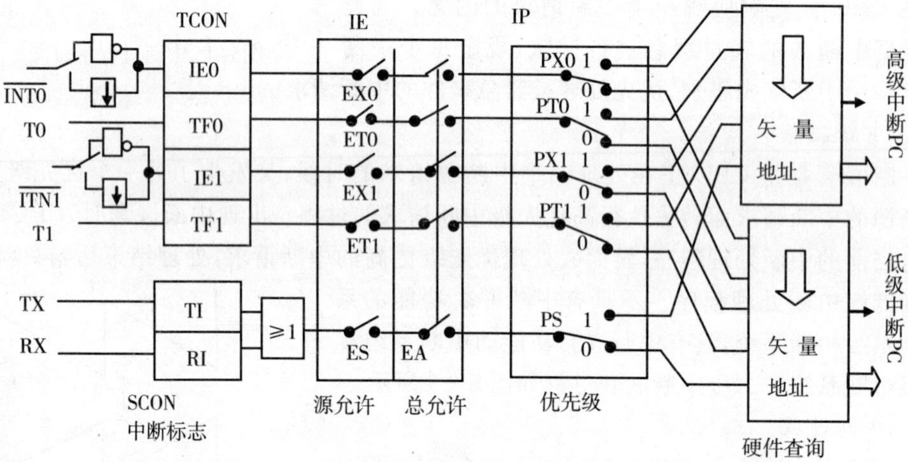

图5-6 中断系统结构

1. 中断源

8051 单片机的 5 个中断源分为两种类型，一类是外部中断源，包括$\overline{\text{INT0}}$和$\overline{\text{INT1}}$；另一类是内部中断源，包括两个定时器/计数器(T0 和 T1)的溢出中断和串行口的发送/接收中断。

(1) 外部中断

$\overline{\text{INT0}}$和$\overline{\text{INT1}}$，它们的中断请求信号有效方式分为电平触发和脉冲触发两种。电平方式是低电平有效；脉冲方式则为负边沿触发有效。CPU 在每个机器周期的 S5P2 时刻检测$\overline{\text{INT0}}$和$\overline{\text{INT1}}$上的信号。对于电平方式，只要检测到低电平信号即为有效申请；对于脉冲方式，则需要比较两次检测到的信号，才能确定中断请求信号是否有效，并且中断请求信号高低电平的状态都应至少维持一个机器周期，以确保电平变化能被单片机检测到。

(2) 内部中断

除外部中断源外，内部还有 TF0、TF1、TI、RI 分别为定时器/计数器溢出中断和串行口的发送/接收中断的中断源。

2. 中断控制

单片机设置了 4 个专用寄存器 TCON、SCON、IE、IP 用于中断控制，用户通过设置其状态来管理中断系统。

(1) 定时器控制寄存器(TCON)

TCON 的格式如下：

TCON	D7	D6	D5	D4	D3	D2	D1	D0
(88H)	IT0	TF1	TR1	TF0	TR0	IE1	IT1	IE0

如前所述，寄存器中 TR1(TR0)用于定时器/计数器的启动控制，其余 6 位用于中断控制，其作用如下：

IT0 为外部中断 0 请求信号方式控制位(中断触发标志位)，位地址为 88H。

IT0 ＝ 1，为脉冲触发方式(负跳变有效)；IT0 ＝ 0，为电平方式(低电平有效)。

IE0 为外部中断 0 请求标志位，位地址为 89H。当 CPU 检测到 INT0(P3.2)端有中断请求信号时，由硬件置位，使 IE0 ＝ 1，请求中断，中断响应后转向中断服务程序时，由硬件自动清零。

IT1 为外部中断 1 请求信号方式控制位，其作用同 IT0。

IE1 为外部中断 1 请求标志位，其作用同 IE0。

TF0(TF1)为定时器/计数器溢出标志位，此标志作用将在定时器/计数器一节说明。

(2) 串行口控制寄存器(SCON)

串行口控制寄存器格式及各位功能将在串行接口一节介绍，其中高 6 位用于串行口控制，低 2 位(RI、TI)用于中断控制，其作用如下：

SCON (98H)	D7	D6	D5	D4	D3	D2	D1	D0
	SM0	SM1	SM2	REN	TB8	RB8	TI	RI

TI 为串行口发送中断请求标志位，发送完一帧串行数据后，由硬件置 1，其清零必须由程序员通过软件完成。

RI 为串行口接收中断请求标志位，接收完一帧串行数据后，由硬件置 1，其清零必须由程序员通过软件完成。

在 MCS－51 单片机串行口中，TI 和 RI 的逻辑"或"作为一个内部中断源，二者之一置位都可以产生串行口中断请求，然后在中断服务程序中测试这两个标志位，以决定是发送中断还是接收中断。

(3) 中断允许控制寄存器(IE)

中断允许寄存器格式如下：

IE (A8H)	D7	D6	D5	D4	D3	D2	D1	D0
	$\overline{EA}$	/	/	ES	ET1	EX1	ET0	EX0

寄存器中用于控制中断的共 6 位，实现中断的管理，其各位的作用如下：

$\overline{EA}$为中断允许总控制位。$\overline{EA}$=1时,CPU开放中断;$\overline{EA}$=0时CPU屏蔽所有中断请求。

ES为串行口中断允许位。ES=1时,允许串行口中断;ES=0时,禁止串行口中断。

ET1为定时器/计数器1(T1)中断允许控制位。ET1=1时,允许T1中断;ET1=0时,禁止T1中断。

EX1为外部中断1允许控制位。EX1=1允许外部中断1中断;EX1=0,禁止外部中断1中断。

ET0为定时器/计数器0(T0)中断允许控制位,其控制功能同ET1。

EX0为外部中断0允许控制位,其控制功能同EX1。

MCS—51单片机中断系统的管理是由中断允许总控制位$\overline{EA}$和各中断源的中断控制位联合作用实现的,缺一不可。MCS—51单片机系统复位后,IE各位均清零,即禁止所有中断。

(4) 中断优先级控制寄存器(IP)

中断优先级控制寄存器的格式如下:

IP (B8H)	D7	D6	D5	D4	D3	D2	D1	D0
	/	/	/	PS	PT1	PX1	PT0	PX0

MCS—51单片机规定了两个中断优先级:高优先级中断和低优先级中断,用中断优先级寄存器(IP)的5位状态管理5个中断源的优先级别。相应位是“0”的中断源为低优先级中断,相应位是“1”的中断源为高优先级中断。

各状态位的作用如下:

PS为串行口中断优先级控制位,位地址是B8H。

PS = 1,串行口为高优先级中断;PS = 0,串行口为低优先级中断。

PT1为定时器/计数器1(T1)中断优先级控制位,位地址是B9H 。

PT1 = 1,T1为高优先级中断;PT1 = 0,T1为低优先级中断。

PX1为外部中断1中断优先级控制位,位地址是BAH。

PX1 = 1,外部中断1为高优先级中断;PX1 = 0,外部中断1为低优先级中断。

PT0为定时器/计数器0(T0)中断优先级控制位,位地址是BBH。

PT0 = 1,T0为高优先级中断;PT0 = 0,T0为低优先级中断。

PX0为外部中断0中断优先级控制位,位地址是BC8H。

PX0 = 1,外部中断0为高优先级中断;PX0 = 0,外部中断0为低优先级中断。

MCS—51单片机优先级的控制原则是:

(1) 为实现中断嵌套,高优先级中断请求可中断低优先级的中断服务;反之则禁止。

(2) 同等优先级中断源之间不能中断对方的中断服务过程。

(3) 多个同级中断源同时产生中断请求时,则按查询顺序确定哪个中断请求先被响应。MCS—51单片机规定的查询顺序是:外部中断0、定时器/计数器0、外部中断1、定时器/计数器1和串行口中断。

5.2.3 中断响应

1. 中断响应过程

MCS—51单片机在每个机器周期的S6状态按优先级顺序查询中断标志,如果查询到某个标志位为“1”，则表明有中断请求发生，则在下一个机器周期的 S1 状态开始响应中断。但是，如果出现下列情况之一时，中断不能进行：

(1) CPU 正在为高级或同级的中断服务；

(2) 查询中断请求的机器周期不是当前指令的最后一个机器周期(以确保当前指令的完整执行)；

(3) 正在执行的指令是 RETI 或是访问 IE 或 IP 的指令(这时，必须再执行一条指令后才能响应中断)。

以上 3 种情况，通常称为中断受阻。如果中断受阻，CPU 将不能立即响应中断，因为 MCS－51 对中断查询结果不作记忆，当有新的查询结果出现时，因以上原因而被拖延的查询结果将不复存在，其中断请求也就不能被响应。如果中断不受阻，即满足中断响应条件，CPU 就会如期进入中断响应。在响应中断请求时，MCS－51 的中断系统先把该中断请求保存在各自的中断标志位中，然后在下一个机器周期内按照 IP 和固定的中断优先级顺序查询中断标志位状态，并完成中断优先级排队。在下一个机器周期的 S1 状态时，MCS－51 开始响应最高优先级中断。在响应中断时，CPU 将自动做如下几件事：

先将中断断点地址压入堆栈进行保护，然后根据不同的中断源将程序转向相应的中断服务程序入口。这是通过硬件自动生成一条长调用指令 LCALL 实现的。

中断源与其中断服务程序入口地址之间的关系是固定的，见表 5－1。

表 5－1　8051 中断服务程序入口地址表

中断源	中断服务程序入口地址
$\overline{\text{INT0}}$	0003H
定时器 T0	000BH
$\overline{\text{INT1}}$	0013H
定时器 T1	001BH
串行口中断	0023H

例如：响应外部中断 1 的请求，生成的长调用指令就是 LCALL 0013H。执行这条指令，即完成保护断点的任务又使程序转向 0013H 单元对应的外部中断 1 服务程序入口地址。表 5－1 中的 5 个中断服务程序入口地址之间，各有 8 个单元的空间，一般情况下难以容纳一个完整的中断服务程序。通常总是在中断入口处安排一条无条件转移指令，如 LJMP 指令，使程序转向实际存放中断服务程序的存储器区域首地址。例如：若 $\overline{\text{INT0}}$ 中断服务程序始址在 2000H 单元，则如下指令执行后便可转入 2000H 处执行中断服务程序。

```
ORG     0003H
LJMP    2000H
```

中断服务程序的最后一条指令是 RETI，其作用是将内部优先级状态触发器清零，从堆栈中弹出两个字节(断点地址)到程序计数器 PC，程序返回到原断点处，结束中断过程。

2. *中断响应时间*

在实时控制系统中，为了满足控制速度要求，常常需要弄清 CPU 响应中断所需的时间。中断响应时间是指从查询中断请求标志位到转向中断服务程序入口地址所需的机器周期数，一般是 3～8 个机器周期。

响应中断最短时间是:CPU 查询中断标志的周期正好是执行一条指令的最后一个机器周期(占用一个机器周期),此后,不需等待即可响应中断,硬件自动生成并执行 LCALL 指令(需要 2 个机器周期),所以总共需要 3 个机器周期。

响应中断最长时间是:CPU 查询中断标志时,正好是开始执行 RETI 或访问 IE、IP 的指令,此时,需要把当前指令执行完再继续执行一条指令后,才能响应中断。执行前者最长需 2 个机器周期,而执行后者最长需 4 个机器周期(如乘、除指令),再加上执行长调用指令 LCALL 所需 2 个机器周期,总共需要 8 个机器周期。显然,这里讲的中断响应最长时间,亦只指一般情况,若 CPU 正在为同级或高级中断服务(执行它们的中断服务程序)时,则新中断请求需要等待的时间就无法统计了。

通常中断响应时间可以不予考虑,但在某些需要精确定时的场合,应作出调整,以保证精确的定时。

5.2.4 中断请求的撤除

在中断请求被响应前,中断源发出的中断请求是由 CPU 锁存在特殊功能寄存器 TCON 和 SCON 的相应中断标志位中的。一旦某个中断请求得到响应,CPU 必须把它的相应标志位复位成“0”状态。否则,MCS－51 就会因中断未能得到及时撤除而重复响应同一中断请求,这是绝对不能允许的。

8031、8051 和 8751 等 51 子系列有 5 个中断源,但实际只分属于三种中断类型。这三种类型是:外部中断、定时器溢出中断和串行口中断。对于这三种中断类型的中断请求,其撤除方法是不同的。现对它们分述如下:

1. 定时器溢出中断请求的撤除

TF0 和 TF1 是定时器溢出中断标志位,它们因定时器溢出中断请求的输入而置位,因定时器溢出中断得到响应而自动复位成“0”状态。因此,定时器溢出中断源的中断请求是自动撤除的,用户根本不必专门为它们撤除。

2. 串行口中断请求的撤除

TI 和 RI 是串行口中断的标志位,中断系统不能自动将它们撤除,这是因为 MCS－51 进入串行口中断服务程序后常需要对它们进行检测,以测定串行口发生了接收中断还是发送中断。为了防止 CPU 再次响应这类中断,用户应在中断服务程序的适当位置处通过如下指令将它们撤除。

```
CLR  TI    ;撤除发送中断
CLR  RI    ;撤除接收中断
```

若采用字节指令,则也可采用如下指令:

```
ANL  SCON,#0FCH      ;撤除发送和接收中断
```

或采用位判断清除指令:

```
JBC  TI,rel    ;判断 TI 标志是否置位,若置位则跳转并撤除发送中断
JBC  RI,rel    ;判断 RI 标志是否置位,若置位则跳转并撤除接收中断
```

3. 外部中断的撤除

外部中断请求有两种触发方式:电平触发和负边沿触发。对于这两种不同的中断触发方式,MCS－51 撤除它们的中断请求的方法是不相同的。

在负边沿触发方式下，外部中断标志 IE0 和 IE1 是依靠 CPU 两次检测$\overline{\text{INT0}}$和$\overline{\text{INT1}}$上触发电平状态而置位的。因此，芯片设计者使 CPU 在响应中断时自动复位 IE0 和 IE1 就可撤除$\overline{\text{INT0}}$或$\overline{\text{INT1}}$上的中断请求，因为外部中断源在中断服务时是不可能再在$\overline{\text{INT0}}$或$\overline{\text{INT1}}$上产生负边沿而使相应中断标志位 IE0 或 IE1 置位的。

在电平触发方式下，外部中断标志 IE0 和 IE1 是依靠 CPU 检测$\overline{\text{INT0}}$或$\overline{\text{INT1}}$上低电平而置位的。尽管 CPU 响应中断时相应中断标志 IE0 或 IE1，能自动复位成“0”状态，但若外部中断源不能及时撤除，它在$\overline{\text{INT0}}$或$\overline{\text{INT1}}$上的低电平就会再次使已经变“0”的中断标志 IE0 或 IE1 置位，这是绝对不能允许的。因此，电平触发型外部中断请求的撤除必须使$\overline{\text{INT0}}$或$\overline{\text{INT1}}$上低电平随着其中断被 CPU 响应而变为高电平。一种可供采用的电平型外部中断的撤除电路，如图 5－7 所示。由图可见，当外部中断源产生中断请求时，D 触发器复位成“0”状态，Q 端的低电平被送到$\overline{\text{INT0}}$端，该低电平被 8031 检测到后就使中断标志 IE0 置 1。8031 响应$\overline{\text{INT0}}$上中断请求便可转入$\overline{\text{INT0}}$中断服务程序执行，故可以在中断服务程序开头安排如下程序来使$\overline{\text{INT0}}$上的电平变高。

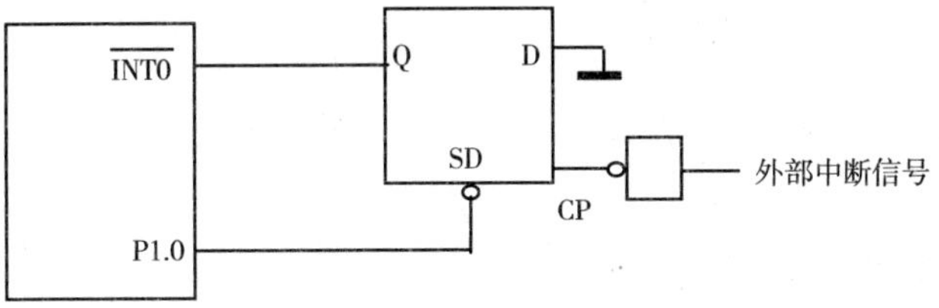

图5-7　电平型外部中断的撤除电路

```
INSVR:   ORL   P1,#01H
         ANL   P1,#0FEH
         CLR   IE0
         …
         END
```

8031 执行上述程序就可在 P1.0 上产生一个宽度为二个机器周期的负脉冲。在该负脉冲作用下，D 触发器被置位成“1”状态，$\overline{\text{INT0}}$上电平也因此而变高，从而撤除了其上的中断请求。

5.2.5　中断系统的初始化

MCS－51 中断系统功能，是可以通过上述特殊功能寄存器进行统一管理的，中断系统初始化是指用户对这些特殊功能寄存器中的各控制位进行赋值。

中断系统初始化步骤如下：

(1) 置位相应中断源的中断允许；

(2) 设定所有中断源的中断优先级；

(3) 若为外部中断，则应规定低电平还是负边沿的中断触发方式。

例 5－3　请写出$\overline{\text{INT0}}$为低电平触发的中断系统初始化程序。

解：① 采用位操作指令

SETB　EA

SETB　EX0　　　;开$\overline{\text{INT0}}$中断

SETB　PX0　　;令$\overline{\text{INT0}}$为高优先级

CLR　IT0　　;令$\overline{\text{INT0}}$为电平触发

相应 C51 程序如下：

```
# include <reg51.h>
EA=1;
EX0=1;
PX0=1;
IT0=0;
```

② 采用字节型指令

MOV　IE,＃81H　　;开$\overline{\text{INT0}}$中断

ORL　IP,＃01H　　;令$\overline{\text{INT0}}$为高优先级

ANL　TCON,＃0FEH　　;令$\overline{\text{INT0}}$为电平触发

相应 C51 程序如下：

```
# include <reg51.h>
IE=0x81;
IP=0x01;
TCON=0xfe;
```

5.2.6 单步工作方式

MCS－51 单片机有一种单步工作方式，即单步执行方式。所谓单步执行就是由外来脉冲控制程序的执行，使之达到来一个脉冲就执行一条指令的目的。而外来脉冲是通过按键产生的，因此实际上单步执行就是按一次键执行一条指令。因为单步执行是借助单片机的外部中断功能来实现的，所以作为中断应用的一个实例，把它放在这里介绍。

假定利用外部中断 0 来实现程序的单步执行，为此应事先作好两项准备工作：

① 建立单步执行的外部控制电路，以按键产生脉冲作为外部中断 0 的中断请求信号，经$\overline{\text{INT0}}$端输入，并把电路设计成不接按键为低电平，按一次键产生一个正脉冲，原理电路如图 5－8 所示。此外还需把外部中断 0 设置成高优先级中断和电平触发方式。

② 编写外部中断 0 的中断服务程序。

图 5-8　利用中断实现单步操作

其初始化程序如下：

CLR　IT0　　;设置外部中断 0 为电平触发

SETB　$\overline{\text{EA}}$　　;CPU 开中断

SETB　PX0　　;置外部中断 0 为高优先级

SETB　EX0　　;外部中断 0 开中断

外部中断 0 的中断服务程序如下：

JNB　　P3.2，$　；$\overline{\text{INT0}}$＝0，则原地踏步

JB　　P3.2，$　；$\overline{\text{INT0}}$＝1，则原地踏步

RETI　　　　；返回主程序

这样，在没有按键时，$\overline{\text{INT0}}$＝0，中断请求有效，单片机响应中断，但转入中断服务程序后，只能在它的第一条指令上原地踏步。只有按一次单步键，产生正脉冲使$\overline{\text{INT0}}$＝1，才能通过第一条指令而到第二条指令上去“踏步”。当正脉冲结束后，再结束第二条指令通过第三条指令返回主程序。而 MCS—51 的中断机制有这样的特点，即从中断服务程序返回主程序后，至少要执行一条指令，然后才能再响应新的中断。为此单片机从上述中断 0 的中断服务程序返回主程序后，能且只能执行一条指令 。因为这时$\overline{\text{INT0}}$已为低电平，外部中断 0 请求有效，单片机就再一次中断响应，并进入中断服务程序去踏步，从而实现了主程序的单步执行。

5.2.7　外部中断源的扩展

8051 单片机只提供了两个外部中断请求输入端，实际应用过程中，如果需要使用多于两个的外部中断源，就必须进行外部中断源的扩展。外部中断源的扩展根据需要可以采用不同的方法。当需要扩展的外部中断比较少(1～2 个)时，条件允许的情况下，可以利用单片机内部的定时器/计数器扩展外部中断。其原理是，将定时器/计数器设置为计数方式，且将计数初值置为最大值，这样相应定时器/计数器的外部输入端就可以作为一个外部中断。当需要扩展的外部中断较多(2 个以上)时，可以采用专用接口芯片扩展，也可以采用适当外加常规数字集成电路芯片进行扩展。下面介绍利用优先编码器扩展外部中断的接线及其编程实例。

例 5—4　图 5－9 给出了利用优先编码芯片 74LS148，在 MCS－51 单片机的外部中断$\overline{\text{INT1}}$上扩展多个外部中断源的原理图。图中是以开关闭合来模拟中断请求信号。当有任一中断源产生中断请求，就能在 MCS－51 单片机的外部中断$\overline{\text{INT1}}$上产生一个有效中断信号，由 P1 口的低 3 位可得对应中断源。

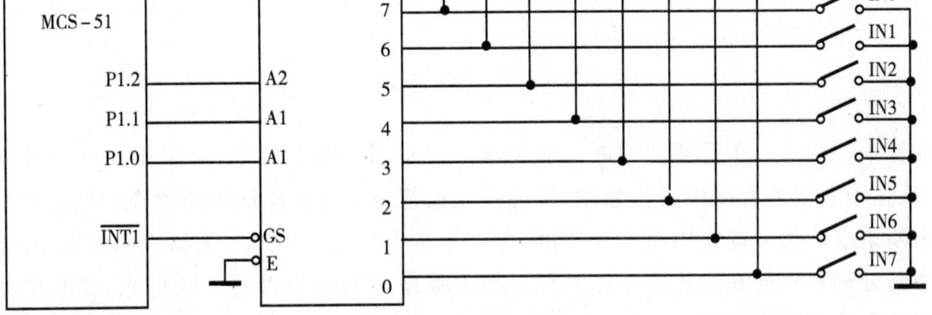

图5-9　多个中断源的中断

C51 参考程序如下：

```
# include <reg51.h>                //包含头文件 reg51.h
unsigned char status;
```

```
bit flag;
void service_int1( ) interrupt 2 using 2     //INT1中断服务程序,使用第二组寄存器
    {
        flag = 1;                            //设置发生中断标志
        status = P1;                         //读取 P1 口状态以确定发生中断的中断号
        status = status & 0x07;              //屏蔽高 5 位
}
  void main(void )                           //主程序
{
        IP = 0x04;                           //设置INT1为高优先级中断
        IE = 0x84;                           //开INT1中断
        for( ; ; ){
          if (flag) {                        //已产生了中断
            switch (status) {                //根据中断号作相应处理
              case 0:                        //IN0 处理
                ...
                break;
              case 1:                        //IN1 处理
                ...
                break;
              case 7:                        //IN7 处理
                ...
                break;
              default:break;
            }
            flag = 0;                        //清中断标志以备下次中断处理
          }
        }
      }
```

本例中说明了一个重要的中断处理技术。在实际中断系统中,如果中断处理程序比较长,如放在中断服务程序中进行处理,可能会延长甚至会丢掉比该中断优先级低或相同优先级的中断请求。为了提高中断响应速度,可以只在中断服务程序中为该中断建立中断标志,而把中断处理程序放在主程序中去处理。在主程序中判断是否有中断标志,如有中断则根据中断情况作相应的处理。

Franklin C51 编译器允许编程者对中断的所有方面的控制和寄存器组的使用。这种支持能使编程者创建高效的中断服务程序,用户只需关心中断及其它们使用的寄存器组的切换操作,C51 编译器将产生最适合的代码。

5.3　定时器/计数器

5.3.1　定时方法概述

在单片机的控制应用系统中，定时是必不可少的，可供选择的定时方法有：

1. 软件定时

软件定时靠执行一个循环程序进行时间延迟。软件定时的特点是时间精确，且不需要外加硬件电路。但软件定时要占用 CPU 开销，因此软件定时的时间不宜太长。此外，软件定时方法在某些情况下无法使用。有关软件定时的详细内容请参见汇编语言程序设计一章。

2. 硬件定时

对于时间较长的定时，常使用硬件电路完成。硬件定时方法的特点是定时功能全部由硬件电路完成，不占 CPU 时间。但需通过改变电路的元件参数来调节定时时间，在使用上不够灵活方便。

3. 可编程定时器定时

这种定时方法是通过对系统时钟脉冲计数来实现的。计数值通过程序设定，改变计数值，也就改变了定时时间，使用起来既灵活又方便。此外，由于采用计数方法实现定时，所以可编程定时器都兼有计数功能，可对外来脉冲进行计数。在单片机应用中，定时与计数的需求较多，为使用方便并增加单片机的功能，就干脆把定时电路集成在单片机芯片中，称之为定时器/计数器。

5.3.2　定时器/计数器的定时和计数功能

MCS－51 单片机内部有两个可编程的定时器/计数器，分别称为定时器/计数器 0 和定时器/计数器 1。它们都是 16 位加法计数结构，分别由 TH0 和 TL0 及 TH1 和 TL1 两个 8 位计数器组成。在具体介绍定时器/计数器之前，先弄清计数功能和定时功能这两个概念很有必要。

1. 计数功能

所谓计数是指对外部事件进行计数。外部事件的发生以输入脉冲表示，因此计数功能的实质就是对外部输入脉冲进行计数。MCS－51 芯片有 T0(P3.4)和 T1(P3.5)两个信号引脚，分别是这两个计数器的输入端。当外部输入的脉冲发生负跳变时，计数器加 1。

计数方式下，单片机在每个机器周期的 S5P2 拍节对外部计数脉冲进行采样。如果前一个机器周期采样为高电平，后一个机器周期采样为低电平，即为一个有效负跳变脉冲。在下一个机器周期的 S3P1 进行计数。可见采样计数脉冲是在 2 个机器周期内进行的。因此，计数脉冲的频率不能高于晶振频率的 1/24，外部输入脉冲高电平和低电平持续时间均必须在一个机器周期以上。

2. 定时功能

定时功能也是通过计数器的计数来实现的。不过此时的计数脉冲来自单片机内部，即每个机器周期产生一个计数脉冲，也就是每个机器周期计数器加 1。由于一个机器周期等于 12 个振荡脉冲周期，因此计数频率为振荡频率的 1/12。如果单片机采用 12 MHz 晶振，则计数频率为 1 MHz，即每微秒时间内计数器加 1。这样不但可以根据计数值计算出定时时间，也可以反过来按定时时间的要求计算出计数器的初值。

5.3.3 定时器/计数器的控制寄存器

在 MCS－51 单片机中，与定时器/计数器应用有关的控制寄存器有：

1. 定时控制寄存器(TCON)

TCON 寄存器既参与中断控制又参与定时控制。有关中断的控制内容已在本章的上一节中介绍了，此处只对其定时控制功能加以介绍。其中有关定时的控制位共有 4 位：

① TF0 和 TF1——计数溢出标志位

当计数器计数溢出(计满)时，该位被自动置“1”。使用查询方式时，此位作状态位供查询，但应注意查询有效后，须用软件方法及时将该位清“0”；使用中断方式时，此位作中断标志位，在转向中断服务程序时由硬件自动清“0”。

② TR0 和 TR1——定时器运行控制位

TR0(TR1)＝ 0　　停止定时器/计数器工作

TR0(TR1)＝ 1　　启动定时器/计数器工作

该位根据用户需要以软件方法使其置“1”或清“0”。

2. 工作方式控制寄存器(TMOD)

TMOD 寄存器是一个专用寄存器，用于设定两个定时器/计数器的工作方式。但 TMOD 寄存器不能位寻址，只能用字节传送指令设置其内容。各位定义如下：

位　序	D_7	D_6	D_5	D_4	D_3	D_2	D_1	D_0
位符号	GATE	$C/\overline{T}$	M_1	M_0	GATE	$C/\overline{T}$	M_1	M_0

定时器/计数器 1　　　　定时器/计数器 0

GATE——门控位

GATE＝0　由运行控制位 TR 启动定时器；

GATE＝1　由外中断请求信号($\overline{INT0}$或$\overline{INT1}$)和 TR 的组合状态启动定时器；

$C/\overline{T}$——定时方式或计数方式选择位

$C/\overline{T}$＝0　定时工作方式；

$C/\overline{T}$＝1　计数工作方式；

M1M0——工作方式选择位

M1M0＝00　方式 0——为 13 位定时器/计数器工作方式；

M1M0＝01　方式 1——为 16 位定时器/计数器工作方式；

M1M0＝10　方式 2——为常数自动装入的 8 位定时器/计数器工作方式；

M1M0＝11　方式 3——(仅适用于 T0)为两个 8 位定时器/计数器，在方式 3 时 T1 停止计数。

3. 中断允许控制寄存器(IE)

IE 寄存器的详细内容上节已介绍，这里只就其与定时器/计数器有关的位重复介绍如下：

$\overline{EA}$——中断允许总控制位。

ET0 和 ET1——定时器/计数器中断允许控制位。ET0(ET1)＝ 0，禁止定时器/计数器中断；ET0(ET1)＝ 1，允许定时器/计数器中断。

5.3.4　定时器/计数器工作方式

MCS—51 单片机的定时器/计数器共有 4 种工作模式，现以定时器/计数器 0 为例从方式 0 开始逐个介绍。定时器/计数器 1 与定时器/计数器 0 的工作原理基本相同，但方式 3 下 T1 停止计数。

1. 方式 0

图 5—10 是定时器/计数器 0 在工作方式 0 时的电路逻辑结构。方式 0 是 13 位计数结构的工作方式，其计数器由 TH0 全部 8 位和 TL0 的低 5 位构成。TL0 的高 3 位不用。当 C/T＝0 时，多路开关接通振荡脉冲的 12 分频输出，13 位计数器以此进行计数，这就是所谓定时工作模式。当 C/T＝1 时，多路开关接通计数引脚(T0)，外部计数脉冲由引脚(T0)输入当计数脉冲发生负跳变时，计数器加 1，这就是所谓计数工作模式。不管是哪种工作模式，当 TL0 的低 5 位计数溢出时，向 TH0 进位，而全部 13 位计数溢出时，则向计数溢出标志位 TF0 进位。

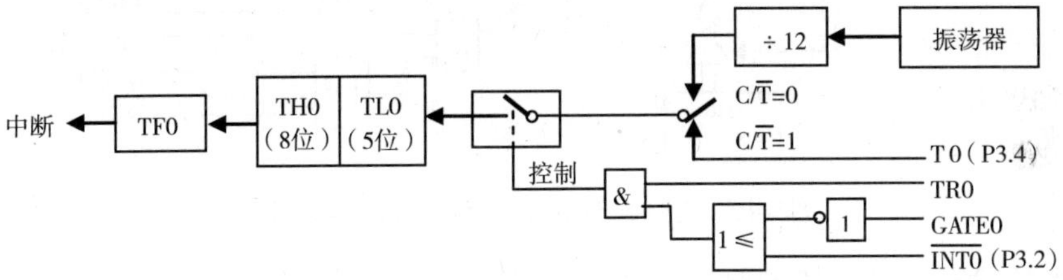

图5-10　定时器/计数器0的工作方式0逻辑结构

下面讨论定时器/计数器运行控制的情况。

① 由 TR0 控制的情况

由逻辑结构图可见，若要运行控制位 TR0 能够控制定时器/计数器的运行，其或门的输出一定要为 1，这就意味着 GATE 要设置为 0 或者$\overline{INT0}$＝1。因此在单片机的定时或计数应用中，要注意定时器方式寄存器 TMOD 的 GATE 位一定要设置为 0。

② 由$\overline{INT0}$控制的情况

由逻辑结构图可见，若要能用$\overline{INT0}$来控制定时器/计数器的运行，TR0 和 GATE 均应设置为 1。这种情况可用于测量外部信号的脉冲宽度。

2. 方式 1

方式 1 是 16 位定时器/计数器结构的工作方式，计数器由 TH0 全部 8 位和 TL0 全部 8 位构成。其逻辑电路和工作情况与方式 0 完全相同。所不同的只是组成计数器的位数。图 5—11 是定时器/计数器 0 在工作方式 1 时的电路逻辑结构。

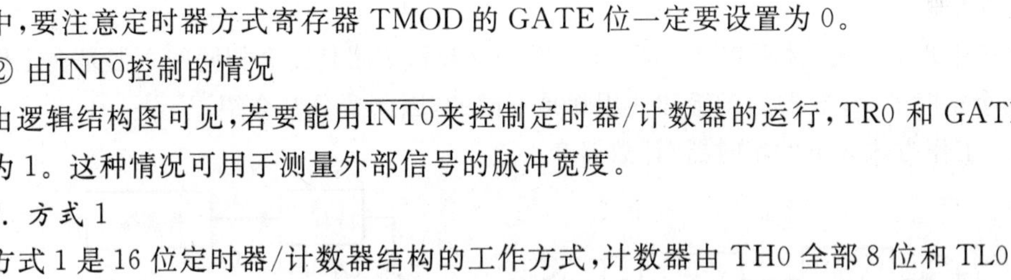

图5-11　定时器/计数器0的工作方式1逻辑结构

MCS－51 单片机之所以重复设置几乎完全一样的方式 0 和方式 1，是出于与 MCS－48 单片机兼容的考虑，所以对于方式 1 无需多加讨论。

3. 方式 2

工作方式 0 和工作方式 1 的特点是计数溢出后，计数器回"0"，而不能自动重装初值。因此循环定时或循环计数应用时就存在反复设置计数初值的问题。这不但影响定时精度，而且也给程序设计带来麻烦。方式 2 就是针对此问题而设置的，它具有自动重装计数初值的功能。在这种工作方式下，把 16 位计数分为两部分，即以 TL 作计数器，以 TH 作预置计数器，初始化时把计数初值分别装入 TL 和 TH 中。当计数溢出时，由预置计数器自动给计数器 TL 重新装初值。图 5－12 是定时器/计数器 0 在工作方式 2 的逻辑结构。

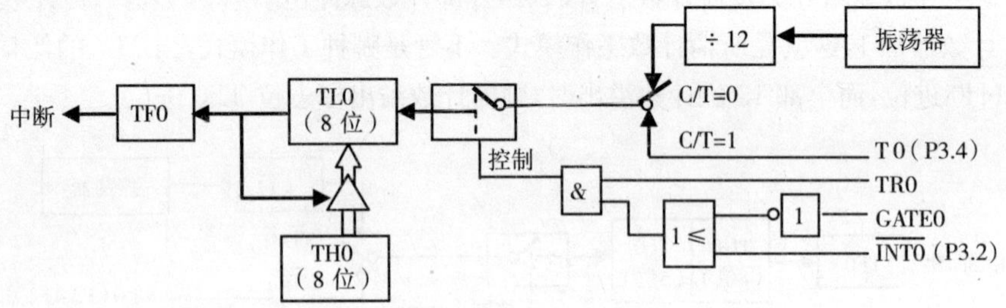

图5-12 定时器/计数器0工作方式2逻辑结构

初始化时，8 位计数初值同时装入 TL0 和 TH0 中。TL0 计数溢出时，置位 TF0，同时把保存在预置寄存器 TH0 中的计数初值自动装入 TL0，然后 TL0 重新计数。如此重复不止。这不但省去了用户程序中的重装指令，而且也有利于提高定时精度。但这种工作方式是 8 位计数结构，计数值有限，最大只能到 255。

这种自动重装工作方式非常适应于循环定时或循环计数应用，例如用于产生固定脉宽的脉冲和用作串行数据通信的波特率发生器。

4. 方式 3

前三种工作方式，对两个定时器/计数器的设置和使用是完全相同的。但是在工作方式 3 下，两个定时器/计数器的设置和使用却是不同的，因此要分开介绍。

（1）工作方式 3 下的定时器/计数器 0

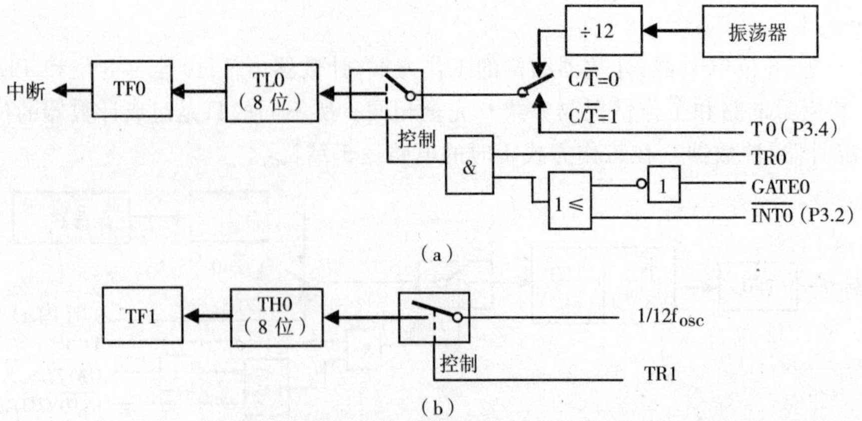

图5-13 定时器/计数器0工作方式3逻辑结构

在工作方式 3 下，定时器/计数器 0 被拆成两个独立的 8 位计数器 TL0 和 TH0。其中 TL0 既可以用作计数，又可以用作定时，定时器/计数器 0 的各控制位和引脚信号全归它使用。其功能和操作与方式 0 和方式 1 完全相同，而且逻辑电路结构也极其类似，如图 5－13(a)所示。定时器/计数器 0 的高 8 位 TH0，则只能作为简单的定时器使用。而且由于定时器/计数器 0 的控制位已被 TL0 占用，因此只好借用定时器/计数器 1 的控制位 TR1 和 TF1。即以计数溢出去置位 TF1，而定时的启动和停止则由 TR1 的状态控制，见图 5－13(b)。

由于 TL0 既能作定时器使用又能作计数器使用，而 TH0 只能作定时器使用，因此在工作方式 3 下，定时器/计数器 0 可以构成两个定时器或一个定时器和一个计数器。

(2) 在定时器/计数器 0 设置为工作方式 3 时的定时器/计数器 1

这里主要讨论定时器/计数器 0 工作在方式 3 时，定时器/计数器 1 的使用情况。因为定时器/计数器 0 工作在方式 3 时已借用了定时器/计数器 1 的运行控制位 TR1 和计数溢出标志位 TF1，所以定时器/计数器 1 不能工作于方式 3，只能工作于方式 0、方式 1 或方式 2。且在定时器/计数器 0 已工作于方式 3 时，定时器/计数器 1 通常用作串行口的波特率发生器，以确定串行通信的速率。因为已没有计数溢出标志位 TF1 可供使用，因此只能把计数溢出直接送给串行口，如图 5－14 所示。

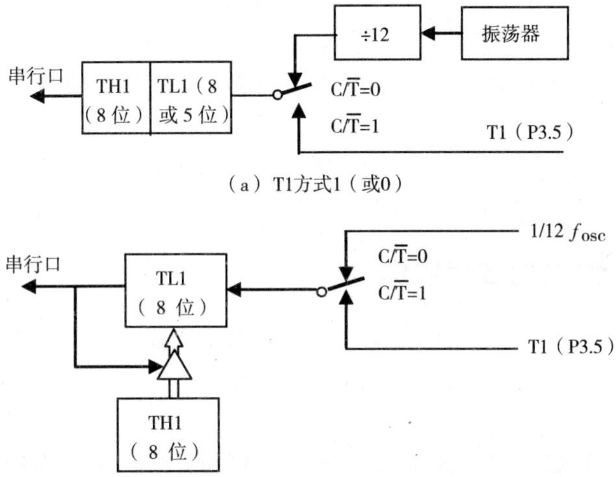

(a) T1方式1 (或0)

(b) T1方式2

图5–14　定时器/计数器0在方式3时定时器/计数器1的使用

当作为波特率发生器使用时，只需设置好工作方式，便可自动运行。如要停止工作，只需送入一个把它设置为方式 3 的方式控制字就可以了。

5.3.5　定时器/计数器的初始化

1. *初始化的步骤*

在使用 8051 的定时器/计数器前，应对它进行编程初始化，主要是对 TCON 和 TMOD 编程，还需要计算和装载 T/C 的计算初值。一般完成以下几个步骤：

(1) 确定 T/C 的工作方式——编程 TMOD 寄存器；

(2) 计算 T/C 中的计算初值，并装载到 TH 和 TL 中；

(3) T/C 在中断方式工作时，须开 CPU 中断和源中断——编程 IE 寄存器；

(4) 启动 T/C——编程 TCON 中 TR1 或 TR0 位。

2. 计数初值的计算

(1) 定时器的计数初值

在定时器方式下，T/C 是对机器周期脉冲计数的。如果 $f_{osc}=6$ MHz，一个机器周期为 $12/f_{osc}=2\ \mu s$，则

方式 0　13 位定时器最大定时间隔 $=2^{13}\ \mu s=16.384$ ms；

方式 1　16 位定时器最大定时间隔 $=2^{16}\ \mu s=131.072$ ms；

方式 2　8 位定时器最大定时间隔 $=2^{8}\ \mu s=0.512$ ms；

若使定时器/计数器工作在定时器方式 1，要求定时 1 ms，求计数初值。设计数初值为 x，则有

$$(2^{16}-x)\times 2\ \mu s=1\ 000\ \mu s \quad 即 \quad x=2^{16}-500$$

因此，置定时器初值为：TH=(65536−500)/256 和 TL=(65536−500)%256。

(2)计数器的计数初值

在计数方式下：

方式 0　13 位计数器满计数值 $=2^{13}=8192$；

方式 1　16 位计数器满计数值 $=2^{16}=65536$；

方式 2　8 位计数器满计数值 $=2^{8}=256$；

若使定时器/计数器工作在计数器方式 2，求计数 10 个脉冲的计数初值。设计数初值为 x，则有

$$2^{8}-x=10 \quad 即 \quad x=2^{8}-10$$

因此，置计数器初值为：TH=TL=256−10。

5.3.6 定时器/计数器的应用实例

例 5—5　设单片机晶振频率为 6 MHz，使用定时器 1 以方式 0 产生周期为 500 μs 的等宽正方波连续脉冲，并由 P1.0 输出，以查询方式完成。

解：① 计算计数初值

欲产生 500 μs 的等宽正方波脉冲，只需在 P1.0 端以 250 μs 为周期交替输出高低电平即可实现，为此定时时间应为 250 μs。使用 6 MHz 晶振，则一个机器周期为 2 μs。方式 0 为 13 位计数结构。设待求的计数初值为 X，则

$$(2^{13}-X)\times 2\times 10^{-6}=250\times 10^{-6}$$

求解得：$X=8067$。二进制数表示为 0001111110000011B。十六进制(按方式 0 的 13 位 11111100XXX00011)表示得：高 8 位为 0FCH，低 5 位为 03H。其中高 8 位放入 TH1；低 5 位放入 TL1。

② 相关控制寄存器的设定

TMOD 各位的设定。为把定时器/计数器 1 设定为方式 0，则 M1M0=00；为实现定时功能，应使 C/T=0；为实现定时器/计数器的运行控制，则 GATE=0。定时器/计数器 0 不用，一般来说不要改变其原设置，为此在程序设计时，应加以屏蔽。

TCON(地址：88H)是可以位寻址的，又因与该题有关的位只有 TR1，故这里采用位寻址方式，用设置 TR1= 1 来启动定时器 T1，TR1 = 0 来停止定时器 T1。

IE 的设定。题目要求采用查询方式，当定时时间到定时器溢出标志位 TF1 置 1 时，不允许产生中断，故应禁止中断，即置 IE＝00H。

③ 程序设计

C 语言源程序如下：

```
# include <reg51.h>          // 包含头文件 reg51.h
sbit P1_0=P1^0
    void main(void){
      TMOD&=0x0f ;          //设置 T1 为定时工作方式 0，且不影响 T0 工作
      TOMD|=0x00 ;
      TH1=0xfc;             //置计数初值
      TL1=0x03;
      IE=0x00;              //禁止中断
      TR1=1;                //启动定时器 1
      for(;;)               //无限循环
      {
      if(TF1)               //查询定时器 1 溢出标志位，如果标志位为 1，
                              则执行如下语句
      {TF1=0 ;              //清标志位
      TH1=0xfc;             //重置定时器 1 初值
      TL1=0x03;
    p1_0=! p1_0 ;           //将 P1.0 引脚取反
    }}}
```

例 5－6　设单片机晶振频率为 6 MHz，现在要求使用定时器 0 工作方式 1 产生周期为 500 μs 的等宽正脉冲，并在 P1.0 端输出。试编写其以中断方式实现的相关程序。

解：① 计算计数初值

$$(2^{16}-X)\times 1/6\times 10^{-6}\times 12=250\times 10^{-6}$$

X＝65411＝0FF83H，即可得：TH0＝0FFH，TL0＝83H

② 设置各相关控制寄存器

TMOD 应设置为 XXXX0001B。IE 和 TCON 均采用位寻址方式。

③ 程序设计

C 语言源程序如下：

```
# include <reg51.h>                    // 包含头文件 reg51.h
sbit P1_0=P1^0
void service_int0() interrupt 1 using 1        //INT0中断服务程序，使用第一组寄存器
  {
  TH0= 0xff   ;                        //重新设置计数初值
    TL0=0x83 ;
    p1_0 =! p1_0;                      //P1.0 取反
  }
```

```
void main(void )  //主程序
    {
        TMOD=0x01;                //置定时器 0 工作方式 1
        TH0=0xff;                 //设置计数初值
        TL0=0x83 ;
        EA= 1;                    //CPU 开中断
        ET0=1;                    //定时器 0 开中断
        TR0=1;                    //启动定时器 0
        while(1);                 //没有循环体的无限循环
    }
```

例 5—7 已知晶振频率 $f_{osc}=6$ MHz,要求使用定时器 0 以工作方式 2 产生 100 μs 定时,在 P1.0 输出周期为 200 μs 的连续正方波脉冲。试编写相关程序。

解:① 计算计数初值

在 6 MHz 晶振下,一个机器周期为 2 μs,假设计数初值为 X,则:

$$(2^8-X)\times 2\times 10^{-6}=100\times 10^{-6}$$

求解得:

$$X=206D=0CEH$$

② 各有关控制寄存器的设置

IE 和 TCON 均采用位寻址方式,即分别将应位置"1"或清"0"。

TMOD 的设置:

定时器/计数器 0 为方式 2,M1M0=10;为实现定时功能 C/T 应设置为 0;为允许定时器/计数器 0 能通过 TR0 进行运行控制,须使 GATE=0;定时器/计数器 1 不用,通常应不改变其参数,故应将其屏蔽起来。

③ C 语言程序设计(查询方式)

```
#include <reg51.h>             // 包含头文件 reg51.h
sbit P1_0=P1^0
void main (void )              //主程序
  {
      EA= 0;                   //关闭 CPU 中断
      ET0=0;                   //禁止定时器 0 中断
      TMOD=0x02;               //置定时器 0 工作方式 2
      TH0=0xce;                //置计数初值
      TL0=0xce;
      TR0=1;                   //启动定时器 0
      for(;;)                  //无限循环
        {
          if(TF0)              //查询计数溢出
            {TF0=0 ;           //清标志位
             p1_0=! p1_0 ;     //输出方波,初值自动装入
```

```
}}}
```

④ C 语言程序设计(中断方式)

```
# include <reg51. h>                    // 包含头文件 reg51. h
sbit P1_0=P1^0
void service_int0() interrupt 1 using 1       //INT0中断服务程序,使用第一组寄存器
{
    p1_0 =! p1_0;                     //P1. 0 取反
}
void main(void )                      //主程序
{
        TMOD=0x02;                    //置定时器 0 工作方式 2
        TH0=0xce;                     //设置计数初值
        TL0=0xce;
        EA= 1;                        //CPU 开中断
        ET0=1;                        //定时器 0 开中断
        TR0=1;                        //启动定时器 0
        while(1);                     //没有循环体的无限循环
}
```

5.4　串行接口及其串行通信

5.4.1　串行通信概述

计算机的数据传送共有两种方式,并行数据传送和串行数据传送。

并行数据传送的特点是:在同一时刻,多个数据位同时传送,传送速度快,效率高。但并行数据传送有多少数据位就需多少根数据线,因此传送成本高。并行数据传送比较适用于短距离、大批量的数据传送,如计算机内部的数据传送都是采用并行方式的。

串行数据传送的特点是:数据传送按位顺序进行,最少只需一根传输线即可完成,成本低但速度慢。计算机与外界的数据传送大多数是串行的,其传送的距离可以从几米到几千千米。

通常把计算机与外界的数据传送称之为通信,因此所谓串行通信也就是串行数据传送。串行通信又分为异步和同步两种方式。在单片机中使用的串行通信都是异步方式,所以本节只介绍异步通信。

1. 异步串行通信的字符格式

异步串行通信以字符为单位,即一个字符一个字符的传送。图 5－15 给出了一个字符的字符帧异步串行通信格式。异步串行通信的一个字符帧包括起始位、数据位、校验位和停止位 4 部分,现对其格式作如下说明:

(1) 起始位——开始一个字符传送的标志位。起始位使数据线处于"0"状态。

(2) 数据位——起始位之后传送的数据信号位。在数据位中,低位在前(左)高位在后(右)。由于字符编码方式的不同,数据位可以是 5、6、7 或 8 位。

(3) 奇偶效验位——用于对字符的传送作正确性检查，因此奇偶校验位的校验方式是可选择的，共有3种可能选择，即奇校验、偶校验和无校验选择，由用户根据需要选定。

(4) 停止位——用以标志一个字符的结束，它对应于"1"状态。停止位在一帧的最后，它可能是1、1.5或2位，在实际中根据需要确定。

(5) 位时间——一个格式位的时间宽度。

(6) 帧(frame)——从起始位开始到停止位结束的全部内容称之为一帧。帧是一个字符的完整通信格式，因此也就把串行通信的字符格式称之为帧格式。

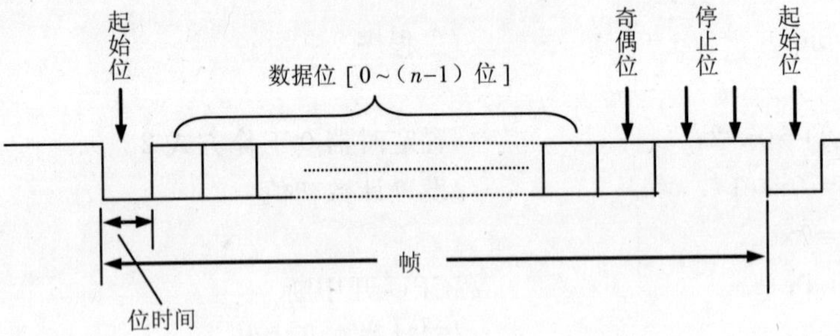

图5-15 异步串行通信的字符格式

2. 异步串行通信的信号形式

近程的串行通信和远程的串行通信虽然都是串行通信，但在信号形式上却有所不同，因此应按近、远程两种情况分别加以说明。

(1) 近程通信

近程通信又称本地通信。近程通信采用数字信号直接传送形式，即在传送过程中不改变原数据代码的波形和频率。这种数据传送方式称之为基带传送方式。图5—16就是两台计算机近程串行通信的连接和代码波形图。

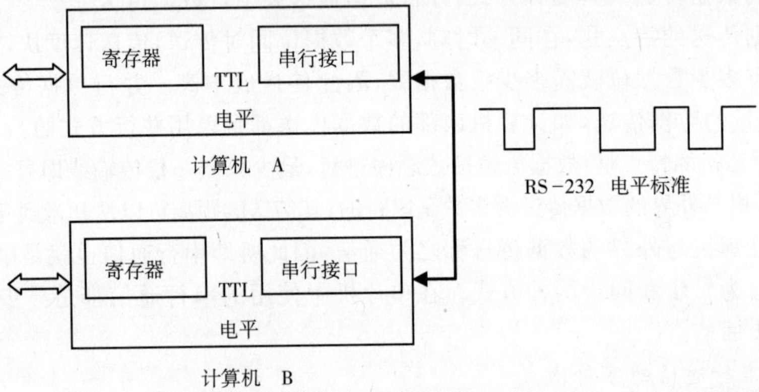

图5-16 近程串行通信

从图5—16中可见，计算机内部的数据信号是TTL电平标准，而通信线上的数据信号却是RS—232C电平标准。然而，尽管电平标准不同，但数据信号的波形和频率并没有改变。近程串行通信只需用传输线把两端的接口电路直接连起来即可实现，既方便又经济。

(2) 远程通信

在远程串行通信中，应使用专用的通信电缆，但出于经济上的考虑也可以使用电话线作为传输线，如图 5—17 所示。远距离直接传送数字信号，信号会发生畸变，因此要把数字信号变为模拟信号再进行传送。信号形式的转变通常使用频率调制法，即以不同频率的载波信号代表数字信号的两种不同电平状态。这种数据传送方式就称为频带传送方式。为此，在串行通信的发送端应该有调制器，以便把电平信号调制为频率信号；而在接收端则应有解调器，以便把频率信号解调为电平信号。远程串行通信多采用双工方式，即通信双方都具有发送和接收功能。为此在远程串行通信线路的两端都应设置调制器和解调器，并且把二者合在一起称之为调制解调器（MODEM）。

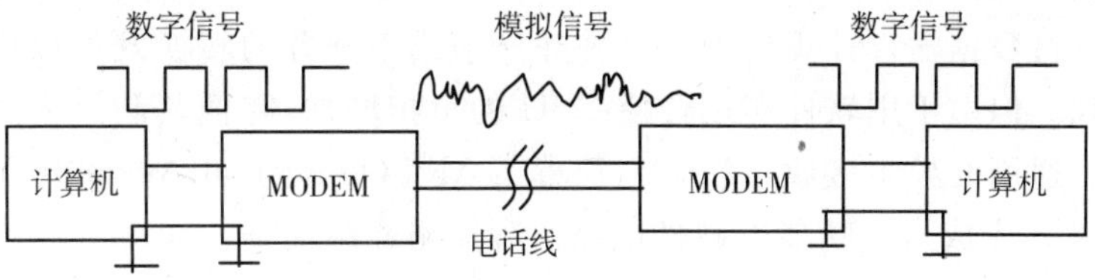

图5-17　远程串行通信

3. 串行通信的数据通路形式

串行数据通信共有以下几种数据通路形式。

(1) 单工(Simplex)形式

单工形式的数据传送是单向的，通信双方中一方固定为接收端。单工形式的串行通信，只需要一条数据线，如图 5—18 所示。

(2) 半双工(Half—duplex)形式

半双工形式的数据传送是双向的，但任何时刻只能由其中的一方发送数据，另一方接收数据。因此半双工形式既可以使用一条数据线，也可以使用两条数据线，如图 5—19 所示。

(3) 全双工(Full—duplex)形式

全双工形式的数据传送是双向的，且可以同时发送和接收数据，因此全双工形式的串行通信需要两条数据线，如图 5—20 所示。

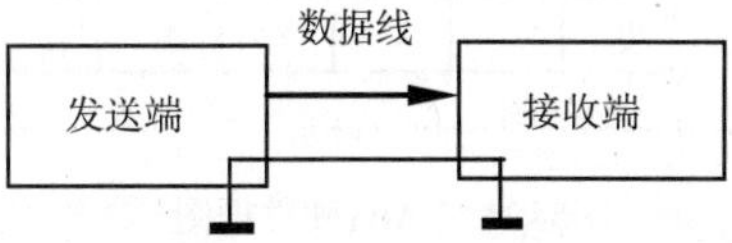

图5-18　单工形式串行通信

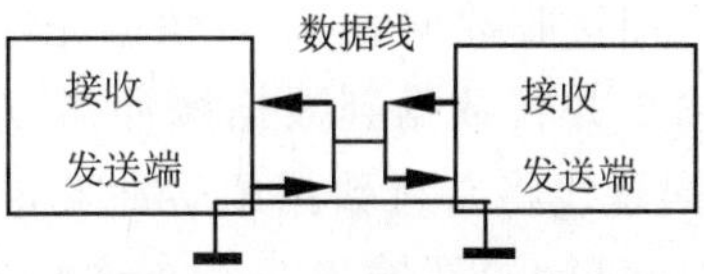

图5-19　半双工形式串行通信

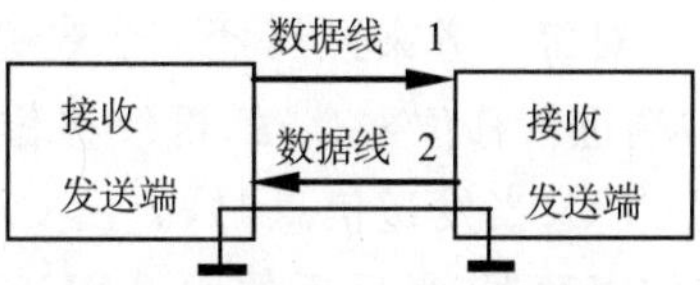

图5-20　全双工形式串行通信

4. 串行通信的传送速率

传送速率用于描述数据传送的快慢。在串行通信中，数据是按位进行传送的，因此传送速率用每秒钟传送格式位的数目来表示，称之为波特率(baud rate)。每秒传送一个格式位就是 1 波特，即：1 波特 ＝ 1 bps(位/秒)。

在串行通信中,格式位的发送和接收分别由发送时钟脉冲和接收时钟脉冲进行定时控制。时钟频率高,则波特率也高,通信速度就快;反之,时钟频率低,则波特率也低,通信速度也慢。串行通信可以使用的标准波特率在 RS－232C 标准中已有规定,使用时应根据速度需要、线路质量以及设备情况等因素选定。波特率选定之后,对于设计者来说,就是如何得到满足波特率要求的发送时钟脉冲和接收时钟脉冲。

5. 串行接口电路——通用的异步接收/发送器(UART)

在串行传送中,数据是一位一位按顺序进行的,而计算机内部的数据是并行的。因此,当计算机向外发送数据时,必须将并行的数据转换为串行的数据再传送。反之,又必须将串行数据转换为并行数据输入计算机中。这种并→串或串→并的转换既可以用软件实现,也可以用硬件实现。但由于用软件实现会使 CPU 的负担增加,降低其利用率,故目前常采用硬件方法实现。通用的异步接收/发送器,简称 UART(Universal Asynchronous Receiver/Transmitter),就是完成这一功能的硬件电路。现简略介绍如下:

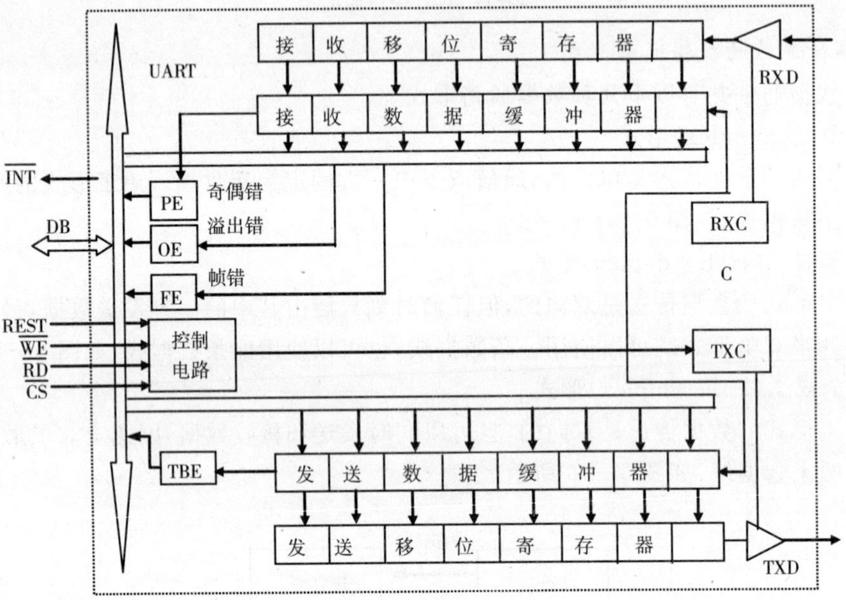

图5-21　UART硬件框图

UART 电路框图如图 5－21 所示。它既能发送,由并行→串行输出,又能接收,由串行→并行输入。对每一方来说都是一个双缓冲结构。当接收数据时,串行数据先经 RXD(Receiver Data)端进入移位寄存器,再经移位寄存器输出并行数据到数据缓冲器,最后通过数据总线送到 CPU;当发送信息时,先由 CPU 经数据总线将并行数据给缓冲器,再由缓冲器并行送给移位寄存器,最后逐位由 TXD(Transmitter Data)端输出。所有这些工作都是在时钟信号和其他控制信号作用下完成的。

为了检测传送中可能发生的错误,UART 在发送时会检查每个要传送的字符中"1"的个数,自动在奇偶校验位上添"1"或"0",使得"1"的总和在偶校验时为偶数,奇校验时为奇数。UART 在接收时会检查字符中的每一位并计其"1"的总和,以确定是否发生传送错误。

为了使数据传输更为可靠,UART 常设置如下 3 种出错标志:

① 奇偶错误(Parity Error)：奇偶错误由奇偶错标志触发器 PE 指示，该触发器由奇偶校验结果信号置位。

② 帧错误(Frame Error)：帧错误由帧错误标志触发器 FE 指示，该触发器在 UART 检测到帧的停止位不是“1”而为“0”时被置位。

③ 溢出错误(Overrun Error)：UART 接收端在接收到第一个字符后便放入“接收数据缓冲器”，然后就继续从 RXD 线上接收第二个字符，并等待 CPU 从“接收数据缓冲器”中取走第一个字符。如果 CPU 很忙，一直没有机会取走第一个字符，以致接收到的第二个字符进入“接收数据缓冲器”而造成第一个字符被丢失。这种错误就称为溢出错误。发生溢出错误时，UART 自动使“溢出错误标志触发器”OE 置位。

接收数据的确认。UART 通过对 RXD 线的采样来完成接收数据的确认。对 RXD 的采样由接收时钟 RXC 完成，RXC 的周期 T_C 和传送数据位的传输时间 T_d 之间必须满足如下关系：

$$T_C = \frac{T_d}{K}$$

式中，$K = 16$ 或 64。现以 $K = 16$ 来说明 UART 对 RXD 线上字符的接收过程。

UART 按 RXC 脉冲上升沿采样 RXD 线。每当连续采样到 RXD 线上 8 个低电平(起始位之半)后，UART 便确认对方在发送数据(不是干扰信号)。此后，UART 便每隔 16 个 RXC 脉冲采样 RXD 线一次，并把采样到的数据作为输入数据，以移位方式存入接收移位寄存器。RXC 对 RXD 线的采样关系如图 5－22 所示。

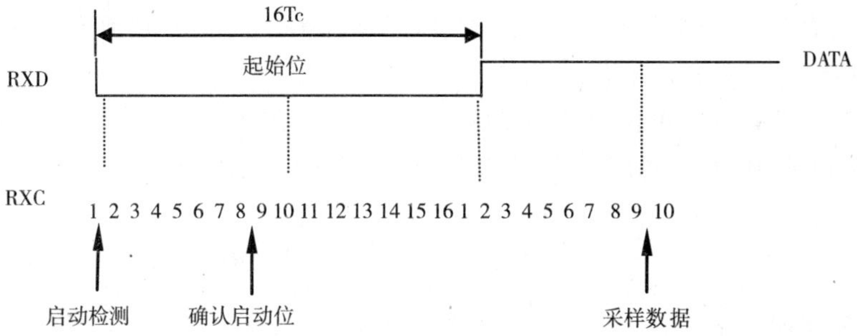

图5-22　UART对数据的采样

5.4.2　串行口及其控制寄存器

在单片机芯片中，UART 已集成在其内部，作为其组成的一部分，构成一个串行口。MCS－51 系列单片机的串行口是全双工的，这个口既可以用于网络通信，也可以实现串行异步通信，还可以作为同步移位寄存器使用。在串行口中可供用户使用的是它的寄存器，因此了解其寄存器结构对用户来说是十分重要的。

1. 串行口寄存器结构

MCS－51 单片机串行口中寄存器的基本结构如图 5－23 所示。图中共有两个串行口的缓冲寄存器(SBUF)，一个是发送寄存器，一个是接收寄存器，以便 MCS－51 能以全双工方式进行通信。串行发送时，从片内总线向发送 SBUF 写入数据；串行接收时，从接收 SBUF 向片内总线读出数据。它们都是可寻址的寄存器，但因为发送与接收不能同时进行，所以给这两个寄存器赋以同一地址(99H)。

在接收方式下,串行数据通过引脚 RXD(P3.0)进入。由于在接收寄存器之间还有移位寄存器,从而构成了串行接收的双缓冲结构,以避免在数据接收过程中出现帧重叠错误,即在下一帧数据来时,前一帧数据还没有读走。在发送方式下,串行数据通过 TXD(P3.1)送出。与接收数据情况不同,发送数据时,由于 CPU 是主动的,不会发生帧重叠错误,因此发送电路就不需双重缓冲结构,这样可以提高数据发送速度。

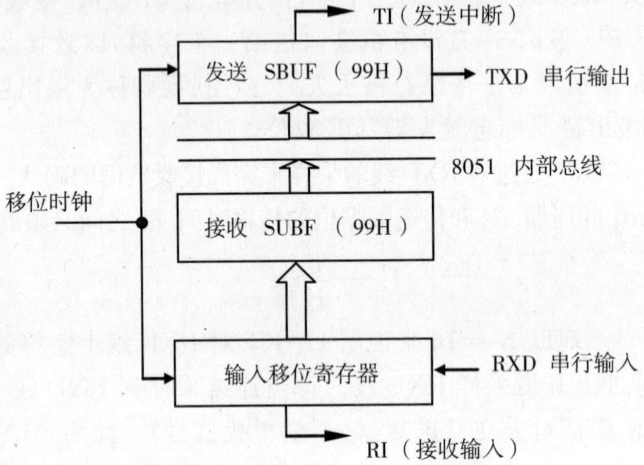

图5-23 MCS-51串行口寄存器结构

2. 串行通信控制寄存器

与串行通信有关的控制寄存器是:SCON、PCON 和 IE。下面分别加以介绍。

(1) 串行控制寄存器 SCON

串行控制寄存器是一个可位寻址的特殊功能寄存器,用于串行数据通信的控制。字节地址为 98H,位地址 9FH~98H。寄存器内容及位地址表示如下:

位地址	9FH	9EH	9DH	9CH	9BH	9AH	99H	98H
位符号	SM0	SM1	SM2	REN	TB8	RB8	TI	RI

各位的功能说明如下:

SM0、SM1 是串行口工作方式选择位,这两位的组合决定串行口的 4 种工作模式,见表 5—2。

表 5—2 串行控制寄存器 SCON 串行口的 4 种工作模式

SM0 SM1	工作方式	功 能	波特率
0 0	方式 0	扩展移位寄存器方式	$f_{osc}/12$
0 1	方式 1	8 位 UART	定时器 T1 溢出率/n
1 0	方式 2	9 位 UART	$f_{osc}/32$ 或 $f_{os}/64$
1 1	方式 3	9 位 UART	定时器 TI 溢出率/n

SM2 是多机通信控制位。因多机通信是在方式 2 和方式 3 下进行,所以 SM2 位主要用于方式 2 和方式 3。当串行口以方式 2 或方式 3 接收时,如 SM2 = 1,则只有当接收到的第 9 位数据(RB8)为“1”时,才将接收到的前 8 位数据送入 SBUF,并置位 RI 产生中断请求;否则,将接收到的前 8 位数据丢弃。而当 SM2 = 0 时,不论接收到的第 9 位数据为“0”还是为“1”,都将前 8 位数据装入 SBUF 中,并产生中断请求。

在方式 1 时，若 SM2=1，则只有接收到有效停止位时，RI 才置 1，以便接收下一帧数据。

在方式 0 时，SM2 必须为 0。

REN 是允许接收位，当 REN ＝ 1 时，允许接收数据，当 REN ＝ 0 时，禁止接收数据。该位由软件置位或复位。

TB8 是发送数据的第 9 位。在方式 2、3 时，其值由用户通过软件设置。在双机通信时，TB8 一般作为奇偶校验位使用；在多机通信中，常以 TB8 位的状态表示主机发送的是地址帧还是数据帧，且一般约定：TB8＝ 0 为数据帧，TB8 ＝ 1 为地址帧。

RB8 是接收数据的第 9 位。在方式 2、3 时，RB8 存放接收到的第 9 位数据，它代表接收到数据的特征：可能是奇偶校验位，也可能是地址/数据的标志位。

TI 是发送中断标志位。在方式 0 时，发送完第 8 位后，该位由硬件置位。在其他方式下，于发送停止位之前，由硬件置位。因此，TI＝ 1 表示帧发送结束，其状态既可供软件查询使用，也可用于请求中断。发送中断被响应后，TI 不会自动复位，必须由软件复位。

RI 是接收中断标志位。在方式 0 时，接收完第 8 位数据后，该位由硬件置位。在其他方式下，当接收到停止位时，该位由硬件置位。因此，RI ＝ 1 表示帧接收结束。其状态既可供软件查询使用，也可用于请求中断。RI 亦必须由软件清“0”。

(2) 电源控制寄存器 PCON

电源控制寄存器是为 CHMOS 型单片机(如 80C51)的电源控制而设置的专用寄存器。字节地址为 87H。其格式如下：

PCON	D7	D6	D5	D4	D3	D2	D1	D0
(87H)	SMOD	/	/	/	GF1	GF0	PD	ID

在 HMOS 的单片机中，该寄存器中除最高位之外，其他位都没有定义。最高位(SMOD)是串行口波特率的倍增位，当 SMOD=1 时，串行口波特率加倍。系统复位时，SMOD=0。

(3) 中断允许寄存器 IE

这个寄存器已在中断一节介绍过，其中 ES 位为串行中断允许位：

ES=0　禁止串行中断；　ES=1　允许串行中断

5.4.3　串行通信工作方式

MCS－51 单片机的串行口有以下 4 种工作方式。

1. 串行口工作方式 0

在方式 0 下，是把串行口作为扩展移位寄存器使用，这时以 RXD(P3.0)端作为数据移位的入口和出口，而由 TXD(P3.1)端提供移位时钟脉冲。移位数据的发送和接收以 8 位为一组，低位在前高位在后。

(1) 数据的发送与接收

使用方式 0 实现数据的移位输入输出时，实际上是把串行口变成为并行口使用。串行口作为并行口输出使用时，要有“串入并出”的移位寄存器(例如 CD4094 或 74LS164、74HC164 等)配合，其电路连接如图 5－24 所示。

发送过程可叙述如下：

首先将数据预先写入串行口数据缓冲器，然后在移位时钟脉冲(TXD)的控制下，数据从串行口 RXD 端逐位移入 CD4094。当 8 位数据全部移出后，SCON 寄存器的发送中断 TI 被自动置“1”(由用户通过软件清“0”)。此后主程序就可用中断或查询的方法，通过设置 STB 状态的控制，把 CD4094 的内容并行输出。

如果把能实现“串入并出”功能的移位寄存器(例如 CD4014 或 74LS165 等)与串行口配合使用，就可以把串行口变为并行输入口使用。其电路连接如图 5－25 所示。

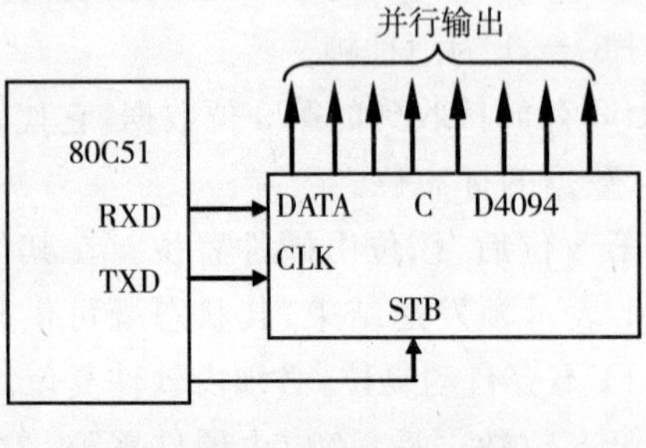

图5-24 串行口与CD4094配合

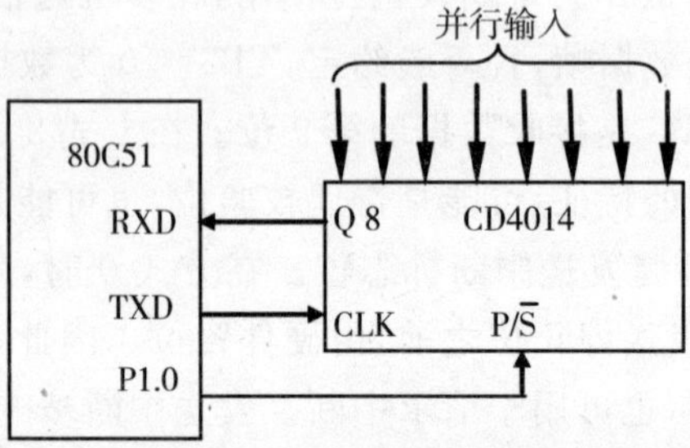

图5-25 串行口与CD4014配合

接收过程可叙述如下：首先将并行输入数据写入 CD4014，CD4014 移出的串行数据经 RXD 端串行输入到串行口数据缓冲器，同样由 TXD 端提供移位时钟脉冲。8 位数据串行接收需要有允许接收的控制，具体由 SCON 寄存器的 REN 位实现。REN＝0，禁止接收；REN＝1，允许接收。当软件置位 REN 时，即开始从 RXD 端输入数据(低位在前)，当接收到 8 位数据时，硬件自动置位接收中断标志 RI(由用户通过软件清“0”)。

方式 0 时，移位操作(串入或串出)的波特率是固定的，为单片机晶振频率的十二分之一，如晶振频率以 f_{osc} 表示，即波特率 $= f_{osc}/12$ 。按此波特率也就是一个机器周期进行一次移位，如 $f_{osc} = 6$ MHz，则波特率为 500 K(bps)，即 2 μs 移位一次。

(2) 应用举例

例 5—8 MCS—51 单片机的串行口工作于方式 0 时，外接移位寄存器可用来扩展并行 I/O 口。图 5—26 所示，是单片机串行口与串入并出的移位寄存器 CD4094 连接扩展的并行口电路。CD4094 的输出端接 8 只发光二极管，现要求把发光二极管从左向右依次点亮，并反复循环，试编写相应程序实现其功能。

采用查询方式发送数据可编程序如下：

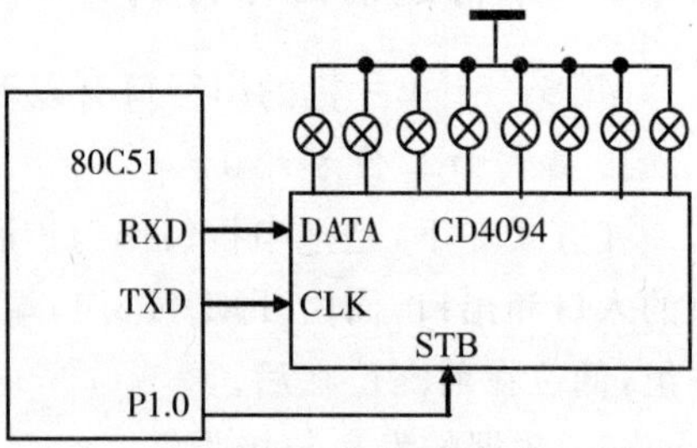

图5-26 串行移位输出电路

```
# include 〈reg51.h〉
# include 〈intrins.h〉
#define uchar unsigned char
void delay (void)；    //函数说明
sbit p10=P1^0；
unchar light=0x80；
voidmain( )
    {
      SCON = 0x00；         //将串行口设置成方式 0
      ES = 0；              //禁止串口中断
      EA= 0；               //禁止 CPU 中断
```

```
        p10= 0;                //关闭并行输出
        TI=0;
        unsigned inti ;
while(1)
    {
        SBUF=light;            //从串行口发送数据
        while(TI == 0);
        TI=0;
        p10= 1;                //开并行输出
        delay( );
        if(i=0;i <= 8);i ++)
          {
          light=_crol_(light,1);        //light 的值循环左移一位
}}
void delay(void)
    {
        unsigned inti = 10;
        while (i--);
    }
```

例 5—9　图 5－27 为利用 MCS－51 串行口扩展的一种矩阵键盘接口电路。74LS164 是串入/并出移位寄存器，它将来自 MCS－51 串行口线的 P3.0(RXD)的串行数据转换成 8 位并行数据，P3.4 和 P3.5 定义为输入口线，从而可实现一个 2×8 矩阵键盘接口。

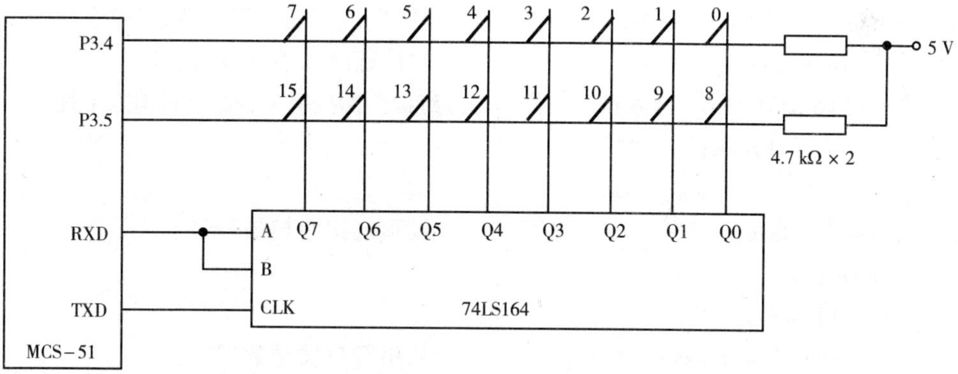

图5-27　用MCS-51单片机串行口扩展的矩阵键盘接口

下面给出上图键盘接口的 C51 参考程序。程序由主函数 main()、读键盘函数 get_char()和延时函数 delay()组成。主函数将 MCS－51 串行口初始化为工作方式 0，采用查询式输入输出，然后调用读键盘函数读入按键的编码值并存入以 keybuf 为首地址的 16 个内部 RAM 单元中。读键盘函数 get_char()判断是否有键按下，有按键时进行键值分析并将键值返回给主调用函数。延时函数 delay()功能是提供一段延时时间以防止按键抖动对键值分析的影响。参考程序如下：

```
#include  〈reg51.h〉
# include 〈intrins.h〉
#define uchar unsigned char
unsigned char get_char(void);                    //函数说明
void delay (void);
sbit p34=P3^4
sbit p35=P3^5
voidmain( )
    {
    uchar keybuf [16 ],count;                    //键盘缓冲区和读键盘计数变量
    SCON = 0;                                    //将串行口设置成方式0
    ES = 0;                                      //禁止串口中断
    EA= 0;                                       //禁止中断
    count = 0;
while(count<16) keybuf[count++]=get_char();      //读入16个按键的键值
    }
unsigned char get_char(void)
    {
  uchar key_code,column=0,mask=0x00;             //定义键盘码、列号和屏蔽字
      TI = 0;
      SBUF = mask;                               //从串行口向74LS164移位寄存器输出
      while(TI == 0);
      while(1){
    while ((p34&p35)! =0);                       //检测P3.4和P3.5是否为零来判键是否按下
        delay();                                 //软件延时以消除按键抖动
    if((p34&p35) ! = 0 ) continue;               //继续判断按键是否维持以消除干扰
        else  break;
    }
    mask = 0xfe;                                 //设顶定初始扫描列号
    while (1){
        TI = 0;
        SBUF = mask;                             //从串行口发送数据
        while(TI == 0);
        if((p34&p35) ! = 0){
          mask =_crol_(mask,1);                  //mask的值循环左移一位
          column++;
          if(column >= 8) column = 0;
          continue;
      }
```

```
        else break;
    }
    if(p34==0)  key_code = column;       //第一行有键按下
    else  key_code = 8+column;         //第二行有键按下
    return(key_code);                  //返回键码
}
void delay(void)
    {
    unsigned int i = 10;
    while (i--);
}
```

2. 串行口工作方式 1

方式 1 是 8 位异步串行通信方式，一帧数据一般为 10 位。共包括 1 个起始位，8 个数据位和 1 个停止位。其帧格式为：

起始	D0	D1	D2	D3	D4	D5	D6	D7	停止

（1）数据的发送与接收

方式 1 的数据发送是由一条写发送缓冲器(SBUF)的指令开始的，再在串行口由硬件自动加入起始位和停止位，构成一个完整的帧格式，然后在移位脉冲作用下，由 TXD 端串行输出。一个字符帧发送完后，使 TXD 输出线维持在“1”状态，并将 SCON 寄存器的 TI 置“1”，通知 CPU 可接着发送下一个字符。接收数据时，SCON 的 REN 位应处于允许接收状态(REN ＝ 1)。在此前提下，串行口采样 RXD 端，当采样到从“1”向“0”状态跳变时，就认定是接收到起始位。随后在移位脉冲控制下，把接收到的数据位移入接收缓冲器(SBUF)中。直到停止位到来之后把停止位送入 RB8 中，并置位中断标志位 RI，通知 CPU 从 SBUF 取走接收到的一个字符。

（2）波特率的设定

方式 0 的波特率是固定的，但方式 1 和方式 3 的波特率则是可变的，以定时器 T1 作波特率发生器使用，其值由定时器 T1 的计数溢出率来决定，其公式为：

$$\text{波特率} = \frac{2^{SMOD}}{32} \times (\text{定时器 T1 的溢出率})$$

其中 SMOD 为 PCON 寄存器的最高位的值，其值为 1 或 0。

当定时器 T1 作波特率发生器使用时，选用方式 2(即 8 位自动加载方式)。定时器之所以选择工作方式 2，是因为方式 2 具有自动加载功能，可以避免通过程序反复装入初值所引起的定时误差，使波特率更加稳定。假定计数初值为 X，则定时器 TI 溢出周期为：

$$\frac{12}{f_{osc}} \times (256 - X)$$

溢出率为溢出周期的倒数。故波特率计算公式为：

$$\text{波特率} = \frac{2^{SMOD}}{32} \times \frac{f_{osc}}{12 \times (256 - X)}$$

实际使用时，总是先确定波特率，再计算定时器 T1 的计数初值，然后进行定时器的初始化。根据上述波特率计算公式，得出计数初值的计算公式为：

$$X = 256 - \frac{f_{osc} \times (2^{SMOD})}{32 \times 12 \times 波特率}$$

以定时器/计数器 TI 作波特率发生器是由系统决定的，硬件电路已经接好，无需用户在硬件上再做什么工作。用户所要做的只是根据通信要求的波特率计算出定时器 TI 的计数初值，以便在程序中设置。另外还需注意，选择单片机串口通信的波特率时，需要通过选定的波特率使得定时器 TI 的计数初值为整数或尽可能接近整数值，以确保通信的顺利进行。

(3) 应用举例

单片机间的串行通信通常可分为双机通信和多机通信两类。而串行口工作方式 1 只能用于双机通信，不能用于多机通信，故作为方式 1 的应用，这里举一双机通信的例子。

① 通信双方的硬件连接

在计算机冗余控制和分布式测控系统中，主要采用串行通信方式进行数据传输。MCS－51 系列单片机具备串行接口，这为机间通信提供了极为便利的条件。但 MCS－51 系列单片机自身具备的串行口通信速率不很快，当要求高速通信的情况下，可以外部扩展相应的通信芯片，如 UART 芯片 MAX3100 等。

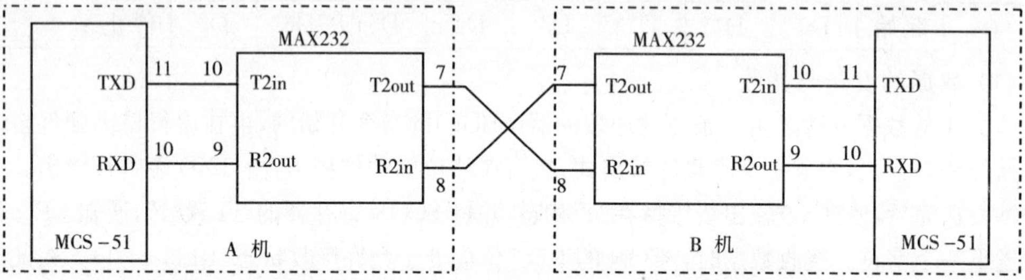

图5-28 符合EIA电平标准的一种通信连接方法

MCS－51 系列单片机自身具备的串行口，电平符合 TTL 标准，传输距离一般不超过 1.5 m，且微型计算机的串行口电平符合 EIA 标准，这样在 MCS－51 系列单片机应用系统中一般采用符合 EIA 电平标准来进行点对点通信。如图 5－28 所示为采用符合 EIA 电平标准的一种通信连接方法，图中 MΛX232 为 TTL 电平与 EIA 电平之间的相互转换芯片。

② 通信双方的约定

计算机间进行通信必须在通信双方之间建立某种约定，通信双方共同按约定执行，这种约定通常称为规约。按照图 5－28 所示的接口方法。假定 A 机是发送数据，B 机接收数据。当 A 机开始发送数据时，先发送一个联络信号，如“AA”，B 机收到 A 机发来的“AA”信号后回答一个回答信号，如“BB”，表示同意接收。当 A 机收到 B 机的回答信号“BB”后，开始发送数据，每发送一次便计算一次“校验和”，假定数据长度为 16 个字节，数据缓冲区为 buf，数据块发送完马上发送“校验和”字节。

B 机接收数据并将其转储到数据缓冲区 buf 中，每接收到一个数据便计算一次“校验和”，当整个数据块收全后，再接收 A 机发来的“校验和”字节数据，并将收到的“校验和”数据与 B 机因收到数据块计算出来的“校验和”数据想比较。若两者相等，说明接收数据正确，则 B 机再发送回答信息，如 00H；若两者不相等，说明发送或接收不正确，B 机发回答信息，如 0FFH，请求重发。A 机收到 00H 的回答信息后，结束发送。如接收到的答复信息为 0FFH（或其他非零数），则将数据块重发一次。

点对点通信双方基本等同，只是人为规定一个为发送，一个为接收，当然也可规定为通信双方都可为发送，也可为接收，只是不能同时为发送或同时为接收，且要求通信双方的串行口波特率相同。这里假设通信双方一个(A)为发送，另一个(B)为接收，设通信波特率为 1 200 bps，

③ 双机通信程序的编写

双机通信程序包括 A 机发送程序和 B 机接收程序两部分，A 机发送程序和 B 机接收程序的流程图如图 5—29 所示。它们又分别包含有主函数、初始化函数、发送数据函数以及接收数据函数等。在主函数中根据程序变量 TorR 的设置来决定是发送数据还是接收数据，并根据 TorR 的设置调用相应的发送数据子程序或调用接收数据子程序。点对点通信的双方只需在程序运行之前设置好变量 TorR 后重新编译，这样就都可以运行此程序了，但在运行时应注意接收数据方应先于发送数据方运行。C51 参考程序如下：

```
# include <reg51.h>
# define uchar unsigned char
# define TorR 1                    //发送数据 TorR 为 0 ,接收数据 TorR 为 1
void init_ps (void);               //函数说明
void send_data ( uchar idata  * d );
void receive_data ( uchar idata  * d );
uchar idata buf [0x10];            //定义发送、接收数据缓冲区
uchar ph;                          //定义校验和数据
void init_ps (void )               //初始化串行口函数
   {
     TMOD = 0x20;                  //用定时器 1 作为波特率发生器
     TH1 = 0xe8;                   //设定波特率
     TL1 = 0xe8;
     PCON = 0;
     TR1 = 1;                      //启动定时器 1
     SCON = 0x50;                  //串行口初始化为方式 1
   }
void send_data (uchar idata  * d ) //发送数据函数
   {
     uchar i;
     do {
       SBUF = 0xaa;                //发送联络信号 0xaa
       while ( TI ==0 );           //等待发送数据出去
       TI = 0;                     //清发送中断标志
       while ( RI == 0);           //等待接收回答信号
       RI = 0;
     } while (( SBUF^0xbb)! = 0 );  //回答信号错误，则重新联络
     do {
       ph = 0;                     //清校验和数据
```

```
        for ( i = 0; i<16; i ++ ) {
          SBUF = d [ i ];         //发送一个数据
          ph += d [ i ];          //计算校验和
          while ( TI ==0 ); TI = 0; // 等待发送数据出去
        }
        SBUF = ph;              //数据块发送完,发送校验和字节数据
        while ( TI ==0 ); TI = 0; //等待发送完
        while ( RI == 0); RI = 0; //等待接收数据
      } while (SBUF ! = 0 );      //接收数据非 0,表示接收数据错误,重发
    }
void receive_data ( uchar idata * d )      //接收数据函数
    {
        uchar i;
        do {
          while ( RI == 0); RI = 0;         //等待接收联络信号
      } while ( ( SBUF^0xaa ) ! = 0 );       //收到的联络信号不对则继续联络
          SBUF = 0xbb;
          while ( TI ==0 ); TI = 0; //发送回答联络信号
          while (1) {
            ph = 0;                     //清校验和字节
            for ( i = 0; i<16; i ++ ) {
              while ( RI == 0); RI = 0;    // 等待接收数据块信号
              d [ i ] = SBUF;           //保存接收的数据
              ph += d [ i ];            //计算校验和
            }
          while ( RI == 0); RI = 0;        //等待接收校验和字节
        if (( SBUF^ph ) == 0 ){         //如果接收的校验和与计算的校验和相等
            SBUF = 0; break;
          }
          else {                     //如果接收的校验和与计算的校验和不相等
            SBUF = 0xff;             //发送接收数据不正确回答信号
          }
          while ( TI ==0 ); TI = 0;    //等待发送回答信号出去
      }
    }
void main (void )
    {
        init_ps ( );                  //调用串行口初始化子程序
        if (TorR == 0) {              //发送端
```

```
    send_data (buf );           //调用发送数据子程序
  }
  else {                        //接收端
    receive_data (buf );        //调用接收数据子程序
  }
}
```

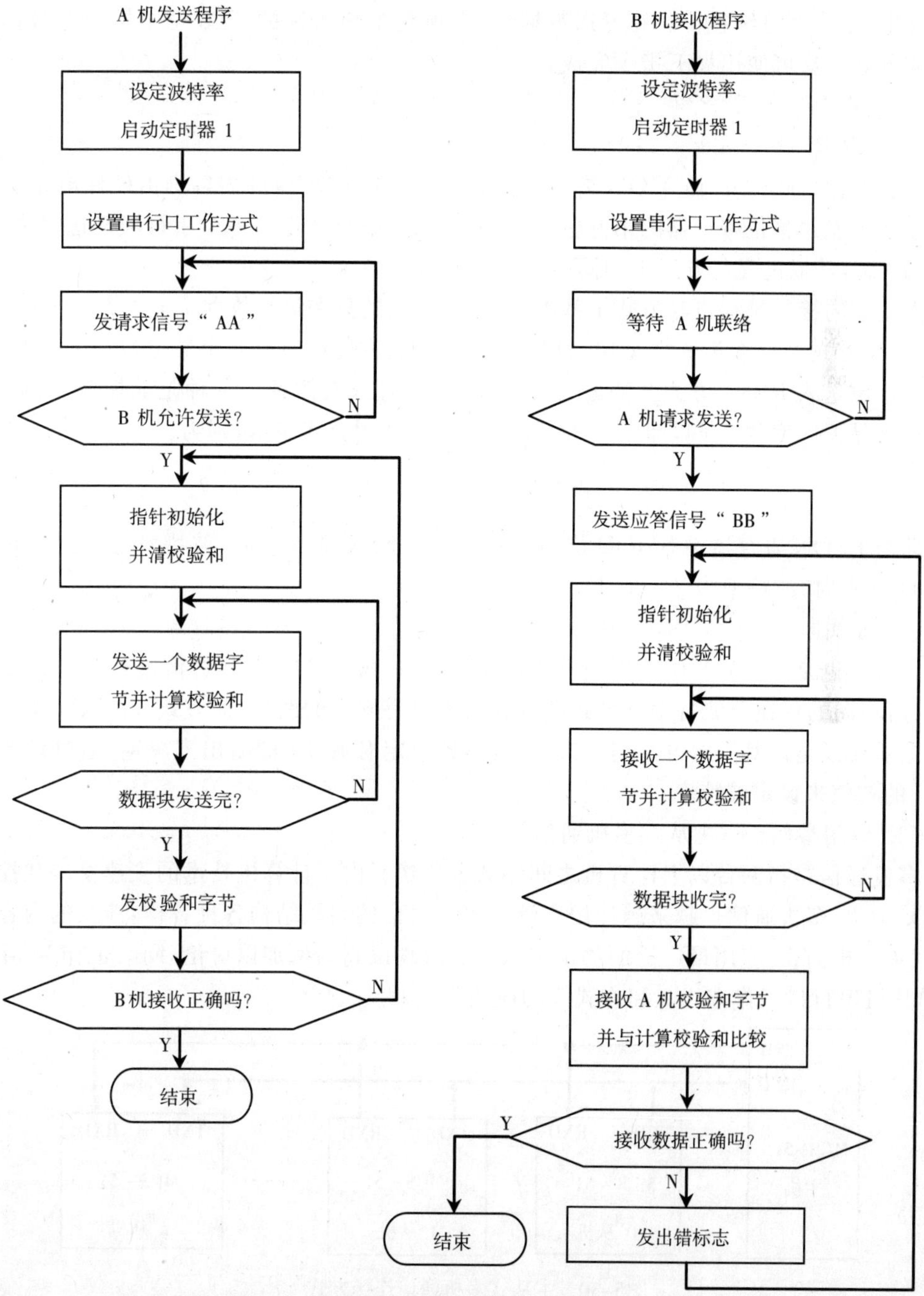

图5-29　点对点通信的发送、接收程序流程图

3. 串行口工作方式 2 和方式 3

(1) 方式 2

方式 2 是 9 位异步串行通信方式，一帧数据一般为 11 位。即 1 个起始位、9 个数据位和 1 个停止位。其帧格式为：

起始	D0	D1	D2	D3	D4	D5	D6	D7	D8	停止

在方式 2 下，字符还是 8 个数据位，只不过增加了一个第 9 数据位（D8），而且其功能由用户确定，是一个可编程位。在发送数据时，应预先在 SCON 的 TB8 位中把第 9 数据位的内容准备好。这可使用如下指令完成：

```
SETB    TB8    ;    TB8 位置“1”
CLR     TB8    ;    TB8 位置“0”
```

发送数据（D0～D7）由 MOV 指令向 SBUF 写入，而 D8 位的内容则由硬件电路从 TB8 中直接送到发送移位寄存器的第 9 位，并以此来启动串行发送。一个字符帧发送完毕后，将 TI 位置“1”，其他过程与方式 1 相同。

方式 2 的接收过程也与方式 1 基本相似，所不同的只在第 9 数据位上。方式 1 没有第 9 数据位，而方式 2 存在第 9 数据位，且这时串行口把接收到的前 8 个数据位送入 SBUF，把第 9 数据位送入 RB8。方式 2 的波特率是固定的，且只有两种。一种是晶振频率的 1/32；另一种是晶振频率的 1/64，即 $f_{osc}/32$ 和 $f_{osc}/64$ 。如用公式表示，则为：

$$波特率 = \frac{2^{SMOD}}{64} \times f_{osc}$$

即与 PCON 寄存器中 SMOD 位的值有关。当 SMOD ＝ 0 时，波特率为 f_{osc} 的 164；当 SMOD ＝ 1 时，波特率为 f_{osc} 的 1/32。

(2) 方式 3

方式 3 也是 9 位异步串行通信方式，一帧数据一般为 11 位，其通信过程与方式 2 完全相同，所不同的仅在于波特率。方式 2 的波特率只有固定的两种，而方式 3 的波特率可由用户根据需要设定。其设定方法与方式 1 相同，即由定时器 T1 的溢出率决定，通过设置定时器 TI 的初值来设定波特率。

(3) 应用举例——主从式多机通信

多机通信是指两台以上计算机之间的数据传送。由于计算机技术的飞速发展和控制系统的复杂化，多机通信也越来越运用广泛。多机通信的系统结构各种各样，涉及的内容也很多，就单片机而言，应用最广泛的仍是主从式。故现以它为例加以讨论，同时也作为 MCS－51 单片机串行口工作方式 2 和方式 3 的应用举例。

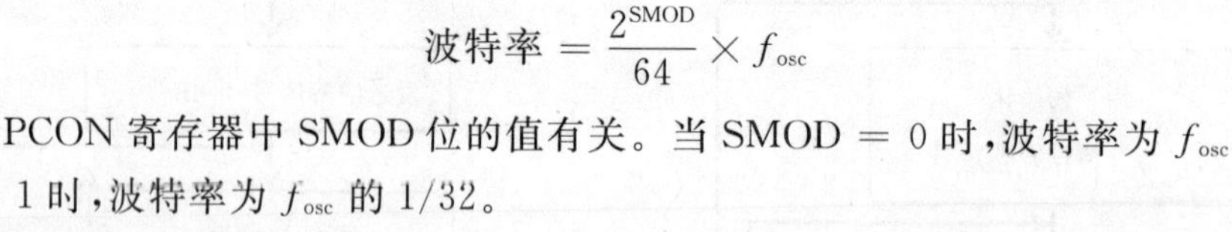

图5-30 主从式多机通信连接方式

在主从式多机通信中，只有一台主机，但从机可以有多台。主机发送的信息可以传送到各个从机或指定的从机，从机发送的信息只能为主机接收，各从机之间不能直接通信。主机通常由系统机（如 IBMPC）担任，但也可由单片机担当；从机通常为单片机。如图 5－30 所示。

MCS－51 应用于多机通信时必须在方式 2 或方式 3 下工作，作主机的 8051 的 SM2 应设定为 0，作从机的 SM2 设定为 1。主机发送并为从机接收的信息有两类：一类是地址，用于指示需要和主机通信的从机地址，由串行数据第 9 位为"1"标志；另一类是数据，由串行数据第 9 位为"0"标志。由于所有从机的 SM2＝1，故每个从机都能在 RI ＝ 0 时收到主机发来的地址（因为地址帧的第 9 位为"1"），并进入各自的中断服务程序。在中断服务程序中，每台从机把接收到的地址和它的本机地址（系统设计时所分配）进行比较。所有比较不相等的从机均保持 SM2＝1 从各自的中断服务程序中退出，只有比较相等的从机，即被主机寻址通信的从机，在程序中使 SM2＝ 0，以便接收随之而来的数据或命令（其第 9 位 RB8＝ 0）。上述过程可进一步归结如下：

① 主机的 SM2＝ 0，所有从机的 SM2＝1，以便接收主机发来的地址。

② 主机给从机发送地址时，第 9 数据位上发送 1，以指示从机接收这个地址。

③ 所有从机在 SM2＝1、RB8＝ 1 和 RI ＝ 0 时，接收主机发来的从机地址，进入相应中断服务程序，并和本机地址比较以确认是否为被寻址从机。

④ 被寻址从机通过指令清除 SM2，以正常接收数据，并向主机发回接收到的从机地址，供主机核对。未被寻址的从机保持 SM2＝ 1，并退出各自的中断服务程序。

⑤ 完成主机和被寻址从机之间的数据通信后，被寻址从机重新使 SM2＝1，并退出中断服务程序，等待下次通信。

4．主从多机通信的通信协议。

和双机通信一样，主从式多机通信亦存在通信协议问题。一般通信协议都有通用标准，协议较完善，但很复杂。这里仅规定几条很不完善的协议：MCS－51 单片机构成的多机通信系统最多允许 255 台从机（因为主机通常把从机地址作为 8 位数据发送），其地址分别为 00H～FEH。"地址"FFH 是对所有从机都起作用的一条控制命令，该命令使被寻址从机恢复 SM2＝1 的状态。主机首先发送地址帧，被寻址的从机返回本机地址给主机，再判断地址相符后主机给被寻址从机发送控制命令，被寻址从机根据其命令向主机回送自己的状态，若主机判断状态正常，主机开始发送或接收数据。

通信双方均采用 12 MHz 晶振，通信波特率设置为 1 200 bps，并约定以传送字节长度数控制通信结束，以累加和作为效验是否传送正确标志。故在发送和接收数据时要对其发送或接收的数据进行累加。发送方在数据发送完后，发送效验和；接收方在接收数据完毕后，要将本方的累加和与对方发来的效验和进行比较，比较结果相等表示通信成功。若主机发送从机接收，从机接收成功便发送"00H"给主机，接收出错则发回"0FFH"。主机收到"00H"后，便令从机复位，准备下次通信；收到"0FFH"，则重发数据。若从机发送主机接收，主机接收成功便发送"00H"给从机，接收出错则发"0FFH"。从机收到"00H"后，便复位，准备下次通信，收到"0FFH"，则重发数据。

假定主机发送的控制命令代码为：

01H——主机发送从机接收命令；02H——从机发送主机接收命令；其他为非法命令。从机状态字格式为：

ERR	0	0	0	0	0	TRDY	RRDY

其中，ERR=1，从机接收到非法命令；TRDY=1，从机发送准备就绪；RRDY=1，从机接收准备就绪。至此便可以进行通信程序的编写了。通信程序包括主机程序和从机程序两部分。假定被通信的从机地址为 02H，一次传输数据 16 个字节。下面分别加以介绍。

(1) 主机程序

主机程序，由主机主程序和主机通信子程序组成。主机主程序用于定时器 TI 初始化，串行口初始化和传递主机通信子程序所需入口参数。主机通信子程序用于主机和从机间一个数据块的传送。这里假设被呼叫的从机地址为 02H。主机程序流程图如图 5-31 所示。

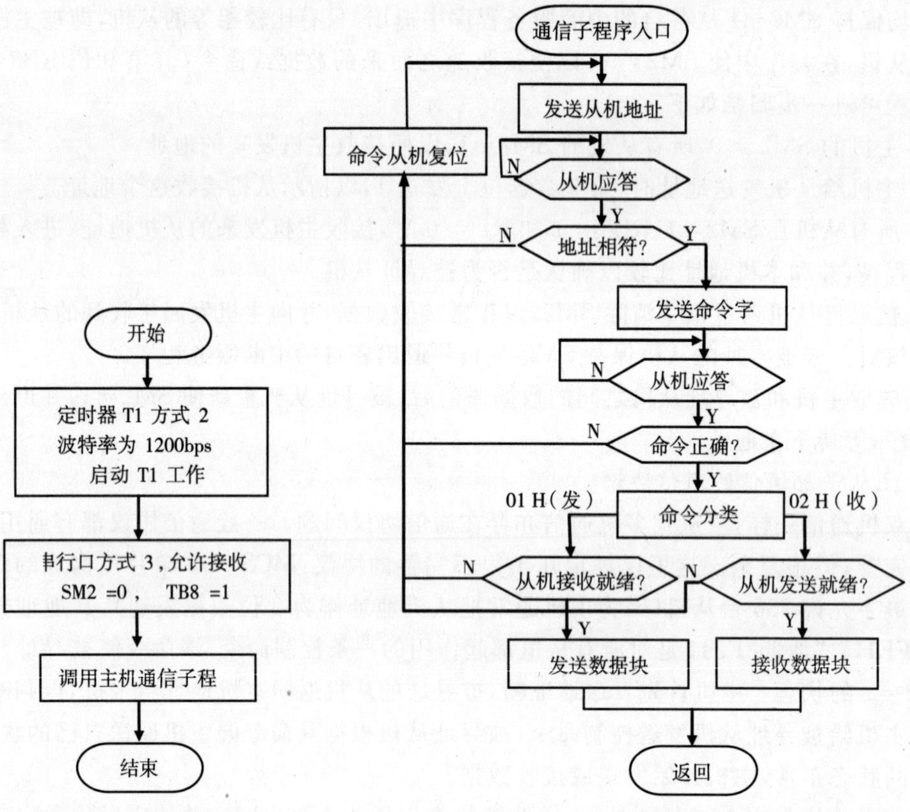

图 5-31 主机程序流程图

主机参考程序 master. c 如下：

```
# include〈reg51. h〉
# define uchar unsigned char
# define SLAVE 0x02                    //从机地址
# define BN 16
uchar idata rbuf[16]
uchar idata tbuf[16]={"master transmand"}
void err(void)
```

```
{   SBUF=0xff;
    while(TI! =1);TI=0;
}
uchar master(uchar addr,uchar command)
{ uchar aa,i,p;
  while(1)
  {   SBUF=SLAVE;                          //发呼叫地址
      while(TI! =1);TI=0;
      while(RI! =1);RI=0;                  //等待从机回答
      if(SBUF! =addr)err();                //若地址错,则发复位信号
      else {                               //地址相符
      TB8=0;                               //请地址标志
SBUF=command;                              //发命令
while(TI! =1);TI=0;
while(RI! =1);RI=0;                        //等待从机回答
aa=SBUF;                                   //存接收状态
if((aa&0x08)==0x08)(TB8=1;err();}          //若命令未被接收,则发复位信号
else{                                      //若命令被接收了,命令分类
  if(command=00)                           //是发送命令
    {if((aa&0x01)= =0x01)                  //从机准备好接收
      {do{
        p=0;                               //清校验和
        for(i=0;i<BN;i++)
          {SBUF=tbuf[i];                   //发送数据
          P+= tbuf[i];
          while(TI! =1);TI=0;
          }
          SBUF=p;                          //发送校验和
          while(TI! =1);TI=0;
          while(RI! =1);RI=0;
      }while(SBUF! =0);                    //接收不正确,重新发送
      TB8=1;                               //地址标志
        retun(0);
      }
  }
  else{
     if((aa&0x02)= =0x02)                  //从机发送准备好了
      { while(1){
       p=0;                                //清校验和
```

```
      for(i=0;i<BN;i++)
      {while(RI! =1);RI=0;                    //等待接收数据
      rbuf[i]=SBUF                             //存接收数据
       p+= rbuf[i];                            //加校验和
    }
    while(RI= =0);RI=0;
    if(SBUF= =p){
         SBUF=0x00;                            //校验和相同,发 00
         while(TI= =0);TI=0;
         break;
     }
     else {
       SBUF=0xff;                              //校验和不同,发 0FFH,重新接收
       while(TI= =0);TI=0;
     }
}
TB8=1;                                         //置地址标志
              Retun(0);
           }
         }
       }
     }
   }
}
void main(void)
{
    TMOD=0x20;                                 //定时器/计数器 1 定义为定时方式 2
    TL1=0xf4;TH1=0xf4;                         // 定时器置初值
    PCON=0x00;
    TR1=1;                                     //启动定时器 1
    SCON=0xd8;                          //串行口方式 3,允许接收,SM2=0,TB8=1
    master(SLAVE,0x01/0x02);                   //调用主机通信子程序(函数)
}
```

(2) 从机程序

从机程序由从机主程序和从机中断服务程序组成。从机主程序用于定时器 T1 初始化、串行口初始化和中断初始化。从机中断服务程序用于对主机的通信。从机主程序框图如 5－32(a)所示,从机中断服务程序流程如图 5－32(b)所示。

应当注意:主机程序中的发送数据块及接收数据块长度要同从机程序中的保持一致(程序中假设皆为 16),即主机的发送数据块长度应等于被寻址从机的接受数据块长度,主机的

接收数据块长度应等于从机的发送数据块长度。否则，就应当把发送数据块长度字节传送给接收端，以便接收端根据发送数据块长度来确定接收数据区的长度。

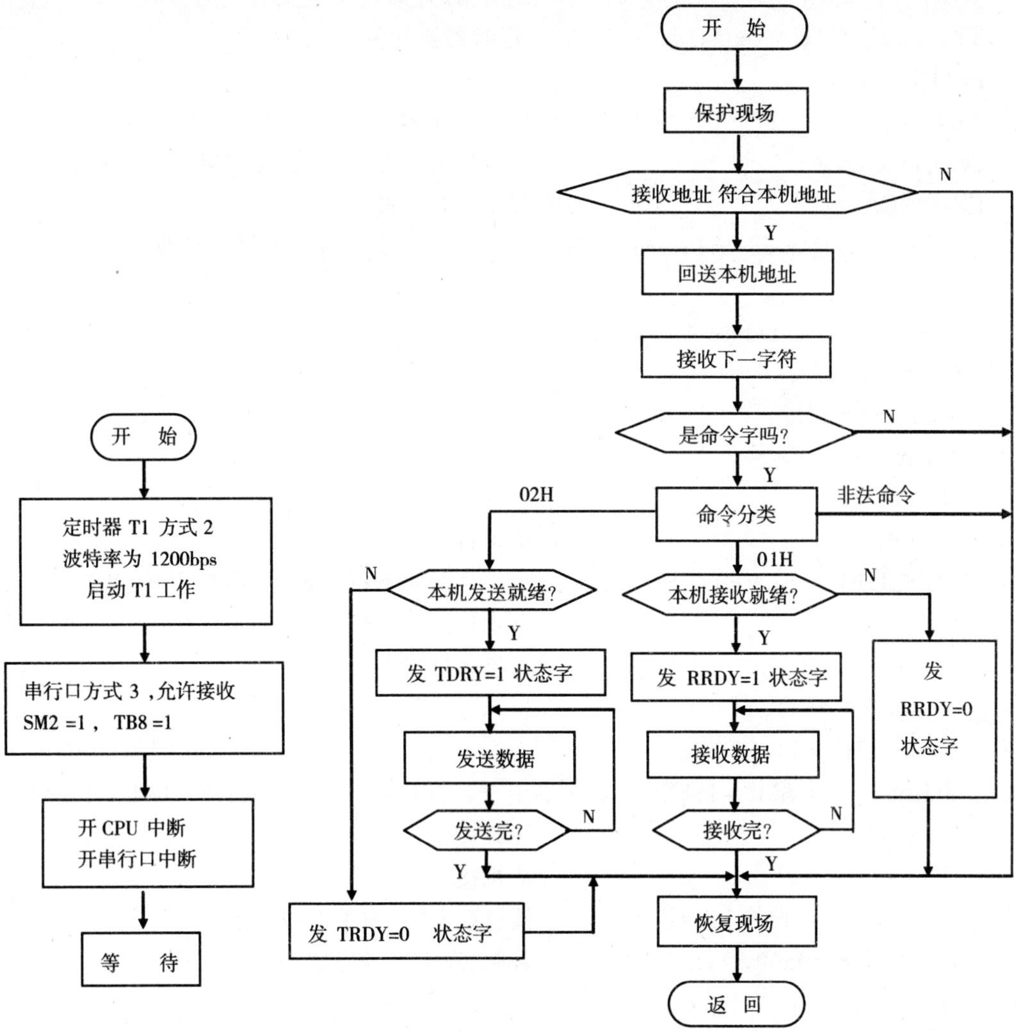

（a）从机主程序　　　　（b）从机中断服务程序

图 5-32　从机程序框图

从机程序 slave. c 如下：

```
# include<reg51. h>
#define uchar unsigned char
#define SLAVE 0x02
#define BN 16
uchar idata trbuf[16];
uchar idata rebuff[16];
bit tready;
bit rready;
```

```
void main(void)
{
  TMOD=0x20;                          //定时器/计数器1定义为定时方式2
  TL1=0xf4;TH1=0xf4;                  // 定时器置初值
  PCON=0x00;
  TR1=1;                              //启动定时器1
  SCON=0xf0;                          //串行口方式3,允许接收,SM2=1,REN=1
  ES=1;EA=1;                          //开串行口中断
     while(1){tready=1;rready=1;}           //假定准备好发送和接收
  }
  void ssio(void)interrupt 4 using 1          //中断服务程序
  { void str(void);
    void sre(void);
    uchar a,i;
    RI=0;
    ES=0;                             //关串行口中断
    if(SBUF! =SLVE){ES=1;goto reti;}  //非本机地址,开串口中断,并返回
    SM2=0;                            //是本机地址,准备接收命令
    SBUF=SLAVE;                       //从机地址发回
    while(TI! =1);TI=0;
    while(RI! =1);RI=0;
    if(RB8==1){SM2=1;ES=1;goto reti}      //是复位命令,串行口开中断,并复位
    a=SBUF;                           //接收命令
    if(a= =0x01){                     //从机接收主机的数据
    if(rready= =1)SBUF=0x01;          //接收准备好,发准备好状态
    else SBUF=0x00;                   //否则,发未准备好状态
    while(TI! =1);TI=0;
    while(RI! =1);RI=0;
    if(RB8= =1){SM2=1;ES=1;goto reti;}   //是复位命令,串行口开中断,并复位
    sre();                            //接收数据
  }
  else {
    if(a= =0x02){                     //从机向主机发数据
      if(tready= =1)SBUF=0x02;          //发送准备好,发准备好状态
      else SBUF=0x00;                 //否则,发未准备好状态
      while(TI! =1);TI=0;
      while(RI! =1);RI=0;
      if(RB8==1){SM2=1;ES=1;goto reti}   //是复位命令,串行口开中断,并复位
    str();                            //发送数据
```

```
  }
    else {
      SBUF=0x80;                  //命令非法,发状态
      while(TI! =1);TI=0;
      SM2=1;ES=1;                 //复位
      }
        }
          reti;
  }
  void str(void)                  //发送数据块
  { uchar p,i;
    tready=0;
    do{p=0;                       //清校验和
        for(i=0;i<BN;i++)
        {SBUF=trbuf[i];           //发送一数据
      p+=trbuf[i];
      while(TI! =1);TI=0;
      }
      SBUF=p;                     //发送校验和
      while(TI! =1);TI=0;
      while(RI! =1);RI=0;
    }while(SBUF! =0);             //主机接收不正确,重新发送
    SM2=1;ES=1;
}
void   sre(void)                  //接收数据块
{      uchar p,i;
    rready=0;
    while(1)
    { p=0;                        //清校验和
    for(i=0;i<BN;i++)
     {while(RI! =1);RI=0;
    rebuf[i]=SBUF;                //接收一数据
     p+=rebuf[i];
    }
    while(RI! =1);RI=0;
    if(SBUF= =p){SBUF=0x00;break;}     //校验和相同,发 00
    else {
    SBUF=0xff;                    //校验和不同,发 0FF,重新接收
    while(TI==0);TI=1;
```

```
    }
  }
  SM2=1;
  ES=1;
}
```

习 题

1. 并行输入/输出口作输入口时，需要进行什么操作？为什么？

2. MCS－51单片机的4个I/O口在使用上有哪些分工和特点？试比较各口的特点？

3. 用8051单片机实现八位双向移位寄存器逻辑功能。假定用单片机的P3.2引脚连接按键作为左移输入端，P3.3引脚连接的按键作右移输入端，P3.6引脚连接的按键作左移移位脉冲，P3.7引脚连接的按键作右移脉冲(所有按键均设按下为低电平"0"，抬起为高电平"1")，P2口作为移位寄存器的并行输出端，与P2口相连的发光二极管显示P2口状态，并假设P2口输出低电平发光二极管点亮。请用C51编写程序实现。

4. 定时器/计数器的4种工作模式中，哪种模式不需要重装计数初值？其最大的计数初值是多少？

5. 某单片机系统要求：定时器/计数器0工作于方式1，定时器/计数器1工作于方式2。为满足以上要求，工作方式寄存器TMOD的值应怎样设置。(设GATE＝0)

6. 已知定时器/计数器0工作于方式0，振荡频率为6 MHz，计数初值为0FEH，定时时间是多少？

7. 已知选用定时器1工作模式2作波特率发生器，晶振频率为6 MHz，计数初值为FDH，求波特率是多少？

8. 当中断优先寄存器IP的内容是09H时，其含义是什么？

9. 某单片机系统用到两个中断源：外部中断0(脉冲方式)和定时器/计数器1(定时方式)，前者的中断优先级高于后者。试问：实现以上中断管理，应用哪些控制寄存器的控制位操作？

10. 在MCS－51中，哪些中断可以随着中断响应而自动撤除？哪些中断需要用户来撤除？撤除的方法是什么？

11. 试写出INT0为边沿触发方式的中断初始化程序。

12. 晶振频率为6 MHz的MCS－51单片机系统，使用定时器0以定时方法在P1.0输出周期为400 μs占空比为10％的矩形脉冲，以定时工作方式2用C语言编程实现。

13. 异步通信和同步通信的主要区别是什么？MCS－51串行口有没有同步通信功能？

14. 简述MCS－51串行口发送和接收数据的过程。

15. 简述MCS－51串行口在四种工作方式下波特率的产生方法。

16. 试用C语言设计两个51单片机采用串口互相发送接收1个字节的程序。

第 6 章　MCS－51 单片机的并行扩展接口

一般说来，各种系列的单片机芯片内集成了计算机的基本功能部件，已具备了较强的功能。例如，MCS－51 系列芯片中的 8751，其一块芯片电路就是一个基本应用系统。但总的来说，其片内 ROM、RAM 的容量、并行 I/O 端口、定时器及中断源等资源都还是有限的，且相当多的芯片内部没有集成 A/D 和 D/A 等功能芯片。根据应用系统的不同要求，MCS－51 以及其他系列单片机均可以根据任务的需要、很方便地进行资源的扩充和功能扩展。以下内容均以 MCS－51 单片机为对象进行介绍。

6.1　总线并行扩展

6.1.1　MCS－51 机总线并行扩展方法

MCS－51 系列单片机由于受引脚数的限制，数据线和地址线（低 8 位）是分时复用的，P2 口输出高 8 位地址 A8～A15，P0 口输出低 8 位地址 A0～A7 和传送数据 D0～D7。为了将它们分离出来，以便和单片机之外的芯片（如外接 ROM、RAM 等）正确地连接，在单片机外部增加了地址锁存器，构成与一般 CPU 类似的三总线（地址总线、数据总线和控制总线），如图 6－1 所示。从图中可知：A0～A7 与 A8～A15 一起组成 16 位地址总线，数据总线由 P0 口复用，控制总线有外部程序存储器的读选通信号 $\overline{\mathrm{PSEN}}$，外部数据存储器的读写控制信号 $\overline{\mathrm{RD}}$（P3.7）、$\overline{\mathrm{WR}}$（P3.6）。

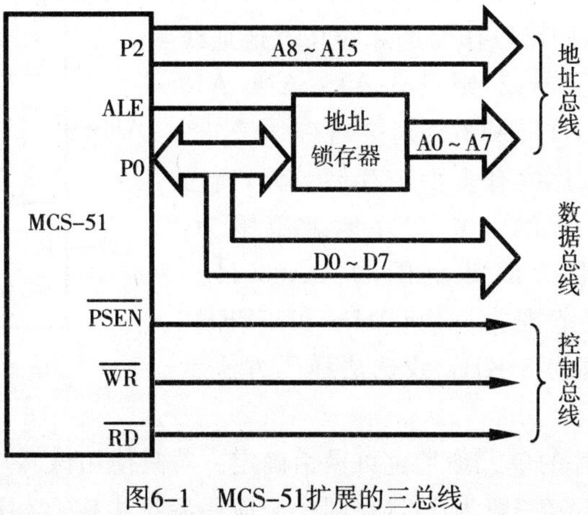

图6-1　MCS-51扩展的三总线

一般用 74LS373 芯片作地址锁存器，其逻辑符号及地址总线电路如图 6－2 所示。74LS373 的 $\overline{\mathrm{E}}$ 为 Q0～Q7 的三态门允许输出控制输入端，$\overline{\mathrm{E}}$ 接地，则 Q0～Q7 总是允许输出。G 为锁存信号输入端，高电平时，锁存器输出电平保持和输入一致，即 Q0～Q7 = D0～

D7;G 负跳变时将 D0～D7 锁存于 Q0～Q7。当该芯片作地址锁存器使用时,G 引脚接 MCS－51 的 ALE 引脚。ALE 高电平时 P0 口输出的地址直接通过 74LS373 输出,使 P2 口和 P0 口输出的地址信息同时到达地址总线;ALE 负跳变时,P0 口上输出地址打入 Q0～Q7,使地址总线上 A0～A7 信息保持不变,接着 P0 口可用来传送数据。

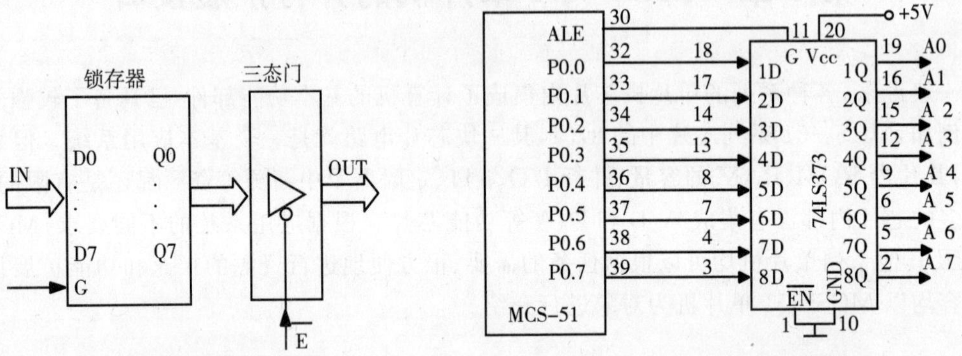

（a） 74LS373逻辑符号　　（b） MCS-51地址扩展电路

图6-2 用74LS373作地址锁存器

6.1.2 地址译码方法

MCS－51 单片机中的 CPU 是根据地址访问外部扩展部件的,即由地址线上送出的地址信息选中某一芯片的某个单元进行读写。在逻辑上芯片选择是由高位地址线通过译码实现或者通过某根高位地址线直接选通实现,被选中芯片的单元地址由高位地址和低位地址信息一起确定。地址译码方法有线选法、全地址译码法及部分地址译码法 3 种。

1. 线选法

所谓线选法就是用某一位高位地址线直接接到所扩展芯片的片选端,一般片选端用 $\overline{CS}$、$\overline{CE}$等符号表示,低电平有效,只要这一位地址线为低电平,就选中该电路,可以对其缓存器进行读/写。在外部扩展的全部芯片中,如果所用地址线最多为 A0～Ai,则可以作为选片的高位地址线为 A15～Ai＋1。例如,i＝12,则只有 A15、A14、A13 可以作为选片线,A15、A14、A13 分别接到 $0^{\#}$、$1^{\#}$、$2^{\#}$ 芯片的选片端。不管芯片内有多少个存储单元,所占的地址空间大小是一样的。$0^{\#}$ 芯片地址范围为:6000H～7FFFH,$1^{\#}$ 芯片地址范围为:0A000H～0BFFFH,$2^{\#}$ 芯片地址范围为:0C000H～0DFFFH。所占的地址空间大小都为 8 KB。线选法译码方法示意图如图 6－3 所示。

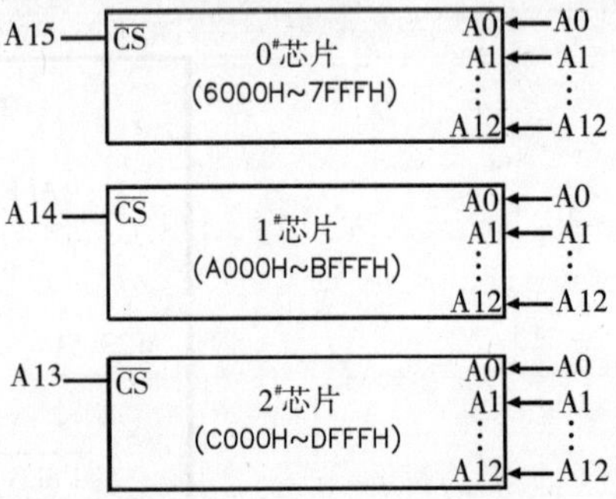

图6-3 线选法连线示意图

另外,线选法中芯片的单元地址也可灵活确定。若只使用该芯片少量单元时,则未用到的地址线可任选为 1 或 0(一般为 1,且在同一个应用系统中应有相同的选择),用到的地址线由所访问芯片的单元数目确定,片选信号为 0。例一芯片的$\overline{CS}$接 A15,两位地址线 A0A1 接芯片单元地址选择线 A0A1,则该芯片地址范围为 7FFCH～7FFFH(A15 为 0, A0A1 的取值范围为 00～11,其余未用到的地址线为 1)。

线选法有可能产生地址重叠：地址线中还存在多余的片选线(除和存储芯片$\overline{CS}$相连的片选线以外)，则存储单元地址就存在重叠现象；否则，存储单元地址就是唯一的。

2. 全地址译码法

线选法的优点是简单，缺点是地址空间没有被充分利用，可接芯片数少。若外部扩展较多 RAM/IO 口，需采用全地址译码，常用地址译码器为：

2—4 译码器(如 74LSl39)，一般为对地址高位 A15、A14 译码产生 4 个选片信号，可接 4 个芯片，每个芯片占 16 KB 空间；

3—8 译码器((如：74LSl38)，一般为对地址高位 A15、A14、A13 译码产生 8 个选片信号，可接 8 个芯片，每个芯片占 8 KB 空间。全地址译码方法示意图如图 6-4 所示。

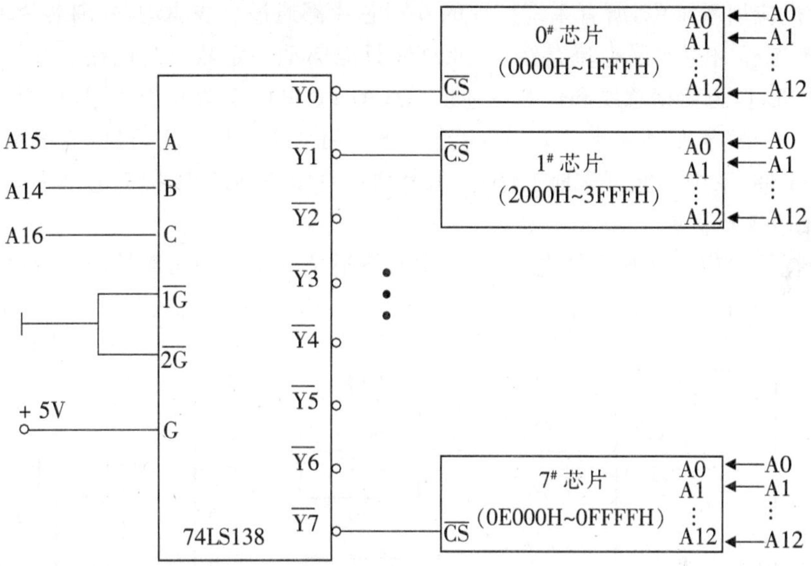

图 6-4　全地址译码器示意图

全地址译码法中芯片的单元地址确定方法为：以外部扩展的全部芯片中未用到的地址线作为地址译码器的输入，译码器的输出作为选片信号接到外部扩展芯片，用到的地址线由所访问芯片和单元确定。例如，设外部扩展的全部芯片中，所用地址线最多为 A0～A12，则可将 A15、A14、A13 作为地址译码器 74LS138 的输入端，译码器的 8 个输出端可分别接到 0#、1#、…、7# 芯片的片选端。不管芯片内有多少个单元，所占的地址空间大小是一样的，都为 8 KB。具体地址由所访问芯片和用到的地址线决定。如 0# 芯片的片选信号由地址译码器 74LS138 的输出信号$\overline{Y0}$接入，则其地址的高 3 位(A15、A14、A13)为 000B，这样就可知 0# 芯片的地址范围为 0000H～1FFFH，但占用的地址空间为 8 KB(0000H～1FFFH)；1# 芯片的选片信号由地址译码器 74LS138 的输出信号$\overline{Y1}$接入，则其地址的高 3 位(A15、A14、A13)为 001B，其低位地址用到了(A12、A11、…、A0)，则其低 13 位的地址变化范围为 0000000000000B～1111111111111B，这样就可知 1# 芯片的地址范围为 2000H～3FFFH，占用的地址空间同样为 8 KB(2000H～3FFFH)；其余芯片的地址确定方法相同。

在全地址译码法中，存储器每个存储单元只有唯一的一个 CPU 地址和它一一对应，只要单片机发出这个地址就可选中该存储单元工作，故不存在地址重叠现象。

3. 部分地址译码法

部分地址译码法是指单片机高位地址线中只有一部分参加了译码，其余部分是悬空的，在实际应用中这种使用方式不常见。当使用部分地址译码法时，无论 CPU 使多余地址线上电平如何变化，都不会影响它对存储单元的选址，故存储器每个存储单元的地址不是唯一的，必然会有一个以上的 CPU 地址和它对应（即地址有重叠）。因此，采用部分地址译码法时必须把程序和数据放在基本地址范围内（即悬空片选地址线全为低电平时存储芯片的地址范围），以避免因地址重叠引起程序运行时的读写数据错误。

6.1.3 总线驱动能力及扩展方法

在单片机应用系统中，所有系统扩展的外围芯片都通过总线驱动，外围芯片工作时有一输入电流，不工作时也有漏电流存在，因此总线只能驱动一定数量的电路芯片。如 MCS－51 系列单片机，作为数据总线和低 8 位地址总线的 P0 口可驱动 8 个 TTL 门电路，而如 P2 口等其他 I/O 口只能驱动 4 个 TTL 门电路。当应用系统规模过大，可能造成负载过重，致使驱动能力不够，系统不能可靠地工作时，需另增设总线驱动芯片，提升总线驱动能力。

1. 总线的驱动扩展

在设计计算机应用系统硬件电路时，必须要合适估计总线的负载情况，以确定是否需要对总线的驱动能力进行扩展。图 6－5 为 MCS－51 系列单片机总线驱动扩展原理图。

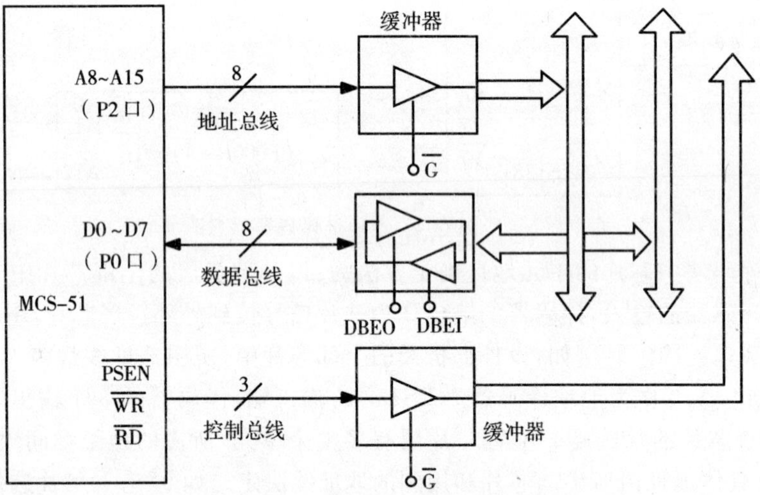

图6-5 MCS-51单片机总线驱动原理图

2. 地址和控制总线的驱动扩展

地址总线和控制总线的驱动器为单向驱动器，并具有三态输出功能。驱动器有一个控制端 $\overline{G}$，以控制驱动器开通或处于高阻状态。通常，在单片机应用系统中没有 DMA 功能时，地址总线及控制总线可一直处于开通状态，这时控制端 $\overline{G}$ 需接地。常用的地址总线和控制总线的驱动器有 74LS240（带反向输出）、74LS241 和 74LS244。74LS244 的逻辑和管脚图如图 6－6(a)所示，用 74LS244 作高位地址线 P2 口的扩展的连接方法如图 6－6(b)所示。

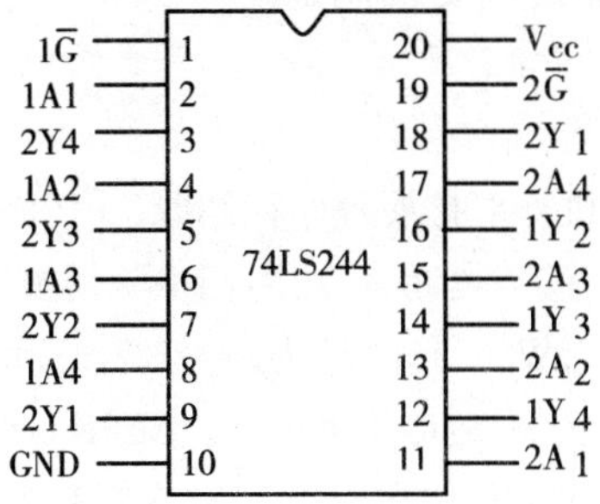

图6-6（a） 单向驱动器74LS244

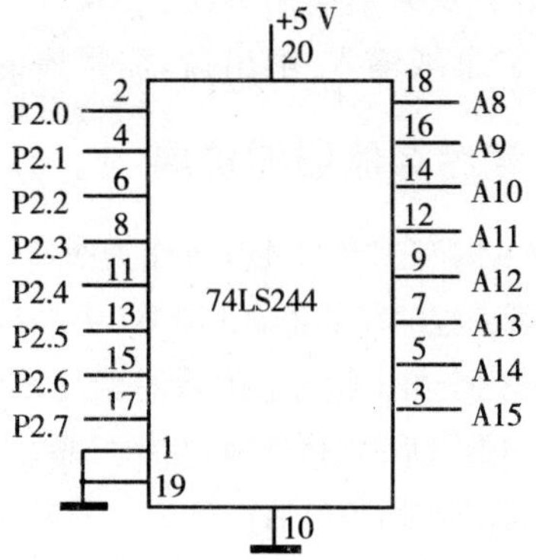

图6-6（b） P2口的单向驱动扩展

3. 数据总线的驱动扩展

数据总线为双向驱动器。常用的双向总线驱动器为 74LS245，74LS245 的逻辑和管脚图如图 6－7(a)所示。74LS245 内部有 16 个三态门、每 2 个三态门组成一路双向驱动。驱动方向由 $\overline{G}$、DIR 两个控制端控制，在 $\overline{G}$ 控制端有效（$\overline{G}$＝0）时，DIR 控制端控制驱动器的驱动方向，DIR＝0 时驱动方向为从 B 至 A，DIR＝1 时则相反，即驱动方向为从 A 至 B。

用 74LS245 作数据总线 P0 口的扩展的连接方法如图 6－7(b)所示。$\overline{G}$ 接地保证 74LS245 一直处于工作状态，而输入/输出的方向控制由单片机的数据存储器“读”控制引脚（$\overline{RD}$）和程序存储器的取指控制引脚（$\overline{PSEN}$）通过与门控制 DIR 引脚来实现。这种连接方法保证无论是“读”数据存储器中的数据（$\overline{RD}$有效）还是从程序存储器中取指令（$\overline{PSEN}$有效）时，都能够保证 P0 口输入驱动，而在除此以外的时间里（$\overline{RD}$、$\overline{PSEN}$均无效）能够保证 P0 口的输出驱动。

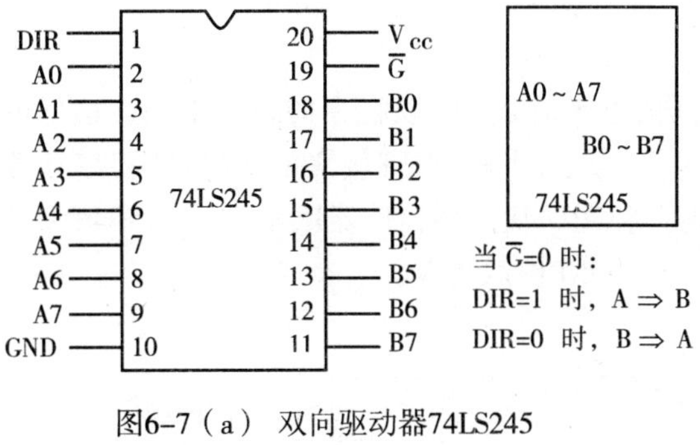

图6-7（a） 双向驱动器74LS245

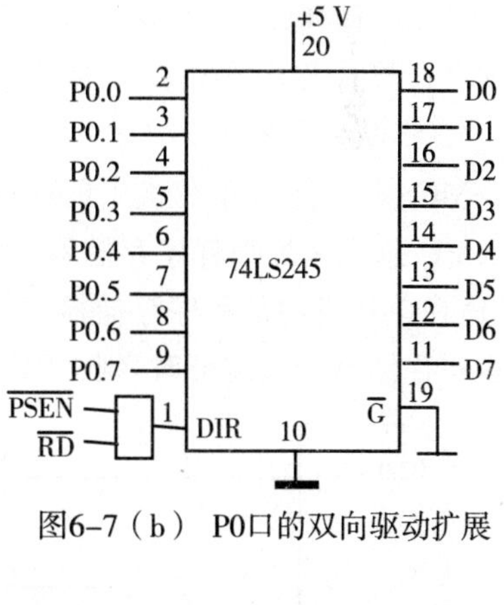

图6-7（b） P0口的双向驱动扩展

6.2　存储器接口扩展

MCS－51 系列单片机存储器的扩展包括程序存储器扩展和数据存储器扩展。在 MCS－51 系列单片机应用系统中，对于片内无程序存储器的单片机，则必须扩展程序存储器，当单片机内部有程序存储器，但容量不够时也需扩展程序存储器。MCS－51 系列单片机由于内部一般只有 128 B 或 256 B 数据存储器，当应用系统需保存大量数据时，就需扩展数据存储器，如数据采集应用系统。MCS－51 系列单片机可扩展 64 KB 的程序存储器和 64 KB 的数据存储器或输入/输出口，需扩展的容量随应用系统的要求而定。

6.2.1 程序存储器的扩展

EPROM 和 EEPROM 都可作为 MCS－51 系列单片机外部扩展程序存储器。EPROM 是紫外线擦除电可编程的存储器，EPROM 中的程序一般由专门编程器写入，由专门擦除器擦除（擦除后 EPROM 阵列全为 1 状态），擦除时紫外线强度为 12 000 μW/cm^2，波长为λ＝2537，时间为 10～20 min。由于 EPROM 价格低廉，性能可靠，掉电后信息不会丢失，故应用最广泛。EEPROM 是电擦除电可编程的存储器，掉电后信息不会丢失，目前因 EEPROM 的价格在不断下降，速度不断提高，且不需专门的擦除器擦除而用电擦除，这样在应用系统中可进行在线改写，故应用也越来越多。

1. 常用的 EPROM 芯片介绍

常用的 EPROM 芯片有：2716（2 KB）、2732（4 KB）、2764（8 KB）、27128（16 KB）、27256（32 KB）、27512（64 KB）。由于价格基本相同，而大容量的 EPROM 速度快，且一般扩展时程序存储器应留有一定的程序功能扩充的空间，故一般用大于 8 KB 的芯片来作为外部程序存储器。该系列不同型号的 EPROM 仅仅是地址线数目和编程信号引脚有些差别。其引脚符号意义如下：

A0～Ai：地址输入线，由芯片容量而定，如 2764，i＝12，27256，i＝ 14，27512，i＝ 15；

O0～O7：有时用 D0～D7 表示，为三态数据总线，读或编程校验时为数据输出线，编程时为数据输入线，维持或编程禁止时，O0～O7 呈高阻态；

$\overline{CE}$：片选信号输入线，低电平有效；

$\overline{PGM}$：编程脉冲输入线，有的芯片此引脚与$\overline{CE}$合用；

$\overline{OE}$：读选通信号输入线，低电平有效；

Vpp：编程电源输入线，Vpp 的值因芯片型号和制造厂商而异，在编程时该引脚的电压必须严格符合芯片的要求，否则会损坏芯片，有的芯片此引脚与$\overline{OE}$合用；

2. 程序存储器扩展方法

MCS－51 系列单片机当$\overline{EA}$引脚接不同的电平时，CPU 取指令的位置不同。接低电平时，CPU 总是从外部程序存储器 EPROM 中取指令；当$\overline{EA}$引脚接高电平时，若程序计数器 PC 值在单片机内部程序存储器寻址范围内，则 CPU 从内部存储器取指令，若 PC 值大于内部程序存储器最大地址时，则 CPU 从外部 EPROM 中取指令。

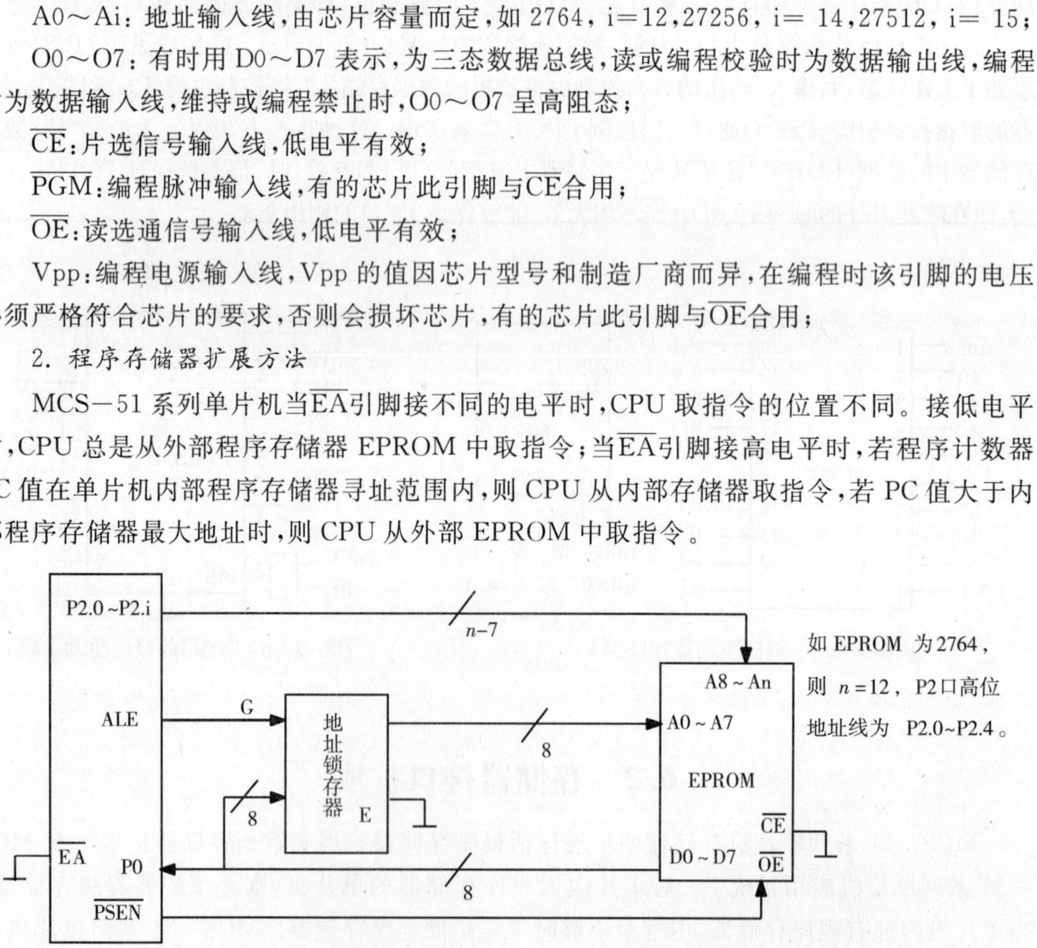

图6–8 MCS–51总线和一片EPROM的接口方法

故对于 8031 及 8051 等单片机，其内部没有用户程序存储器，$\overline{EA}$需接地；对于 8751、89C51 和定制的 8051 等单片机，其内部存在用户程序存储器，为了充分利用单片机的内部资源，一般$\overline{EA}$接高电平。如图 6－8 所示为扩展一片 EPROM 的连接方法。从图中可知因 8031 单片机内部没有程序存储器，$\overline{EA}$必须接地，且只扩展了一片 EPROM，故$\overline{CE}$可接地。如图 6－9 所示为扩展两片 EPROM 的连接方法，n1、n2 由相应芯片的容量确定。从图中可知，因 8031 单片机内部没有程序存储器，$\overline{EA}$必须接地，扩展了多片 EPROM，故需采取适当的地址译码方法进行片选外部芯片。

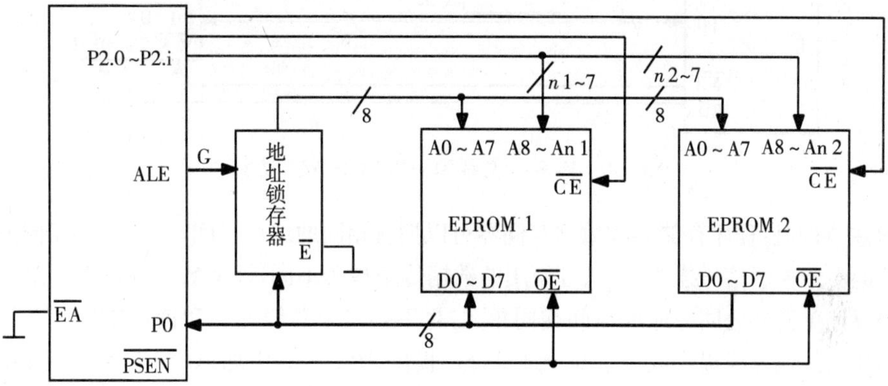

图6-9　MCS-51总线和两片EPROM的接口方法

MCS－51 系列单片机外部扩展程序存储器，采用通常扩展方法时最大可扩展 64 KB 空间，除特殊原因和需要外，一般外部只会扩展一片 EPROM 芯片。

6.2.2　数据存储器的扩展

MCS－51 系列单片机内部已有 128 B 或 256 B 的数据存储器，它们可以作为工作寄存器、堆栈、软件标志和数据缓冲器使用，对于一般的控制应用场合，系统数据量不大，内部 RAM 一般能满足应用系统要求。对需要大量数据缓冲器的应用系统，就需扩展外部 RAM。外部 RAM 应能随机地读和写，通常采用半导体静态存取存储器 RAM 电路。EEPROM 因具备在线改写的特性，故也可用作外部 RAM，且掉电后信息不丢失。

1. 常用的 RAM 芯片介绍

常用的静态 RAM 芯片有：6116(2 KB)、6264(8 KB)、62256(32 KB)，由于价格基本相同，而大容量的 RAM 速度快，且一般扩展时数据存储器应留有一定的空间余量，故一般用大于 8 KB 的芯片来作为外部 RAM。该系列不同型号的 RAM 仅仅是地址线数目和个别引脚有些差别。其主要引脚符号意义如下：

A0～Ai：地址输入线，由芯片容量而定，如 6264，i＝12，62256，i＝ 14；

IO0～IO7：有时用 D0～D7 表示，为双向三态数据总线；

$\overline{CE}$：片选信号输入线，低电平有效；

$\overline{OE}$：读选通信号输入线，低电平有效；

$\overline{WE}$：写选通信号输入线，低电平有效；

2. 数据存储器扩展方法

外部扩展数据存储器空间地址与外部扩展程序存储器一样，由 P2 口提供高 8 位地址，P0 口为分时提供低 8 位地址和 8 位双向数据总线。片外数据存储器的读和写由单片机的$\overline{RD}$(P3.7)和$\overline{WR}$(P3.6)信号控制，而片外程序存储器的输出允许端($\overline{OE}$)由读选通$\overline{PSEN}$信号控制。

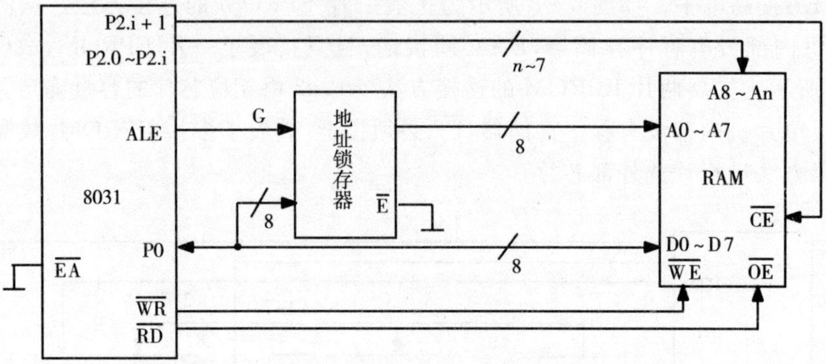

图6-10 MCS-51总线和一片RAM的接口方法

值得注意的是：程序存储器和数据存储器可以拥有相同的地址空间，可以具有相同的空间寻址范围。但由于控制信号连线不同、且使用的数据传送指令不同，即使数据存储器寻址单元与程序存储器寻址单元共处同一地址空间相同单元，也不会发生总线冲突和读写错误。选片信号可由没用到的高位地址线提供或通过高位地址译码提供，图 6－10 中如 RAM 为 6264，则 n＝12，P2 口高位地址线为 P2.0～P2.4。若地址译码采用线选法，则片选信号可任选为 P2.5～ P2.7 之一。设片选信号为 P2.5，则 6264 的地址为 0C000H～0DFFFH（占 8 KB 地址空间）。当然在图 6－10 中因采用的是 8031 单片机，内部无程序存储器，故不是一个完整的应用系统。

6.2.3 存储器扩展举例

对于一个完整的应用系统，必须具备一定容量的程序存储器和一定容量的数据存储器，如图 6－11 所示为 8031 单片机外部扩展一片 2764 EPROM、一片 62256 静态 RAM。程序存储器 2764 的地址为：0000H～1FFFH，数据存储器 62256 的地址为：0000H～7FFFH。但因目前很多单片机产品内部都具有 EPROM 或 EEPROM 或 FLASH 型存储器，且存储器的容量一般有多种选择，故在实际的应用系统中一般较少扩展程序存储器。

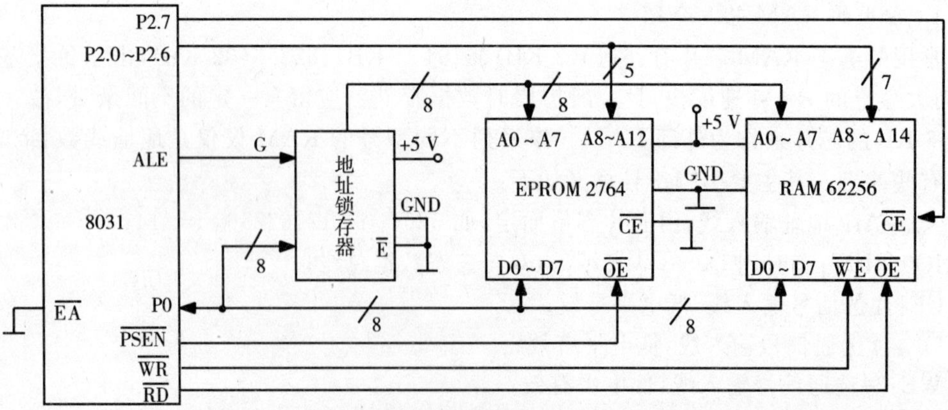

图6-11 MCS-51总线和存贮器的接口方法举例

6.3　输入/输出并行接口扩展

MCS－51 系列单片机大多具有 4 个 8 位 I/O 口(即 P0、P1、P2、P3)，这 4 个 I/O 口原则上均可用作双向并行 I/O 口。但在实际应用中，P0 口常被作为数据总线和低 8 位地址总线使用，P2 口常被作为高 8 位地址总线使用，P3 口的某些位又用它的第二功能，使得这 4 个 I/O 口真正能用于外部 I/O 控制的有效位所剩无几，因而需要进行并行 I/O 接口扩展，特别是对于无 ROM 型的单片机，则更是如此。所以，若一个 MCS－51 应用系统需连接较多的并行输入/输出的外围设备(如打印机、键盘、显示器等)，单片机本身所提供的输入输出口不能满足需要，就不可避免地要扩展并行 I/O 接口。

常用的 MCS－51 并行 I/O 接口扩展方法主要有 3 种：① 采用可编程的并行接口电路，如 8255A 和 8155；② 采用 TTL 或 CMOS 电路的三态门、锁存器，如 74LS377、74LS373、74LS244；③ 利用 MCS－51 的串行口扩展并行 I/O 接口。

(1) MCS－51 系列单片机应用系统中，扩展的 I/O 口采取与数据存储器相同的寻址方法。所有扩展 I/O 口及扩展 I/O 口连接的外围设备均与片外数据存储器统一编址。根据地址线的选择方式不同，任何一个扩展 I/O 口占用一个片外数据存储器单元地址，而与外部程序存储器无关。即用户可以把单片机外部 64 KBRAM 空间的一部分作为扩展外部 I/O 口的地址空间，这样，单片机可以像访问外部 RAM 一样访问外部的 I/O 口，对其进行读/写操作。

(2) MCS－51 系列单片机通过总线 P0 口及 P2 口实现 I/O 口扩展。利用 P0 口的分时使用功能实现低 8 位地址和数据的分时传送，利用 P2 口的高 8 位地址中部分地址线或经译码器将高位地址译码后的控制线向扩展接口芯片提供较多的片选线及读/写控制线等，必须注意 P0、P2、P3 口的负载问题。

(3) 在单片机应用系统中，I/O 口扩展是为外部设备提供一个输入、输出通道。因此，I/O 口的扩展总是为了实现某一测量或控制功能而进行的。例如连接键盘、显示器、驱动开关控制、开关量监测、模拟量采样输入、模拟量输出控制等。这样，在 I/O 口扩展时必须考虑与之相连的外设硬件电路特性，如驱动功率、电平、干扰抑制及隔离等因素。

6.3.1　采用 8255A 扩展并行 I/O 接口

8255A 是 Intel 公司生产的可编程并行接口芯片，它具有 3 个 8 位的并行 I/O 口，分别称为 PA、PB、PC 口，其中 PC 口又分为高 4 位和低 4 位口，它们都可以通过软件编程来改变其 I/O 口的输入与输出工作方式。8255A 在单片机应用系统中被广泛用作可编程外部 I/O 扩展接口。

1. 8255A 的内部结构

8255A 的内部结构框图如图 6－12 所示，它主要由以下几部分组成：

(1) 数据总线驱动器。这是双向三态的 8 位驱动器，用于和单片机的数据总线相连，以实现单片机与 8255A 芯片的数据传送。

(2) 并行 I/O 口，A 口、B 口和 C 口。每个端口都是 8 位的，可以通过编程来设定为输入或输出端口，C 口也可以编程分为两个 4 位的端口使用。在具体结构上三者略有差别：

A 口输入/输出均有锁存器，而 B 口和 C 口只输出有锁存器，输入无锁存器，但有输入缓冲器。

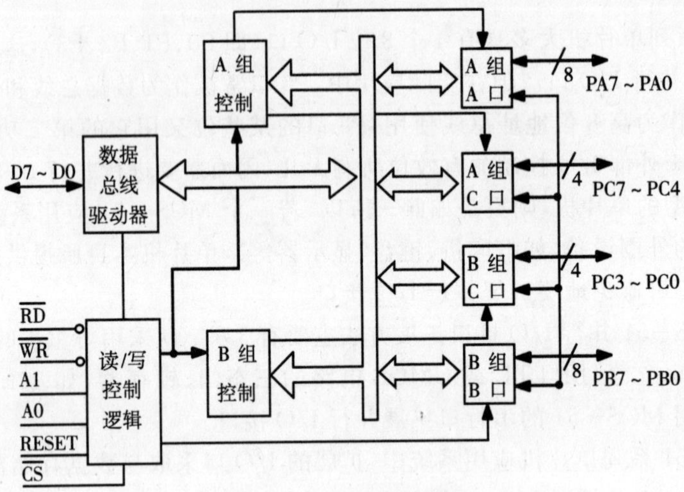

图6-12 8255A逻辑框图

(3) 内部控制电路分为 A 组和 B 组。A 组控制端口 A 和端口 C 的高 4 位；B 组控制端口 B 和端口 C 的低 4 位。控制电路的工作受一个控制寄存器的控制，控制寄存器中存放着决定端口工作方式的信息，即工作方式控制字。

(4) 读/写控制逻辑。它用来控制端口的数据交换，对外共有 6 种控制信号。其中：

$\overline{CS}$：选片信号，低电平有效。

A1、A0：端口选择信号。通过 A1、A0 可选中 8255A 的 4 个寄存器（A、B、C 三个 I/O 端口和一个控制寄存器端口）。端口地址分配如下：

A1	A0	寄　存　器
0	0	输出寄存器 A（A 口）
0	1	输出寄存器 B（B 口）
1	0	输出寄存器 C（C 口）
1	1	控制寄存器（控制口）

$\overline{RD}$：读控制端。低电平有效，有效时允许单片机从 8255A 读取数据或状态字。

$\overline{WR}$：写控制端。低电平有效，有效时允许单片机将数据或控制字写入 8255A。

RESET：复位控制端。高电平有效，有效时 8255A 复位，复位状态为：控制寄存器被清除，PA、PB、PC 端口都被置成输入方式。

A1、A0 和$\overline{RD}$、$\overline{WR}$及$\overline{CS}$组合所实现的端口寻址及各种功能，如表 6—1 所示。

表 6—1 8255A 的端口寻址和操作

$\overline{CS}$	$\overline{RD}$	$\overline{WR}$	A1 A0	操　作
0	1	0	0 0	D0～D7 →PA 口
0	1	0	0 1	D0～D7 →PB 口
0	1	0	1 0	D0～D7 →PC 口

续表

$\overline{CS}$	$\overline{RD}$	$\overline{WR}$	A1　A0	操　作
0	1	0	1　1	D0～D7 →控制口
0	0	1	0　0	PA 口→D0～D7
0	0	1	0　1	PB 口→D0～D7
0	0	1	1　0	PC 口→D0～D7
1	×	×	×　×	D0～D7 呈高阻态
0	1	1	×　×	D0～D7 呈高阻态
0	0	0	×　×	非法操作

2．8255A 的工作方式

8255A 有 3 种工作方式，即方式 0、方式 1、方式 2。

（1）方式 0——基本的输入/输出方式

8255A 的 PA、PB、PC7～4、PC3～0 可分别被定义为方式 0 输入或方式 0 输出。方式 0 输出具有锁存功能，输入没有锁存。方式 0 适用于无条件传输数据的设备，双方不需要握手信息，就可使数据简单地写入或读出。如读一组开关的状态、控制一组指示灯的显示等。

（2）方式 1——选通的输入输出方式

PA、PB 口工作为方式 1 时，PC 口的某些位为状态控制线，作为 8255A 与外设之间的握手联络信号或作为 8255A 与 CPU 之间传送状态信息以及中断请求信号。

若 PA、PB 口定义为方式 1 输入，则 8255A 的逻辑结构如图 6－13 所示，相应的状态控制信号的意义如下：

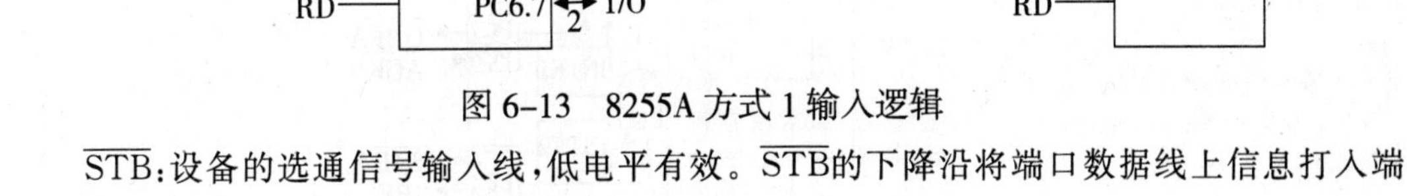

图 6-13　8255A 方式 1 输入逻辑

$\overline{STB}$：设备的选通信号输入线，低电平有效。$\overline{STB}$的下降沿将端口数据线上信息打入端口锁存器；

IBF：端口锁存器满标志输出线，IBF 和设备相连。IBF 为高电平表示 8255 已将数据打入端口锁存器，但 CPU 尚未读取。当 CPU 读取端口数据后，IBF 变成低电平，表示端口锁存器空；

INTE：8255A 芯片端口内部的中断允许触发器。只有当 INTE 为高电平时才允许端口中断请求。INTEA、INTEB 分别由 PC 口的第四、第二位置位/复位控制。

INTR：中断请求信号线，高电平有效。

若PA、PB口定义为方式1输出，则8255A的逻辑结构如图6－14所示，相应的状态控制信号的意义如下：

$\overline{OBF}$：输出锁存器满状态标志输出线。$\overline{OBF}$为低电平表示CPU已将数据写入端口，输出数据有效。设备从端口取走数据后发来的回答信号使$\overline{OBF}$升为高电平；

$\overline{ACK}$：设备响应信号输入线。$\overline{ACK}$上出现设备送来的负脉冲，表示设备已取走了口数据；

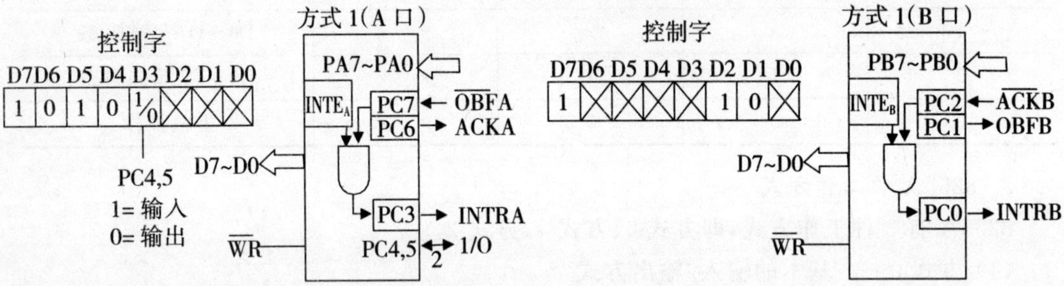

图6-14 8255A方式1输出方式逻辑

INTE：8255A端口内部的中断允许触发器。只有当INTE为高电平时才允许端口中断请求。INTEA、INTEB分别由PC口的第六位和第二位进行置位/复位控制。

INTR：中断请求信号线，高电平有效。

(3) 方式2——选通的双向输入输出方式

方式2是方式1输入和方式1输出的结合。只有PA口允许工作于方式2，方式2使PA口成为8位双向三态数据总线口，既可发送数据又可接收数据，PC口的PC 3～7用来作为输入/输出的握手信号。这时PB口和PC 0～2则可编程为方式0或方式1工作。

PA口定义为方式2，8255A的逻辑结构如图6－15所示。方式2涉及的握手信号的意义与方式1时相同。

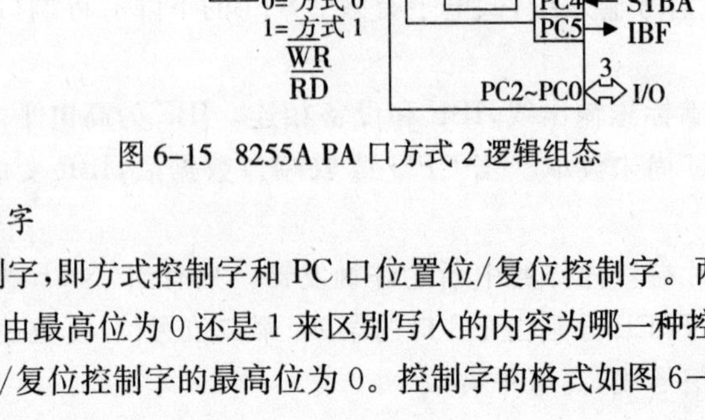

图6-15 8255A PA口方式2逻辑组态

3. 8255A的控制字

8255A有两种控制字，即方式控制字和PC口位置位/复位控制字。两种控制字均写入控制寄存器口(A1A0=11)，由最高位为0还是1来区别写入的内容为哪一种控制字，方式控制字的最高位为1，PC口位置位/复位控制字的最高位为0。控制字的格式如图6－16所示。

例 6—1　若要使 8255A 的 PA 口为方式 0 输入，PB 口为方式 1 输出，则 8255A 的方式控制字为多少？

为了满足 8255A 的 PA 口为方式 0 输入，PB 口为方式 1 输出，方式控制字设成：

1001×10×B(如 95H)

将控制字写入 8255A 控制口即可满足以上要求。

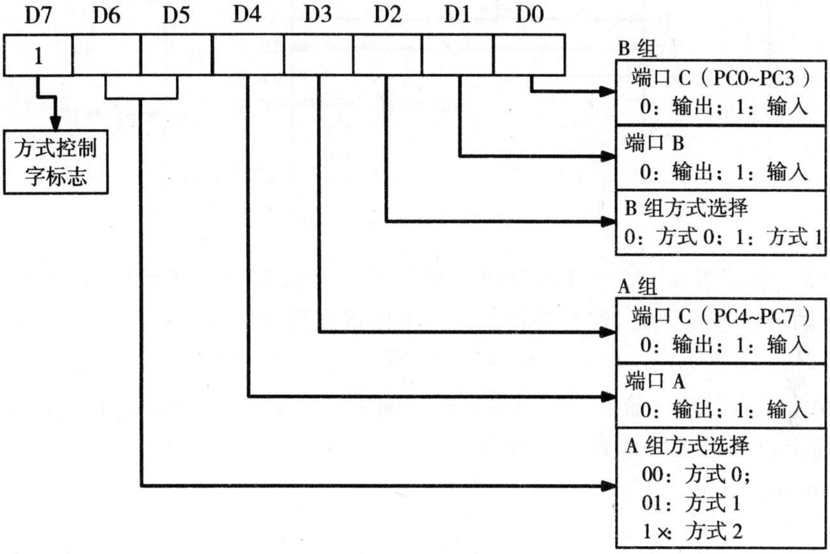

（a） 8255A 方式控制字格式

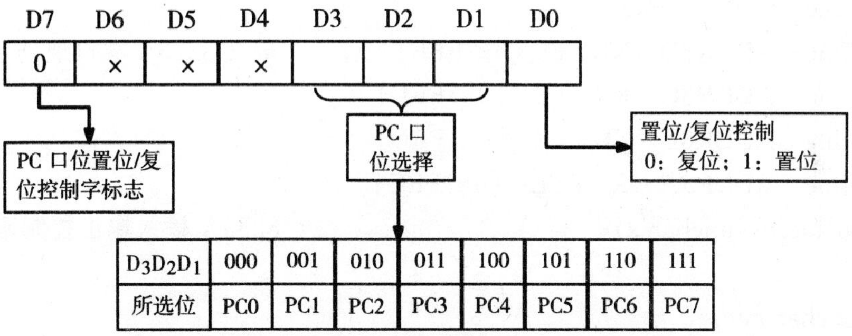

（b） 8255A PC 口位置位/复位控制字格式

图6-16　8255A控制字格式

例 6—2　若要使 PC 口的第 4 位置 1，则应将 PC 口位置位/复位控制字 0 ×××1001B(如 09H)写入 8255A 控制口。

4. 8255A 与 MCS—51 单片机的接口方法

8255A 可直接与 MCS—51 总线接口，除需要一个 8 位锁存器来锁存 P0 口送出的地址信息外，几乎不需要用任何附加硬件(采用中断方式时要用一个反向器使 INTR 信号反向)。图 6—17 是 8255A 与 MCS—51 的一种接口逻辑。图中 8255A 的$\overline{RD}$、$\overline{WR}$分别与 MCS—51 的 RD、WR 相连；8255A 的 D0～D7 直接接 MCS—51 的 P0 口；采取线选法寻址 8255A，P2.7 接 8255A 的选片端$\overline{CS}$，MCS—51 最低两位地址线(锁存后)连 8255A 的端口选择线 A1A0，所以 8255A 的 PA 口、PB

口、PC口及控制口的地址分别为7FFCH、7FFDH、7FFEH和7FFFH。

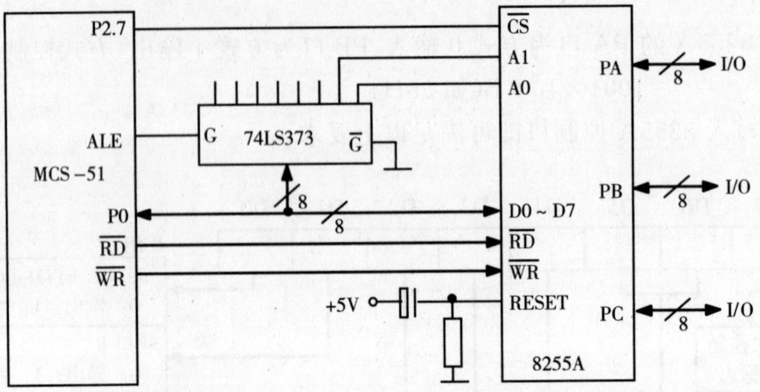

图6-17 8255A与MCS-51的一种接口逻辑

例6—3 假设图6—17中PA口接一组开关，PB口接一组指示灯，将MCS—51工作寄存器R7的内容送指示灯，将开关状态读入工作寄存器R2。试编写程序。

PA口、PB口分别接一组开关和指示灯，均为不需握手的基本输入/输出，故可初始化8255A的PA口为方式0输入，PB口为方式0输出。因PC口的输入/输出方式没有要求，故可任意设定。采用C51语言编写程序如下：

```
# include 〈reg51.h〉
# include 〈absacc.h〉
# define unchar unsigned char
# define CONT 0x90
# define ADDR8D XBYTE[0x7FFF]        //定义8255A端口地址
# define ADDR8C XBYTE [0x7FFE]
# define ADDR8B XBYTE [0x7FFD]
# define ADDR8A XBYTE [0x7FFC]
unchar iofunc(unchar x)              //8255A输入输出控制函数
{
    unchar mid;
    ADDR8D = CONT;                   //输出控制字
    ADDR8B = x ;                     //输出信息到A口
    mid = ADDR8A;                    //读B口信息
    return(mid);
}
void main(void)
{
    unchar b;
    unchar a = 9;
    b = iofunc(a);                   //调用8255A芯片控制程序
}
```

图 6－18 是 8255A 与 MCS－51 的另一种接口逻辑。图中 8255A 的 PB 口与微型打印机相接，则应有握手控制信号，采用中断方式从 PB 口将数据输出到打印机，故 PB 口应编程为选通的输出口(方式 1)。P2.6 接 8255A 的选片端 $\overline{CS}$，MCS－51 最低两位地址线(锁存后)连 8255A 的端口选择线 A1A0，所以 8255A 的 PA 口、PB 口、PC 口及控制口的地址分别为 0BFFCH、0BFFDH、0BFFEH 和 0BFFFH。

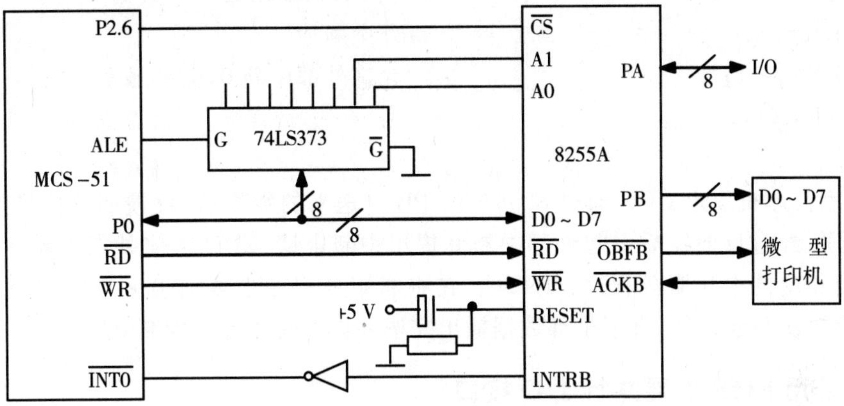

图6-18　8255A与MCS-51的另一种接口逻辑

例 6－4　图 6－18 中 PB 口接微型打印机，CPU 采用中断方式控制打印机打印。现要求把 MCS－51 内部 RAM 中从 30H 开始的 32 个单元的字符输出打印，试编写程序。

可将 PB 口编程为方式 1 输出控制，编写 C 语言程序如下：

```
#include <reg51.h>
#include <absacc.h>
#define  unchar  unsigned char
#define _8255A_Control   XBYTE[0xBFFF]   //8255A 控制口的地址
#define _8255A_PA        XBYTE[0xBFFC]   //8255A 的 PA 口的地址
#define _8255A_PB        XBYTE[0xBFFD]   //8255A 的 PB 口的地址
#define _8255A_PC        XBYTE[0xBFFE]   //8255A 的 PC 口的地址
idata unchar text[32]  _at_  0x30;  //定义从地址 30H 开始的 32 个单元的字符数组
idata unchar count = 0;             //text 数组索引
void INT0_ISR(void)  interrupt 0 using 1     //外部中断 INT0 中断服务函数
{
count = count + 1;          //输出数据则自增 1
if(count >= 32)
    EX0 = 0;                        //全部数据输出完，禁止外部中断 0，同时退出中断
else
    _8255A_PB = text[count];  //全部数据未输出完，继续输出数据
}
void main(void)
{
```

```
    unchar i;
    for(i = 0;i < 32;i ++)
      text[i] = i + 0x30;           //text 数组初始化(可以设置为任意字符
    _8255A_Control = 0x05;          //置 8255A 的 PC2=1(即 INTEB 置 1)
    _8255A_Control = 0xBC;          //设置 PB 口为方式 1 输出
    _8255A_PB = text[count];        //从 PB 口输出第一个数据
    EA= 1;                          //开中断
    EX0 = 1;                        //允许外部中断 0,电平触发方式
    while(1);
}
```

当微型打印机取走 CPU 通过 8255A 的 PB 口送来的数据后，反馈回答信号使 INTRB 变为高电平，经过反向器后引起外部中断 0 提出中断申请，CPU 响应外部中断 0 的中断申请，并执行相应的中断服务程序 PINT0。在中断服务程序中再输出一个数据至微型打印机，同样会再次引起中断，直至全部数据输出完毕并设置禁止外部中断 0。

6.3.2 采用 8155 扩展并行 I/O 接口

8155/8156 是 Intel 公司生产的可编程 RAM 和 I/O 扩展芯片，与 MCS－51 单片机的接口简单，是单片机应用系统中广泛使用的芯片。其片内资源有：① 256 B 的静态 RAM，最快存取时间为 400 μs；② 两个可编程的 8 位并行 I/O 口 PA 口、PB 口；③ 一个可编程的 6 位并行 I/O 口 PC 口；④ 一个可编程的 14 位减法计数器。

1. 8155 的结构

8155 的逻辑结构如图 6－19 所示，8155 主要由以下几部分组成：

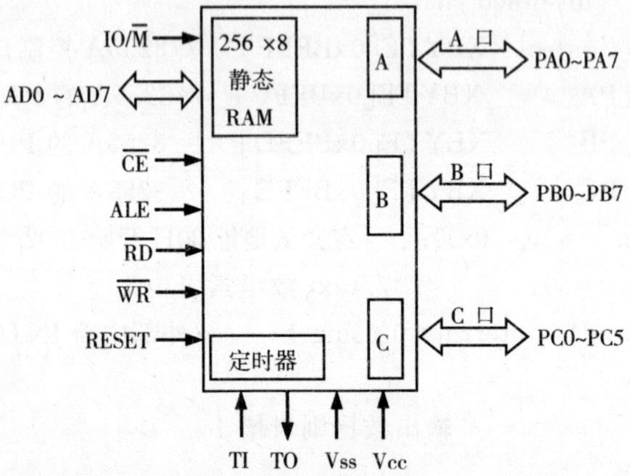

图6-19 8155的逻辑结构

(1) AD0～7：三态地址/数据总线。单片机和 8155 之间的地址、数据、命令、状态信息都是通过这个总线口传送。它与 MCS－51 的地址/数据总线相接，它的分时复用功能和 MCS－51 的 P0 口完全一致。

(2) 三个通用并行 I/O 接口 PA、PB、PC。其中 PC 口可编程为联络信号线引出端，可使 PA、PB 口按选通方式工作。

(3) 1 个 14 位的定时/计数器。它是二进制“减 1”计数器作为分频器，可提供各种脉冲及方波信号。

TI：定时器/计数器的计数脉冲输入端。最高计数频率为 4 MHz。

TO：定时器/计数器的输出端。此输出通过编程定时方式可输出方波，又可输出脉冲信号。

(4) 读/写控制逻辑。它用来控制端口的数据交换，对外共有 6 种控制信号。其中：

$\overline{CE}$：选片信号，低电平有效。

$IO/\overline{M}$：I/O 接口和存储器选择信号。为低电平时选中存储器，为高电平时选中 I/O 接口。

$\overline{RD}$：读控制端。在$\overline{CE}$有效时，$\overline{RD}$为低电平，AD0～7 的缓冲器能动作。如果 $IO/\overline{M}$输入端为低电平，RAM 中的内容读出到 AD 总线，否则被选中的 I/O 接口内容读出到 AD 总线。

$\overline{WR}$：写控制端。在$\overline{CE}$有效时，$\overline{WR}$为低电平，如果 $IO/\overline{M}$输入端为低电平，AD 总线上的数据写入到 RAM，否则 AD 总线上的数据写入到被选中的 I/O 接口。

ALE：ALE 为地址锁存信号输入线。在 ALE 下降沿将单片机 P0 口输出的低 8 位地址信息以及$\overline{CE}$、$IO/\overline{M}$的状态都锁存到 8155 内部寄存器。因此，单片机 P0 口输出的低 8 位地址信号不需外接锁存器。

RESET：复位控制端。高电平有效，有效时 8155 复位，复位状态为：PA、PB、PC 端口都被置成输入方式。

2. 8155 的 RAM 和 I/O 口地址编码

在 MCS—51 单片机应用系统中 8155 的 RAM 和 I/O 口的地址是按外部数据存储器统一编址的 16 位地址。其高 8 位提供$\overline{CE}$和 $IO/\overline{M}$ 的输入信号，低 8 位地址由 MCS—51 的 P0 口送到 8155 芯片地址线的 AD0～7 确定。当$IO/\overline{M}$ 为低电平时，单片机对 8155 的 RAM 读/写，RAM 的低 8 位编址为 00H～0FFH；当$IO/\overline{M}$ 为高电平时，单片机对 8155 的 I/O 口进行读/写。8155 可编程接口芯片内部共有 7 个寄存器。其中命令字寄存器与状态字寄存器共用一个地址，8155 工作通道与工作寄存器地址见表 6—2，CPU 对 8155 的操作控制如表 6—3 所示。

表 6—2　8155 内部寄存器及通道寄存器编址

名　称	地　址	名　称	地　址
命令字寄存器(仅写)	×××××000	PC 口	×××××011
状态字寄存器(仅读)	×××××000	定时器/计数器低字节寄存器	×××××100
PA 口	×××××001	定时器/计数器高字节寄存器	×××××101
PB 口	×××××010		

表 6—3　CPU 对 8155 的操作控制

控制信号				操　　作
$\overline{CE}$	$IO/\overline{M}$	$\overline{RD}$	$\overline{WR}$	
0	0	0	1	读 RAM 单元(地址为××00H～××FFH)
0	0	1	0	写 RAM 单元(地址为××00H～××FFH)
0	1	0	1	读内部寄存器与通道寄存器
0	1	1	0	写内部寄存器通道寄存器
1	—	—	—	无操作

3. 8155 的命令字和状态字

8155 提供的 PA 口、PB 口、PC 口以及定时器/计数器都是可编程的。CPU 通过写一个 8 位命令字到命令字寄存器来控制对它们的操作，通过读状态字寄存器来判别它们的状态。命令字寄存器和状态字寄存器共用一个端口地址，命令字寄存器只能写不能读，状态字寄存器只能读不能写。

(1) 8155 命令字格式

CPU 通过写一个 8 位命令字到命令字寄存器，命令字格式如图 6－20 所示。8155 命令字地址为×××××000B。

通过设置命令字的 PC2PC1 可以获得 8155I/O 口的 4 种逻辑组态，如图 6－21 所示。

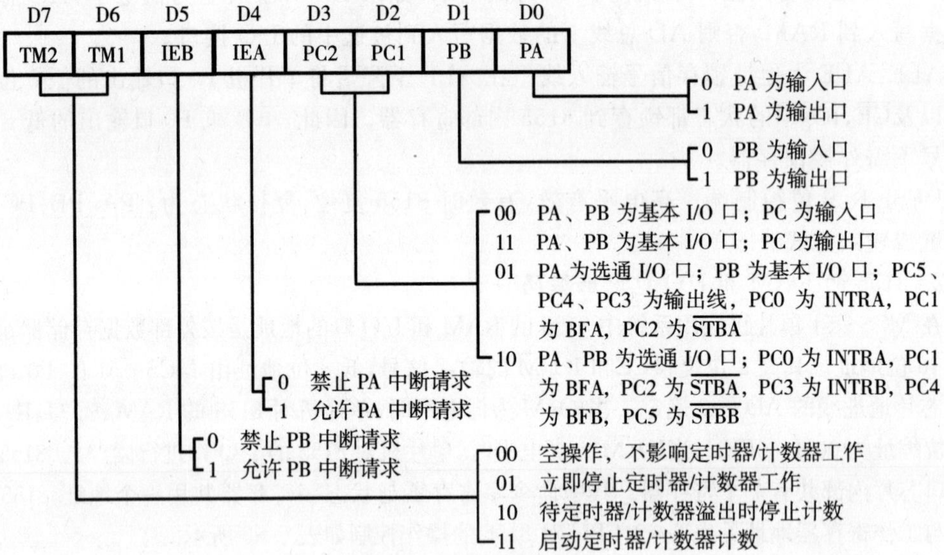

图6-20 8155命令字格式

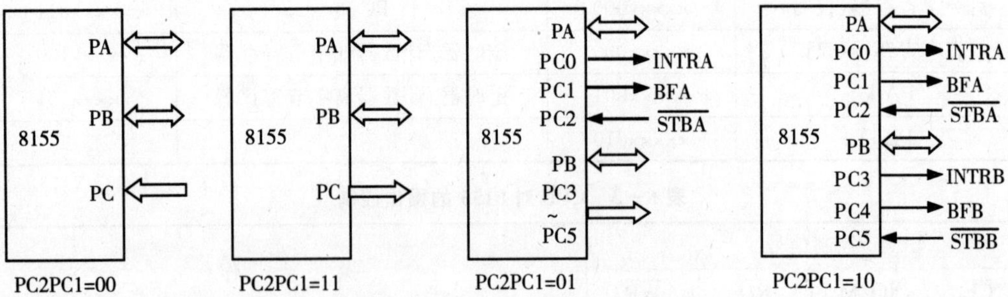

图6-21 8155 I/O口的四种逻辑组合

(2) 8155 状态字格式

8155 状态字格式如图 6－22 所示。8155 状态字地址为×××××000B。

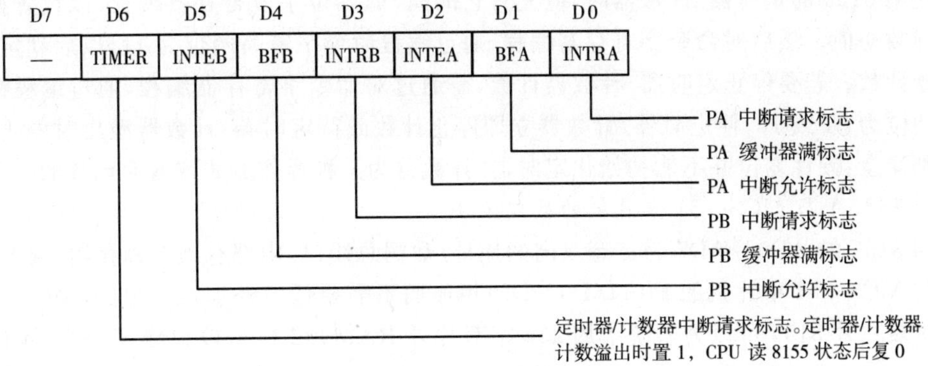

图6-22　8155状态字格式

4. 8155 的定时器/计数器

8155 的定时器/计数器是一个 14 位的减法计数器。用两个 8 位的寄存器来描述其工作方式及定时常数，其中 14 位用来设置定时常数的计数初值，初值范围为 0002H～3FFFH，计数初值低 8 位的 I/O 地址为×××××100B，高 8 位的 I/O 地址为×××××101B；高 2 位为 8155 定时器/计数器 T0 的四种输出方式，在不同的方式下引脚 T0 输出不同的波形。8155 定时器/计数器的高低 8 位字节寄存器的设置如图 6－23 所示，4 种操作方式的选择及相应的输出波形如表 6－4 所示。

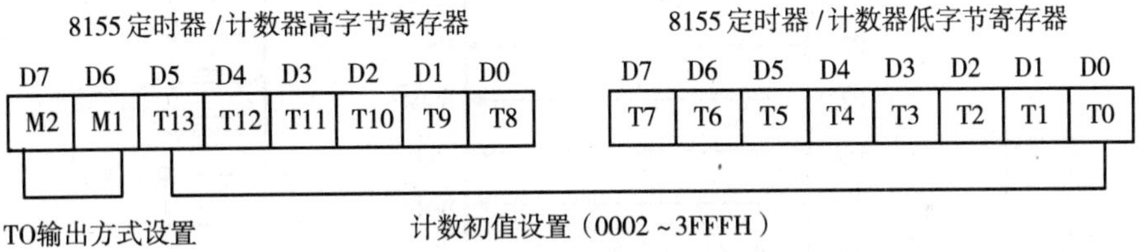

图6-23　8155定时器/计数器格式

表 6－4　8155 定时器/计数器的 4 种操作方式

M2M1	操作方式	T0 引脚输出波形	说　　明
0　0	单负方波	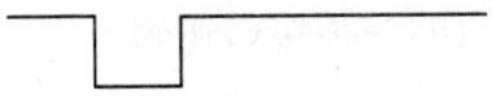	宽为 $n/2$ 个（n 为偶数）或（$n-1$）/2 个（n 为奇数）TI 时钟周期
0　1	连续方波		低电平宽 $n/2$ 个（n 为偶数）或（$n-1$）/2 个（n 为奇数）TI 时钟周期；高电平宽 $n/2$ 个（n 为偶数）或（$n+1$）/2 个（n 为奇数）TI 时钟周期
1　0	单负脉冲	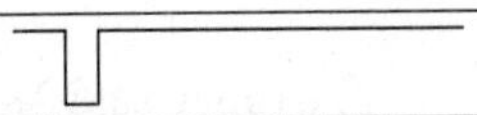	计数溢出时输出一个宽为 TI 时钟周期的负脉冲
1　1	连续脉冲	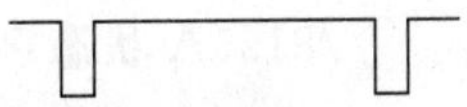	每次计数溢出时输出一个宽为 TI 时钟周期的负脉冲并自动恢复初值

8155 定时器/计数器的两个寄存器有双重作用，在“写”操作时，可送入 14 位定时常数及 T0 输出方式的指令；在“读”操作时，可把定时器/计数器的当前值和输出方式位读出。定时器/计数器寄存器的读/写都要分两次进行。

使用 8155 的定时器/计数器时，应先对它的高、低 8 位字节寄存器编程，以设置操作方式和计数初值。然后对命令字寄存器编程，通过编程命令字最高两位为 11，以启动定时器/计数器计数。若要停止定时器/计数器计数，需通过对命令字寄存器编程，通过编程命令字最高两位为 01 或 10，使定时器/计数器立即停止计数或待定时器/计数器溢出时停止计数。应特别注意：硬件复位并不能初始化定时器/计数器为某种操作方式或者启动计数。

5. 8155A 与 MCS－51 单片机的接口方法

因 8155 的 AD0～AD7 为三态双向的地址/数据总线口，内部有地址锁存器，故 8155 能直接与 MCS－51 单片机的 P0 口（D0～D7）相连而不需要任何外加锁存电路，MCS－51 单片机扩展一片 8155 可以为系统增加 256 字节片外 RAM，22 根 I/O 口线及一个 14 位定时器。图 6－29 是 8155 与 MCS－51 单片机的一种接口逻辑，图中 P2.7 连选片信号 $\overline{CS}$，P2.0 连 IO/$\overline{M}$，所以 8155 的 RAM 的地址为 7E00H～7EFFH；通道口与寄存器地址分别为：命令字/状态字寄存器地址为 7F00H，PA 口地址为 7F01H，PB 口地址为 7F02H，PC 口地址为 7F03H，定时器/计数器低字节寄存器地址为 7F04H，定时器/计数器高字节寄存器地址为 7F05H。

例 6－5 图 6－24 是 8155 与 MCS－51 单片机的一种接口逻辑。要求编写 C51 语言程序将 MCS－51 单片机内部 RAM 30H 开始的 32 个单元内容转移到 8155 RAM 的 80H 开始的单元中。

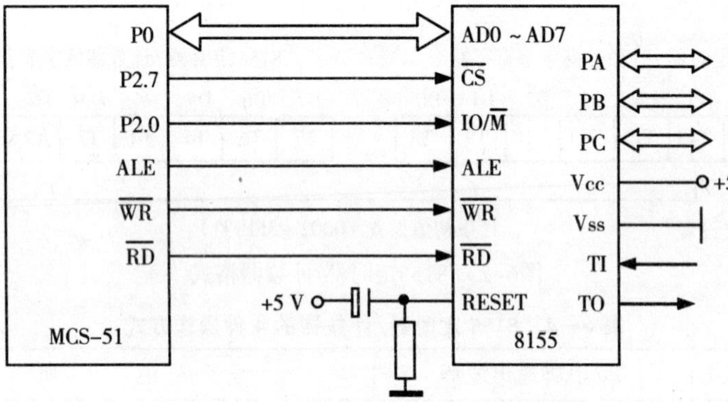

图6-24 8155与MCS-51的一种接口逻辑

图 6－24 中，8155 的 RAM 的地址为 7E00H～7EFFH，则编写 C 语言程序如下：

```
#include<reg51.h>
#include<absacc.h>
#define  unchar  unsigned char
#define _8155A_Cmd    XBYTE[0x7F00]      //8155A 命令字寄存器地址
#define _8155A_State  XBYTE[0x7F00]      //8155A 状态字寄存器地址
#define _8155A_PA     XBYTE[0x7F01]      //8155A 的 PA 口地址
#define _8155A_PB     XBYTE[0x7F02]      //8155A 的 PB 口地址
#define _8155A_PC     XBYTE[0x7F03]      //8155A 的 PC 口地址
#define _8155A_Tlow   XBYTE[0x7F04]      //8155A 定时器/计数器低字节地址
#define _8155A_Thigh  XBYTE[0x7F05]      //8155A 定时器/计数器高字节地址
```

```
xdataunchar _8155A_RAM[32] _at_ 0x7E80;
                                   //设置地址为 7E80H 的数组(8155A 的 RAM)
idata unchar text[32]  _at_ 0x30;  //从单片机内部 RAM 开始的 32 个单元的数组
void main(void)
{
  unchar i;
  for(i = 0;i < 32;i ++)
    text[i] = i + 0x30;            //初始化 text 数组,可以为任意字符
  for(i = 0;i < 32;i ++)
    _8155A_RAM[i] = text[i];
                                   //将 text 中的字符传送到 8155A 指定的 RAM 中
  while(1);
}
```

例 6—6　图 6—24 中使 8155 用作 I/O 和定时器工作方式,PA 口定义为基本输入方式,PB 口定义为基本输出方式,定时器作为方波发生器,对输入脉冲进行 24 分频,则用 C 语言编写 8155 的初始化程序如下:

```
#include<reg51.h>
#include<absacc.h>

#define _8155A_Cmd    XBYTE[0x7F00]   //8155A 命令字寄存器地址
#define _8155A_State  XBYTE[0x7F00]   //8155A 状态字寄存器地址
#define _8155A_PA     XBYTE[0x7F01]   //8155A 的 PA 口地址
#define _8155A_PB     XBYTE[0x7F02]   //8155A 的 PB 口地址
#define _8155A_PC     XBYTE[0x7F03]   //8155A 的 PC 口地址
#define _8155A_Tlow   XBYTE[0x7F04]   //8155A 定时器/计数器低字节地址
#define _8155A_Thigh  XBYTE[0x7F05]   //8155A 定时器/计数器高字节地址

void main(void)
{
  _8155A_Tlow = 0x18;  //定时器低 8 位值(24 分频)
  _8155A_Thigh = 0x40;
                       //设定时器方式为连续方波输出(M2M1 = 01,因只 24 分频,
                       //故定时器常数高 6 位为 0)
  _8155A_Cmd   = 0xC2;//设定 PA 口为基本输入,PB 口为基本输出,并启动定时器
  while(1);
}
```

6.3.3 采用锁存器扩展并行 I/O 接口

由于 TTL 或 MOS 电路型 74 系列器件的品种多、价格低，故选用 74 系列器件作为 MCS－51 单片机的扩展并行 I/O 口是一种较常用的方法。这种扩展方法通常是通过 P0 口来扩展基本的输入/输出口，具有扩展电路简单、成本低、配置灵活方便等特点。

P0 口是数据总线口，通过 P0 口扩展 I/O 口时，P0 口只能分时使用，故输出时，接口电路应有锁存功能，输入时，应视输入数据是常态还是暂态的不同，接口电路应能三态缓冲或锁存选通等。数据的输入、输出用读/写信号控制。

(1) 采用锁存器扩展简单的 8 位输出口

MCS－51 单片机把外部扩展 I/O 口和片外 RAM 统一编址，通过 P0 口扩展输出口时也是如此。74LS377 是一种 8D 锁存器，它的功能如图 6－25 所示，它有 8 个输入端口 D0～D7，8 个输出端口 Q0～Q7，1 个时钟控制端 CLK，1 个锁存允许端 $\overline{E}$。当 $\overline{E}$ 为低电平且 CLK 的上升沿时将 D 端输入数据 D0～D7 打入锁存器，这时在 Q 端保持 D 端输入的 8 位数据。

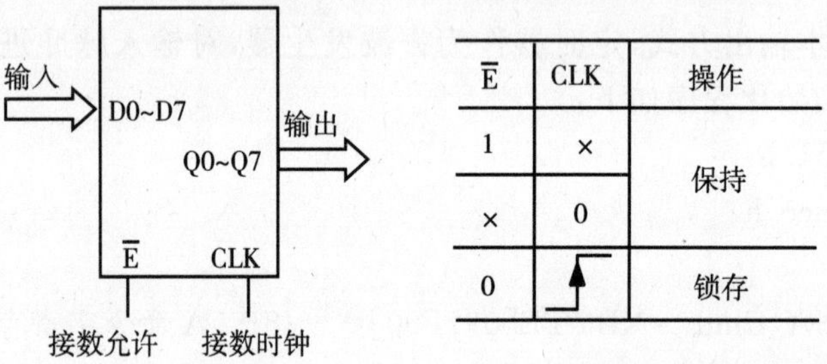

（a） 结构图 （b）操作控制

图6-25 74LS377结构图

图 6－26 是采用 8D 锁存器 74LS377 扩展简单输出口的接口电路。图中把 74LS377 的 E 端看作选片信号线，CLK 看作选通信号线。从图中可知 74LS377 地址为 7FFFH。

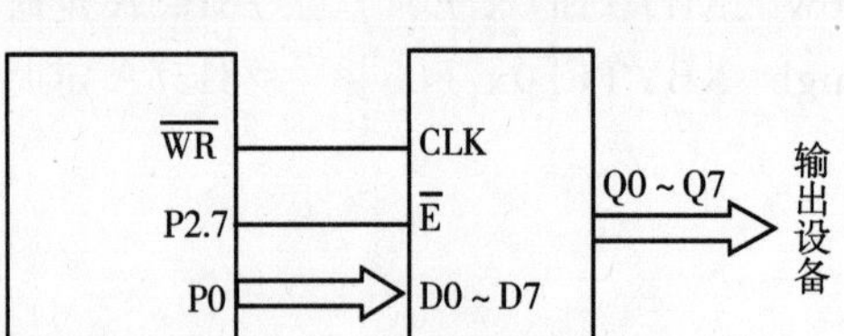

图6-26 MCS-51与74S377的接口电

CPU 执行下面的程序，可把累加器 A 的内容从 74LS377 输出。

采用 C 语言编程，执行下面的程序，可实现把累加器 A 的内容从 74LS377 输出：

```
# include 〈reg51. h〉
# define uchar   unsigned char
# define   _ADDR8D XBYTE [0x7FFF]
voidfunc1(uchar x)                //74LS377 输出控制函数
    {
```

```
    _ADDR8D = x;
}
```

另外也可采用 8D 锁存器 74LS273 来扩展简单输出口。

(2) 用三态门扩展 8 位输入并行口

对于常态数据的输入，并行口扩展较为简单，只需采用 8 位三态门控电路芯片即可。图 6－27 是采用 74LS244 通过 P0 口扩展 8 位并行常态输入接口。从图中可知 74LS244 采用 P2.6 作为线选信号，经和 $\overline{RD}$ 相或运算作为 74LS244 控制端信号，则其地址为 0BFFFH。当然 74LS244 常用于 P2 口的单向驱动扩展。

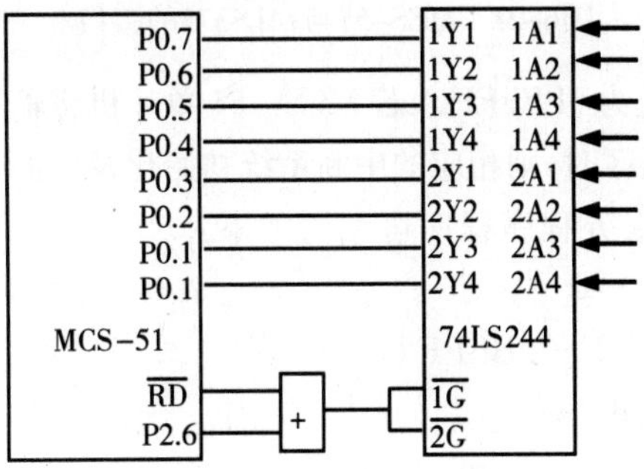

图6-27　MCS-51与74LS244的接口电路

CPU 执行下面的程序，可从 74LS244 把输入状态读入到累加器 A 中。

采用 C 语言编程，执行下面的程序，可实现从 74LS244 把输入状态读到累加器 A 中：

```
# include 〈reg51.h〉
# define uchar  unsigned char
# define  _ADDR8D  XBYTE[0xBFFF]
unchar func2( void )              // 74LS244 输入控制函数
    {
       unchar Da;
       Da =_ADDR8D;
       return Da;
    }
```

另外也可采用三态门控电路 74LS245 来扩展简单输入口。当然 74LS245 常用于 P0 口的双向总线驱动扩展。

(3) 采用锁存器扩展选通输入的 8 位并行口

对于暂态数据的输入应有一个选通信号锁存输入的数据，并通知单片机以便取数。如图 6－28 是采用带三态门控输出的 8D 锁存器 74LS373 作为外部扩展输入口。图中外部设备向单片机输出数据时，有一个选通信号连到 74LS373 的锁存端 G 上，在选通信号的下降沿将数据锁存，同时向单片机发出中断申请。在中断服务程序中由 P0 口读取锁存器中的数据。

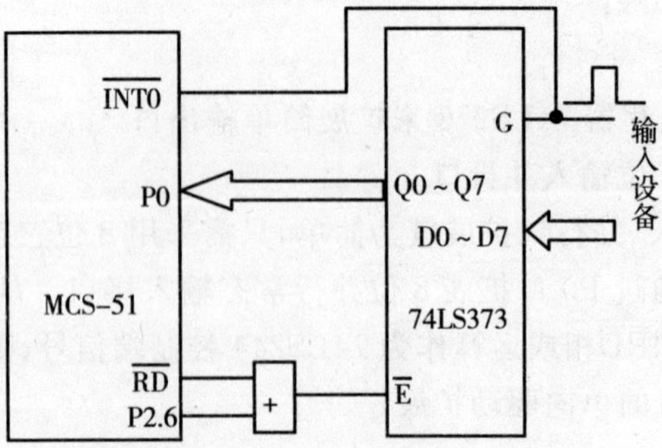

图6-28 MCS-51与74LS373的接口

从图中可知74LS373地址为0BFFFH。若MCS－51单片机将输入设备的输入数据送入片内RAM中首地址为30H的数据区时，则相应的中断系统初始化及中断服务程序如下。

采用C语言编程，中断服务程序程序可编写如下：

```
#include<reg51.h>
#define_PORT_1 XBYTE[0xBFFF]
#define unchar unsigned char
uncharidata IDA[0x20] _at_ 0x30
                                    //置内部RAM数据区首地址30H,数据区长度20H

//系统初始化程序
void main (void)
{
    unchar kk;
    kk=0;
    IT0 = 1;                        //外部中断0选为下降沿触发方式
    EA= 1;                          //开中断
    EX0 = 1;                        //允许外部中断0中断
    while(1);
}

中断服务程序如下：
void service_IT0 (void) interrupt 1 using 1
{
    IDA[kk] = _PORT_1;
    kk++;
    if ( kk > 0x20 )
      kk=0;
}
```

图 6—29 是采用 74LS377 扩展输出接口、用 74LS245 扩展输入接口与 MCS—51 单片机的一种连接方法。从图中可知地址线 P2.6 既接 74LS377 的 E 端又接 74LS245 的 G 端，则 74LS377 和 74LS245 的口地址都为 0BFFFH，但不会引起错误，因为 74LS377 是输出口，74LS245 是输入口，对 0BFFFH 地址的写操作是写入 74LS377，读操作则为读 74LS245 的输入数据。

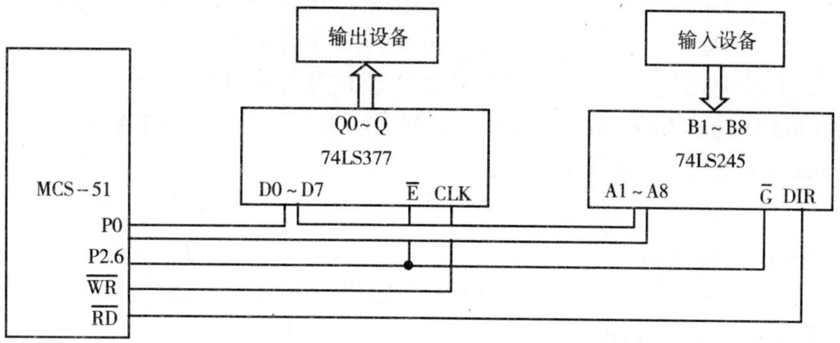

图6-29 MCS-51与74LS377、74LS245的一种接口方法

6.3.4 用 MCS—51 的串行口扩展并行 I/O 接口

在 MCS—51 单片机串行口的移位寄存器方式(方式 0)工作状态下，使用移位寄存器芯片可以扩展一个或多个 8 位并行 I/O 口，这种扩展方法不会占用片外 RAM 地址，扩展时除串行口外只需另加 1 根 I/O 口线，故占用单片机的硬件资源较少，但因数据都是通过串行口串行输入输出，故操作速度较慢，级连扩展芯片越多，速度越慢。

1. *用并入串出 8 位移位寄存器 74LS165 扩展并行输入口*

图 6—30 是利用两片 74LS165 扩展 2 个 8 位并行输入口的接口电路。74LS165 是 8 位并行输入串行输出移位寄存器，单片机 RXD(P3.0)作为串行输入端与 74LS165 的串行输出端相连；TXD(P3.1)为移位脉冲输出端，与所有的 74LS165 芯片的移位脉冲输入端相连；用 1 根 I/O 口线来控制移位与置位，图中 P1.0 与 74LS165 的置位/移位端相连。当利用串行口的移位寄存器方式扩展多个 8 位输入口时，应将两 74LS165 芯片的首尾(QH 与 SIN)相连。

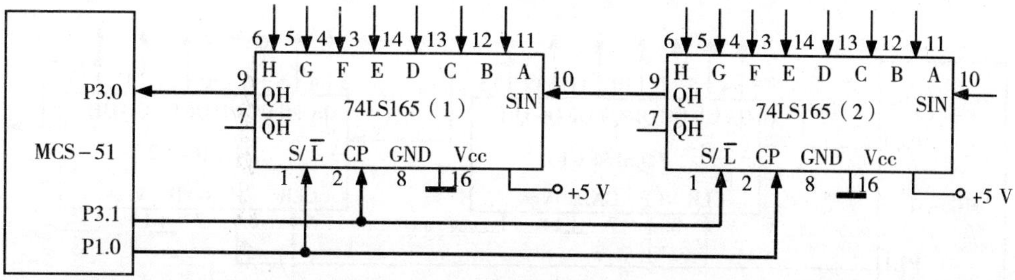

图6-30 利MCS-51串行口扩展并行输入口

例 6—7 图 6—30 中从两个 8 位并行口读入 32 字节的数据，并把数据转存到内部 RAM 以 30H 为首地址的单元中。

需读入 32 个字节的数据，则显然需从第一片 74LS165 读入 16 个字节的数据，从第二片 74LS165 读入 16 个字节的数据，P1.0 控制置入一次，则串行口应接收到一组数据。

程序如下：

```
#include 〈reg51.h〉
#defined unchar unsigned char
sbit P1_0 = P1^0;               //与 74LS165 的移位/锁存端(S/L)相连
sbit P3_0 = P3^0;               //与 74LS165 的串行输出端相连
sbit P3_1 = P3^1;               //与 74LS165 的移位脉冲输出端
idata unchar text[32] _at_ 0x30;   //首地址为 30H 的 32 字节数组
void main(void)
{
    unsigned char i;
    SCON = 0x10;                //串行口设定为方式 0,允许接收,并启动接收过程
    for(i = 0;i < 16;i ++)
    {
      while(! RI);              //等待接收完 8 位数据
      text[2 * i] = SBUF;
      RI = 0;                   //准备下一次接收
      while(! RI);
      text[2 * i + 1] = SBUF;
    }
    while(1);
}
```

2. 用串入并出 8 位移位寄存器 74LS164 扩展并行输出口

图 6－31 是利用两片 74LS164 扩展 2 个 8 位并行输出口的接口电路。74LS164 是 8 位串行输入并行输出移位寄存器，但由于无并行输出控制端，在串行输入过程中，其输出状态会不断地变化，故在某些应用场合，在 74LS164 的输出端应加接输出三态门控开关，以便保证串行输入结束后再输出数据。

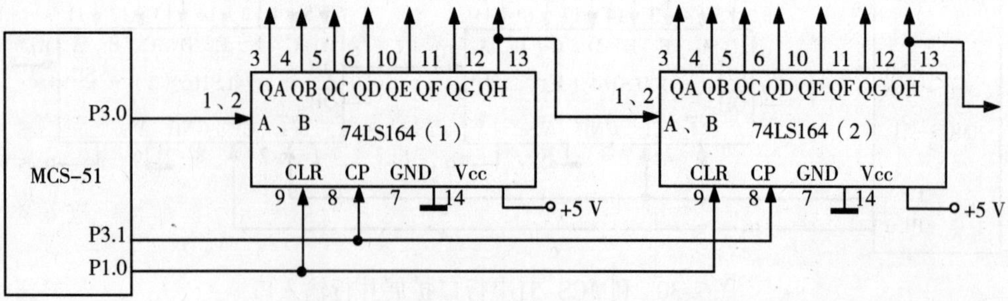

图6-31 利用MCS-51串行口扩展并行输出口

RXD(P3.0)为串行输出与 74LS164 数据输入端相连；TXD(P3.1)为移位脉冲输出，与 74LS164 的时钟脉冲输入端相连；由 P1.0 口线控制 74LS164 的清除端。

例6—8 在图6—31中，将内部RAM 30H、31H单元的内容输出到移位寄存器。

根据题意可编写C语言程序如下：

```
#include <reg51.h>
#include <absacc.h>
#defined unchar unsigned char
idata unchar text[2] _at_ 0x30;          //设置以地址30H为首的数组
void main(void)
{
    text[0] = 0x55;                       //数组初始化，可为任意值
    text[1] = 0xAA;
    SCON = 0x10;                          //串行口设置为方式0，允许接收
    SBUF = text[0];                       //发送第一个数据
    while(! TI);
    TI = 0;
    SBUF = text[1];                       //发送第二个数据
    while(1);
}
```

6.4 D/A转换器接口扩展

D/A是将数字量转化为模拟量的器件，是计算机输出装置之间的接口，是数字化测控系统及智能仪器中的重要组成部分。D/A的输出是电压或电流信号，衡量D/A性能的主要参数有：

• 分辨率，指满量程信号能分成的步数和阶梯的尺寸，可用位数来表示。对于n位的D/A，其分辨率为满刻度的$1/2^n$；表示分辨率高低的更常用的方法是采用输入数字量的位数或最大输入码的个数表示。例如，8位二进制D/A转换器，其分辨率为8位；

• 精度，是由于非线性、零点刻度、满量程刻度及温漂等因素引起的误差。精度表示D/A实际输出与其理论值的误差；

• 转换时间，指D/A的输入改变到输出稳定的时间间隔；

• 线性度，指D/A实际输入/输出曲线对理想输入/输出曲线接近的程度，通常由满量程的百分率或最低有效位(LSB)的分数来表示，如±LSB/2；

• 输出极性及范围，D/A输出极性有单极性与双极性两种，输出范围与参考电压有关；

实现D/A转换的方法很多，依据转换原理，可分为脉冲调幅、调宽、加权电阻式、梯形电阻式等，其中梯形电阻式用得较多，它是通过内部的梯形电阻解码网络对数位电流分流来实现D/A转换的，转换分辨率高。

6.4.1 梯形电阻式D/A转换器原理

梯形电阻式D/A常采用R—2R的电阻网络，如图6—32所示。由图可知，运算放大器的反向端为“虚地”，模拟开关在地与虚地之间切换。当输入数字信号任一位$d_i=1$时，对应

开关 Si 与运算放大器的反向端接通，当 d_i 为 0 时，Si 接地。可见不论 d_i 取值如何，各模拟开关的支路电流值不变。

图中 A1～An 各节点往右看，对地的电阻值均等于 R 。从左到右，各路电流分配规律是 $I_R/2, I_R/2^2, \cdots, I_R/2^n$ ，满足按权分布要求（其中 $I_R = U_R/R$）。考虑到模拟开关 S1～Sn 对总电流 i 的控制作用，将所有流入运算放大器反向端的电流求和，可得输出电压 U_o 为：

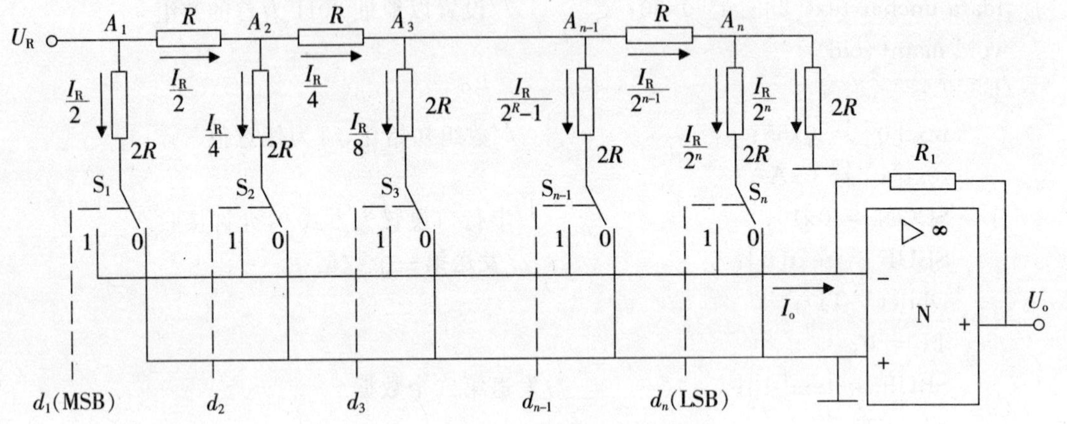

图 6-32 R-2R 梯形电阻式 D/A 转换器

$$U_o = -I_oR_1 = -\frac{U_RR_1}{R}(d_1 \times 2^{-1} + d_2 \times 2^{-2} + \cdots + d_n \times 2^{-n})$$

$$= -\frac{U_RR_1}{R \times 2^n}(d_1 \times 2^{n-1} + d_2 \times 2^{n-2} + \cdots + d_n \times 2^0) = -\frac{R_1}{R \times 2^n}U_R\sum_{i=0}^{n-1} d_i \times 2^{-i}$$

可见，输出电压与二进制数成线性关系。调整运算放大器的反馈电阻 R_1 和基准电源 U_R ，就可获得与 n 位二进制数成一定比例的输出电压。将 R－2R 电阻网络、二进制数码控制的电子开关以及一些控制电路集成为一个电路，就形成了各种型号的梯形电阻式 D/A 芯片。

6.4.2 D/A 芯片 DAC0832 的扩展

DAC0832 是美国数据公司采用 CMOS 工艺制造的 8 位单片梯形电阻式 D/A 转换器，片内带数据锁存器，电流输出，输出电流稳定时间为 1 μs，功耗为 20 mW，是 DAC0830 系列产品之一。该系列产品包括 DAC0830、DAC0831、DAC0832，它们可以完全相互代换。

1. DAC0832 结构

DAC0832 的引脚图和逻辑框图如图 6－33 所示。

DAC0832 由 8 位数据锁存器、8 位 DAC 寄存器、8 位 D/A 转换电路及转换控制电路构成，为 20 脚双列直插式封装结构，各管脚的功能如下：

- D0～D7：8 位数据输入线，TTL 电平，有效时间应大于 90 μs（否则锁存器的数据会出错）；
- ILE：数据锁存允许控制信号输入线，高电平有效；
- $\overline{\text{CS}}$：选片信号输入线（选通数据锁存器），低电平有效；
- $\overline{\text{WR1}}$：数据锁存器写选通输入线，负脉冲（脉宽应大于 500 μs）有效。由 ILE、$\overline{\text{CS}}$、$\overline{\text{WR1}}$的逻辑组合产生 LE1，当 LE1 为高电平时，数据锁存器状态随输入数据线变化，$\overline{\text{LE1}}$的负跳变时将输入数据锁存；

• $\overline{XFER}$：数据传输控制信号输入线，低电平有效，负脉冲（脉宽应大于 500 μs）有效。

• $\overline{WR2}$：DAC 寄存器选通输入线，负脉冲（脉宽应大于 500 μs）有效。由 $\overline{WR2}$、$\overline{XFER}$ 的逻辑组合产生 $\overline{LE2}$，当 $\overline{LE2}$ 为高电平时，DAC 寄存器的输出随寄存器的输入而变化，$\overline{LE2}$ 的负跳变时将数据锁存器的内容打入 DAC 寄存器并开始 D/A 转换；

• I_{OUT1}：电流输出端 1，其值随 DAC 寄存器的内容线性变化；

• I_{OUT2}：电流输出端 2，其值与 I_{OUT1} 值之和为一常数；

• Rfb：反馈信号输入线，改变 Rfb 端外接电阻值可调整转换满量程精度；

• Vcc：电源输入端，Vcc 的范围为＋5～＋15 V；

• V_{REF}：基准电压输入线，V_{REF} 的范围为－10～＋10 V；

• AGND：模拟地，常用符号⇩表示；

• DGND：数字地，常用符号⊥表示。

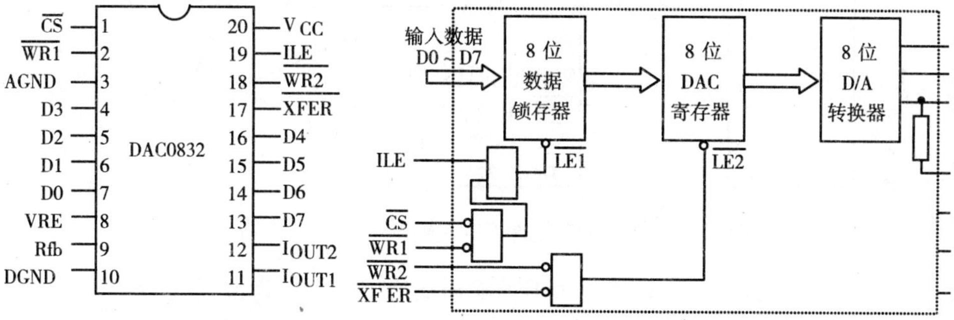

（a）DAC0832　引脚图　　　　（b）DAC0832　结构框图

图6-33　DAC0832引脚图和结构框图

2. DAC0832 的工作方式

根据对 DAC0832 的数据锁存器和 DAC 寄存器的不同控制方式，DAC0832 有 3 种工作方式：

• 直通方式。该方式是使所有控制信号（$\overline{CS}$、$\overline{WR1}$、$\overline{WR2}$、$\overline{XFER}$）均有效。此方式只适宜于连续反馈控制线路中；

• 单缓冲方式。该方式是控制数据锁存器和 DAC 寄存器同时接收数据，或者只用数据锁存器而把 DAC 寄存器接成直通方式（$\overline{WR2}$、$\overline{XFER}$ 始终有效）；此方式适用于只有一路模拟量输出，或虽有多路模拟量输出但非同步输出的情形；

• 双缓冲方式。该方式是先分别控制各 DAC0832 的数据锁存器以接收数据，再分别控制各 DAC0832 的 DAC 寄存器以实现多个 D/A 转换同步输出。此方式适用于多路 DAC0832 同步输出的情形。

3. 电流输出转换成电压输出

DAC0832 的输出是电流，使用运算放大器可以将其电流输出线性地转换成电压输出。根据运算放大器和 DAC0832 的连接方法，运算放大器的输出可以分为单极性和双极性两种。

如图 6－34 所示是一种单极性电压输出电路。

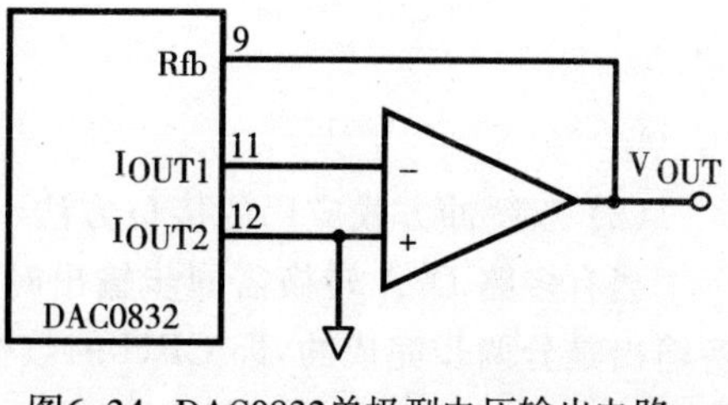

图6-34　DAC0832单极型电压输出电路

4. DAC0832 与 MCS－51 单片机的接口方法

DAC0832 最常用的工作方式有两种：单缓冲方式和双缓冲方式。

(1) 单缓冲方式应用的接口方法

当只有一路 D/A 转换输出，或虽有多路 D/A 转换输出但非同步输出时采用单缓冲方式。如图 6－35 所示为 DAC0832 与 MCS－51 典型的单缓冲方式接口电路。图中 ILE 接高电平，$\overline{WR1}$和$\overline{WR2}$相连后接 MCS－51 的$\overline{WR}$，$\overline{CS}$和$\overline{XFER}$相连后接 MCS－51 的地址高位，这样就同时片选了 DAC0832 的数据锁存器和 DAC 寄存器，MCS－51 对 DAC0832 执行一次写操作就把一个数据写入数据锁存器的同时也直接写入到了 DAC 寄存器，模拟量输出随之变化。从图中可知数据锁存器和 DAC 寄存器的地址都为 7FFFH。

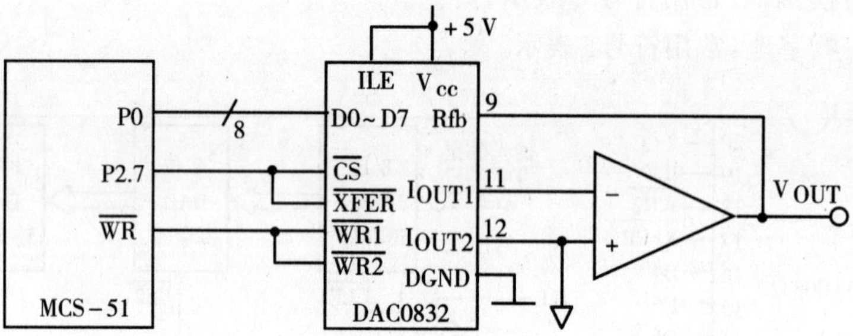

图6-35 DAC0832单缓冲方式与MCS-51的接口电路

MCS－51 执行下面程序后，运算放大器的输出端产生一个锯齿波，如图 6－36 所示。

```
#include <reg51.h>
#define DAC0832_ADR XBYTE[0x7FFF]   //DAC0832 寄存器地址
#define unchar unsigned char
#define  MAX 0xA0;        //定义锯齿波的高度
unchar count = 0;
void main(void)
{
    while(1)       //产生锯齿形电压波
    {
      DAC0832_ADR = count;
      count ++;
      if( count > MAX )
        count = 0;
    }
}
```

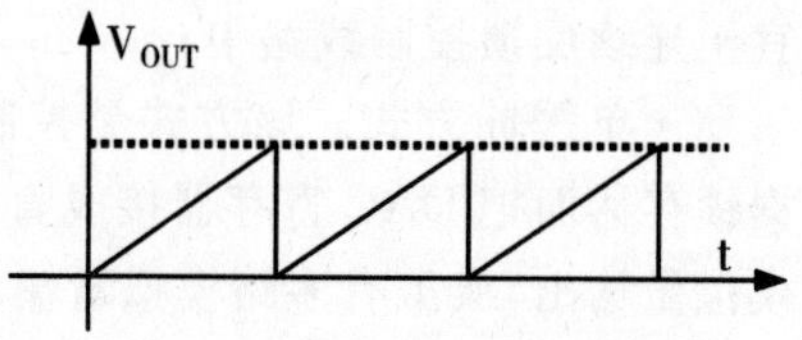

图6-36 输出锯齿型电压波

(2) 双缓冲方式应用的接口方法

当有多路 D/A 转换需同步输出时采用双缓冲方式。这时数字量的输入锁存和 D/A 转换输出是分两步完成的，即 CPU 的数据总线分时地向各路 D/A 转换器输入要转换的数字量并锁存在各自的数据锁存器中，然后 CPU 对所有 D/A 转换器发出控制信号，使所有 D/A 转换器数据锁存器中的数据打入 DAC 寄存器，实现同步转换输出。如图 6－37 所示为

DAC0832 与 MCS－51 典型的双缓冲方式接口电路。图中两片 DAC0832 的 $\overline{WR1}$ 和 $\overline{WR2}$ 都相连后与 MCS－51 的 $\overline{WR}$ 相连，P2.5 接 0832(1)的 $\overline{CS}$，即片选 0832(1)的数据锁存器，P2.6 接 0832(2)的 $\overline{CS}$，即片选 0832(2)的数据锁存器，P2.7 同时接两片 DAC0832 的 XFER，则可知 0832(1)的数据锁存器地址为 0DFFFH，0832(2)的数据锁存器地址为 0BFFFH，两片 DAC0832 的 DAC 寄存器的地址均为 7FFFH。

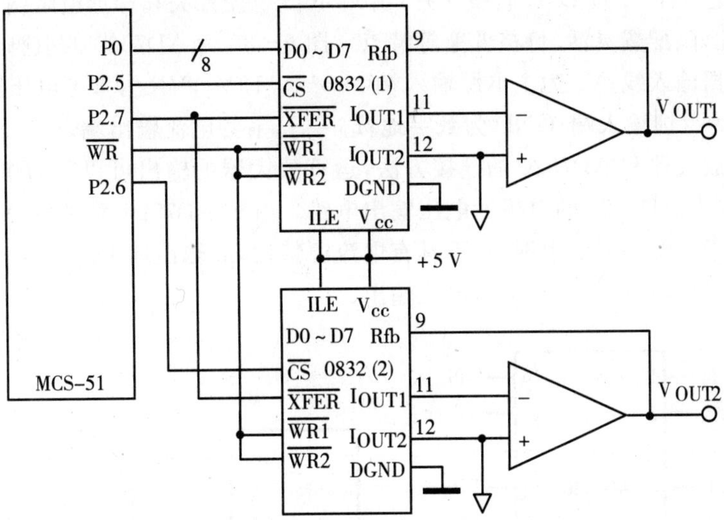

图6-37　DAC0832双缓冲方式与MCS-51的接口电路

MCS－51 执行下面的程序后就能完成两路 D/A 的同步转换输出。

```
#include <reg51.h>
#include <absacc.h>
#define unchar unsigned char
#define _DAC0832_1      XBYTE[0xDFFF]  //0832(1)的数据锁存器地址
#define _DAC0832_2      XBYTE[0xBFFF]  //0832(2)的数据锁存器地址
#define_DAC0832_SYN XBYTE[0x7FFF]  //两片 DAC0832 的 DAC 的地址
const unchar data1 = 0x55;
const unchar data2 = 0xAA;
void main(void)
{
    _DAC0832_1 = data1;      //data1 数据送入 0832(1)的数据锁存器
    _DAC0832_2 = data2;      //data2 数据送入 0832(2)的数据锁存器
    _DAC0832_SYN = 0;        //启动两路 D/A 转换，同步输出
    while(1);
}
```

6.4.3　D/A 芯片 AD7520 的扩展

AD7520、AD7521、DAC1020、DAC1220 等系列 D/A 转换器芯片片内均不带输入锁存

器、无参考电压及电压输出电路。它们具有相同的 D/A 转换电路接口特征，即：

（1）因片内不带输入锁存器，故不能直接与单片机的数据总线相连。因此，常采用通过具有锁存功能的 I/O 口或扩展 I/O 口与之相连。或者数据总线通过数据锁存器与之相连。

（2）须外加参考电压和电压输出电路。

1. AD7520 的结构与应用特性

AD7520 是一种 10 位 D/A 转换芯片，由 CMOS 电流开关和梯形电阻网络构成，具有结构简单、通用性好、配置灵活、价格低廉等特点。图 6－38 为 AD7520 的引脚及逻辑符号图。B1～B10 为数据输入线；V_+ 为主电源输入端（+5～+15V）；VR 为参考电压输入端（－10～+10 V）；Rfe 为反馈输入端；GND 为数字地；I_{OUT1}、I_{OUT2} 为电流输出端。

根据运算放大器和 AD7520 的连接方法，运算放大器的输出可以分为单极性和双极性两种，图 6－39 为 AD7520 的单极性电压输出电路。由于 AD7520 系列 D/A 转换器各位电流的产生决定于无源梯形电阻网络，不具有电流源特性，故输出端 I_{OUT1}、I_{OUT2} 一般不能直接带负载，必须通过运算放大器转换为电压输出。

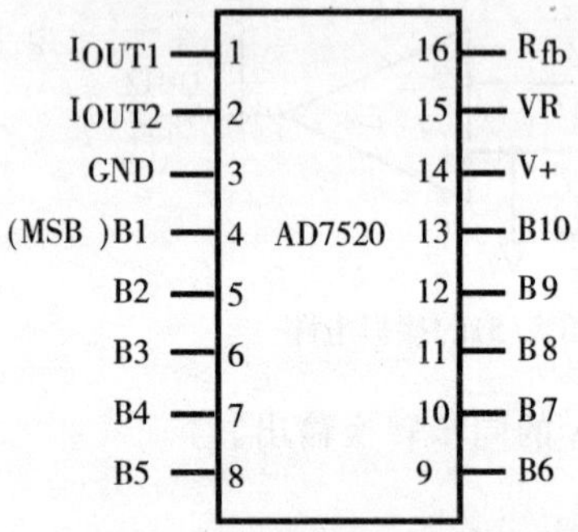

图6-38 AD7520引脚及逻辑符号图

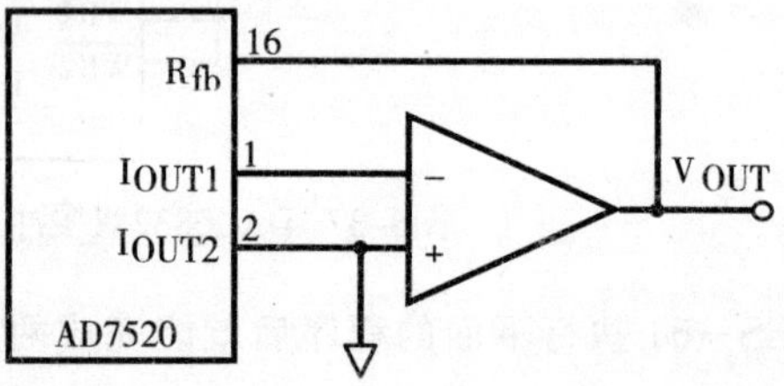

图6-39 AD7520单极型电压输出电路

2. AD7520 与 MCS－51 单片机的接口方法

因 AD7520 片内不带输入锁存器，故不能直接与单片机的数据总线相连。图 6－40 为采用 74LS377 来锁存输入数据低 8 位，用两个 74LS74 D 触发器来实现二级锁存、寄存数据的高 2 位。

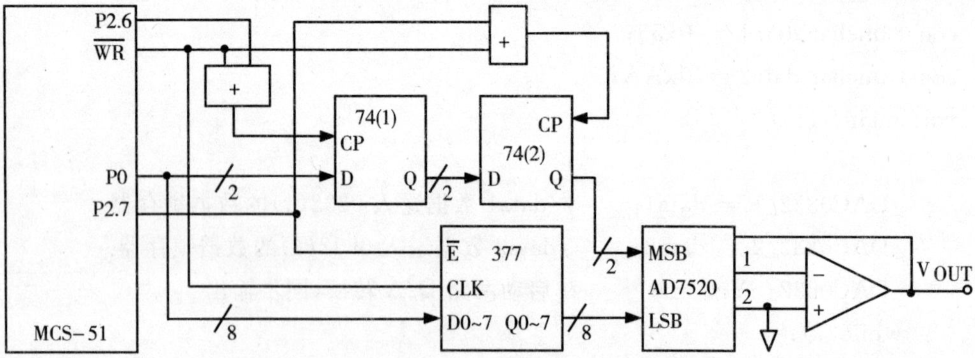

图6-40 AD7520与MCS-51的双缓冲接口方法

从图中可知 74LS74（1）的口地址为 0BFFFH，74LS74（2）和 74LS377 的口地址均为 7FFFH。AD7520 为 10 位 D/A 转换器，与 MCS－51 单片机 8 位总线接口时，数据需分两次输出。在将高两位数据输出到 74LS74(1)后，将低 8 位数据送到 74LS377 的同时，把 74LS74(1)的内容送到 74LS74(2)上，因此 10 位数据是同时到达 AD7520 的数据输入端上的。D/A 转换的子程序如下：

```
#include 〈reg51.h〉
#include 〈absacc.h〉
#define unchar unsigned char
#define _AD7520_1   XBYTE[0xBFFF]   //AD7520(1)的数据锁存器地址
#define _AD7520_2   XBYTE[0x7FFF]   //AD7520 (2)的数据锁存器地址

const unchar data1 = 0x55;
const unchar data2 = 0xAA;

void main(void)
{
    _AD7520_1 = data1;          //data1 数据送入 AD7520 (1)的数据锁存器
    _AD7520_2 = data2;          //data2 数据送入 AD7520 (2)的数据锁存器
    while(1);
}
```

6.5　A/D 转换器接口扩展

在单片机的实时控制和智能仪器仪表等应用系统中，被控制或被测量对象的有关参量往往是一些连续变化的模拟量，如温度、压力、流量、速度等物理量，这些模拟量必须转换成数字量后才能输入到计算机进行处理。计算机处理的结果，也常常需要转换为模拟信号，驱动相应的执行机构，实现对被控对象的控制。若输入是非电的模拟信号，还须通过传感器转换成电信号并加以适当的放大。实现模拟量转换成数字量的器件称为 A/D 转换器。实现数字量转换成模拟量的器件称为 D/A 转换器。如图 6－41 所示为具有模拟量输入和模拟量或数字量输出的 MCS－51 应用系统结构框图。

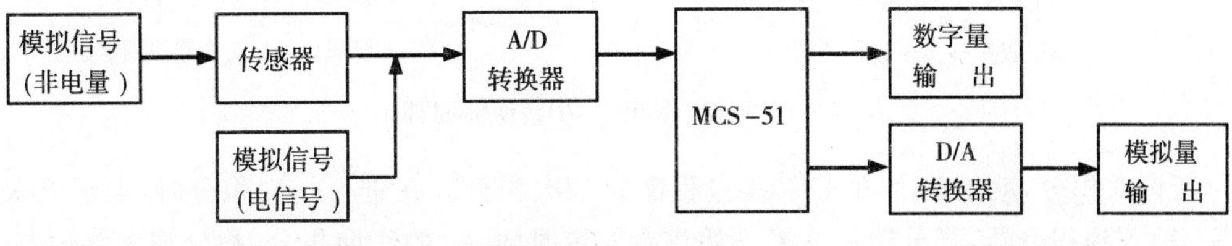

图6-41　具有模拟量输入和模拟量或数字量输出的MCS-51应用系统框图

A/D 的种类很多，根据转换原理主要可分逐次逼近式、双积分式、量化反馈式和并行式等。衡量 A/D 性能的主要参数有：

• 分辨率。A/D 转换器的分辨率常用输出二进制位数或者 BCD 码位数表示。例如 A/D 转换器 AD574A 的分辨率为 12 位，即该 A/D 转换器的输出数据可以用 2^{12} 个二进制数进行量化，其分辨率为 1 LSB。用百分数表示分辨率，则为：$1/2^{12}\times100\%=0.0244\%$。

BCD 码输出的 A/D 转换器常用位数来表示分辨率，例如 MC14433 双积分 A/D 转换器，分辨率为 3 位半。满度字位 1999，用百分数表示分辨率，则为：$1/1999\times100\%=0.05\%$。

• 满刻度误差。即输出全 1 时，输入电压与理想输入量之差。

• 转换时间与转换速率。A/D 转换器完成一次转换所需要的时间为 A/D 转换时间，通常转换速率是转换时间的倒数。

• 转换精度。A/D 转换器的精度指标是反映实际 A/D 转换器与理想 A/D 转换器的差别。因为理想 A/D 转换器存在量化误差，那么实际的 A/D 转换器无疑必然也存在量化误差，所以精度所对应的误差指标是不包括量化误差的。不同的 A/D 生产厂家或不同类型的产品其精度指标表达方式可能不完全相同，有的给出综合误差指标，有的给出分项误差指标，这些指标大体有：非线性误差、失调误差或零点误差、增益误差或标度误差、微分非线性误差等。

MCS－51 系列单片机中有些型号内具有 A/D 转换线路（如：8XC51GA/GB 内具有 8 路 8 位逐次逼近式 A/D）。对于这些内部具有 A/D 的单片机，一般就不需要扩展 A/D 接口。对于内部不具有 A/D 的单片机，如需要，则可以扩展通用 A/D 接口芯片。以下介绍几种典型的集成 A/D 器件的转换原理、特性以及与 MCS－51 的接口方法。

6.5.1 双积分式 A/D 转换器原理

双积分 A/D 转换器是基于间接测量原理，将被测电压值 V_x 转换成时间常数，通过测量时间常数来得到未知电压值，如图 6－42 所示双积分 A/D 转换器由电子开关、积分器、比较器和控制逻辑等部件组成。

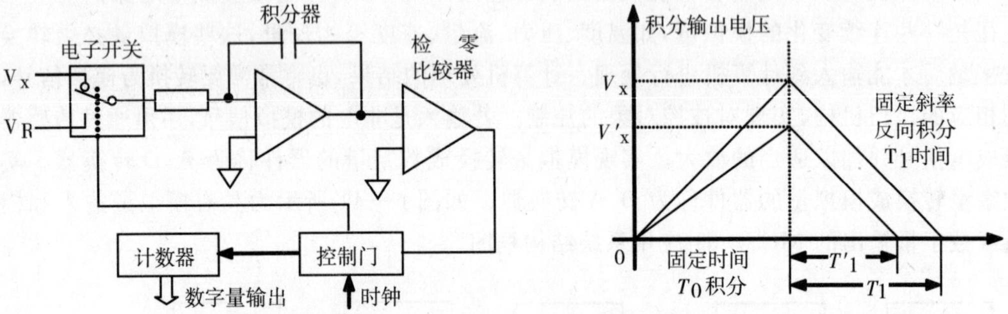

（a）双积分 A/D 转换器框图　　（b）双积分 A/D 转换器原理示意图

图6-42　双积分A/D转换器原理图

所谓双积分，就是整个 A/D 转换过程需要二次积分。在进行一次积分时，电子开关先把 V_x 输入到积分器，积分器从 0 V 开始进行固定时间 T_0 的正向积分，积分输出终值与 V_x 成正比，积分 T_0 时间到后，电子开关将与 V_x 极性相反的基准电压 V_R 输入到积分器进行反向积分，由于基准电压 V_R 恒定，所以积分输出将按 T_0 期间正向积分的终值以恒定的斜率下降，由比较器检测积分输出过零时，停止积分器工作。反向积分的时间 T_1 与固定时间积分的终值成比例关系，故可以通过测量反向积分时间 T_1 计算出 V_x，而反向积分时间 T_1 可由计数器对时钟脉冲计数得到，即可得：

$$V_x = \frac{T_1}{T_0} \times V_R$$

图 6－42(b) 给出了两种不同输入电压($V_x > V_x'$) 的积分情况，显然 V_x' 值小，在定时积分 T_0 期间积分器输出值也就小，而下降斜率相同，故反向积分时间 T_1' 也就短。

由于双积分式 A/D 转换器需经过二次积分，时间较长，所以这种类型的 A/D 转换速度慢，但精度可以做得比较高，因对周期变化的干扰信号积分为零，故抗干扰性能也比较好。目前双积分式 A/D 集成电路芯片型号较多，常用的有 MC14433(三位半，精度相当于 11 位二进制数) 和 ICL7135(四位半，精度相当于 14 位二进制数)，这类 A/D 大部分应用于数字显示仪表上。

6.5.2　扩展双积分式 A/D MC14433

MC14433 是一种三位半双积分式 A/D 转换器。它的最大输入电压分为 199.9 mV 和 1.999 V 两档(由输入基准电压 V_R 决定)，抗干扰性能强、转换精度高，但转换速度慢，转换速度 1～10 次/秒，广泛应用于低速数据采集系统和数字显示仪表中。

1. MC14433 的结构

图 6－43 给出了 MC14433 的引脚和逻辑结构框图。

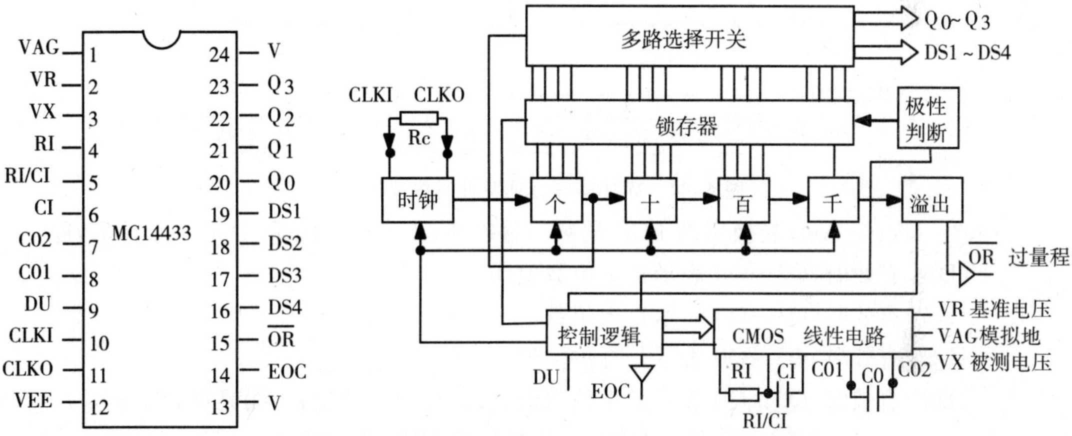

(a) MC14433 引脚图　　(b) MC14433 逻辑框图

图6-43　MC14433引脚图和逻辑框图

MC14433 的引脚功能如下：

- V_{DD}：主电源，＋5 V；
- V_{EE}：模拟部分的负电源，－5 V；
- V_{SS}：数字地；
- V_R：基准电压输入线，为 200 mV 或 2 V；
- V_x：被测电压输入线，最大为 199.9 mV 或 1.999 V(依基准电压而定)；
- V_{AG}：模拟地(V_R和 V_x的地)；
- RI：积分电阻输入线，当 V_x量程为 2 V 时 RI 取 470 kΩ，量程为 200 mV 时 RI 取 27 kΩ；
- CI：积分电容输入线，CI 一般取 0.1 μF 的聚丙烯电容；
- RI/CI：RI 和 CI 的公共连接端；

• C01、C02：接失调补偿电容 C0，值约为 0.1 μF；

• CLKI、CLKO：外接振荡器时钟频率调节电阻 R_C，其典型值为 300 kΩ，时钟频率随 R_C 值的上升而下降；

• EOC：转换结束状态输出线。EOC 是一个宽为 0.5 个时钟周期的正脉冲；

• DU：更新转换控制信号输出线，DU 若与 EOC 相连，则每次 A/D 转换结束后又自动启动新的 A/D 转换；

• $\overline{OR}$：过量程状态信号输出线，低电平有效，当 $|V_x|>V_R$ 时 $\overline{OR}$ 有效；

• DS4～DS1：分别是个、十、百、千位选通特征位输出信号，宽度为 18 个时钟周期，它们之间的间隔为 2 个时钟周期。MC14433 的选通脉冲时序如图 6－44 所示。

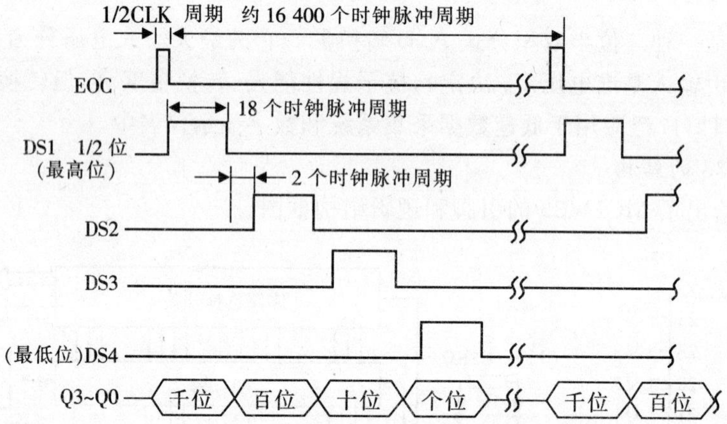

图 6-44 MC14433 选通脉冲时序波形

• Q3～Q0：经 A/D 转换后的 BCD 码数据输出线，动态地输出千、百、十、个位值，即：

DS4 有效时，Q3～Q0 表示是个位数值(0～9)；

DS3 有效时，Q3～Q0 表示是十位数值(0～9)；

DS2 有效时，Q3～Q0 表示是百位数值(0～9)；

DS1 有效时，Q3～Q0 表示是千位数值、极性标志及超量程，编码见表 6－5：

表 6－5 经 A/D 转换后的 BCD 码数据输出线的编码

Q3Q2Q1Q0	对应的输出	条件
1 ××0	Q3＝1，Q0＝0，表示输出千位为 0	DS1 有效
0 ××0	Q3＝0，Q0＝0，表示输出千位为 1	DS1 有效
0 ××1	Q0＝1，表示超量程。Q3＝0 时为过量程，即 $V_x>1.999$ V	DS1 有效
1 ××1	Q0＝1，表示超量程。Q3＝1 时为欠量程，即 $V_x<179$ mV	DS1 有效
×1 ××	Q2＝1 表示 $V_x>0$	DS1 有效
×0 ××	Q2＝0 表示 $V_x<0$	DS1 有效

2. MC14433 与 MCS－51 单片机的接口方法

由于 MC14433 的输出是动态的，所以 MCS－51 必须通过并行接口和 MC14433 连接。如图 6－45 所示为 MC14433 与 MCS－51 的一种接口逻辑。

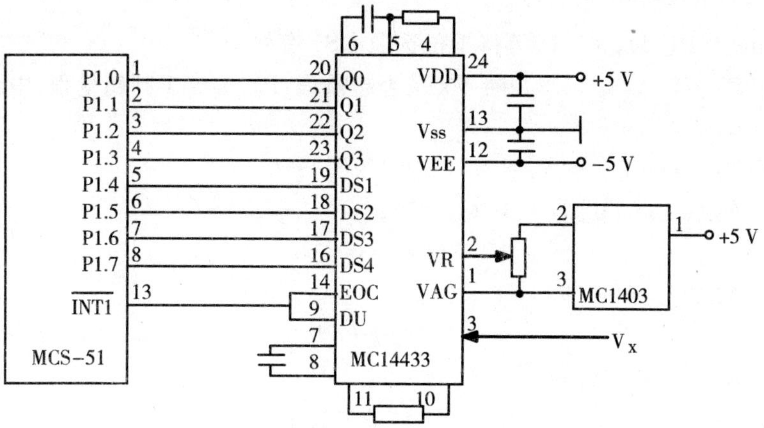

图6-45 MC14433与MCS-51的一种接口电路

在图中是采用中断法管理 MC14433 的操作，MC14433 的转换结束信号端子 EOC 一方面接更新转换控制输入线 DU，另一方面接 MCS－51 的外部中断 $\overline{INT1}$，每次转换结束便在 EOC 脚输出正脉冲，其下降沿向 MCS－51 提出中断申请，所以 MC14433 能自动连续转换。MC14433 所需的基准电压 V_R 由精密电源 MC1403 提供。以下程序是通过中断方式读取 MC14433 的转换结果，并保存在内部 RAM 20H、21H 单元中，程序如下（数据存放格式如图 6－46 所示）。

	D7	D6	D5	D4	D3～D0
20H	符号位	—	—	千位	百位

	D7	D6	D5	D4	D3～D0
21H	十位				个位

图6-46 数据在内部RAM中的存放格式

```
#include <reg51.h>
#include <absacc.h>
#defineunchar unsigned char
sbit P1_0 = P1^0;          //P1.0～P1.3 与 MC14433 的 Q0～Q3 相连
sbit P1_2 = P1^2;          //P1.4～P1.7 与 MC14433 的 DS1～DS4 相连
sbit P1_3 = P1^3;
sbit P1_4 = P1^4;
sbit P1_5 = P1^5;
sbit P1_6 = P1^6;
sbit P1_7 = P1^7;
idata unchar ADC_Data[2] _at_ 0x20;  //保存 MC14433 的转换结果
...
void INT1_ISR(void)   interrupt 2 using 1  //外部中断 1 服务函数
```

```
{
    while(! P1_4);      //等待千位选通 DS1 有效
    if(! P1_0)          //判断 Vx 是否超量程,P1_0 = 1 则超量程,中断结束
    {
      if(P1_2)                    //Vx >= 0
        ADC_Data[0] &= ~(1 <<7);
    else                          //Vx < 0
        ADC_Data[0] |= (1 <<7);
    if(P1_3)                      //千位为 0
        ADC_Data[0] &= ~(1 << 4);
    else                          //千位为 1
        ADC_Data[0] |= (1 << 4);
    while(! P1_5);                //等待百位选通 DS2 有效
    P1 = 0xFF;
    ADC_Data[0] |= (P1&0x0F);
    while(! P1_6);                //等待十位选通 DS3 有效
    P1 = 0xFF;
    ADC_Data[1] = (P1&0x0F) << 4;
    while(! P1_7);                //等待个位选通 DS4 有效
    P1 = 0xFF;
    ADC_Data[1] |= (P1&0x0F);
  }
}
void main()
{
    IT1 = 1;                      //设置外部中断 1 为边沿触发方式
    IE = 0x84;                    //允许外部中断 1 中断
    P1 = 0xFF;
    ...
}
```

6.5.3 逐次逼近式 A/D 转换器原理

逐次逼近式 A/D 转换也称逐次比较法 A/D 转换,它是通过最高位(D_{N-1})至最低位(D_0)的逐次检测来逐步逼近被转换的输入电压,整个过程是个"试探"过程。这类 A/D 转换器是以 D/A 转换为基础,加上比较器、N 位逐次逼近寄存器和控制逻辑电路等组成,原理如图 6—47 所示。

在启动信号控制下,控制逻辑电路置 N 位寄存器的最高位 D_{N-1} 为 1,其余位为 0,N 位寄存器的内容经 D/A 转换后得到一个占整个量程一半的模拟电压 V_s,比较器将此 V_s 与模拟输入量 V_x 比较,若 $V_x \geqslant V_s$,则保留 $D_{N-1}=1$,若 $V_x < V_s$,则 D_{N-1} 位清 0。然后,控制逻辑电路使 N 位寄存器的下一位 D_{N-2} 置 1,连同上次的结果一起经 D/A 转换后与 V_x 比较,

重复上述过程，直至判别出 D_0 位取 1 还是 0 为止，此时 DONE 发出转换结束信号。这样 N 位 A/D 转换器经过 N 次比较后，N 位寄存器的状态就是与输入模拟量对应的数字量数据。转换的速度由时钟频率决定，可以设计成较高的转换速度，一般在几微秒到上百微秒之间。

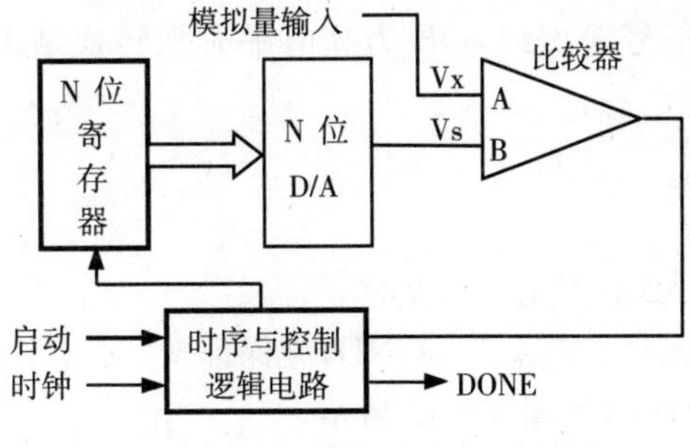

图6-47　逐次逼近式A/D原理框图

常用的逐次逼近法 A/D 器件有：ADC0809、ADC0816、ADC1210、AD574 等。

6.5.4　扩展逐次逼近式 A/D ADC0809

ADC0809 是一种 8 路模拟量输入、8 位逐次逼近法 A/D，转换时间在典型时钟频率下约为 100 μs，适用于多路数据采集。ADC0809 的姊妹芯片是 ADC0808，它们之间可以相互代换。

1. ADC0809 的结构

ADC0809 的引脚及模拟通道地址如图 6－48 所示。

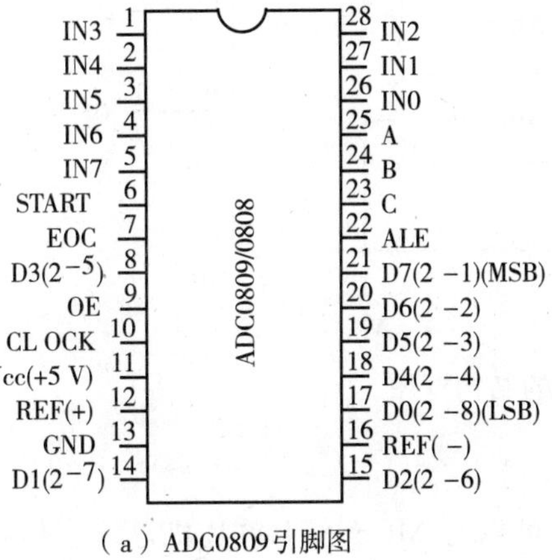

（a）ADC0809引脚图

地址码 A	地址码 B	地址码 C	模拟通道号
0	0	0	IN0
0	0	1	IN1
0	1	0	IN2
0	1	1	IN3
1	0	0	IN4
1	0	1	IN5
1	1	0	IN6
1	1	1	IN7

（b）ADC0809模拟通道选择

图6-48　ADC0809引脚图与模拟通道地址

ADC0809 的引脚功率如下：

• IN0～IN7：8 路模拟量输入线；

• 2^{-1}～2^{-8}：8 位三态数据输出线，常用 D7～D0 表示；

• A、B、C：模拟通道选择输入线；

• ALE：通道锁存控制信号输入线，ALE 电平正跳变时可以锁存 A、B、C 上的地址信息，经译码后控制 IN0～IN7 中哪一路模拟电压送入比较器；

• CLOCK：转换时钟输入线，CLOCK 的频率范围为 10～1 200 kHz，一般取 640 kHz

（此时的转换速度为 100 μs）；

• START：启动转换控制信号输入线，该信号的上升沿清除内部寄存器，下降沿启动控制电路开始 A/D 转换；

• EOC：转换结束信号输出线，转换结束后 EOC 输出一个宽为 8 个 CLK 周期的正脉冲；

• OE：输出允许控制信号输出线，OE 为高电平时把转换结果送数据线 $2^{-1}\sim2^{-8}$，OE 为低电平时 $2^{-1}\sim2^{-8}$ 为浮空态；

• Vcc：主电源＋5 V；

• GND：数字地；

• V_{REF+}：参考电压输入线，$V_{REF+}\leqslant Vcc$；

• V_{REF-}：参考电压输入线，$V_{REF-}\geqslant GND$，应保证 $V_{REF+}+V_{REF-}=Vcc$。

ADC0809 的原理结构框图如图 6－49 所示。

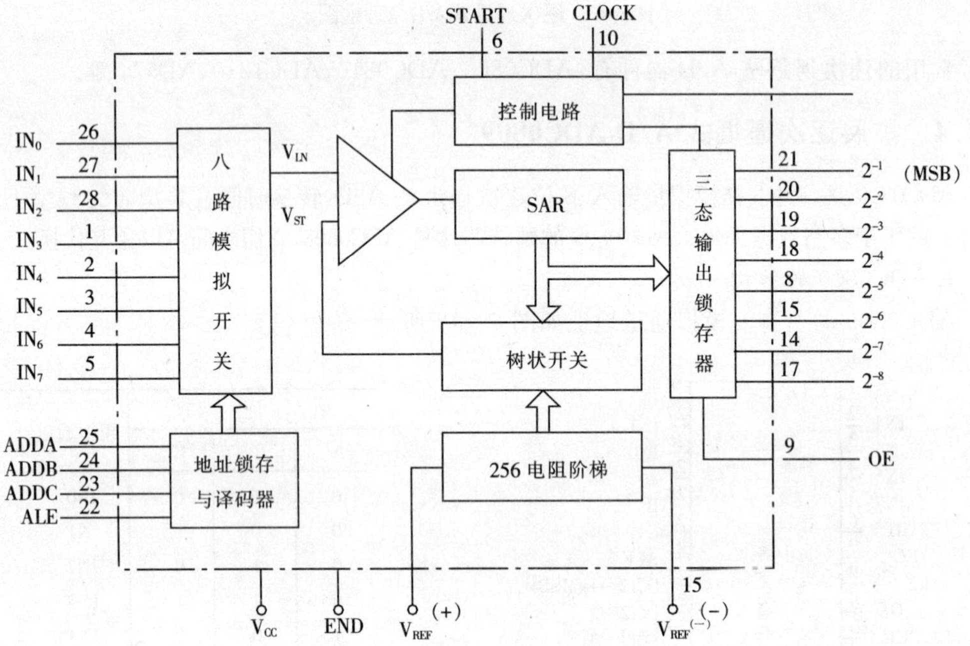

图 6-49 ADC0809 的结构框图

2. ADC0809 与 MCS－51 的接口方法

由于 ADC0809 具有三态输出的数据总线，故可以与 MCS－51 单片机总线直接接口，如图 6－50 所示为 ADC0809 与 MCS－51 的一种接口逻辑。在图中 MCS－51 单片机通过地址线 P2.7 和读、写控制线 $\overline{RD}$、$\overline{WR}$ 来控制转换器的模拟输入通道地址锁存（ALE）、启动（START）和输出允许（OE）；ADC0809 的转换结束信号 EOC 经反相后接 MCS－51 的 $\overline{INT1}$；ADC0809 的通道选择 A、B、C 接 MCS－51 的地址低 3 位，故 ADC0809 的 IN0～IN7 八个模拟通道寄存器地址为 7FF8H～7FFFH。在 $\overline{WR}$ 下降沿时 START 变高，清除内部寄存器 ALE 锁存器 A、B、C 编号确定将被转的模拟通道；在 $\overline{WR}$ 上升沿时刻，START 信号由高电平变低电平启动 A/D 转换，经过大约 100 μs 时间 A/D 转换结束时 EOC 输出高电平，此信号可供查询作为状态信号或作为中断请求信号，通知 CPU 读取 A/D 转换后的数据。

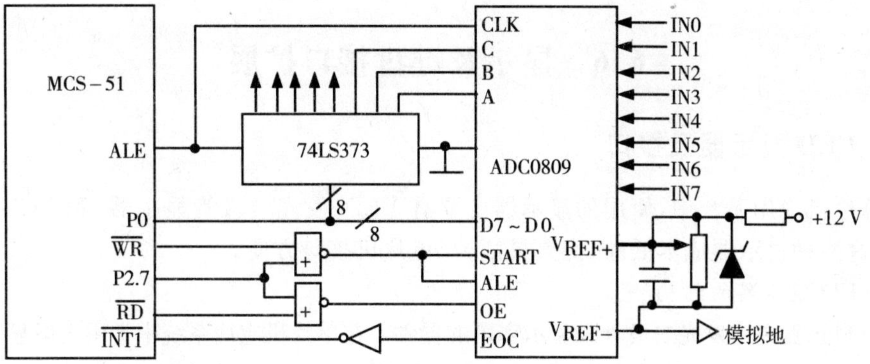

图6-50　ADC0809与MCS-51的一种接口逻辑

图 6－50 中对 8 路模拟量顺序 A/D 转换。如果要求在 P1.0 输入的同步脉冲负跳变控制下对 8 路模拟量依次各采集 256 个数据，存放在外部 RAM 0B000H～0B7FFH 单元中（即 0B000H～0B0FFH 单元存放通道 IN0 的采样结果、0B100H～0B1FFH 单元存放通道 IN1 的采样结果、…、0B700H～0B7FFH 单元存放通道 IN7 的采样结果）。程序如下：

```
#include <reg51.h>
#include <absacc.h>
#defineunchar unsigned char
sbit P1_0 = P1^0;                      //接按键,P1_0 = 0;启动 AD 转换
sbit P3_3 = P3^3;
unchar xdata ADC0809_IN[8]  _at_  0x7FF8;      //8 路模拟输入
unchar pdata extern_RAM[0x800]  _at_  0xB000;  //外部 RAM 地址
void main(void)
{
    unsigned char i, j;
    while(P1_0);                       //等待启动转换
    for(i = 0; i<256; i ++)
    {
      for(j = 0; j < 256; j ++)
      {
        ADC0809_IN[i] = 0;             //启动 AD 转换
        while(P3_3);                   //查询 AD 是否转换完毕
        extern_RAM[i * 256 + j] = ADC0809_IN[i];
      }
    }
    while(1);
}
```

6.6 显示及键盘接口扩展

6.6.1 LED显示器及接口

在单片机应用系统中，使用的显示器主要有LED(发光二极管显示器)和LCD(液晶显示器)。这两种显示器成本低廉、配置灵活，与单片机接口方便。

1. LED显示器的结构

LED显示器是由发光二极管来显示字段的器件。在单片机应用系统中常用7段显示器。发光二极管的阳极连在一起的称为共阳极显示器，阴极连在一起的称为共阴极显示器。如图6－51所示为7段发光显示器的结构图。一个显示器由8个发光二极管组成，其中7个发光二极管控制a～g7个段的亮或暗，另一个发光二极管控制一个小数点的亮或暗。这种7段显示器能显示的字符较少，字符的形状有些失真，但与单片机的控制接口非常简单，使用方便。

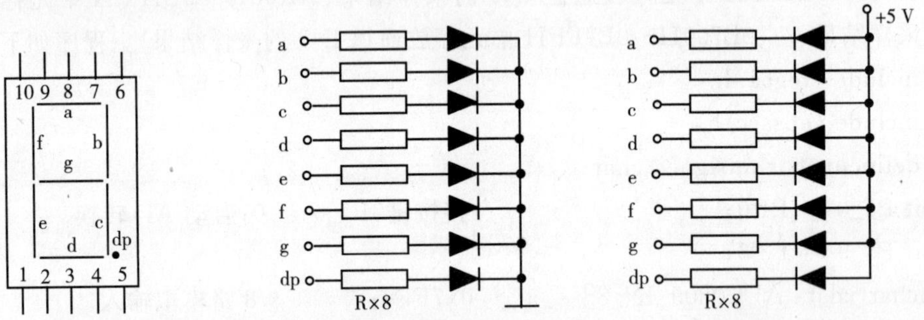

(a) 外形 (b)共阴极 (c)共阳极

图6-51 七段发光显示器结构图

表6－6 七段LED显示器的段选码

显示字符	共阴极段选码	共阳极段选码	显示字符	共阴极段选码	共阳极段选码
0	3FH	C0H	C	39H	C6H
1	06H	F9H	d	5EH	A1H
2	5BH	A4H	E	79H	86H
3	4FH	B0H	F	71H	8EH
4	66H	99H	P	73H	8CH
5	6DH	92H	U	3EH	C1H
6	7DH	82H	Γ	31H	CEH
7	07H	F8H	Y	6EH	91H
8	7FH	80H	8.	FFH	00H
9	6FH	90H	“灭”	00H	FFH
A	77H	88H	⋮	⋮	⋮
b	7CH	83H			

对七段发光显示器的 8 位并行输入端输入不同数据可获得不同数字或字符输出，如表 6－6 所示(按 dp g f e d c b a 排列成一个字节)。通常称控制发光二极管的 8 位数据为段选位，显示器的共阴极或共阳极的公共连接点为位选位。共阴极与共阳极的段选码互为补数，即互为反码。

2. 显示器的显示方式

显示器显示方式有静态显示方式和动态显示方式。

(1) 静态显示方式

静态显示方式就是当显示器显示某一个字符时，相应的发光二极管恒定地导通或截止，直到显示另一个字符为止。例如：对于共阴极 LED 显示器当其 a、b、c、d、e、f 为高电平，g、dp 为低电平时，为高电平的引脚恒定导通，为低电平的引脚恒定截止，显示器显示"0"。这种显示方式每个七段 LED 显示器需要一个 8 位输出口控制段选位，各显示器的位选位连在一起接低电平(共阴极时)或接高电平(共阳极时)。如图 6－52 所示为利用 8255 的 3 个 I/O 口控制 3 位七段 LED 显示器的接口逻辑，图中为共阳极接法。

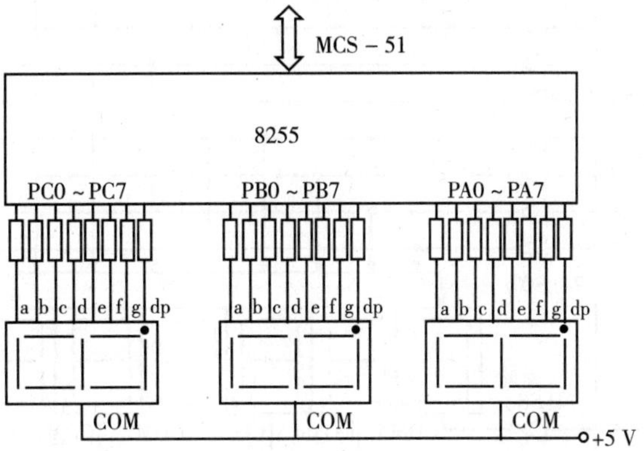

图6-52　3位静态七段LED显示器接口

在图 6－52 中，通过 8255 的 PA、PB、PC 三个 8 位 I/O 口输出分别显示字符"1"、"2"、"3"的程序如下(设 8255 控制口地址为 7FFFH)：

```
#include <reg51.h>
#include <absacc.h>
#define _8255A_Control   XBYTE[0x7FFF]    //8255A 控制口地址
#define _8255A_PA        XBYTE[0x7FFC]    //8255A 的 PA 口地址
#define _8255A_PB        XBYTE[0x7FFD]    //8255A 的 PB 口地址
#define _8255A_PC        XBYTE[0x7FFE]    //8255A 的 PC 口地址
void main(void)
{
    _8255A_Control = 0x80;        //设置 8255A PA、PB、PC 都为输出口
    _8255A_PA = 0xF9;             //显示字符'1'
    _8255A_PB = 0xA4;             //显示字符'2'
    _8255A_PC = 0xB0;             //显示字符'3'
    while(1);
}
```

静态显示方式，显示器中的各位相互独立，而且各位的显示字符一经确定，相应锁存的输出将维持不变。正因为如此，静态显示时的亮度较高。这种显示方式编程容易，管理也较简单，但占用 I/O 口资源较多，因此在显示位数较多时，一般采用动态显示方式。

(2) 动态显示方式

在多位 LED 显示时，为了节省 I/O 口线，简化电路，降低成本，一般采用动态显示方式。动态显示方式是一位一位地分时轮流点亮各位显示器，对每个显示器来说，每隔一段时间轮流点亮一次。显示器的亮度既与导通电流有关，也与点亮和熄灭时间的比例有关。调整导通电流和时间参数，可实现亮度较高较稳定的显示。这种显示方式将各位 LED 管的相同段引用脚或段线并联在一起，由一个 8 位 I/O 口控制，而共阴极或共阳极的公共端分别由相应的 I/O 口控制，实现各位显示器的分时选通。图 6－53 为利用 8155 的 PA 口来控制各显示器轮流选通，PB 口接各显示器的段选位，提供各显示器的显示数据。

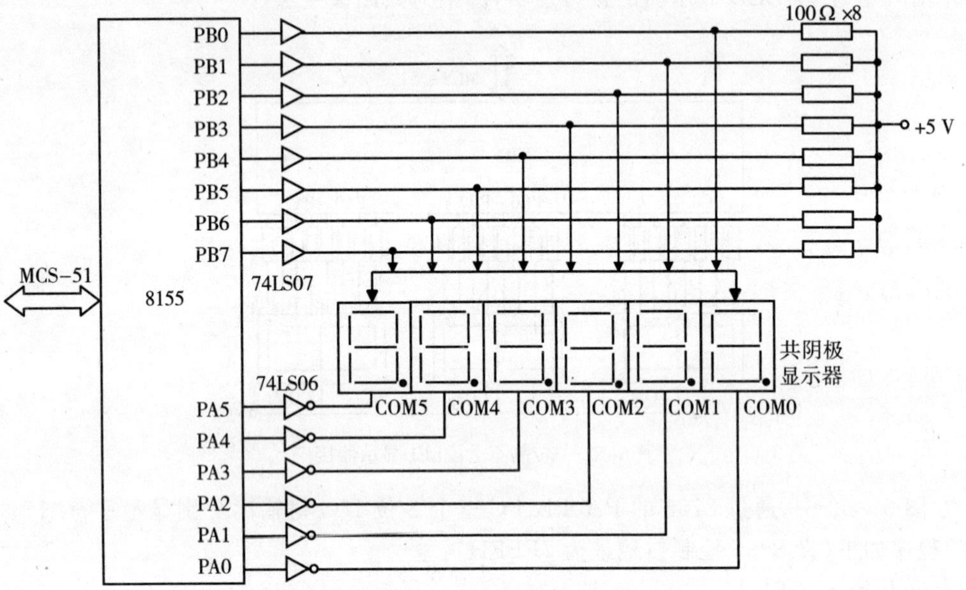

图6-53 用8155 I/O口的6位动态显示器接口

在图 6－53 中 LED 为共阴极数码显示器设 6 位显示器的显示缓冲器单元为内部 RAM 79H～7EH，分别存放 6 位显示器的显示数据。8155 的 PA 口扫描输出总是只有一位为高电平，即 PA 口经反相后仅有一位公共阴极为低电平，8155 的 PB 口则输出相应位(PA 口输出为高对应的位显示器)的显示数据，使该位显示与显示缓冲器相对应的字符，而其余各位均为熄灭，依次改变 8155 的 PA 口输出为高的位，PB 口输出对应的显示缓冲器的数据。以下为图 6－53 对应的显示参考程序。

```
#include 〈reg51. h〉
#include 〈absacc. h〉
#idefine   unchar   unsigned char
#define _8155A_Cmd   XBYTE[0x7F00]        //8155A 命令端口地址
#define _8155A_      PAXBYTE[0x7F01]      //8155A PA 端口地址
#define _8155A_      PBXBYTE[0x7F02]      //8155A PB 端口地址
```

```
constunchar segtab[6] = {0x3F,0x06,0x5B,0x4F,0x66,0x6D};  //'0'、'1'、'2'、'3'、'4'、'5'、'6'
void main(void)
{
    unchar i;
    _8155A_Cmd = 0x03;        //设置 8155A PA、PB 口为输入口
    while(1)
    {
      for(i = 0;i < 6;i ++)          //LED 动态显示
      {
        _8155A_PA = (1 << i);
        _8155A_PB = segtab[i];
        delay();         //延时
      }
    }
}
```

6.6.2　LCD 显示器及接口

液晶显示是一种极低功耗的显示器件。LCD 显示器件工作电流小、重量轻、功耗低、寿命长，字迹清晰美观，在便携式仪表、低功耗应用的较高档仪器仪表中被广泛采用，在将来随着 LCD 显示器件价格的下降，人们会越来越多地用 LCD 取代 LED 器件。

1. LCD 显示器的基本结构及工作原理

LCD 器件的基本结构是在上、下两玻璃电极之间注入向列型液晶材料，密封透明，如图 6－54 所示。夹在两片导电玻璃电极间的液晶经过处理，液晶分子平行排列，上下扭曲 90°(呈互为正交状态)，这样的结构能使液晶对光产生旋转作用，当线性偏振光透过其偏振面便会旋转 90°。外部光线(自然光也可以)通过上偏振片时，只有符合该偏振片方向的光可以通过。当玻璃电极上不加电压时，由通过上偏振片出来的光线正好与电极的液晶分子排列方向相同，此光线由正极旋转排列的液晶分子进入公共端(常称为背极)，光线被旋转了 90°，此时光线方向正好符合下偏振片的偏振方向而通过下偏振片，进入反射板，该光线经反射板按原路返回，从而使得液晶呈现透明状态。当玻璃电极上加上电压后，在电场的作用下，靠电极的液晶分子由水平排列变成垂直排列，即液晶的扭曲结构消失，所以通过上偏振片的光经液晶分子达到下偏振片时，光线方向与下偏振片的偏振方向不同而不能通过下偏振片，从而被下偏振片吸收，使得加了电压的电极在入射光照射下呈现黑色。去掉电场后液晶分子又恢复其扭曲结构。

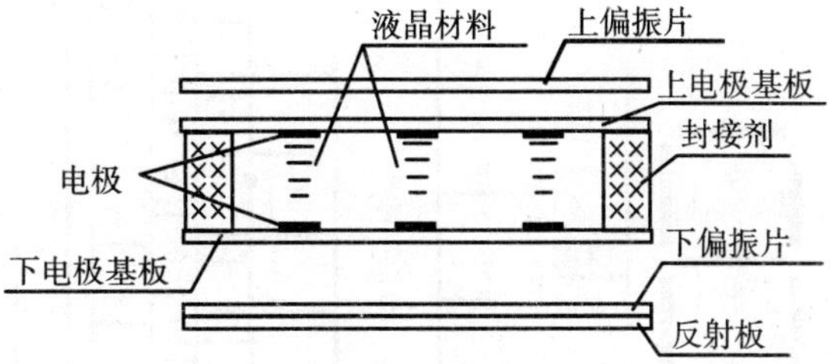

图6-54　液晶显示器基本结构

这样利用上述原理，改变玻璃电极间的电信号，并将电极做成各种文字、数字、图形，于是就得到了各种形式的显示。液晶显示器从显示的形式上可分为段式、点阵字符式和点阵

图形式。本节介绍在常用仪器仪表上广泛使用的段式 LCD 显示器及与单片机的接口。

段式 LCD 显示器显示字形的笔画与 LED 显示器相同，也有 a～g 七个段选位，另外小数点和其他一些符号，也可作为一个电极出现。同样它也有一个公共端 COM。其显示方式也有静态显示方式和动态显示方式。静态显示方式需加直流电，动态显示方式需加交流电。但由于液晶分子在长时间的单向电流作用下容易发生电解，这将使 LCD 的寿命减少，因此液晶的驱动很少用需用直流电的静态驱动方式，而是通常采用动态驱动方式。且因液晶在高频交流电作用下也不能很好地显示，故一般采取 125～150Hz 的方波来驱动液晶。

如图 6－55 所示为 LCD 某一字段与公共端 COM 间驱动联接及波形图。当此字段上两个电极的电压相位相同时，两电极的相对电压为零，则该字段不显示；当此字段上两个电极的电压相位相反时，两电极的相对电压为两倍幅值方波电压，该字段呈黑色显示。

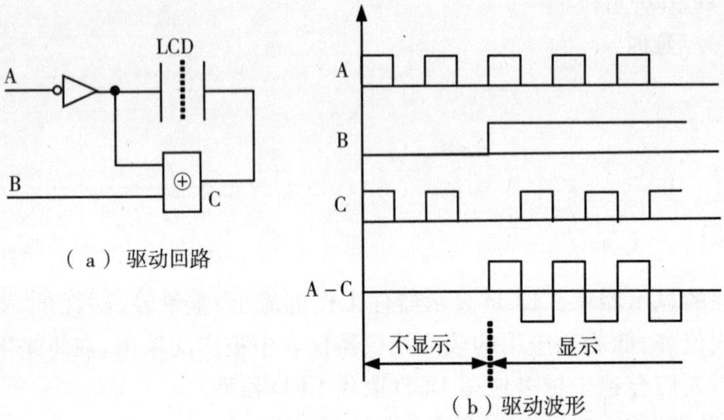

（a）驱动回路　（b）驱动波形

A	B	C
0	0	1
0	1	0
1	0	0
1	1	1

（c）真值表

图6–55　某一字段驱动回路、驱动波形及真值表

七段译码器完成从 BCD 码到七段段选码的译码如图 6－56 所示，其真值表如表 6－7 所示。

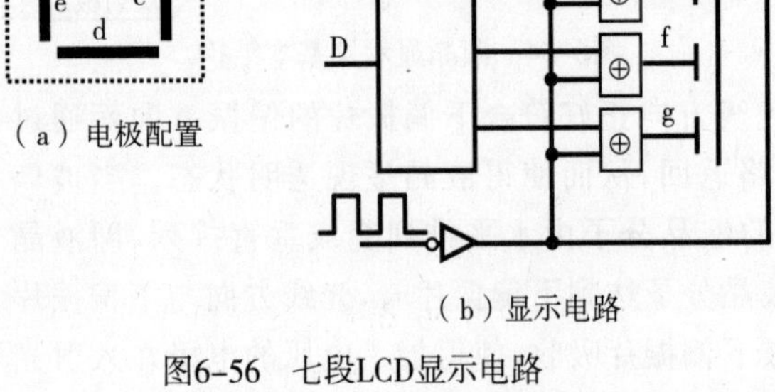

（a）电极配置　（b）显示电路

图6–56　七段LCD显示电路

表6–7　七段LCD译码及数字显示

ABCD	abcdefg	数字显示
0000	1111110	0
0001	0110000	1
0010	1101101	2
0011	1111001	3
0100	0110011	4
0101	1011011	5
0110	1011111	6
0111	1110000	7
1000	1111111	8
1001	1111011	9

显示数字的液晶显示板有：3 位半（如 3555）、4 位半（如 YXY4501）、5 位（如 YXY5001）、6 位（如 YXY6500）、8 位（如 YXY8002）等。用于驱动的集成电路的型号很多，如 CD4055/4056、CC14513/14、ICM7211 等。由于 4056 一次只能驱动 LCD 显示一位数，且片内无基准信号，需外加振荡器及外围元件。若显示四位数，为了轮流选通各数位，还要增加一个译码电路。这样电路较复杂。因此当需驱动较多位数的 LCD 显示器时，一般选用一次能驱动多位数的芯片，如 ICM7211。

2. LCD 驱动器 ICM7211 简介

ICM7211 系列为 4 位的液晶显示驱动器，共有 4 种型号：ICM7211、ICM7211A、ICM7211M、ICM7211AM。其内部由脉冲发生器、数据锁存器及位译码器和驱动器构成，采用 40 DIP 封装。引脚说明如下：

- a1～g1、a2～g2、a3～g3、a4～g4：段选控制，分别控制 4 位 LCD 的段选位；
- OSC：内部振荡控制。悬空时振荡器工作，接地时振荡器不工作；
- BP：LCD 公共驱动极（或称为背电极）。当 OSC 悬空时输出 125 Hz 脉冲，当 OSC 接地时为工作脉冲输入极；
- B0～B3：显示字符数据输入位；
- D1～D4（DS1、DS2 、$\overline{CS1}$、$\overline{CS2}$）：位选和选片输入。

ICM7211（A）为 D1～D4，ICM7211（A）M 为$\overline{DS1}$、$\overline{DS2}$、CS1、CS2。

OSC 和 BP 引脚的连接方法决定了 ICM7211 的工作方式。如果 OSC 悬空则表示芯片内振荡器工作，产生 16 kHz 的脉冲，此脉冲经过内部 128 分频后，产生一个频率为 125 Hz 的脉冲通过 BP 输出作为驱动 LCD 的背电极信号，或作为其他 ICM7211 的背电极信号输入。如果 OSC 引脚接地，此时片内的振荡器停止工作，BP 引脚变为输入端，背电极信号由别的 7211 的 BP 引脚提供，利用这种联接方式可以用于 7211 级联，以驱动更多的 LCD。

ICM7211（A）的输入结构为 4 条数据线 B3～B0 和 4 条位选线 D1～D4。数据线 B3～B0 输入为 BCD 码输入，BCD 码经内部译码后输出七段显示字形，4 条位选线 D1～D4 分别控制 4 位七段译码锁存器，高电平时选通，低电平时封锁。可以同时选通或封锁，只有全部封锁时，数据线的变化才不会影响显示。由于 ICM7211（A）没有片选信号，所以不能采用总线方式连接单片机，只能通过 I/O 接口连接。

ICM7211（A）M 的输入结构为 4 条数据线 B3～B0，与 ICM 7211（A）不同的是 4 条位选线改为 2 条地址线 DS2、DS1 和 2 条片选线$\overline{CS2}$、$\overline{CS1}$。当$\overline{CS2}$和$\overline{CS1}$全为低电平时，该芯片才被选通，DS2、DS1 经内部译码输出选择不同位的 LCD，具体选择方式如表 6－8 所示。

表 6－8　ICM7211（A）M 位选和片选信号设置表

$\overline{CS2}$	$\overline{CS1}$	DS2	DS1	功　能
0	0	0	0	选中 a4～g4 的 LCD
0	0	0	1	选中 a3～g3 的 LCD
0	0	1	0	选中 a2～g2 的 LCD
0	0	1	1	选中 a1～g1 的 LCD
其　他		×	×	未选中任何 LCD

ICM7211(A)或ICM7211(A)M的数据线B3～B0为4位字符代码输入，其意义见表6－9。

表6－9 ICM7211(A)或ICM7211(A)M B3～B0数据输入——显示译码表

B3	0	0	0	0	0	0	0	0	1	1	1	1	1	1	1	1
B2	0	0	0	0	1	1	1	1	0	0	0	0	1	1	1	1
B1	0	0	1	1	0	0	1	1	0	0	1	1	0	0	1	1
B0	0	1	0	1	0	1	0	1	0	1	0	1	0	1	0	1
显示符号	0	1	2	3	4	5	6	7	8	9	—	E	H	L	P	灭

3. LCD显示驱动器ICM7211(A)M与MCS－51的接口

如图6－57为利用显示驱动器ICM7211(A)M驱动一个8位的LCD显示器(YXY8002)，由于YXY8002为8位LCD显示器，而一片ICM7211(A)M只能驱动4位LCD，故共需两片ICM7211(A)M采取级联方式才能驱动YXY8002。从图可知P2.7作为第一片ICM7211(A)M的片选信号，则地址为7FFFH；P2.6作为第二片ICM7211(A)M的片选信号，则地址为0BFFFH。

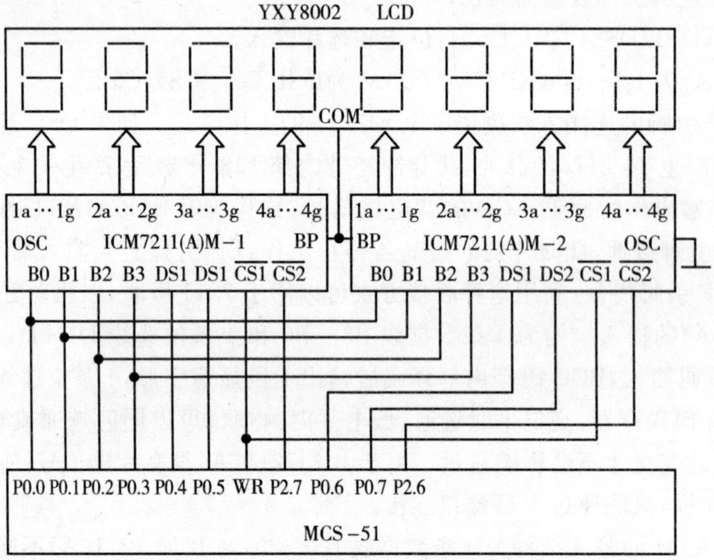

图6－57 用ICM7211(A)M级联驱动8位LCD显示器与MCS51的接口

为了在8位LCD显示器上显示字符串“12345678”，经过一段时间延时后再显示字符串“HP－－HELP”的参考程序如下：

```
#include <reg51.h>
#include <absacc.h>
#define ICM7211M_1 XBYTE[0x7FFF]            //第一片ICM7211(A)M地址
#define ICM7211M_2 XBYTE[0xBFFF]            //第二片ICM7211(A)M地址
#define unchar unsigned char
const unchar data1[4] = {0x3F,0x2F,0x1F,0x0F};
```

```
const unchar data2[4] = {0xCF,0x8F,0x4F,0x0F};
const unchar data3[4] = {0x31,0x22,0x13,0x04};
const unchar data4[4] = {0xC5,0x86,0x47,0x08};
const unchar data5[4] = {0x3C,0x2E,0x1A,0x0A};
const unchar data6[4] = {0xCC,0x8B,0x4D,0x0E};
unchar i = 0;
unchar j = 0;
void main(void)
{
    for(i = 0;i <3;i ++)
    {
      switch(i)
      {
        case 0:
        for(j = 0;j < 4;j ++)          //清除第一片显示(顺序为 LCD1～LCD4)
          ICM7211M_1 = data1[j];
        for(j = 0;j < 4;j ++)          //清除第二片显示(顺序为 LCD5～LCD8)
          ICM7211M_2 = data2[j];
        Delay( );                      //延时
        break;
case 1:
        for(j = 0;j <4;j ++)             //在第一片显示"1234"
          ICM7211M_1 = data3[j];
        for(j = 0;j < 4;j ++)             //在第二片显示"5678"
          ICM7211M_2 = data4[j];
        Delay( );
        break;
    case 2:
        for(j = 0;j <4;j ++)             //在第一片显示"HP——"
          ICM7211M_1 = data5[j];
        for(j = 0;j <4;j ++)             //在第二片显示"HELP"
          ICM7211M_2 = data6[j];
        break;
      default:break;
    }
  }
  while(1);
}
```

6.6.3 键盘及接口

在单片机应用系统中为了控制系统的工作状态，以及向系统输入数据，应用系统应设有按键或键盘，实现简单的人机会话。键盘是一组按键的集合，键通常是一种常开型按钮开关，平时键的两个触点处于断开(开路)状态，按下键时它们才闭合(短路)。从键盘的结构来分类键盘可以分为独立式和矩阵式两类，每一类按其识别方法又都可分为编码和未编码键盘两种。键盘上闭合键的识别由专门的硬件译码器实现并产生编号或键值的称为编码键盘，靠软件识别的称为未编码键盘。在由单片机组成的测控系统及智能化仪器中，用得较多的是未编码键盘。本节只讨论未编码键盘的原理、接口技术和程序设计。

通常的按键开关为机械弹性开关，由于机械触点的弹性作用，一个按键开关在闭合时并不会马上稳定地闭合，在断开时也不会马上断开，因而机械开关在闭合及断开瞬间均伴随有一连串的抖动，如图 6—58 所示。抖动的时间长短由按键开关的机械特性及按键的人为因素决定，一般为 5～20 ms。

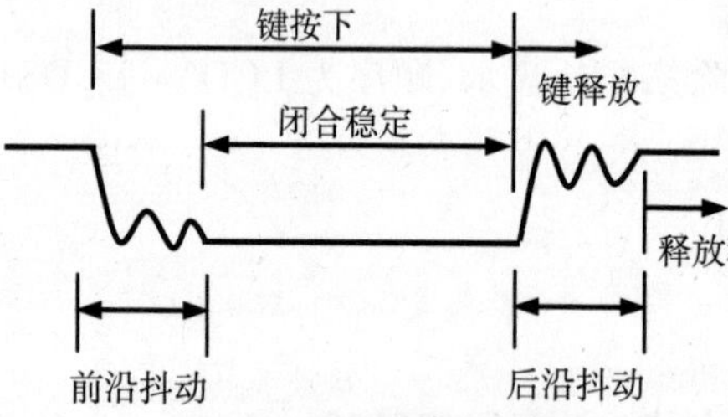

图6-58 按键时的抖动

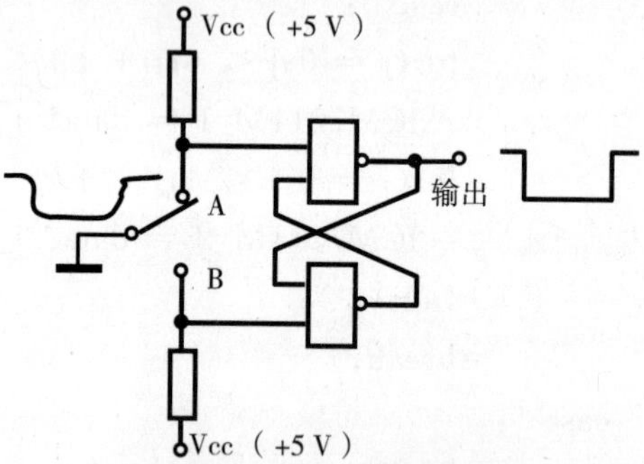

图6-59 RS触发器消抖电路

按键抖动如果处理不当会引起一次按键被误处理多次，为了确保 CPU 对键的一次闭合仅作一次处理，则必须消除键抖动，在键闭合稳定时取键状态，一般是判别到键释放稳定后再作处理，消除键抖动可用硬件和软件两种方法。消除键抖动通常当键数较少时用硬件方法，键数较多时用软件方法。消除键抖动的硬件方法常用 RS 触发器、施密特门电路等，如图 6—59 所示为采用 RS 触发器的硬件消抖电路。消除键抖动的软件方法是当检测出键闭合后执行一个延时程序(产生 5～20 ms 的延时)，待前沿抖动消失后再次检测键的状态，如果键仍保持闭合状态则可确认为有键按下。当检测到按键释放并执行延时程序，待后沿抖动消失后才转入该按键的处理程序。

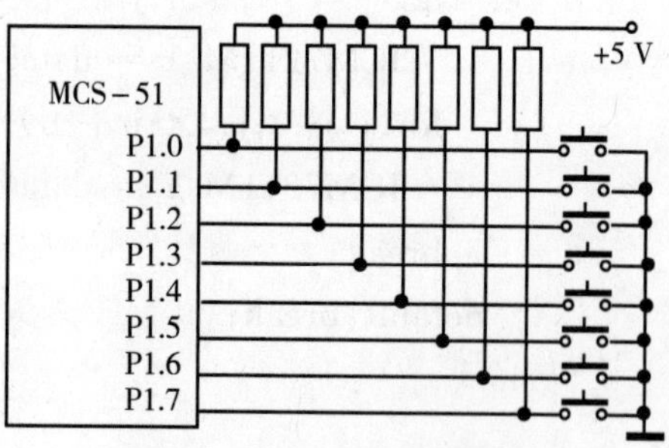

图6-60 独立式未编码键盘

1. 独立式未编码键盘接口及处理程序

独立式键盘是各按键相互独立地接通一条输入数据线，如图 6—60 所示为一种简单的键盘结构，图中电路为查询方式电路。当任何一个键按下，则与之相连的输入数据线即被置为低电平，而平时该输入线的状态为高电平。这种键盘结构的优点是电路简单，编程简单明了，缺点是当键数较多时，要占用较多的 I/O 口线。图中按键判别程序如下(这里没有考虑消除键抖动问题)：

```
#include <reg51.h>
#include <absacc.h>
#defineunchar unsigned char
sfr P1 = 0x80;
void keyfind(void)
{
    unchar  aa;
    aa = P1;                    //读键值
    swich ( aa )
    {
      case 0:
        call keyexe0();         //是 K0 键,执行 K0 键功能程序
        break;
    case 1:
        call keyexe1();         //是 K1 键,执行 K1 键功能程序
        break;
    case 2:
        call keyexe2 ();        //是 K2 键,执行 K2 键功能程序
        break;
    case 3:
        call keyexe3();         //是 K3 键,执行 K3 键功能程序
        break;
    case 4:
        call keyexe4();         //是 K4 键,执行 K4 键功能程序
        break;
    case 5:
        call keyexe5();         //是 K5 键,执行 K5 键功能程序
        break;
    case 6:
        call keyexe6();         //是 K6 键,执行 K6 键功能程序
        break;
    case 7:
        call keyexe7();         //是 K7 键,执行 K7 键功能程序
        break;
    default:break;
    }
}
```

因为以上按键判别程序是采用查询判别键是否按下，各按键会存在优先级，优先级顺序依次为键号 0～键号 7。

2. 行列式未编码键盘原理及处理程序

为了减少键盘与单片机接口时所占用I/O口线的数目，通常都将键盘排列成行列矩阵式，如图6－61所示为一个4×4的键盘结构图。图中键盘的行线（X0～X3）与列线（Y0～Y3）的交叉处不相连，而是通过一个按键来联通，行线通过电阻接＋5 V，当键盘上没有键闭合时所有的行线和列线都断开，则行线都呈高电平。当键盘上某一个键闭合时，则该键所对应的行线和列线被短路。例如：6号键被按下闭合时，行线X1和列线Y2被短路，此时X1的电平由Y2的电位所决定。

如果把行线接到单片机的输入口，列线接到单片机的输出口，则在单片机的控制下，先使列线Y0为低电平，其余三根列线Y1、Y2、Y3都为高电平，读行线状态。如果X0、X1、X2、X3都为高电平，则Y0这一列上没有键闭合。如果读出的行线状态不全为高电平，则为低电平的行线和Y0相交的键处于闭合状态。如果Y0这一列上没有键闭合，接着使列线Y1为低电平，其余列线为高电平，用同样方法检查Y1这一列上有无键闭合。以此类推，最后使列线Y3为低电平，其余的列线为高电平，检查Y3这一列上是否有键闭合。这种逐行逐列地检查键盘状态的过程称为对键盘的一次扫描。CPU对键盘扫描可以采取程序控制的随机方式，CPU空闲时扫描键盘；也可以采取定时控制方式，每隔一定时间，CPU对键盘扫描一次，CPU可随时响应键盘输入请求；也可以采用中断方式，当键盘上有键闭合时，向CPU请求中断，CPU响应键盘输入中断，对键盘扫描，以识别哪一个键处于闭合状态，并对键输入信息作出相应处理。CPU对键盘上闭合键的键号确定，可以根据行线和列线的状态计算求得，也可以根据行线和列线状态查表求得。

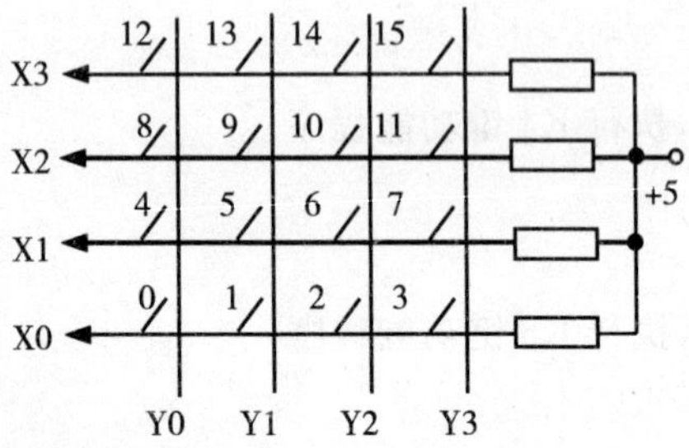

图6-61 4×4行列式未编码键盘结构图

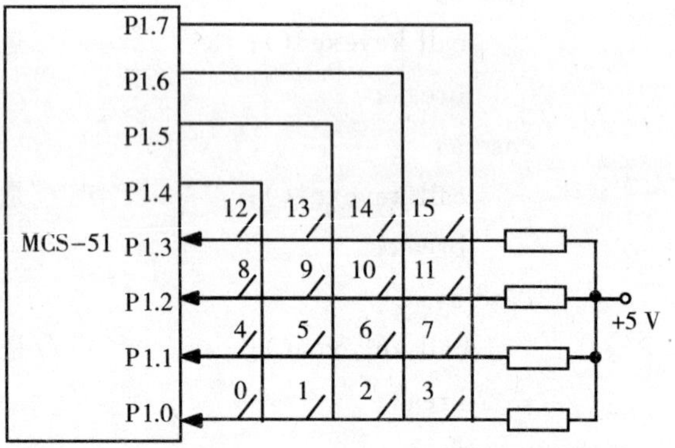

图6-62 用P1实现口4×4行列式未编码键盘结构

3. 行列式未编码键盘与MCS－51的接口方法

行列式未编码键盘与MCS－51的接口可将行列式未编码键盘的行线接单片机I/O口的输入线，将列线接单片机的输出线即可构成键盘电路。如将图6－61所示行列式未编码键盘的X0～X3接单片机的P1.0～P1.3，Y0～Y3接单片机的P1.4～P1.7，并设置单片机的P1.0～P1.3为输入线，P1.4～P1.7为输出线，就构成了如图6－62所示的一个4×4的行列式未编码键盘。在单片机应用系统中，有时同时需要使用键盘与显示器接口，为节省I/O口线常把键盘和显示电路一起考虑，构成键盘、显示电路。图6－63所示为通过8155构成一个实用键盘、显示器接口电路。

图6－63中LED显示器采用共阴极方式，6个显示器的段选码由8155的PB口提供，位选码由8155的PA口提供（PA口同时也提供行列式未编码键盘的列线），行列式未编码键盘的行线由

PC 口提供,图中只设置了 12 个键,如果增加 PC 口线,设全部 PC 口线(PC0～ PC5)用作键盘的行线,全部 PA 口线(PA0～ PA7)作键盘列线,则按键最多可达 8×6 个。

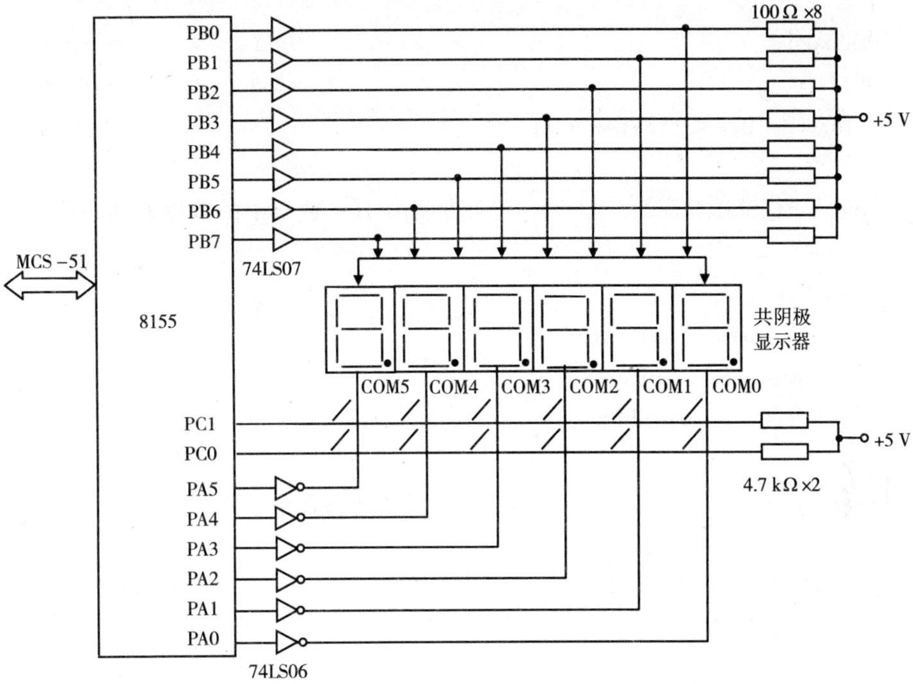

图6-63　用8155 I/O口的2×6键盘和6位动态显示器接口

LED 显示器采用动态显示方式,键盘采用逐列扫描查询工作方式。由于键盘与显示做成一个接口电路,因此在软件中需合并考虑键盘查询与动态显示,键盘去抖的延时子程序用显示程序替代。键盘扫描子程序清单:

```
#include <reg51.h>
#include <absacc.h>
#define unchar unsigned char
#define _8155A_Cmd XBYTE[0x7F00]        //8155A 命令端口地址
#define _8155A_PA    XBYTE[0x7F01]      //8155A PA 端口地址
#define _8155A_PB    XBYTE[0x7F02]      //8155A PB 端口地址
#define _8155A_PC    XBYTE[0x7F03]      //8155A PC 端口地址
#define KEY_STATE1 1                    //状态 1:判断是否有键值
#define KEY_STATE2 2                    //状态 2: 消除抖动并确认
#define KEY_STATE3 3                    //状态 3: 等待释放
unchar key;                             //键值
unchar state;                           //状态
unchar buffer[6];                       //显示数组
bit Enter_flag = 0;                     //确认有键标志
const unchar segtab[12] = {0x3F,0x06,0x5B,0x4F,0x66,0x6D,0x7D,0x07,0x7F,
```

```
0x6F,0x77,0x7F};//'0'、'1'、'2'、'3'、'4'、'5'、'6'、'7'、'8'、'9'、'A'、'b'
void delay_ms(unchar u_ms)                  //延时程序 1ms
{
    unchar i;
    while(u_ms--)
      for(i = 0;i <115;i ++);
}
    void Left_Shift(void)                   //将 buffer 数组中的数据左移一位
    {
      unchar i;
      for(i = 5;i > 0;i --)
        buffer[i] = buffer[i - 1];
      buffer[0] = segtab[key];
}
void Display(void)                          //LED 动态显示
{
    unchar i;
    for(i = 0;i <6;i ++)
    {
      _8155A_PA = (1 << i);
      _8155A_PB = buffer[i];
      delay_ms(3);
    }
}
void Timer0_ISR(void) interrupt 1   using 0       //定时器中断 0
{
    unchar temp;
    unchar i;
    TH0 = 0xB1;
    TL0 = 0xE0;
    switch(state)
    {
      case KEY_STATE1:                      //判断是否有键按下
        _8155A_PA = 0xFF;
        temp = ~_8155A_PC;
        if(temp & 0x03)
        {
        state = KEY_STATE2;
        }
```

```
            break;
        case KEY_STATE2:                          //确认按键
            _8155A_PA = 0xFF;
            temp = ~_8155A_PC;
            if(temp & 0x03)
            {
              state = KEY_STATE3;
              for(i = 0; i <6; i ++)              //键盘扫描
              {
                _8155A_PA = (1 <<i);
                temp = ~_8155A_PC;
                temp &= 0x03;
                if(temp == 0x02)
                  key = i;
                else if(temp == 0x01)
                  key = i + 6;
              }
              Enter_flag = 1;
          }
          break;
    case KEY_STATE3:                              //等待释放
          _8155A_PA = 0xFF;
          temp = ~_8155A_PC;
          temp &= 0x03;
          if(temp == 0)
              state = KEY_STATE1;
          break;
      }
    }
    void main(void)
    {
          state = KEY_STATE1;
          TMOD = 0x01;              //定时器 0,方式 1
          TH0 = 0xB1;               //定时 20ms
          TL0 = 0xE0;
          _8155A_Cmd = 0x03;        //PA 输出,PB 输出,PC 输入
          ET0 = 1;
          EA= 1;
          TR0 = 1;
```

```
    while(1)
    {
      if(Enter_flag == 1)
      {
      Left_Shift();           //有键按下 则左移 buffer 数组中的数据
      Enter_flag = 0;
      }
    EA= 0;
    Display();                //动态扫描
    EA= 1;
  }
}
```

以上键盘扫描程序，CPU 需不停的扫描键盘，影响其他功能的执行，工作效率较低。在实际使用键盘时常采用定时扫描键盘的方式，一般是利用单片机内部的定时器，产生一个适当时间的定时中断，CPU 响应中断时对键盘进行扫描取键过程，以响应键输入请求，其硬件逻辑与图 6－63 相同，其键扫描过程也与以上程序相同。

定时扫描键盘能及时响应键盘的输入命令或数据，便于操作员对正在执行的程序进行干预，但这种方式不管键盘上有无键闭合，CPU 总是定时地扫描键盘，而按键往往不会是经常性的事件，这样 CPU 对键盘会时常进行空扫描。为了进一步提高 CPU 的效率，可以采用外部中断方式，当键盘上有键闭合时才产生一个外部中断申请，CPU 响应键盘中断申请，在中断服务程序中扫描判别键盘上闭合的键号，并作相应的处理。

如图 6－64 所示为一个 4×4 键盘与 MCS－51 采用中断方式的一种接口电路。当键盘上没有键闭合时 P3.3 为高电平，当键盘上有任一个键闭合时 P3.3 变为低电平，向 CPU 发出中断请求，若 CPU 已开放外部中断 1 且无更高级或同级中断响应，则 CPU 响应中断，扫描键盘并作相应的处理。

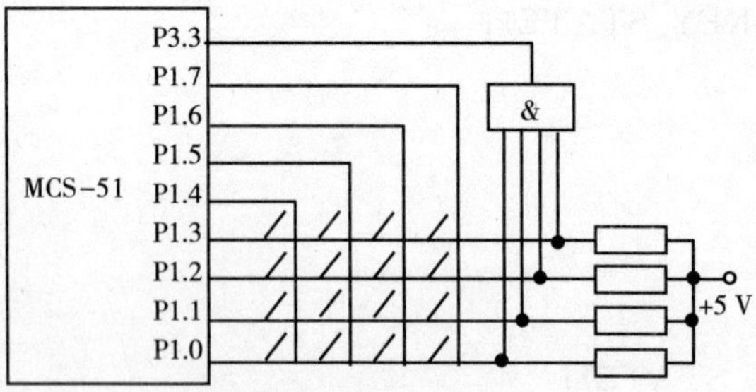

图6-64 4×4行列式未编码键盘中断方式接口电路

6.7 微型打印机接口扩展

打印机是计算机系统常用的硬拷贝输出设备，目前市售的打印机规格、种类比较多，原则上它们都可以作为单片机系统的外围设备。然而，一般的单片机应用系统在体积、功耗、可靠性和价格方面有比较严格的要求，而对打印机的功能要求不高，因此在单片机系统中应用较多的是微型打印机，如 TPμP－40A/16A、GP16、PP40 等智能微型打印机。

智能微型打印机的内部一般都有控制器，它能和主机之间实现命令、数据、状态的传递，控制打印机将信息打印出来。有些计算器上使用的字轮式打印机只是一个打印机头，机械动作须由主机控制，如每行为 12 个字符的字轮式 VOESA 打印机，由于它小巧、价廉而被选用。

打印机一般通过并行口和主机 CPU 相连，也有少数打印机通过串行接口或直接连到系统的总线上。以下介绍智能微型打印机 PP40 与 MCS－51 的接口。PP40 的工作速度较慢，但 PP40 体积小、价格低、可靠性高、工作时噪声小，能描绘出所有可显示的 ASCII 字符和彩色图表，它和 CPU 的通信采用规范化的 Centronics 标准。

1. PP40 的接口信号

PP40 和主机的接口信号如表 6－10 所示，所有的 I/O 信号与 TTL 电平兼容。

DATA 1～8：数据线；$\overline{\text{STROBE}}$：选通输入信号线，它的上升沿将 DATA 1～8 上的信息打入 PP40，并启动 PP40 处理；BUSY：状态输出线。PP40 正在处理主机的命令或数据（描绘）时 BUSY 输出高电平，空闲时 BUSY 输出低电平，BUSY 可作为中断请求线或供 CPU 查询；ACK：响应输出线，当 PP40 接收并处理完主机的命令或数据时，输出一个负脉冲，它也可以作为中断请求线。

表 6－10　PP40 的接口信号

针位	信号	针位	信号	针位	信号	针位	信号
1	$\overline{\text{STROBE}}$	10	$\overline{\text{ACK}}$	19	GND*	28	GND*
2	DATA1	11	BUSY	20	GND*	29	GND*
3	DATA2	12	GND	21	GND*	30	GND*
4	DATA3	13	NC	22	GND*	31	NC
5	DATA4	14	GND	23	GND*	32	NC
6	DATA5	15	GND	24	GND*	33	GND
7	DATA6	16	GND	25	GND*	34	NC
8	DATA7	17	GND	26	GND*	35	NC
9	DATA8	18	NC	27	GND*	36	NC

注：* 用以和信号线绞线，以提高抗干扰能力，NC 为空脚。

PP40 和主机之间的通信时序如图 6－65 所示。

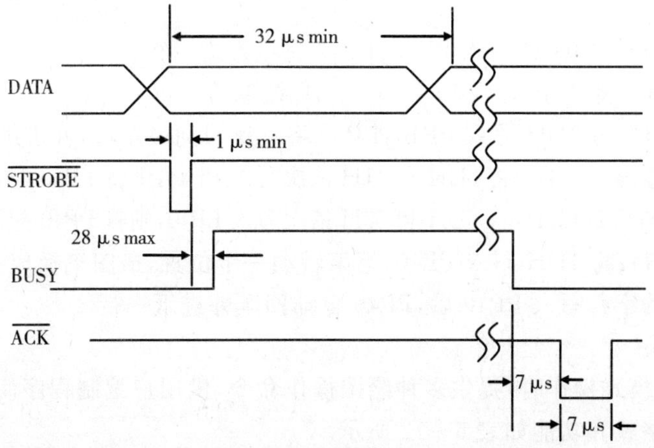

图6-65　PP40和主机的通信时序(centronics)

2. PP40 的操作方法

PP40 具有文本模式和图案模式两种操作方式，初始加电后为文本模式状态。PP40 处于文本模式状态时，主机将回车符(0DH)和控制 2 编码(12H)写入 PP40，则由文本模式变为图案模式，再将回车符(0DH)和控制 1 编码(11H)写入 PP40，又回到文本模式。PP40 在文本模式，能打印所有的 ASCII 字符。在图案模式下，能描绘出用户设计的各种彩色图案。

(1) 文本模式

PP40 的文本模式用于打印字符串，可打印的字符编码如表 6－11 所示。

表 6－11 PP40 文字符号编码

	0	1	2	3	4	5	6	7
0				0	@	P	‘	p
1		DC1*	!	1	A	Q	a	q
2		DC2*	"	2	B	R	b	r
3			#	3	C	S	c	s
4			$	4	D	T	d	t
5			%	5	E	U	e	u
6			&	6	F	V	f	v
7			’	7	G	W	g	w
8	BS		(	8	H	X	h	x
9			)	9	I	Y	i	y
A	LF		*	:	J	Z	j	z
B	LU		+	;	K	[	k	{
C			,	<	L	\	l	|
D	CR*	NC*	－	=	M	]	m	}
E			.	>	N	^	n	～
F			/	?	O	—	o	

注：DC1——配制控制 1(文本模式)；DC2——配制控制 2(图案模式)；NC——转色；CR——回车(笔返回左方位置)。

表 6－11 中除了字符编码外，还列出了一些控制编码，它们的定义如下：

① 回位(08H)：将 08H 写入 PP40，使笔回到前一个字符位置，若笔已处于最左边位置，则该命令失效。

② 进纸(0AH)：将 0AH 写入 PP40，PP40 将纸推进一行。

③ 退纸(0BH)：将 0BH 写入 PP40，PP40 将纸退后一行。

④ 回车(0DH)：将 0DH 写入 PP40，PP40 将笔返回到最左边，并进纸一行。

⑤ 方式控制编码 1(11H)：将 0DH 和 11H 依次写入 PP40，则将 PP40 配置成文本模式。

⑥ 方式控制编码 2(12H)：将 0DH 和 12H 依次写入 PP40，则将 PP40 配置成图案模式。

⑦ 转色(1DH)：将 1DH 写入 PP40，笔架转动一个位置，描图笔换成一种颜色。

当超过一行的字符写入 PP40 后，PP40 自动回车并进纸一行。

(2) 图案模式

PP40 在图案模式操作时，提供多种绘图操作命令，供用户编制程序使用，以便绘出各类图形。绘图命令格式和功能如表 6－12 所示。

表 6－12　绘图命令表

指　令	格　　式	功　　　能
线形式	$Lp(p = 0 \sim 15)$	所绘画线的形式，实线：$p = 0$，点线 $p = 1 \sim 15$，而且具有指定格式
重置	A	笔架返回 X 轴最左方，而 Y 轴不变动。返回文字模式，并以笔架停留作为起点
回档	H	笔嘴升起返回起点
预备	I	以笔架位置作为起点
绘线	$Dx,y,\cdots,Xn,Yn$ $(-999 \leqslant x,y \leqslant 999)$	由现时笔嘴位置至 (x,y) 连线
相对绘线	$J\Delta x,\Delta y,\cdots,\Delta Xn,\Delta Yn$ $(-999 \leqslant \Delta x,\Delta y \leqslant 999)$	由现时笔嘴位置画一直线至距笔嘴点 $\Delta x,\Delta y$ 之点上
移动	$Mx,y(-480 \leqslant x,y \leqslant 480)$	笔嘴升起，移动至 (x,y) 之点上
相对移动	$R\Delta x,\Delta y(-480 \leqslant \Delta x,\Delta y \leqslant 480)$	笔嘴升起，移动至现时笔架相距 $\Delta x,\Delta y$ 之新点上
颜色转换	$Cn(n = 0 \sim 3)$	颜色转动由 n 所指定：0－黑，1－蓝，2－绿，3－红
字符尺码	$Sn(n = 0 \sim 63)$	指定字符尺码
字母编印方向	$Qn(n = 0 \sim 3)$	指示文字编印方向（只在图案模式下适用）
编印	$PC,C,\cdots,Cn$（n 无限制）	编印字符（C 为字符）
轴	$Xp,q,r(p = 0 \sim 1)$ $(q = -999 \sim 999)$ $(r = 1 \sim 255)$	由现时笔架位置绘画轴线 Y 轴：$p = 0$；X 轴：$p = 1$ $q =$ 点距；$r =$ 重复次数

3. PP40 的接口方法

在设计一个打印机的接口电路时，既要考虑数据、状态线的特性（如是否为三态、负载等）和应答信号的时序，还必须考虑信息的有效时间。若只从时序上考虑接口方法，忽略了信号的有效时间宽度，打印机仍然不能正常工作。

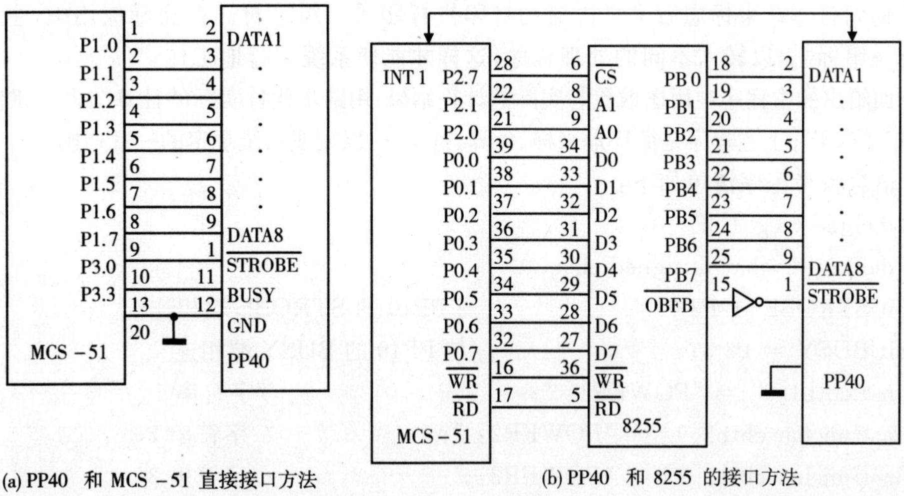

(a) PP40　和 MCS－51 直接接口方法　　(b) PP40　和 8255 的接口方法

图6-66　PP40和MCS-51的两种接口方法

图 6－65 所示的 PP40 接口时序波形中，对 DATA1～DATA8 上的数据信息和选通信号 STROBE 的有效时间有一定的要求，因此 PP40 必须通过并行接口和 CPU 通信。

图 6－66 给出了 PP40 和 MCS－51 的两种接口方法：图 6－66(a)中 MCS－51 的 P1 口作为数据口，P3.0 作为选通信号输出线，P3.3 作为中断请求输入线。输出到 PP40 的选通信号必须由软件产生，由于选通信号产生以后经 28 μs BUSY 才上升为高电平，所以外部中断应选用边沿触发方式；图 6－66(b)中 8255 的 PB 口工作于选通输出方式，8255 和 PP40 的握手信号由 8255 硬件产生，PP40 的 BUSY 信号作为 MCS－51 的外部中断请求信号，采用边沿触发方式。

4．打印程序设计举例

设计打印程序时，不仅要求所设计的打印程序尽可能少占用 RAM 存储器，还应考虑打印机速度比较低这个特点，设法提高 CPU 和打印机的并行工作程度。这一节介绍 PP40 文本模式程序设计方法。文本模式打印中最重要的应用是格式打印，例如：

POWER1：XXXXXXKWH；　POWER2：XXXXXXKWH；　POWER3：XXXXXXKWH

实现这种格式打印的最简单的方法是将所要打印的字符按一定格式装配到打印缓冲器，打印时依次从缓冲器中取出字符输出到 PP40，这种方法需要的 RAM 缓冲器比较大，不适合于没有外接 RAM 的单片机系统。

格式打印的内容一般可以分为两个部分：一部分是固定不变的字符串，包括单位、空格、回车等；另一部分是计算的数据结果，每次打印都是变化的。本例中固定的字符串有：

POWER1：　POWER2：　POWER3：　KWH

数据信息为 3 字节：XXXXXX。

如果我们把固定的字符串存放于程序存储器中，打印时通过查表取出来输出到 PP40，这样仅需要存放数据的缓冲器区，本例中缓冲器大小为 9 字节。

在图 6－67(a)中，对 PP40 的输出操作可以用查询方式也可以用中断方式控制，为了提高系统的并行性，我们采用中断方式控制。下面给出了程序框图(如图 6－67 所示)和清单。

主程序和中断服务程序之间的信息交换采用设置标志符方法。打印一组字符时，主程序输出第一个字符给打印机后，启动打印机打印并允许$\overline{INT1}$中断，中断程序依次将主程序指定的字符串中字符送给打印机打印，一组字符输出完，置“1”结束标志，禁止$\overline{INT1}$中断，主程序查询到打印结束标志后又可以启动打印机打印另一组字符。在实际应用中，主程序需要查询一组标志，以转入不同的处理程序，这样才能使系统并行地工作。

下面给出的主程序中用送数代替实际的计算结果，用踏步代替实际的计算结果，用踏步代替其他的工作，实际上主程序是循环地采样、计算、打印、…以完成系统规定的一系列操作。

C 语言参考程序清单如下：

```
#include <reg51.h>
#define  unchar unsigned char
sbit STROBE = P3^0;                //与 PP40 的 STROBE 端相连
sbit BUSY = P3^3;                  //与 PP40 的 BUSY 端相连
const chtb1[9] = "POWER1: ";                       //字符串 1
const unchar chtb2[9] = "POWER2: ";                //字符串 2
const unchar chtb3[9] = "POWER3: ";                //字符串 3
const unchar data_tab1[3] = {0x11,0x11,0x11};      //数据串 1
```

```
const unchar data_tab2[3] = {0x12,0x12,0x12};     //数据串 2
const unchar data_tab3[3] = {0x13,0x13,0x13};     //数据串 3
unchar buffer[8];                 //存放数据的缓冲区
unchar length = 0;                //需要打印的数据长度
unchar index = 0;                 //缓冲区 buffer 索引
unchar count = 0;
sbit finished_flag = 0;           //= 1 数据串打印完毕;= 0 数据串正在打印
//函数功能:将字符串装载到 buffer 中//
void LoadString(const unchar * buf, const unchar str_len)
{
        unchar i;
        length = str_len;
        for(i = 0;i <str_len;i ++)
          buffer[i] = buf[i];
    }
//将数据装载到 buffer 中//
void LoadData(const unchar * buf, const unchar data_len)
{
        unchar i,temp;
        length = data_len * 2;
        for(i = 0;i < str_len;i ++)
        {
          temp = buf[i]&0x0F + 0x30;          //字节第四位转换
          buffer[2 * i] = temp;
          temp = buf[i] >> 4;
          temp = temp + 0x30;                 //字节高四位转换
          buffer[2 * i + 1] = temp;
        }
}
void INT1_ISR(void) interrupt 2          //外部中断 INT1 服务函数
{
        P1 = buffer[index];              //打印字符
        STROBE = 0;
        #pragma asm
        nop
        nop
        #pragma endasm
        STROBE = 1;
        index ++;              //索引指向下一个字符
```

```
    if(index >= length)         //打印完毕
    {
      EX1 = 0;                  //关中断
      finished_flag = 1;        //置位打印完毕标志
      index = 0;
    }
}
void main(void)
{
    EA= 1;                      //开中断
    EX1 = 1;                    //开外部中断
    LoadString(chtb1,8);
    P1 = 0x20;                  //启动打印
    STROBE = 0;
    #pragma asm
      nop
      nop
    #pragma endasm
    STROBE = 1;
    while(count <5)
    {
      if(finished_flag)
      {
        switch(count)
        {
          case 0: LoadData(data_tab1,3);   break;   //装载数据串 1 到 buffer
          case 1: Loadstring(chtb2,8);     break;   //装载字符串 2 到 buffer
          case 2: LoadData(data_tab2,3);   break;   //装载数据串 2 到 buffer
          case 3: LoadString(chtb3,8);     break;   //装载字符串 3 到 buffer
          case 4: LoadData(data_tab3,3);   break;   //装载数据串 3 到 buffer
          default:
        }
        count ++;
        finished_flag = 0;                          //进入下一次打印
        EX0 = 1;                                    //开外部中断 INT1
        P1 = 0x20;
        STROBE = 0;
        #pragma asm
          nop
```

```
        nop
      #pragma endasm
      STROBE = 1;
    }
  }
  while(1);
}
```

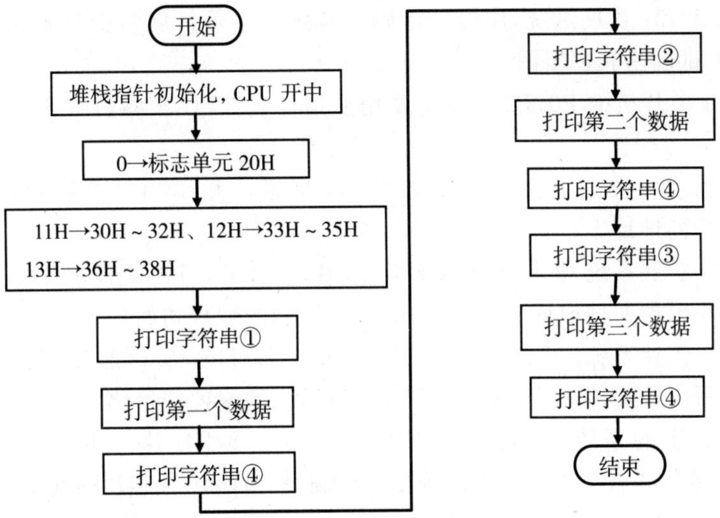

（a）主程序

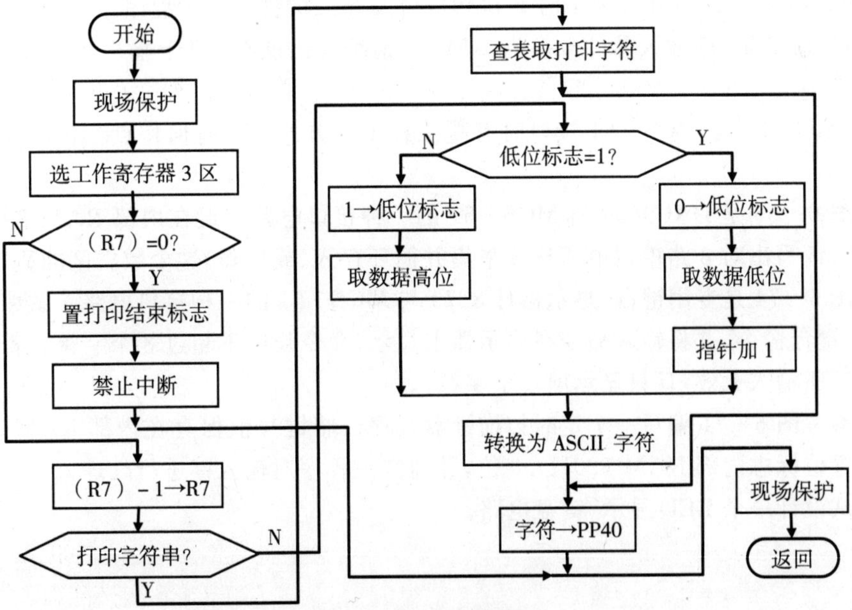

（b）中断服务程序

图6-67　PP40文本模式打印示范程序框图

习 题

1. 一个 MCS－51 扩展系统，用线选法常规最多可扩展多少片 8255？它们的地址各为多少？

2. 一个 MCS－51 扩展系统，用线选法常规最多可扩展多少片 6264？它们的地址范围各为多少？试画出其逻辑图。

3. 一个 MCS－51 扩展系统，用地址译码法常规最多可扩展多少片 6264？它们的地址范围各为多少？试画出其逻辑图。

4. MCS－51 单片机的 P0、P2 口的主要用途是什么？74LS244、74LS245 芯片的主要用途是什么？

5. 以 8031 为主的系统，扩展 2 片 2764 EPROM 芯片和 8KB 片外 RAM，试画出其逻辑图，并写出各芯片的地址。

6. 一个 8751 扩展系统，扩展了 1 片 8255，2 片 74LS377，P2 口部分口线接外设，试画出该系统逻辑图，写出各器件地址。并对 8255 进行适当的编程初始化。

7. 一个 8751 扩展系统，扩展了 1 片 8155，2 片 74LS245，P2 口部分口线接外设，试画出该系统逻辑图，写出各器件地址。并对 8155 进行适当的编程初始化。

8. 以 8031 为主的系统，扩展 8KB EPROM 芯片，8 KB 片外 RAM，1 片 8255，1 片 8155，1 片 ADC0809，1 片 DAC0832，试画出其逻辑图，并写出各芯片的地址。

9. 在采用 8255 扩展 I/O 口时，若把 8255A 口每一位接一个开关，B 口每一位接一个发光二极管。请编写 A 口开关为 1 时 B 口相应位发光二极管点亮的程序。

10. 设 8155 T1 端输入脉冲频率为 1 MHz，请编写出能在 T0 上输出周期为 8 ms 的方波程序。

11. DAC0832 与 MCS－51 接口时有哪三种工作方式？各有何特点？各适合在什么场合下使用？

12. 图 6－55 是 DAC0809 与 MCS－51 的一种接口电路。设在内部 RAM 20H 开始有一数据区，请写出对 8 路模拟电压连续采集并循环存入（或更新）这个数据区的程序。

13. 图 6－74 是专用键盘、显示器件 8279 与 MCS－51 的一种接口电路。试编写程序从键盘输入键盘命令，并将输入命令在显示器上显示（命令长度不超过 8 个字符。若超过 8 个字符，则后面输入无效，且只显示前 8 个字符）。

14. 参考图 6－71 编写一个定时扫描键盘程序。将键号值保存在内部 RAM 30H 单元中，同时置位标志内部 RAM (20H).0 位，并通知主程序对输入键进行处理。

15. 试设计一个 LED 显示/键盘电路。

第 7 章　MCS－51 单片机的串行外设接口技术

相比并行接口，串行外设接口具有接线灵活、占用单片机资源少、结构简单、容易形成模块化结构、抗干扰能力强等特点。目前单片机应用系统越来越多地采用串行外设接口技术，且目前已有不少串行接口芯片在速度和精度上甚至已超过了同等功能的并行接口芯片。因而，串行外设接口技术在 IC 卡、智能仪器仪表以及分布式测控系统等领域获得了广泛应用。目前主要有 4 线(SPI)、3 线(MicroWire)、2 线(IIC)、1 线(1－Wire)等串行外设接口芯片。

7.1　SPI 串行外设接口技术

SPI(Special Peripheral Interface)是 Freescale 公司(原 MOTOROLA 公司半导体部)推出的同步串行扩展接口。该接口共使用 4 条信号线：主机输出片选信号线 SS、主机输出时钟信号线 SCLK、主机输出/从机输入数据线 MOSI 以及主机输入/从机输出数据线 MISO。串行时钟 SCLK 用于同步 MOSI 和 MISO 传输信号。SPI 串行扩展接口是全双工同步通信口，主机方式传送数据的最高速率达到 1.05 Mb/s。

7.1.1　SPI 从机与单片机接口的数据/控制信号

在由 SPI 串行总线构成的单片机应用系统中，SPI 从机采用图 7－1 所示连接方法。SPI 从机使用 2 根数据线(MOSI、MISO)和 2 根控制线(SS、SCLK)。其中，数据线 MISO 不仅用于 SPI 从机向系统主机返回数据，还可用作多个 SPI 从机之间的级联。当前从机的 MISO 输出端可以连接到下一级从机的 MOSI 输入端。

SPI 串行接口设备既可以工作在主机模式下，也可以工作在从机模式下。系统主机为 SPI 总线通信过程提供同步时钟信号，并决定从机片选信号的状态，来控制将要进行通信的 SPI 从机。SPI 从机则从系统主机获取时钟及片选信号，因此从机的控制信号 SS、SCLK 都是输入信号。

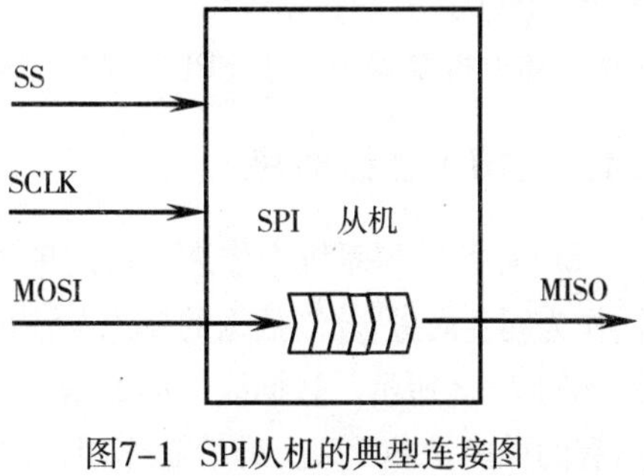

图7-1　SPI从机的典型连接图

在系统主机与 SPI 从机之间进行通信时，不论是命令还是数据都以串行方式传送。

在 SPI 串行总线中，SS 用来控制外围设备的选通(低电平有效)，若一个 SPI 从机没有被选中，它的数据传输端 MISO 将处于高阻状态，从而与当前处于激活状态的隔离开。SCLK 则用来为数据通信提供同步时钟。不论 SPI 从机是否处于选通状态，系统主机都会为所有 SPI 从机提供 SCLK 信号。SPI 串行总线系统除了用于连接一个处理器(系统主机)和若干 SPI 从机，还可用于一个主处理器与多个从处理器、多个处理器与若干 SPI 从机之间连接。普通的应用场合采用一个处理器作为系统主机来控制一个或多个 SPI 从机从主机读取数据或向主机写入数据。

7.1.2 SPI 总线系统的组成

图 7—2 是 SPI 总线系统典型结构示意图。单片机与外围扩展器件在时钟线 SCLK、数据线 MOSI 和 MISO 上都是同名端相连。带 SPI 接口的外围器件都有片选端 SS。在扩展多个 SPI 外围器件时，单片机应分别通过 I/O 口线来分时选通外围器件。当 SPI 接口上有多个 SPI 接口的单片机时，应区别其主从地位，在任一时刻只能有一个单片机为主机。

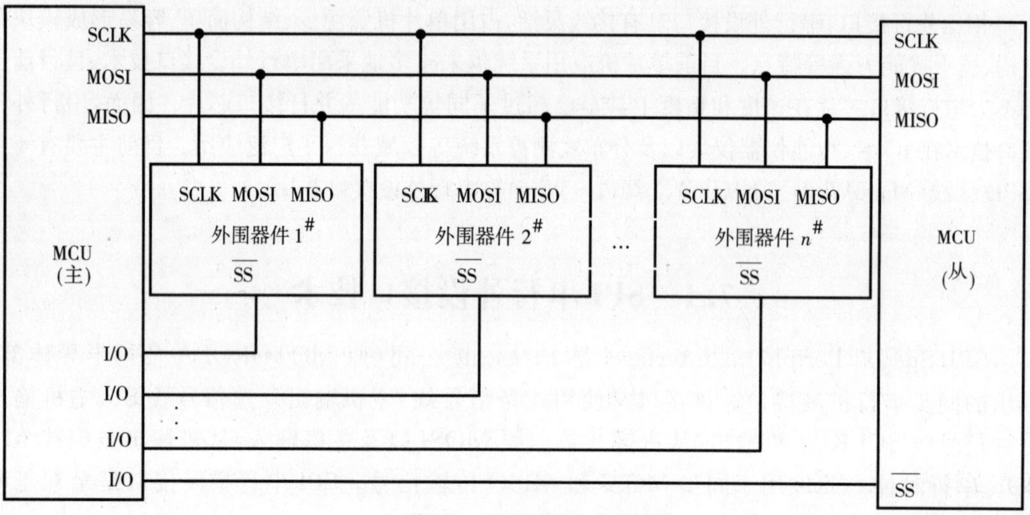

图7-2 SPI外围扩展示意图

SPI 有较高的传输速度，主机最高速率可达 1.05 Mb/s，不少外围器件都有 SPI 接口。在大多数应用场合，使用一个 MCU 作为主机，以控制向一个或多个外围器件的数据传送。从机只能在主机发送命令后才能接收或向主机传送数据。其数据的传输格式是高位(MSB)在前，低位(LSB)在后。当 SPI 工作时，主机移位寄存器中的数据逐位从输出引脚(MOSI)输出，同时从输入引脚(MISO)接收的数据逐位移到寄存器中。发送一个字节后，从另一个外围器件接收的字节数据进入移位寄存器中。主 SPI 的时钟信号(SCLK)使传输同步。

7.1.3 SPI 总线时序

SPI 串行扩展系统中作为主机的单片机在启动一次传送时便产生了 8 个时钟传送给接口芯片，作为同步时钟，控制数据的输入与输出。其数据的传输格式是高位(MSB)在前，低位(LSB)在后，如图 7—3 所示。数据线上的数据变化以及输入数据的采样，都取决于 SCLK。但对于不同芯片，有的可能是 SCLK 上升沿起作用，有的可能是 SCLK 下降沿起作用。

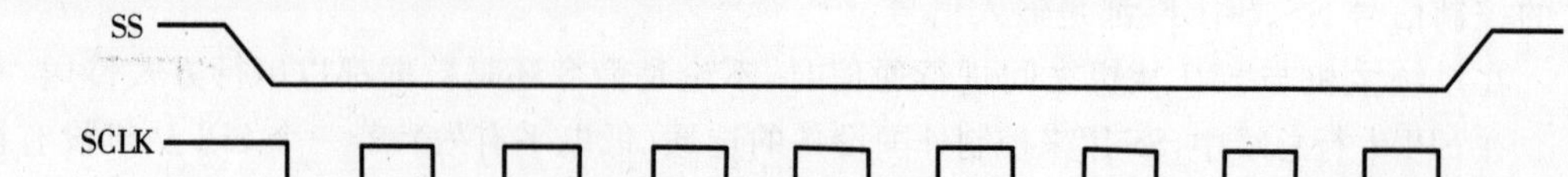

图7-3 SPI数据传送格式

7.1.4 SPI 的配置

SPI 串行数据通信接口可以配置为 4 种不同的工作模式，如表 7—1 所示。

表 7—1　SPI 串行通信接口模式

SPI 模式	CPOL	CPHA
0	0	0
1	0	1
2	1	0
3	1	1

在表 7—1 中，CPHA 用来表示同步时钟信号的相位，CPOL 用来表示同步时钟信号的极性。当同步时钟信号的相位为 0 时(CPHA＝0)、同步时钟信号的极性也为 0(CPOL＝0)时，通信过程中的串行数据位在同步时钟信号的上升沿锁存；当同步时钟信号的相位为 0(CPHA＝0)、同步时钟信号的极性为 1(CPOL＝1)时，通信过程中的串行数据位在同步时钟信号的下降沿锁存。在 CPHA＝1 的情况下，同步时钟信号的相位会翻转 180°。

Freescale 公司的微处理器均允许对同步时钟信号的相位和极性进行设置，正的极性设置将在同步时钟信号的上升沿锁存数据。但实际上数据位是在上升沿之前的一个下降沿就放在了信号线上，这样可以保证数据读出/写入时(上升沿处)是稳定可靠的。

7.1.5 MCS—51 单片机串行扩展 SPI 外设接口的方法

没有 SPI 接口的 MCS—51 单片机，可用单片机的 I/O 口通过软件方法来模拟 SPI 操作。对于在 SCLK 的上升沿输入(接收)数据和在下降沿输出(发送)数据的器件，一般可以用如图 7—4 所示的连接方法通过软件来实现 SPI 操作。图 7—4 中，用单片机的 P1.0 模拟 SPI 的数据输出端(MOSI)，P1.1 模拟 SPI 的 SCLK 输出端，P1.2 模拟 SPI 的从机选择端(SS)，P1.3 模拟 SPI 的数据输入端(MISO)。串行时钟输出口 P1.1 的初始状态设置为 1，而在允许接收后再置 P1.1 为 0。这样，单片机在输出 1 位 SCLK 时钟的同时，将使接口芯片串行左移，从而输出 1 位数据至单片机的 P1.3 口(模拟单片机的 MISO 线)；此后再置 P1.1 为 1，使单片机从 P1.0(模拟单片机的 MOSI 线)输出 1 位数据(先为高位)至串行接口芯片。至此，模拟 1 位数据输入输出便完成。

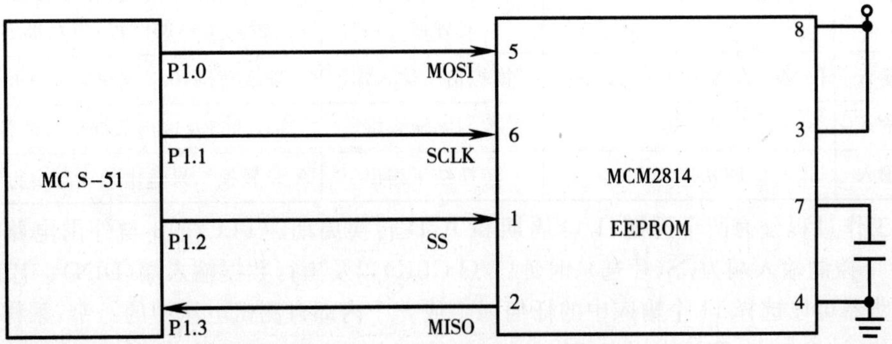

图7-4　MCS-51单片机模拟SPI总线方法

此后可以再置 P1.1 为 0，模拟下 1 位数据的输入/输出…，依此循环 8 次，即可完成 1 次通过 SPI 总线传输 8 位数据的操作。对于在 SCLK 的下降沿输入数据和上升沿输出数据的器件，则应取串行时钟输出的初始状态为 0，即在接口芯片允许时，先置 P1.1 为 1，以便外围接口芯片输出 1 位数据（单片机接收 1 位数据），之后再置时钟为 0，使外围接口芯片接收 1 位数据（单片机发送 1 位数据），从而完成 1 位数据的传送。

7.1.6 应用举例——串行 A/D 转换器 TLC2543 芯片的应用

TLC2543 是 TI 公司生产的众多串行 A/D 转换器中的一种，是有 11 个输入端的 12 位模数转换器，它具有输入通道多、精度高、速度快、使用灵活和体积小的优点。

1. TLC2543 的特点及引脚

使用开关电容逐次逼近技术完成 A/D 转换过程。由于是串行输入结构，能节省单片机的 I/O 资源。其特点有：

- 12 位分辨率 A/D 转换器；
- 在工作温度范围内 10 μs 转换时间；
- 11 个模拟输入通道；
- 路内置自测试方式；
- 采样率为 66 KB/s；
- 线性误差＋1 LSB(max)；
- 有转换结束（EOC）输出；
- 具有单、双极性输出；
- 可编程的 MSB 或 LSB 前导；
- 可编程的输出数据长度。

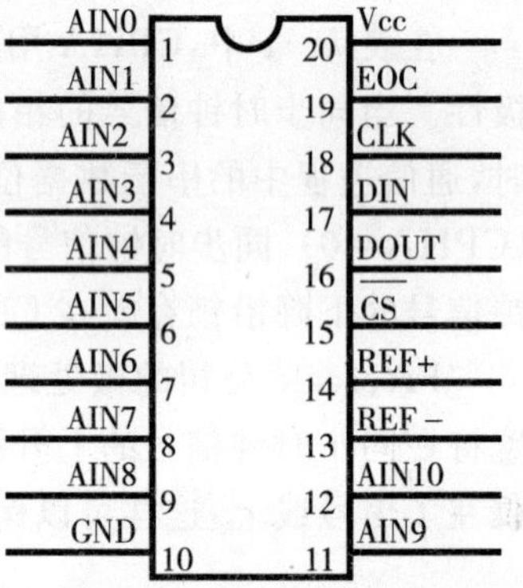

图7-5 TLC2543管脚图

TLC2543 有 DB、DW、N 和 FN 型封装，管脚图如图 7—5，引脚分类及基本接法如表 7—2 所示。

表 7—2 TLC2543 芯片输入输出引脚分类及基本接法

引脚类别	引脚名及引脚号	中文含义	简要说明
电源类	Vcc(20)、GND(10) REF＋(14)、REF－(13)	电源、地参考电压	电源一般使用 5 V 电源一般使用 5 V
控制类	CS(15) EOC(19) CLK	片选端 转换结束端 时钟输入	由高到低有效，由外部输入 转换结束时，向外部输出高 控制 I/O 的时钟，由外部输入
模拟输入	AIN0～AIN10(1～9、11、12)	模拟信号输入端	输入范围：0.3 V～*V* cc＋0.3 V
控制输入	DIN(17)	控制字输入端	输入通道及输出数据格式的控制字
数据输入	DOUT(16)	转换结果输出	A/D 转换结果输出的 3 态串行输出端

其工作过程分为两个周期：I/O 周期和 A/D 转换周期。TLC2543 与外围电路的连线简单，3 个控制输入端为 $\overline{CS}$（片选）、时钟（I/O CLK）以及串行数据输入端（DIN）。片内的 14 通道多路器可以选择 11 个输入中的任何一个或 3 个内部自测试电压中的一个，采样－保持是自动的，转换结束，EOC 输出变高。

(1) 当$\overline{CS}$＝1，A/D 转换周期

此时 TLC2543 未被选通，其 DOUT 脚显高阻态，TLC2543 被禁止。这样，为共同使用串行数据总线的其他芯片让出了总线使用权。这个周期是 A/D 转换周期，因为 TLC2543 仍在进行着 A/D 转换，其 A/D 转换的通道是上一次 I/O 周期从 DIN 输入信号高 4 位所确定的通道。

(2) 当$\overline{CS}$＝0，I/O 周期

这时 TLC2543 既通过 DIN 脚输入数据，又通过 DOUT 脚向外输出数据。伴随着 CLK 时钟信号的 DIN 脚在向 TLC2543 输入的是可编程数据，而通道 DOUT 脚输出的是把上一周期已转换完成的 A/D 数据从该脚输出。

1) 从 DIN 脚输入一个可编程的 8 位数据

其中通过对 D7、D6、D5、D4 这四位的编程(编码数据 0000－1010)可选择对应的 AIN0 ～ AIN10 的 A/D 输入通道。

通过对 D3、D2 的编程可以选择输出数据长度。输出数据长度可选 8 位、12 位、16 位，要指出的是 TLC2543 既然是 12 位 A/D 转换器，其转换数据长度必然是 12 位，而当 D3D2＝01，则选择输出数据长度是 8 位，即只取转换数据的高 8 位，而舍去低 4 位，这样做是以降低转换精度以求 I/O 周期耗时的减少，这种选择方法在实践中较少采用。当 D3D2＝11，则选择数据输出长度是 16 位，此时把转换数据 12 个有效位置于 16 位数据的高 12 位，余下的低 4 位要用 0 去填充，这种输出数据长度的选择方法在实际中较多采用。

D1 位是输出数据格式选择位，当 D1＝0，则让 MSB 先从 DOUT 输出，然后再让 LSB 从 DOUT 输出；当 D1＝1，则反之。建议使用前者。

D0 位是转换结果单/双极性表示选择位，当 D0＝0，则转换结果为单极性表示，当 D0＝1，则转换结果为双极性(即补码形式)表示。建议使用前者。

上述的 8 位可编程数据是从 I/O 周期的第 1 个 CLK 开始便从(D7～D0)一位接一位与 CLK 信号上升沿同步地输入 TLC2543 的输入寄存器。这个 8 位数据，特别是通道号数据将对下一个 A/D 转换周期的待转换通道号作出规定。从第 5 个 CLK 开始，TLC2543 的多通道选择器(即多路模拟开关)便根据本次 I/O 周期输入数据去选择多通道模拟开关的位置。

2) DOUT 脚输出一个 A/D 转换数据

以输出数据长度取 16 位为例，设输入数据 D3D2＝11。这时 I/O 周期要占用 16 个 CLK，再设 D1＝0，A/D 转换的 16 个数据(包括前 12 位有效数据和后 4 位补 0 位)将从 D15 位开始与第 1 个 CLK 时钟同步地从 DOUT 脚一位一位地输出。

2. TLC2543 与 89C51 单片机的接口示意图与程序

因 MCS－51 单片机没有 SPI 接口，为了与 TLC2543 接口可以用软件功能来实现 SPI 接口，其典型的硬件接口方法如图 7－6 所示。TLC2543 的$\overline{CS}$、CLK、DIN、DOUT 分别由单片机的双向 I/O 口的 P1.0、P1.1、P1.2 和 P1.3 来模拟提供。分别模拟 SPI 的$\overline{SS}$、SCK、MISO、MOSI。接口的软件采用 C51 语言进行编写。读取 TLC2543 的数据是通过 read2543 函数完成的，read2543 函数的输入参数是模拟通道的地址值，函数的返回值是 A/D 的转换值。这里采用延时方式进行采集，故省去了 EOC 引脚的接口。

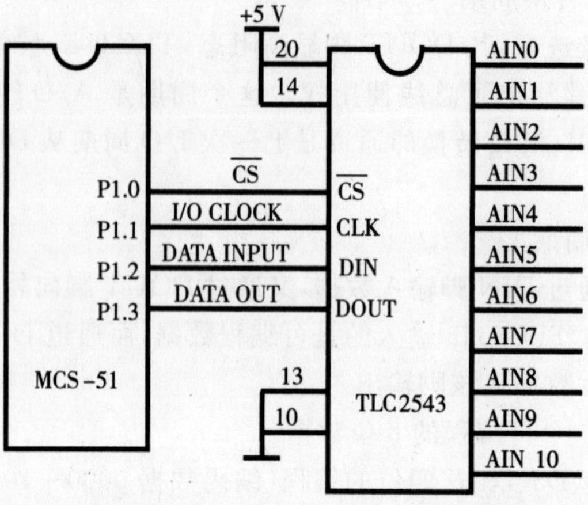

图7-6 TLC2543与51系列单片机接口原理图

相应参考程序如下：

```
#include <reg51.h>
#include <intrins.h>
sbit CS=P1^0;            //将 P1.0 口模拟片选
sbit SCK=P1^1;           //将 P1.1 口模拟时钟
sbit MOSI=P1^2;          //将 P1.2 口模拟主机输出
sbit MISO=P1^3;          //将 P1.3 口模拟主机输入
#define CONTROL_WORD 0x00      //选择通道 0,单极性 MSB 先输出,数据长度 12 bit
unsigned int read2543(unsigned char CON_WORD);//读 TLC2543 的数据函数定义
void main()
{   unsigned int ad;
    while(1){
      ad=read2543(CONTROL_WORD);
    }
}
void delay(unsigned   int n)
{
    int i;
    for(i=0;i<n;i++);
}
unsigned int read2543(unsigned char CON_WORD)
{
    unsigned int ad=0,i;
    SCK=0;
    CS=0;
    for(i=0;i<12;i++){
      if(MISO) ad|=0x01;
```

```
        MOSI=(bit)(CON_WORD&0x80);
        SCK=1;
        delay(3);
        SCK=0;
        delay(3);
        CON_WORD<<=1;
        ad<<=1;
    }
    CS=1;
    ad>>=1;
    return(ad);
}
```

7.2 IIC 总线外设接口技术

IIC 总线英文全称为 Inter Integrated Circuit Bus，即内部集成电路总线。它是一种由 PHILIPS 公司于二十世纪八十年代初开发的两线式串行总线，包括一条串行数据线(Serial DATA，SDA)和一条串行时钟线(Serial CLOCK ，SCL)，既可发送数据，也可接收数据。

IIC 总线作为一种通信规范，用于微控制器与外围设备之间的连接，已广泛应用于视频音频、IC 卡和一些家电产品中，在智能仪器、仪表和工业测控领域也越来越多地得到了应用。目前，IIC 总线已经被大多数的芯片企业所采用，IC 总线标准已经属于世界性的工业标准。

7.2.1 IIC 总线外设接口方法

IIC 总线是由数据线 SDA 和时钟 SCL 构成的串行总线，可发送和接收数据。在 CPU 与被控 IC 之间、IC 与 IC 之间进行双向传送，IIC 总线规范 Version2.1 规定，最高传输速率可达 3.4 Mbit/s。各种被控制电路均并联在这条总线上，就像电话机一样只有拨通各自的号码才能工作，所以每个电路和模块都有唯一的地址，在标准的 IIC 规范中从机地址是 7 位(扩展 IIC 允许 10 位地址)。在信息的传输过程中，IIC 总线上并接的每一模块电路既是主机(或从机)，又是发送器(或接收器)，这取决于它所要完成的功能。CPU 发出的控制信号分为地址码和控制量两部分，地址码用来选址，即选通所需要控制的电路，确定控制的对象；控制量决定该控制的类别(如对比度、亮度等)及需要调整的量。这样，各被控制电路虽然挂在同一条总线上，却彼此独立，互不相关。

如图 7－7 所示，给出一个由 MCU 作为主机，通过 IIC 总线连接 3 个从机的 IIC 总线方案。这是最常用、最典型的 IIC 总线连接方式。物理结构上，IIC 总线系统由一条串行数据线 SDA 和一条串行时钟线 SCL 组成。两线都必须通过一个上拉电阻接到电源。主机按一定的通信协议向从机寻址和进行信息传输。每个器件都有一个唯一的地址，可以是单接收也可以是可接收可发送的器件。发送或接收可以在主模式或从模式下操作，这取决于芯片是否必须启动数据的传输还是仅仅被寻址。

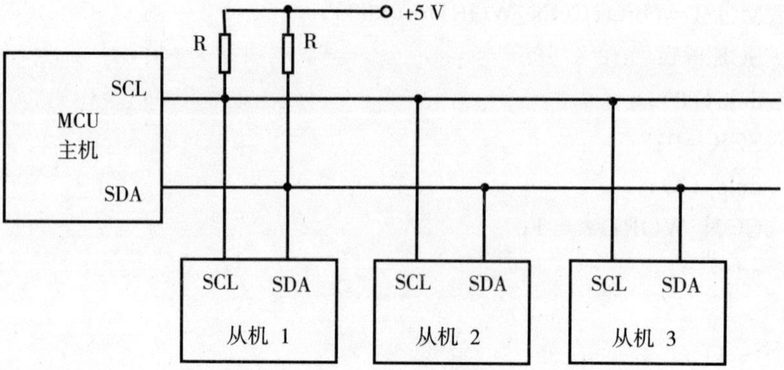

图7-7 典型的IIC总线连接方式

7.2.2 IIC总线的数据传输过程

IIC总线上数据的传送过程如图7—8所示。IIC总线的数据传送格式是:在IIC总线开始信号后,送出的第一个字节数据用来选择从机地址,其中前7位为地址码;第8位为读写位(R/W),该位为"0"表示发送,即主机把信息发送到所选择的从机,该位为"1"表示主机读取从机读信息。开始信号后,系统中的各个器件将自己的地址与主机送到总线上的地址进行比较,如果与主机发送到总线上的地址一致,则该器件即为被主机寻址的器件,其是接收信息还是发送信息则由第8位(R/W)确定。

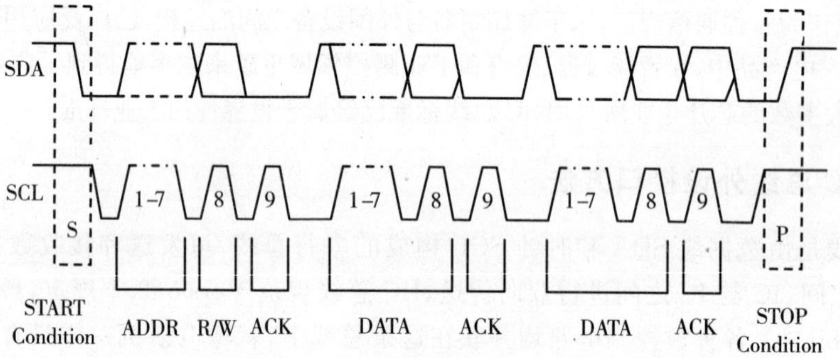

图7-8 IIC总线上数据的传送过程

在IIC总线上每次传送的数据字节数不限,但每个字节必须为8位,而且每个传送的字节后面必须跟一个应答位(第9位,ACK),包括4个步骤:

① 开始:主设备产生启动信号,表明数据传输开始。

② 地址:主设备发送地址信息,包含7位的从设备地址和1位的数据方向指示位(读或写位,表示数据流的方向)。

③ 数据:根据指示位,数据在主设备和从设备之间进行传输。数据一般以8位传输,最重要的位放在前面;具体能传输多少量的数据并没有限制。接收器产生1位的ACK(应答信号)表明收到了每个字节。传输过程可以被中止和重新开始。

④ 停止:主设备产生停止信号,结束数据传输。每次都是先传最高位,通常从机在接收到每个字节后都会做出响应,即释放SCL线返回高电平,准备接收下一个数据字节,主机可继续传送。

如果从机正在处理一个实时事件而不能接收数据时(例如正在处理一个内部中断,在这个中断处理完之前就不能接收 IIC 总线上的数据字节)可以使时钟 SCL 线保持低电平,并使 SDA 保持高电平。主机然后产生一个停止条件终止传输或者产生重复起始条件开始新的传输,如图 7－9 所示。

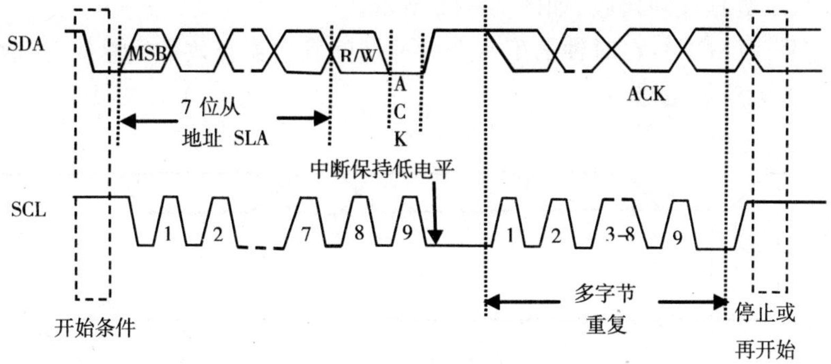

图7-9　IIC总线多字节重新传输

7.2.3　IIC 总线的时序与协议

1. 总线上数据的有效性

IIC 总线上数据的有效性如图 7－10 所示。SDA 线上的数据必须在时钟的高电平周期保持稳定,数据线的状态只有在 SCL 线的时钟信号是低电平时才能改变。当写入数据的时候,需确保 SCL 为高电平时,数据才会有效。

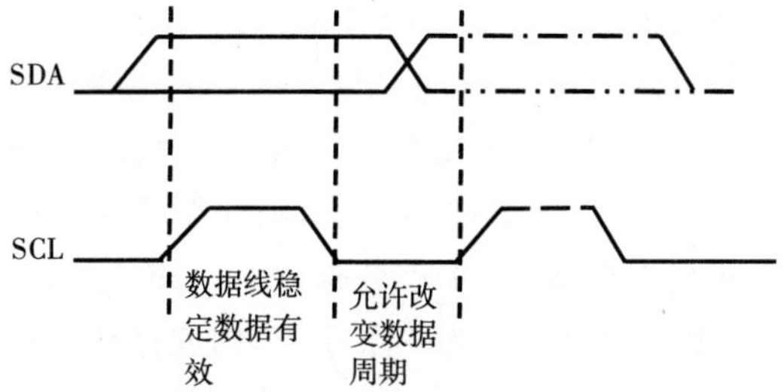

图7-10　数据有效性

2. 4 种类型信号

IIC 总线在传送数据过程中总共有 4 种类型信号:开始信号、停止信号和应答信号(ACK)和无应答信号(NACK)。

开始信号:在利用 IIC 总线进行一次数据传输时,首先由主机发出开始信号,启动 IIC 总线。如图 7－11 所示,当 SCL 为高电平时,SDA 由高电平向低电平跳变,产生开始信号。

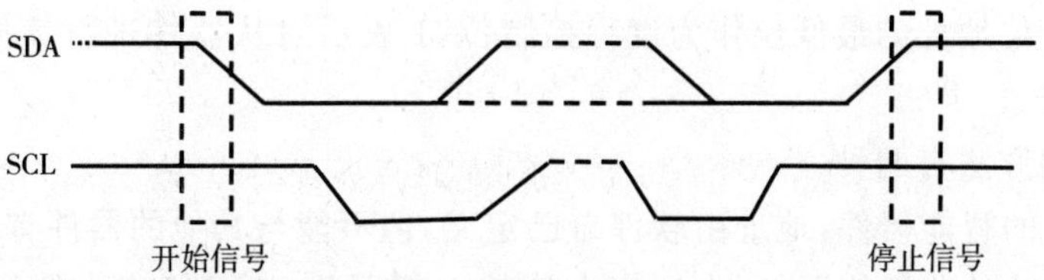

图7-11　IIC总线开始信号

停止信号：全部数据传送完毕后，主机发送停止信号。如图 7－11 所示，当 SCL 为高电平，SDA 由低电平向高电平跳变，产生停止信号。主机通过发送停止信号，结束数据通信。

应答信号(ACK)：IIC 总线的数据都是以字节(8 位)的方式传送的，发送器每发送一个字节之后，在时钟的第 9 个脉冲期间释放数据总线，由接收器发送一个 ACK(把数据总线的电平拉低)来表示数据成功接收，如图 7－12 所示。

无应答信号(NACK)：在时钟的第 9 个脉冲期间发送器释放数据总线，接收器不拉低数据总线表示一个无应答信号。

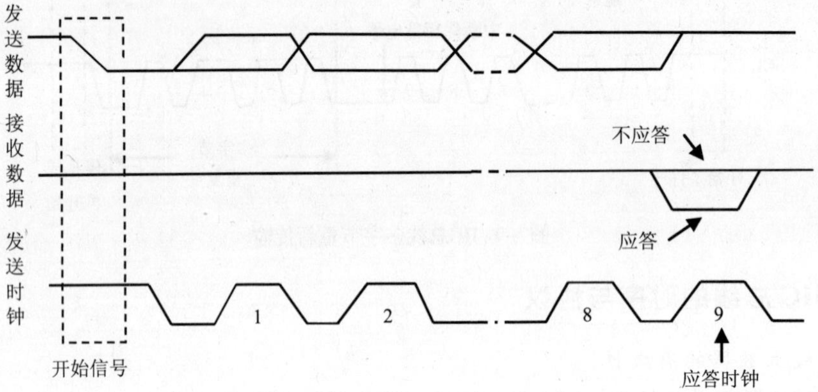

图7-12 IIC总线应答信号

3. 发送 IIC 总线数据与接收 IIC 总线数据

IIC 总线发送到 SDA 线上每次传输可以发送的字节数量不受限制，但每个字节必须为 8 位，而且每个传送的字节后面必须跟一个应答位(第 9 位)。

IIC 总线规定，SCL 线呈现高电平期间，SDA 线上的电平必须保持稳定。只有在 SCL 线为低电平期间，SDA 上的电平才允许变化。因此发送数据函数可在 SCL 线为低电平期间将数据赋值给 SDA，由于每个字节必须为 8 位，因此循环 8 次即可将数据传送给从器件。因此应在 SCL 线为高电平的时候读取 SDA 数据状态。IIC 总线每次传输一个字节(8 位)，对于 IIC 数据的接收同样也应接收 8 位为一个字节，因此循环 8 次即可接收一个字节。

由于单片机一般为主机，所以一般由单片机产生时钟信号。

4. IIC 器件寻址

IIC 总线的寻址一般在开始信号后的第一个字节决定主机选择哪一个从机。由于很可能在一个系统中有几个 IIC 器件，从机地址的使用可方便选择所需从机。IIC 总线的寻址有 7 位和 10 位寻址方式，10 位方式兼容 7 位方式，这里以 7 位方式介绍。

IIC 的从机地址由 8 位组成，第 8 位为 R/W 位。当发送一个地址后，系统中每个器件都在开始信号后将头 7 位与它自己的地址比较，如果一样，器件就会被寻址并响应一个应答信号。从器件 8 位地址的最低位作为读写控制位，1 表示对从器件进行读操作，0 表示对从器件进行写操作。

地址的分配方法有两种：

① 含 CPU 的智能器件，地址由软件自己定义，但不能与其他的器件有冲突；

② 不含 CPU 的非智能器件，由厂家在器件内部固化，不可改变。例如，如某器件地址中有 4 个固定位的和 3 个可编程位，那么此器件在同一总线上最多可以连接 8 个。

7.2.4　IIC 总线数据的读写

在对 IIC 总线器件进行读写操作时，需要按以下步骤进行。

① 初始化总线。

② 写器件地址数据，高位在前低位在后。R/W 位为读/写控制，“0”为写，“1”为读。

③ 等待应答信号。再写入想读/写的地址，也就是存储器单元地址。

④ 收到应答信号后，读/写数据。

⑤ 收到应答信号后，就可以停止总线。完成操作。

IIC 总线写总线流程如图 7－13 所示，IIC 总线读总线流程如图 7－14 所示。

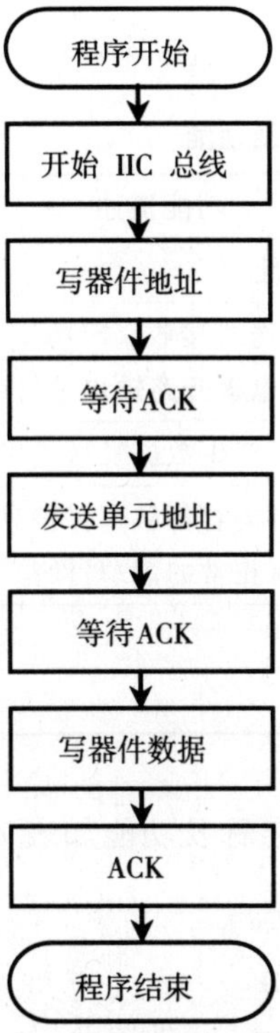

图7-13　IIC写总线操作

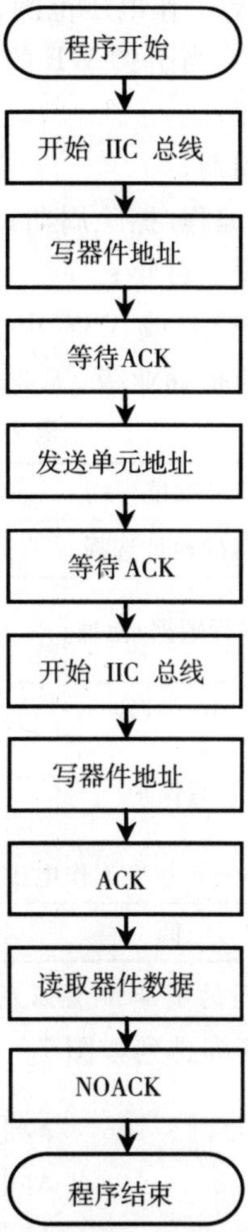

图7-14　IIC读总线操作

7.2.5　MCS－51 单片机模拟 IIC 总线通信

MCS－51 单片机没有 IIC 总线接口功能，不过可以利用单片机 I/O 口通过软件模拟 IIC 总线的工作时序。在总线的一次数据传送过程中，可以有以下几种组合方式：

① 主机向从机发送数据，数据传送方向在整个传送过程中不变；

② 主机在第一个字节后，立即从从机读数据；

③ 在传送过程中，当需要改变传送方向时，需将起始信号和从机地址各重复产生一次，而两次读/写方向位正好相反。

1. 应用实例——EEPROM 芯片 AT24C08 的应用

AT24C08 是 ATMEL 公司生产的一个 8 KB 位串行 CMOS EEPROM 芯片。具有如下特性：

- 与 400 kHz IIC 总线兼容；
- 低功耗 CMOS 技术；
- 1.8～6.0 V 工作电压范围；
- 写保护功能，当引脚 WP 的状态为高电平时进入写保护状态；
- 页写缓冲器；
- 自定擦写周期；
- 1 000 000 编程/擦除周期；
- 可保存数据上百年；
- 8 脚 DIP、SOIC 或 TSSOP 封装；
- 温度范围包括商业级、工业级和汽车级。

表 7—3 AT24C08 管脚名称及功能

管脚名称	功能	功能描述
A0、A1、A2	器件地址选择	选择芯片内部 ROM 地址
SDA	串行数据/地址	用于器件所有数据的发送或接收。SDA 是一个开漏输出管脚，可与其他开漏输出或集电极开路输出进行线或
SCL	串行时钟	串行时钟输入管脚，用于产生数据发送或接收的时钟
WP	写保护	当 WP 接高电平，所有的内容都被写保护只能读；当 WP 接低电平或悬空，允许器件进行正常的读/写操作
Vcc	+1.8～+6.0 V 工作电压	
Vss	低	

2. AT24 系列的引脚配置及管脚描述

24C08 芯片管脚排列如图 7—15 所示，24C08 管脚名称及功能如表 7—3 所示。

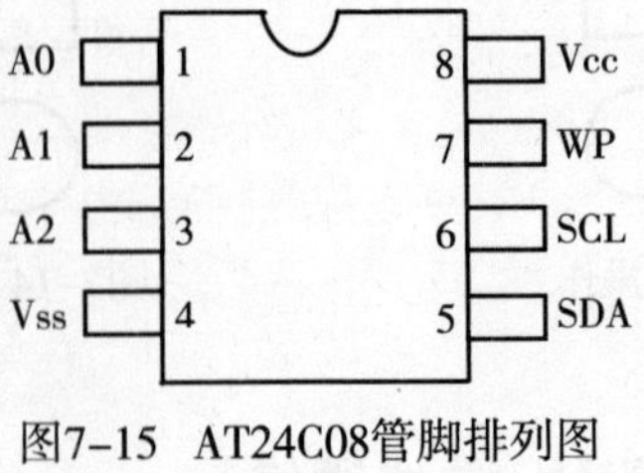

图7-15 AT24C08管脚排列图

3. 24XX 存储器情况

24 系列芯片的存储器情况如表 7—4 所示。

表 7－4　24 系列芯片的存储器情况

器件	总容量(位)	总页数	字节/页	子地址长度
24C02	2 K	32	8	8 位
24C04	4 K	32	16	9 位
24C08	8 K	64	16	10 位
24C16	16 K	128	16	11 位
24C32	32 K	128	32	12 位
24C64	64 K	256	32	13 位
24C128	128 K	256	64	14 位
24C256	256 K	512	64	15 位
24C512	512 K	512	128	16 位

4. 24C 系列寻址地址设置

24C 系列寻址地址设置如表 7－5 所示。

表 7－5　24C 系列寻址地址

型号	器件地址							读写	字节地址	
	BIT7	BIT6	BIT5	BIT4	BIT3	BIT2	BIT1	BIT0	地址位数	地址范围
24C02	1	0	1	0	A2	A1	A0	R/W	bit7～bit0	0x00～0xFF
24C04	1	0	1	0	A2	A1	a8	R/W	a8,bit7～bit0	0x00～0x1FF
24C08	1	0	1	0	A2	a9	a8	R/W	a9,a8,bit7～bit0	0x00～0x3FF
24C16	1	0	1	0	a10	a9	a8	R/W	a10,a9,a8,bit7～bit0	0x00～0x7FF
24C32	1	0	1	0	A2	A1	A0	R/W	bit11～bit8,bit7～bit0	0x00～0xFFF
24C64	1	0	1	0	A2	A1	A0	R/W	bit12～bit8,bit7～bit0	0x00～0x1FFF
24C128	1	0	1	0	0	A1	A0	R/W	bit13～bit8,bit7～bit0	0x00～0x3FFF
24C256	1	0	1	0	0	A1	A0	R/W	bit14～bit8,bit7～bit0	0x00～0x7FFF
24C512	1	0	1	0	0	A1	A0	R/W	bit15～bit8,bit7～bit0	0x00～0xFFFF

5. 24CXX 地址位 a8、a9、a10 作用

a8、a9、a10 对应存储阵列地址字地址。24C08 共有 1 024 个字节，共 10 个二进制位。而表 7－5 中的所能提供的位地址只有 8 位。所以 a8、a9 这二位加起来就有 10 位共 1 024 个字节。所以在对高于 8 位的地址进行操作的时候，需要在地址里面，对 a8、a9 处理才能够进行(读/写)高位的数据。24C08 可以储存 1 024 个字节的数据，1 024 个字节的寻址编码要用 10 位的二进制数据来表示，它的寻址地址超过 8 位，所以须分两次发出，10 位二进制地址的最高两位 a9、a8 紧随位 A2(A2 与芯片第 3 脚相对应)发出，剩余的八位地址数据作为一个完整的字节，在 24C08 对单片机应答后，随后发出。24C08 读取到两字节数据后，内部相应地址储存的数据将在串行时钟配合下，移位串行脚输出。

24C04 和 24C16 也是需要这样来做，而 24C32 ～24C512，则需要对它进行发送二次地址才能(读/写)数据。

6. AT24C08 与 MCS－51 单片机接口

没有 IIC 接口的 MCS－51 单片机，可用单片机的 I/O 口通过软件方法来模拟 IIC 操

作。如用单片机的P1.0模拟IIC的串行时钟线SCL,用P1.1模拟IIC的串行数据线SDA。

程序功能:单片机将数字0到255写入AT24C08,再将AT24C08中的数据读出,并显示在LCD1602上。编译器为Keil C uVision4,工程由5个文件组成,分别为main.c、AT24C08.c、AT24C08.h、LCD.c、LCD.h。各部分主要参考程序为:

(1) main.c 代码

```
#include<reg51.h>
#include<AT24C08.h>
#include<LCD.h>
void main(void)
{
    uchar i = 0;
    uchar j = 0;
    LCD1602();
    Init_Lcd();
    while(1){
      for(i = 0;i <256;i++)
      {
        Write_AT24C08(i,i);
        Display_LCD_Byte(0,0,i/100+0x30);
        Display_LCD_Byte(0,1,i/10%10+0x30);
        Display_LCD_Byte(0,2,i%10%10+0x30);
        Delay_10MS();
        j = Read_AT24C08(i);
        Display_LCD_Byte(1,0,j/100+0x30);
        Display_LCD_Byte(1,1,j/10%10+0x30);
        Display_LCD_Byte(1,2,j%10%10+0x30);
      }
    }
}
```

(2) AT24C08.c 代码

```
#include<AT24C08.h>
void Delay_US(void)
{
}
voidStartIIC(void)                    //开始总线
{
    SDA = 1;
    SCL = 1;
    Delay_US();
```

```
    SDA = 0;
    Delay_US();
}
void StopIIC(void)                    //停止总线
{
    SDA = 0;
    SCL = 1;
    Delay_US();
    SDA = 1;
    Delay_US();
}
void Ack(void)                        //ACK 信号
{
    uchar i = 0;                      //等待从机回应
    SCL = 1;
    Delay_US();
    while((SDA ==1) && (i<200))  //等待 ACK 信号
    {
      i ++;
    }
    SCL = 0;
    Delay_US();
}
void NOAck(void)                      //NO ACK
{
    SCL = 1;                          //主机发送给从机
    Delay_US();
    SDA = 1;
    SCL = 0;
    Delay_US();
}
void Write_Byte(uchar Value)          // 写 8 位数据到总线
{
    uchar i = 0;
    for(i =0; i<8; i++)
    {
        SCL = 0;
        SDA = Value & 0x80;           // 1000 0000
        Delay_US();
```

```
        SCL = 1;
        Delay_US();
        Value <<= 1;
    }
    SCL = 0;
    Delay_US();
    SDA = 1;
}
uchar Read_Byte(void)                  //读 8 位数据
{
    uchar Value = 0;
    uchar i = 0;
    SCL = 0;                           //低电平数据可以变化
    Delay_US();
    for(i = 0; i <8;i++)
    {
      SCL = 1;                         //高电平状态读数据
      Delay_US();
      if(SDA)
      {
          Value |= 0x80>>i;            //先读高位数据
      }
      SCL = 0;
      Delay_US();
    }
    return Value;
}
void Write_AT24C08(uchar Address,uchar Value)
{
    StartIIC();                        //起始条件
    Write_Byte(0xA0);                  //写器件地址 1010 0000
    Ack();                             //等从机应答
    Write_Byte(Address);               // 1 024 B,其中一个字节操作 25
    Ack();
    Write_Byte(Value);
    Ack();
    StopIIC();
}
uchar Read_AT24C08(uchar Address)
```

```
{
    uchar Value = 0;
    StartIIC();                        //开始总线
    Write_Byte(0xA0);                  // 1010 0000
      Ack();
    Write_Byte(Address);               //读数据的地址
    Ack();
    StartIIC();                        //再次开始
    Write_Byte(0xA1);                  // 1010 0001
    Ack();
    Value = Read_Byte();
    NOAck();                           //主机发送给从机无应答
    StopIIC();
    return Value;
}
void Delay_10MS(void)
{
    uchar i = 0;
    uchar j = 0;
    for(i = 50;i>0;i--)
    {
        for(j=200;j>0;j--);
    }
}
```

(3) AT24C08.h 代码

```
#define uchar unsigned char
#define uint unsigned int
sbit SCL = P1^0;                       //P1.0 模拟 IIC 的串行时钟线 SCL
sbit SDA= P1^1;                        //P1.1 模拟 IIC 的串行数据线 SDA
uchar Read_AT24C08(uchar Address);
uchar Read_Byte(void);
void Write_AT24C08(uchar Address,uchar Value);
void Delay_10MS(void);
void Write_Byte(uchar Value);
void NOAck(void);
void Ack(void);
void StopIIC(void);
void StartIIC(void);
void Delay_US(void);
```

(4) LCD.c 代码

```
#include <LCD.h>
void LCD1602(void)
{
    EN = 0;
    RS = 1;
    RW = 1;
    LCD_DATA = 0xFF;
}
void Read_Busy(void)
{
    LCD_DATA = 0xFF;
    RS = 0;
    RW = 1;
    EN = 1;
    while(LCD_DATA & 0x80);
    EN = 0;
}
void Write_Lcd(unsigned char Value, bit i)          //i = 0 写指令,i = 1 写数据;
{
    Read_Busy();
    LCD_DATA = Value;
    RS = i;
    RW = 0;
    EN = 1;
    EN = 0;
}
void Init_Lcd(void)
{
    Delay(15000);
    Write_Lcd(0x38,0);
    Delay(5000);
    Write_Lcd(0x38,0);
    Delay(5000);
    Write_Lcd(0x38,0);
    Write_Lcd(0x08,0);
    Write_Lcd(0x01,0);
    Write_Lcd(0x06,0);
    Write_Lcd(0x0c,0);
```

```
}
void Display_LCD_Byte(unsigned char y,unsigned char x,unsigned char Value)
{
    y &= 0x01;                      //y 不能大于 1
    x &= 0x0F;                      //x 不能大于 15
    if(y)                           //是否显示在第二行
    {
      x += 0x40;                    //显示在第二行,加 0x40
    }
    x += 0x80;
    Write_Lcd(x,0);                 //写入显示的位置
    Write_Lcd(Value,1);             //写入显示数据
}
void Delay(unsigned int i)
{
    while(--i);
}
```

(5) LCD.h 代码

```
#define LCD_DATA P0                 //LCD 数据由单片机 P0 提供
sbit RS = P2^0;                     //将 LCD 的 RS 位定义为 P2.0 引脚
sbit RW = P2^1;                     //将 LCD 的 RW 位定义为 P2.1 引脚
sbit EN = P2^2;                     //将 LCD 的 E 位定义为 P2.2 引脚
void LCD1602(void);
void Read_Busy(void);
void Write_Lcd(unsigned char Value, bit i);
void Init_Lcd(void);
void Delay(unsigned int i);
void Display_LCD_Byte(unsigned char y,unsigned char x,unsigned char Value);
```

7.3　MicroWire 串行外设接口

与 SPI 具有相同功能的另一种串行外设总线是 MicroWire 总线，它是一种简单的四线串行接口，由串行数据输入(SI)、串行数据输出(SO)、串行移位时钟(SK)、芯片选择(CS)组成，可实现高速的串行数据通讯，是美国国家半导体(NS)公司推出的三线同步串行总线。这种总线由一根数据输出线 SO、一根数据输入线 SI 和一根时钟线 SK 组成(每个器件还要接一根片选线)。原始的 MicroWire 总线上只能连接一片单片机作为主机，总线上的其他设备都是从机。后来 NS 公司推出的 COP800 系列 8 位单片机，仍采用原来的 MicroWire 总线，但单片机上的总线接口改成既可由自身发出时钟，也可由外部输入时钟信号，这样连接到总线上的单片机既可以是主机，也可以是从机。为了区别于原有的 MicroWire 总线，

称这种总线为 MicroWire/PLUS 总线，即增强型的 MicroWire 总线，总线上允许连接多片单片机和外围器件，因此，总线具有更大的灵活性和可变性，适用于在分布式、多处理器的单片机测控系统中应用。

7.3.1 MicroWire/Plus 接口内部结构

NS 公司生产的 COP800 系列 8 位单片机和 HPC 系列 16 位单片机都设置了 MicroWire/Plus 总线。图 7－16 是 MicroWire/Plus 同步串行接口总线的内部结构图。从图中可知，MicroWire/Plus 总线包含了 3 根信号线：一根数据输出线 SO，一根数据输入线 SI 和同步时钟线 SK，而且信号的时序和电气指标也相同。

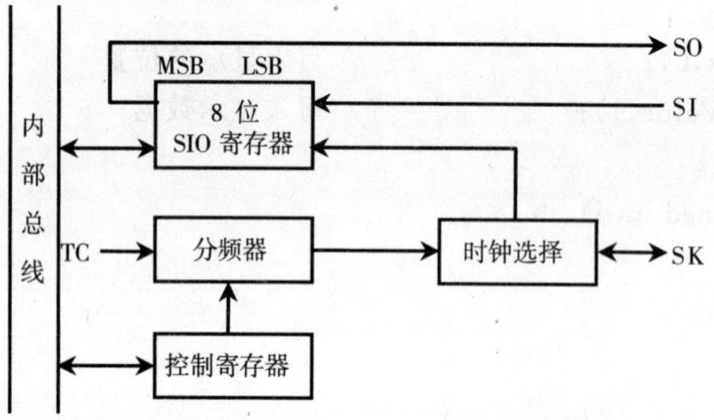

图7–16 MicroWire 同步串行接口总线

在 MicroWire/Plus 总线中，移位时钟由内部时钟经过控制器和分频器后提供，可以通过软件编程来控制总线的时钟周期。此外，单片机总线接口电路的移位时钟既可以来自片内，也可以通过时钟选择使用来自片外 SK 引脚的时钟信号。这样使得单片机不仅可以作为发送时钟的主机，而且也可以使接收其他单片机发出的时钟进行移位的从机，使总线由单处理器扩展为多处理器。

7.3.2 MicroWire 总线的典型连接方法

在 MicroWire 总线系统中，每个连接到总线上的器件都具有 3 根信号线，即数据输出线(SO)、据输入线(SI)和时钟线(SK)。所有器件的时钟线连接到同一根 SK 线上，主机向 SK 线发送时钟脉冲信号，从机在时钟信号的同步沿输出/输入数据。主机的数据输出线 SO 与所有从机的数据输入线 SI 相接，所有从机的数据输出线 SO 都接到主机的数据输入线 SI 上。主机通过片选信号 CS 选通某一从机，然后发出时钟脉冲信号。主机和被选通的从机在时钟的下降沿从各自的 SO 线输出一位数据，在时钟的上升沿从各自的 SI 线读入一位数据。在每个时钟周期内发送和接收一位数据，从而实现数据交换。

如图 7－17 所示为 MicroWire/Plus 的串行扩展器件典型接口方法。当以单片机为主机的 MicroWire/Plus 的串行扩展系统中，当单片机具有 MicroWire/Plus 总线功能时，则可按图 7－17 所示的方法直接相接，当单片机不具有 MicroWire/Plus 总线功能时，则可通过单片机的 I/O 接口来模拟该总线功能。外围被扩展器件必须具有 MicroWire/Plus 总线功能。

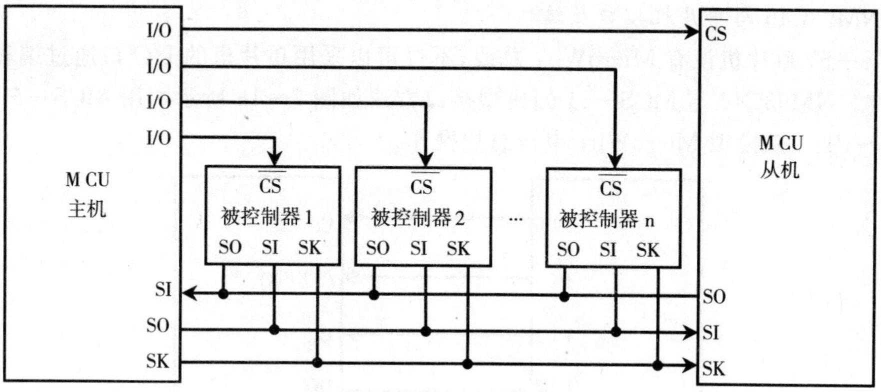

图7-17　MicroWire 总线串行扩展器件典型接口方法

7.3.3　应用举例——EEPROM 芯片 NM93C46 的应用

NM93C46 是一种存储器可以定义为 16 位(ORG 引脚接 Vcc)或者定义为 8 位(ORG 引脚接 GND)的 1 K 位的串行 EEPROM。每个的存储器都可以通过 DI 引脚(或 DO 引脚)进行写入(或读出)。器件可以经受 1 000 000 次的写入/擦除操作,片内数据保存寿命可达 100 年。器件提供的封装形式有 DIP－8,SOIC－8，TSSOP－8。

1. CSI93C46 的特点与管脚配置

器件特点：

- 低功耗工艺
- 电源电压宽:1.8～6.0 V
- 存储器可选择 8 位或者 16 位结构
- 写入时自动清除存储器内容
- 硬件和软件写保护
- 慢上电写保护
- 1 000 000 次写入/擦除周期
- 100 年数据保存寿命

2. NM93C46 的操作指令

NM93C46 的操作指令代码表如表 7－6 所示,其一般格式为：

起始位(1 位)＋操作码(2 位)＋地址(6 位)＋数据(16 位)

表 7－6　NM93C46 的操作指令代码表

操作功能	起始位	操作码	地址段						数据段
读	1	1 0	A5	A4	A3	A2	A1	A0	
写使能	1	0 0	1	1	×	×	×	×	
写	1	0 1	A5	A4	A3	A2	A1	A0	D15～D0
全写	1	0 0	0	1	×	×	×	×	D15～D0
写禁止	1	0 0	0	0	×	×	×	×	
擦除	1	1 1	A5	A4	A3	A2	A1	A0	
全擦除	1	0 0	1	0	×	×	×	×	

3. NM93C46 与单片机接口及编程

MCS－51 单片机没有 MicroWire 总线，不过可以采用单片机的 I/O 口通过编程来模拟相关操作。NM93C46 与 MCS－51 的典型接口方法如图 7－18 所示。用 MCS－51 单片机的 P1.0～P1.3 来模拟 MicroWire 串行总线操作。

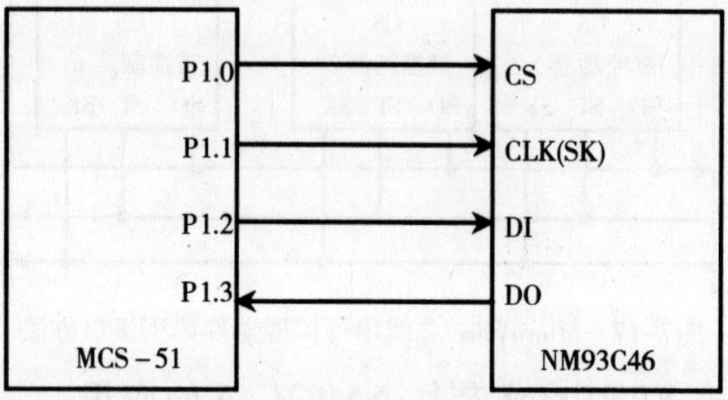

图7-18 NM93C46 与89C51接口

主要参考程序为：

```
#include <reg51.h>
#include <intrins.h>
unsigned char uchar;
#define READ_D 0xc0                    //读指令
#define WRITE_D 0xa0                   //写指令
#define ERASE_D 0xe0                   //擦除指令
#define EWEN_D 0x98                    //擦/写允许指令
#define EW_D 0x80                      //擦/写禁止指令
sbit CS = P1^0;
sbit SK = P1^1;
sbit DI = P1^2;
sbit DO = P1^3;
void at93c46_clock(void)               //时钟函数
{
    SK=0;
  _nop_();
    SK=1;
}
//输入函数;in_data 为数据,d_bit 为输入数据的位数
void send(uchar in_data,uchar d_bit)
{
  uchar i;
  for(i=0;i<d_bit;i++){
      DI=(bit)(in_data&0x80);
      in_data<<=1;
```

```
        at93c46_clock();
    }
}
uchar receive(void)                        //接收函数
{
    uchar in_data=0;
    uchar j;
    DO=1;
    while(DO) at93c46_clock();
for(j=0;j<8;j++){
        at93c46_clock();
        in_data=(in_data<<1)|DO;
}
    at93c46_clock();
    return(in_data);
}

//发送读指令和地址,从 AT93C46 指定的地址中读取数据
uchar read(uchar addr)
{
    uchar data_r;
    addr<<=1;
    send(READ_D,3);                        //送读指令
    send(addr,7);                          //送地址
    data_r=receive();                      //接收数据
    CS=0;
    return(data_r);
}
//擦除操作函数
void erase(uchar addr)
{
    DO=1;
    CS=1;
    addr<<=1;
    send(ERASE_D,3);
    send(addr,7);
    CS=0;
    CS=1;
    while(! DO);                           //等待擦除完毕
```

```
    CS=0;
}
//将一个字节数据写入 NM93C46 指定的地址中
void wirite(uchar addr,uchar eData)
{
    CS=1;              //擦/写允许
    send(EWEN_D,10);
    CS=0;
    _nop_();
    erase(addr);                              //写数据前擦除同样地址的数据
    addr<<=1;
    CS=1;
    send(WRITE_D,3);                          //送写指令
    send(addr,7);                             //送地址
    send(eData,8);
    CS=0;
    _nop_();
    CS=1;
    while(! DO) at93c46_clock();              //等待写完
    CS=0;
    _nop_();
    CS=1;
    send(EW_D,10);                            //擦/写禁止
    CS=0;
}
```

7.4 1—Wire 单总线的基本原理

1—Wire 单总线是 Maxim 全资子公司 Dallas 的一项专有技术，与目前多数标准串行数据通信方式如 SPI/IIC/MicroWire 不同，它采用一种特殊的接口协议，通过单条连接线解决了控制、通信和供电问题，它将地址线、数据线和电源线合为 1 根信号线，允许在这根信号线上挂接数百个单总线接口芯片，适用于单个主机系统能够控制一个或多个从机设备，可广泛应用于温度、湿度、气压、风向、风速等环境状态监测、居民小区监管、可寻址数字设备等低速测控系统(100 Kb/s 以下的速率)等领域。具有节省控制系统 I/O 口线资源、结构简单、成本低廉、便于总线扩展和维护等诸多优点。

7.4.1 单总线芯片硬件结构及主/从机连接

任何 1—Wire 单总线系统都包含一台主机和一个或多个从机，它们共用一条数据线。这条数据线被地址、控制和数据信息复用。大多数单总线器件可以完全依靠从这条总线上

获得的电源供电，也可以在许可的情况下由本地电源供电。当总线上为高电平时，电荷存储在器件内部，当总线为低电平时，器件利用这些电荷提供能量。图 7—19 为单总线器件 I/O 端口的内部结构示意图。

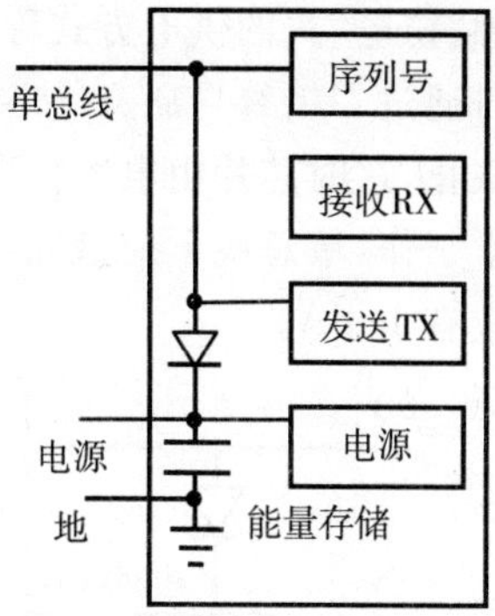

图7-19　1-Wire单总线器件的硬件结构示意图

所有 1—Wire 器件的总线端都为漏极开路，要求外接一个约 5 kΩ的上拉电阻，以确保单总线的闲置状态为高电平，并要求主机和所有从机通过一个漏极开路或三态端口连接至该单总线。1—Wire 总线主/从机连接如图 7—20 所示。

1—Wire 器件通常采用 3 引脚封装，3 个引脚分别为公共地端、数据输入/输出端和电源端，外形类似于小功率三极管。电源端可以为单总线器件提供外部电源，从而避免总线集中馈电。对于大多数采用总线集中供电的单总线器件来说，这等效于在各器件内部有一个约 5 μA 的恒流充电电源。

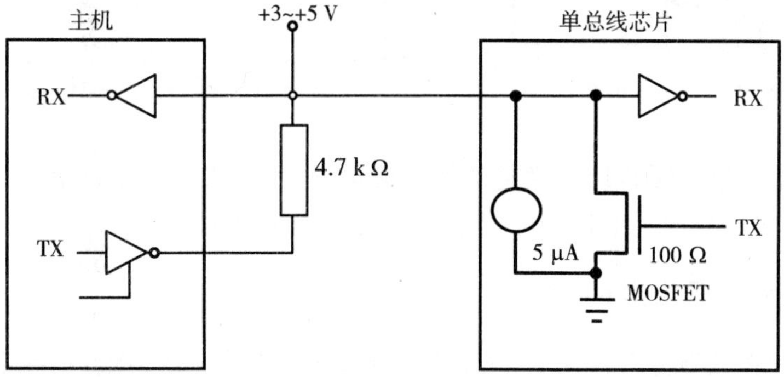

图7-20　单总线主从设备连接

7.4.2　单总线芯片的序列号

任何单总线器件都有一个采用激光刻制的唯一的序列号，都不会重复。当有多个单总线器件连接在同一总线上时，系统主机可以通过其序列号来访问。单总线器件的序列号采用二进制 ROM 代码，是器件的 ID 号，序列号为 8 B(64 位)，其基本格式(从低位起)为：

第一字节(8 位)为家族代码	第二～七字节(48 位)为序列号	第八字节(8 位)为 CRC 校验码

家族代码：表示生产的分类编号。如 DS2450 芯片的家族代码为 20H，DS1822 的为 22H，DS18B20 的为 28H。

序列号：是每个器件的唯一编号，确保挂在单总线上的每个器件能被唯一寻址，是实现单总线测控功能的前提条件。因由 48 位组成，即每种类型的器件要生产 2^{48}=281 474 976 710 656 片后才会出现重复的序列号，所以在实际的使用中一般是不可能出现重复的。

CRC 校验码：是前 56 位数据的 CRC 校验和。在数据通信过程中，当系统主机接收到 64 位序列号数据后，通过计算其中前 56 位数据的循环冗余校验值，并与接收到的 8 位 CRC 字节内容进行比较，如果相同表明本次数据传送正确无误，不相等表示数据传送错误。

7.4.3　单总线芯片的供电

所有的单总线芯片都可以通过总线寄生电源供电。如图 7—21 所示为单总线寄生供电的原理图。芯片的DQ引脚连接在单总线上,器件的电源来自这条单总线上挂接的主机,这种"窃电"式的供电方式称为寄生供电。当单总线处于高电平时,不仅给芯片提供了电源,同时通过二极管导通又给芯片内部电容器充电而存储了能量;当单总线处于低电平时,二极管截止,这时芯片由电容供电,芯片仍可正常工作,当然维持时间不会太长。为了确保芯片正常工作,单总线上应该间隔地输出高电平,且应保障能提供足够的电源电流,一般一个芯片应有1 mA。

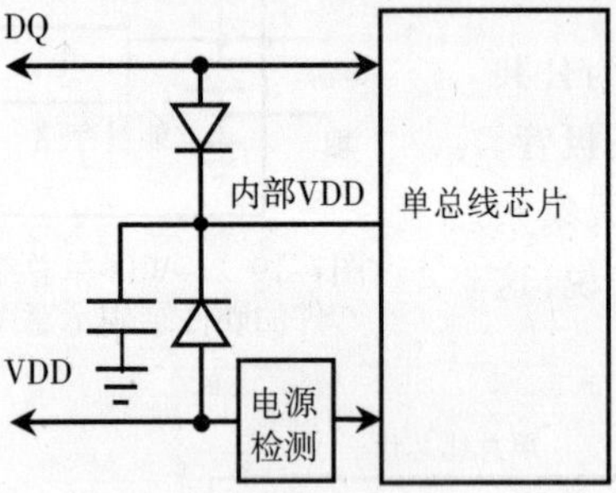

图7-21 单总线寄生供电原理

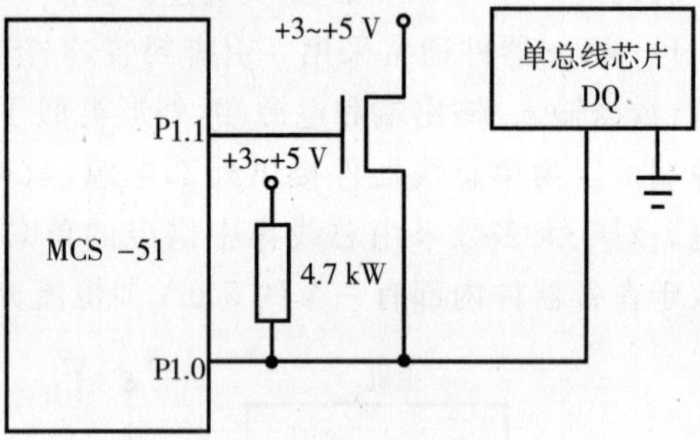

图7-22 拉高单总线电平方法

为了保障能为单总线芯片提供足够的电源电流,可以采用图7-22所示的方法,使用MOSFET管将I/O线的电平强上拉高,从而可以增加驱动电流。

7.4.4 单总线数据传送时序

单总线芯片在数据传送过程中,每个单总线芯片都有唯一的地址,系统主机一旦选中某个芯片就会保证通信连接直到复位,其他器件则全部让出总线。单总线协议定义了3种信号的时序,复位(初始化)时序、写时序和读时序。

单总线上所有的通信都是以初始化序列开始的,当系统主机向从机输出数据时产生写时隙,当主机从从机中读取数据时产生读时隙,每个时隙内总线上只能传送1位数据。

1. *单总线的复位(初始化)时序*

单总线上所有的通信都是以初始化序列开始的,初始化序列包括主机发出的复位脉冲及从机的应答脉冲,这一过程如图7-23所示,黑色实线代表系统主机拉低总线,灰色实线代表从机拉低总线,而黑色的虚线则代表上拉电阻将总线拉高。

系统主设备发送端发出的复位脉冲是一个480～960 μs的低电平,然后释放总线进入接收状态。此时系统总线通过4.7 kΩ的上拉电阻接至Vcc高电平,时间为15 ～60 μs,作为从设备在接收到系统主设备发出的复位脉冲之后,向总线发出一个应答脉冲,表示从设备已准备好,可根据各种命令发送或接收数据。通常情况下,器件等待15～60 μs即可发送应答脉冲,应答脉冲是一个60～240 μs的低电平信号(由从机拉低总线)。

复位脉冲是主机以广播方式发出的,因而总线上所有从机都会发出应答信号,一旦主机检测到了应答信号,表明总线上已连接了从机,主机可继续发送相关功能命令。

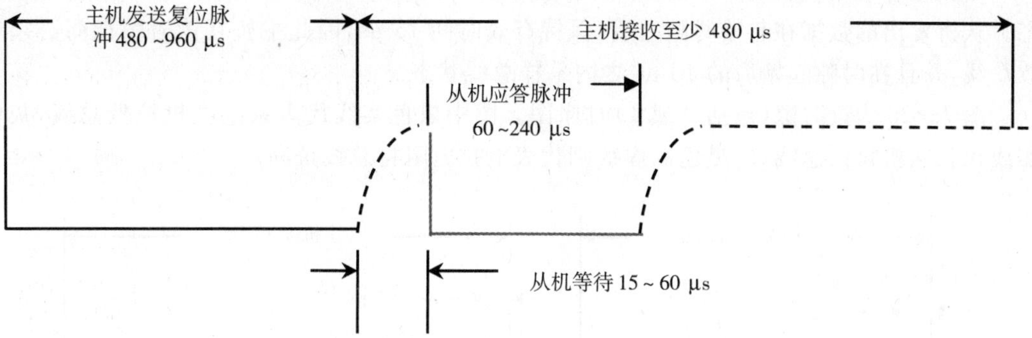

图7-23　初始化过程中的复位与应答脉冲

2. 单总线的写时序

单总线通信协议中存在两种写时隙：写 0 和写 1。主机采用写 0 时隙向从机写入 0，而写 1 时隙向从机写入 1。所有写时隙至少要 60 μs，且在两次独立的写时隙之间至少要 1 μs 的恢复时间。两种写时隙均起始于主机拉低数据总线。

产生写 0 时隙的方式：主机拉低后，在整个写 0 时隙内保持低电平即可（至少 60 μs）。

产生写 1 时隙的方式：主机拉低总线后，必须在 15 μs 之内释放总线，由上拉电阻将总线拉至高电平。

在写时隙开始后 15～60 μs 期间，单总线器件采样总电平状态。如果在此期间采样值为高电平，则逻辑 1 被写入器件；如果采样值为 0，写入逻辑 0。

如图 7—24 为单总线通信协议写时隙（包括 0 和 1）时序图。图中黑色实线代表系统主机拉低总线，黑色虚线代表上拉电阻将总线拉高。

3. 单总线的读时序

对于读时隙，单总线器件（从机）仅在主机发出读时隙时，才向主机传输数据。当主机发出读数据命令后，必须马上产生读时隙，以便从机能够传输数据。所有读时隙至少要 60 μs，且在两次独立的读时隙之间至少需要 1 μs 恢复时间。每个读时隙都由主机发起，至少拉低总线 1 μs 时间。在主机发出读时隙后，单总线器件才开始在总线上发送 1 或 0。若从机发送 1，则保持总线为高电平；若发出 0，则拉低总线。

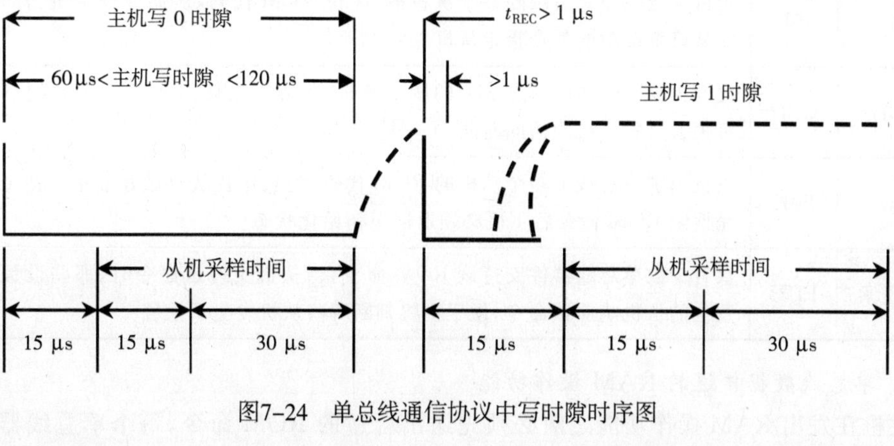

图7-24　单总线通信协议中写时隙时序图

当发送 0 时，从机在读时隙结束后释放总线，由上拉电阻将总线拉回至空闲高电平状态。从机发出的数据在起始时隙之后，保持有效时间 15 μs，因此主机在读时隙期间必须释放总线，并且在时隙起始后的 15 μs 之内采样总线状态。

图 7－25 为读时隙(包括 0 或 1)时序图。图中黑色实线代表系统主机拉低总线，灰色实线代表从机拉低总线，而黑色的虚线则代表上拉电阻将总线拉高。

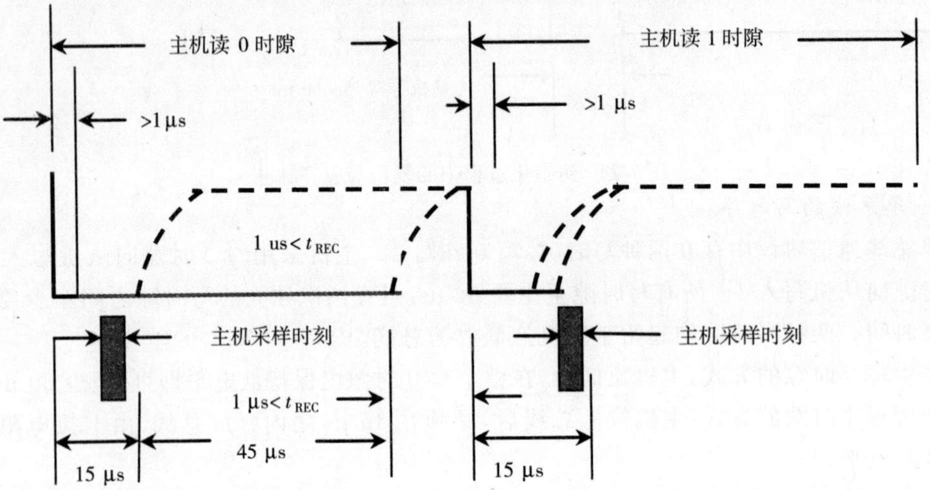

图7-25　单总线通信协议中读时隙时序图

4．单总线数据传送的 ROM 命令

单总线的数据传送命令有两种：ROM 命令和 RAM 操作功能。当单总线主机发送复位脉冲并检测到了应答信号后就可以发送 ROM 命令，从机可以支持 5 种 ROM 命令，具体 ROM 命令、功能及其代码如表 7－7 所示。

表 7－7　从机 ROM 命令

ROM 命令	代码	功能说明
读	33H	允许主机直接读出从机的 64 位 ROM 代码，而无需执行搜索 ROM 过程，仅适用于单总线上只有一个从机的情况
匹配	55H	主机发送该命令后跟随某个从机的 64 位 ROM 代码，从而允许主机访问单总线多从机系统中的某个指定从机
直访	CCH	允许主机同时访问单总线上的所有从机，无需发送任何从机的 ROM 代码，这样可大大节省主机的访问时间
搜索	F0H	主机识别单总线上多个从机的 ROM 代码，为操作各从机做好准备。在每次执行完搜索 ROM 命令后主机必须返回至初始化状态
报警搜索	ECH	仅有少数单总线器件支持该 ROM 命令，当从机支持该命令时，那些设置了报警置位的从机响应该命令，便于主机判断哪些从机发生了报警

5．单总线数据传送的 RAM 操作功能

主机在发出 RAM 操作功能之前必须先送出合适的 ROM 命令，每个单总线器件都有自己的专用 RAM 操作功能命令，一般不同的器件其 RAM 功能操作不同。

7.4.5　应用举例——单总线芯片 DS18B20 的应用

DSl8B20 是 Dallas 公司生产的一款 1－Wire 单总线智能型数字温度传感器，在使用中可通过简单的编程实现 9～12 位的数字量输出，温度转换速度较快，器件简单、可靠。

1. DSl8B20 的外部管脚及特点

DS18B20 可编程温度传感器采用 3 脚 TO－92 或 8 脚 SOIC 封装，只有 3 个有用管脚：GND 为接地线；DQ 为数据输入输出接口，通过一个较弱的上拉电阻与单片机相连；VDD 为电源接口，既可由数据线提供寄生电源，又可由外部提供电源，范围 3.0～5.5 V。

DS18B20 的主要特点有：

• 单总线接口方式，与微处理器连接时仅需要一条线即可实现与微处理器双向通讯；

• 使用时不需要外部组件；

• 能测量－55～＋125 ℃范围内的温度，测温分辨率为 0.5 ℃；

• －10～＋85 ℃ 范围内的测温准确度为±0.5 ℃；

• 通过编程可实现 9～l2 位的数字读数方式，可在最多 750 ms 内将温度转换成 12 位的数字，测温分辨率可达 0.062 5 ℃；

• 用户可自行设定非易失性的报警上下限温度值；

• 负压特性：当电源极性接反时，该温度传感器不会烧坏，只是不能正常工作而已；

• 支持多点组网功能，多个 DS18B20 可以并接在同一根单总线上，实现多点测温。

2. DS18B20 的内部结构

DS18B20 内部功能模块，主要由 4 部分组成：64 位光刻 ROM、温度传感器、非易失性的温度报警触发器 TH 和 TL、配置寄存器。ROM 中的 64 位序列号是出厂前被激光刻好的，可以看做该 DS18B20 的地址序列码，每个 DS18B20 的 64 位序列号均不相同；高低温报警触发器 TH 和 TL，配置寄存器均由一个字节的 EEPROM 组成，使用一个存储器功能命令可对 TH，TL 或配置寄存器写入。

3. DS18B20 的内存结构

DS18B20 温度传感器的内部存储器包括一个高速暂存 RAM 和一个非易失性的可电擦除的 EEPROM，后者存放高温和低温触发器 TH 和 TL 的值。高速暂存 RAM 包括 9 个字节，字节功能用途如图 7－26 所示。其中测量温度值保存在第 1、2 字节；报警上下限保存在第 3、4 字节；第 5 字节为配置寄存器；第 6～8 字节为保留字节，为以后扩充功能使用，在使用时全取逻辑高电平 1；第 9 字节内容是高速暂存 RAM 的前 8 字节内容的 CRC 码，可用来确保通信正确。

温度 LSB	第 1 字节
温度 MSB	第 2 字节
TH 用户字节 1	第 3 字节
TL 用户字节 2	第 4 字节
配置寄存器	第 5 字节
保留	第 6 字节
保留	第 7 字节
保留	第 8 字节
CRC	第 9 字节

图7-26　高速暂存RAM字节功能

当 DS18B20 接收到温度转换命令后开始启动转换，转换完成后的温度值就以 16 位带符号扩展的二进制码形式存储在高速暂存 RAM 的第 1、2 字节。单片机通过单总线读取该数据，读取时低位在前，高位在后，温度值以 0.062 5 ℃/LSB(2^{-4})形式表示，温度值保存格式为：

2^3	2^2	2^1	2^0	2^{-1}	2^{-2}	2^{-3}	2^{-4}

MSB LSB

S	S	S	S	S	2^6	2^5	2^4

MSB LSB

当符号位 S=0 时，测得的温度值为正值，可直接将二进制位转换成十进制数；当符号位 S=1 时，二进制位内容以补码的形式表现，可先转换成原码再转换，温度值为负值。

报警上下限先保存在高速暂存 RAM 的第 3、4 字节，经校验后再传给非易失性的可电擦除的 EEPROM。

配置寄存器在高速暂存 RAM 的第 5 字节，其内容用来确定 DS18B20 的数字转换分辨率，其格式为

TM	R1	R0	1	1	1	1	1

TM 是测试模式位，用于设置 DS18B20 是处于工作模式还是测试模式，出厂时该位为 0，用户不要试图改动。R1 和 R0 决定 DS18B20 的转换精度位数（分辨率），内容如表 7－8 所示。

表 7－8　配置寄存器中的 R1 和 R0 设置表

R1R0	分辨率(位)	温度最大转换时间(ms)	R1R0	分辨率(位)	温度最大转换时间(ms)
0 0	9	93.75	1 0	11	375.00
0 1	10	187.5	1 1	12	750.00

未编程时默认为 12 位精度，即 R1R0=11。低 5 位全部为 1。

4. DS18B20 的 ROM 操作命令和 RAM 操作功能

DS18B20 的 ROM 操作命令与表 7－7 所示的完全相同，RAM 操作功能如表 7－9 所示。

表 7－9　DS18B20 的 RAM 操作功能

RAM 功能	代码	功能说明	发送命令后单总线的响应
温度转换	44H	启动温度转换	无
读高速暂存	BEH	从 DS18B20 的高速暂存读出 9 字节数据	传送 9 字节数据至主机
写高速暂存	4EH	写报警上下限(TH、TL)和配置寄存器至高速暂存	主机传送 3 字节至 DS18B20
复制高速暂存	48H	将高速暂存中的 TH 和 TL 值复制到其 EEPROM	无
回读 EEPROM	B8H	将 EEPROM 的值复制回高速暂存中	传送回读状态至主机
读供电方式	B4H	检测 DS18B20 的供电方式	无

5. DS18B20 的时序

单总线器件要求采用严格的通信协议以保证数据的完整性。该协议定义了 3 种信号时序：复位时序、写时序和读时序。DS18B20 也遵循这一要求，前面已有介绍，这里不再重复。对 DS18B20 的操作步骤为：复位→ROM 命令→RAM 操作功能→处理数据。

6. DS18B20 与 MCS－51 单片机接口

MCS－51 单片机因没有 1－Wire 单总线功能，不过可以通过程序用单片机的 I/O 来模

拟单总线功能。如用单片机 P2.3 模拟 DS18B20 的单总线 DQ 信号线，实现用温度传感器件 DS18B20 对温度的采集，并在数码管上显示出来。主要参考程序为：

```
#include<reg51.h>
#define uchar unsigned char
#define uint   unsigned int
#define jump_ROM 0xCC                    //跳过 ROM 命令
#define start 0x44                       //温度转换命令
#define read_EEROM 0xBE                  //读取温度命令
sbit DQ = P2^3;                          //用 P 2.3模拟 DS18B20 的单总线
unchar TMPH,TMPL;
uchar code table[10] = {0x3f,0x06,0x5b,0x4f,0x66,0x6d,0x7d,0x07,0x7f,0x6f};
void main()
{
    uint temp;
    P2 = 0x00;
    while(1){
    Reset();
    write_byte(jump_ROM);
    write_byte(start);
    Reset();
    write_byte(jump_ROM);
    write_byte(read_EEROM);
    TMPL = read_byte();        //读取低 8 位
    TMPH = read_byte();        //读取高 8 位
    temp = TMPL / 16 + TMPH * 16;        //取整数部分
    P0 = table[temp/10%10];        //十位
    P2 = 6;
    Delay_1ms(5);
    P0 = table[temp%10];        //个位
    P2 = 7;
    Delay_1ms(5);
  }
}
void delay(uint N)        //延时函数
{
    int i;
    for(i=0; i<N; i++);
}
void Delay_1ms(uint i)        //1 ms 延时函数
```

```
{
    uchar x,j;
    for(j=0;j<i;j++)
    for(x=0;x<=148;x++);
}
uchar Reset(void)       //复位 DS18B20 函数
{
    uchar deceive_ready;
    DQ = 0;
    delay(29);
    DQ = 1;
    delay(3);
    deceive_ready = DQ;
    delay(25);
    return(deceive_ready);
}
//向 DS18B20 写一位,bitval 为要对 DS18B20 写入的位值
void write_bit(uchar bitval)
{
    DQ=0;
    if(bitval==1)DQ=1;
    delay(5);
    DQ=1;
}
    //向 DS18B20 写一个字节,val 为要对 DS18B20 写入的字节值
void write_byte(uchar val)
{
    uchar i,temp;
    for(i=0; i<8; i++){
        temp = val >> i;
        temp = temp & 0x01;
        write_bit(temp);
        delay(5);
    }
}
    //从 DS18B20 读一个位值,输出从 DS18B20 读出的一个位值
uchar read_bit(void)
{
    uchar i;
```

```
    DQ = 0;
    DQ = 1;
    for(i=0; i<3; i++);
    return(DQ);
}
      //从DS18B20读一个字节值,输出从DS18B20读到的值
uchar read_byte(void)
{
    uchar i,m,receive_data;
    m = 1;
    receive_data = 0;
    for(i=0; i<8; i++){
      if(read_bit()){
        receive_data = receive_data + (m << i);
      }
      delay(6);
    }
    return(receive_data);
}
```

习 题

1. 常用串行接口总线有哪些,各主要有什么特点和优势。
2. 画出SPI总线应用系统的基本组成原理图,如何确定系统主从地位。
3. 用实例说明MCS—51单片机的SPI接口方法。
4. 画出IIC总线应用系统的基本组成原理图。
5. 请以24C04为例来描述24CXX芯片的a8、a9、a10作用。
6. 请说明IIC总线的数据传输过程。
7. 用实例说明MCS—51单片机的IIC接口方法。
8. 画出MicroWire总线应用系统的基本组成原理图。
9. 用实例说明MCS—51单片机的MicroWire接口方法。
10. 画出1—Wire单总线应用系统的基本组成原理图。
11. 单总线器件的序列号有什么作用,单总线主机是如何实现访问单总线从机的?
12. 用实例说明MCS—51单片机的1—Wire单总线接口方法。

第 8 章　单片机应用系统的设计及应用举例

单片机应用系统是以单片机为核心器件的微机应用系统，且多见于一机一用或作为子系统嵌入的场合。虽然单片机具备微机的基本结构，但面向不同的对象其应用层次、接入方法各有特点。本章 8.1 节、8.2 节、8.3 节介绍单片机应用系统的基本思考方法和设计步骤，最后一节介绍一个具有一定代表意义的单片机实用系统。

8.1　单片机应用条件

8.1.1　单片机可应用场合的确定

单片机以其功能强、体积小、功耗低、易开发等许多优势被广泛应用，但单片机并不是万能的，也存在不适宜的情况，如果盲目使用会事与愿违，造成人力、财力和时间的大量浪费。因此，面向一个对象是否采用单片机应进行可行性分析。一般来说分析内容可归为如下几类：

(1) 单片机的最高工作速度能否满足对象的实时性要求；

(2) 单片机的最大存储空间能否满足关于对象的软件长度要求；

(3) 单片机的指令系统、寻址功能、运算能力等能否胜任对象的复杂度；

(4) 单片机的接口规程是否适用对象的信息交换方式；

(5) 系统引入单片机后是否能产生更好的性价比。

8.1.2　单片机应用层次的确定

单片机应用层次可分为普通民用品、耐用民用品、优良环境工业现场品、恶劣环境工业现场品和军用品等。不同的应用层次，所选择的单片机的品质是不尽相同的，而系统的硬件、软件体系也会各有千秋，所以人们在设计单片机应用系统之前必须要搞清楚所设计系统属于哪个层次，以便按所在层次的要求进行器材选择、电路设计、软件开发等。

8.1.3　单片机应用地位的确定

单片机应用系统可分为单片单片机、多片单片机和子系统等多种类型。单片机在系统中处在不同地位，相应的硬件、软件配置是有区别的。应用系统只含一片单片机，则整个系统以其为核心进行设计；若含多片单片机，必须先确定各单片机在系统中的地位，即谁是主片，谁是从片，或地位相等，然后确定各片之间的信息交换方式；如果该系统是某个系统的子系统，主要考虑的问题有两个，一是作为子系统的任务，二是与主系统的信息交换方式。

8.2　单片机应用系统设计要领

明确了单片机应用条件后可进入单片机应用系统设计。通常的设计环节可分为对象的特性分析及其相关数学模型的建立；硬件体系的构思、设计及其安装、调试；算法设计及其优化；软件设计、优化及其调试；软件、硬件协调的实验；系统实用效果及其指标考核。把握住各环节的设计要领可少走弯路，提高工作效率。

8.2.1　对象特性分析要领

对象的特性分析包括对象存在形式的认定，逻辑形式认定，数学关系的认定及单片机介入的可能性确定等。对象存在形式可分为电量和非电量两大类。电量的主要形式是电压、电流、电功率等，对于交流电有频率、周期，对于脉冲信号有脉冲形状和宽度等内容。非电量的常见形式有温度、速度、湿度、粘度、压力、张力、流量、位移等。逻辑形式是指对象的能量转换方法及其条件。数学关系是对象处理的基本依据。有些对象的数学描述不是唯一的，从不同的侧面观察，按不同层次的要求等可以建立起相应的数学模型，而不同的数学模型对系统的成功与否、系统的测控精度等都有至关重要的影响，因此，建立的数学模型既要反映对象的特性又要适宜于单片机处理。可以说对大多数对象的测控，单片机都有用武之地，但也有些情况不适宜单片机介入或直接介入，如数据过多以至于单片机超容量扩充也无法容纳的对象；数据采集速度要求过高以至于无法通过单片机运行程序来正常采集的对象；单片机最快的程序运行速度也不能满足对象的实时性要求等。单片机介入及其介入点的可能性分析可避免单片机使用的盲目性，可提高单片机在对象上的使用效率。

8.2.2　硬件体系设计要领

对于确定的对象，单片机应用系统的硬件体系设计的总要求可归纳为“满足功能，降低成本，压缩体积”。满足硬件功能的基本方法为选择合适的通道结构、单片机的扩展内容；降低成本主要体现在单片机应用层次上的器材选择、工艺要求，此外在满足功能的前提下尽可能提高元器件的共用程度及以软件代替硬件；压缩体积主要体现在电路板上的元件布局的合理性及组件布局的合理性。在满足电路消除噪声、散热正常的前提下，元件安排得越近越有利于电路板面积缩小和连线缩短，有条件的可将调试好的电路做成非标准的集成电路可大幅度压缩系统体积、降低成本。

8.2.3　算法设计及其优化要领

基于对象的数学模型与系统的硬件体系来考虑算法设计。面向一个确定的数学模型或某一可处理关系设计算法时，应从单片机的指令功能及其特点、存储器结构及其特点、输入输出接口及其特点等方面出发，建立与所用单片机应用系统的硬件体系相适用的计算机制。算法优化方法有两种，一是根据算法内容与某种经典算法的相似程度，创造条件将经典算法用于本系统；二是以降低算法结构复杂程度和算法运行时间为依据设计新算法。算法优化的总目标是使得按此算法设计出来的程序运行效果达标，符号量大幅度下降，存储器开销减小，运算速度加快。

8.2.4 软件设计及其优化要领

软件设计首先要注重软件系统的结构设计。面向基本定型的硬件环境和对象的处理算法要选用适当的程序结构去迎合对象及用户的要求。对象要求主要包括精度、速度、分时等方面；用户要求主要包括输入方式、输出形式等方面。与此对应的常见程序结构有：纯主程序；主程序－子程序；主程序－中断服务程序；主程序－子程序－中断服务程序；主程序－I/O口查询服务子程序；主程序－I/O口查询服务子程序－中断服务程序，…。对于处理过程简单的系统，选择简单的软件结构，如选择纯主程序；主程序－子程序等结构；中等复杂的系统可采用主程序－中断服务程序；主程序－子程序－中断服务程序等结构；复杂程度高的系统可采用框架结构。软件设计的宗旨是在满足对象算法及系统控制要求的前提下，简化程序结构，提高程序的使用效率。优化软件的主要手段之一是最大限度地抽取公共模块，缩短调用距离。

8.3 应用系统的设计过程

任何单片机应用系统均由硬件系统和软件系统所组成。在系统研制过程中，软硬件的功能总是在不断地调整，以便相互适应。硬件设计和软件设计不能截然分开，硬件设计人员应知道软件设计方法，而软件设计者应了解硬件的工作原理，在整个研制过程中双方互相配合，以利提高工作效率。单片机应用系统的研制过程包括几个不同的阶段，但它们有时是交叉进行的。图8－1描述了单片机应用系统研制的一般过程。

8.3.1 应用系统总体设计

1 确定功能技术指标

单片机应用系统的研制首先是从确定目标任务开始的。首先必须根据系统应用场合，工作环境，具体用途提出合理的，详尽的功能技术指标，这是系统设计的依据和主要出发点，也是决定产品前途的关键。

与此同时还应对其可靠性，通用型，可维护性，先进性以及成本等进行综合的考虑，参考国内外同类产品的有关资料，使确定的技术指标合理而且符合国际标准。

2. 机型的选择

系统设计者在选择机型时，所首选的机型必须有稳定，充足的货源，特别是作为产品生产的应用系统更要注意到这一点。同时应根据系统的要求和各种单片机的性能，选择最容易实现产品技术指标的机型，而且能达到较高的性能价格比。

3. 器件选择

除了单片机以外，还要考虑系统中一些环节的器件和设备应符合系统的精度，速度和可靠性等方面的要求。在总体设计阶段，应对市场情况有个大体的了解，对器件的选择提出具体要求。

4. 硬件和软件功能划分

系统硬件的配置和软件的设计是紧密联系在一起的，而且在某些场合，硬件和软件具有一定的互换性。即有些硬件电路和功能可用软件来实现，反之亦然。由于软件是一次性投资，因此在一般情况下，如果所研制的产品生产批量较大，则能够由软件实现的功能最好由软件来完成，以便简化硬件结构，降低生产成本。在总体设计时，必须权衡利弊，仔细划分和分配好软硬件的功能。

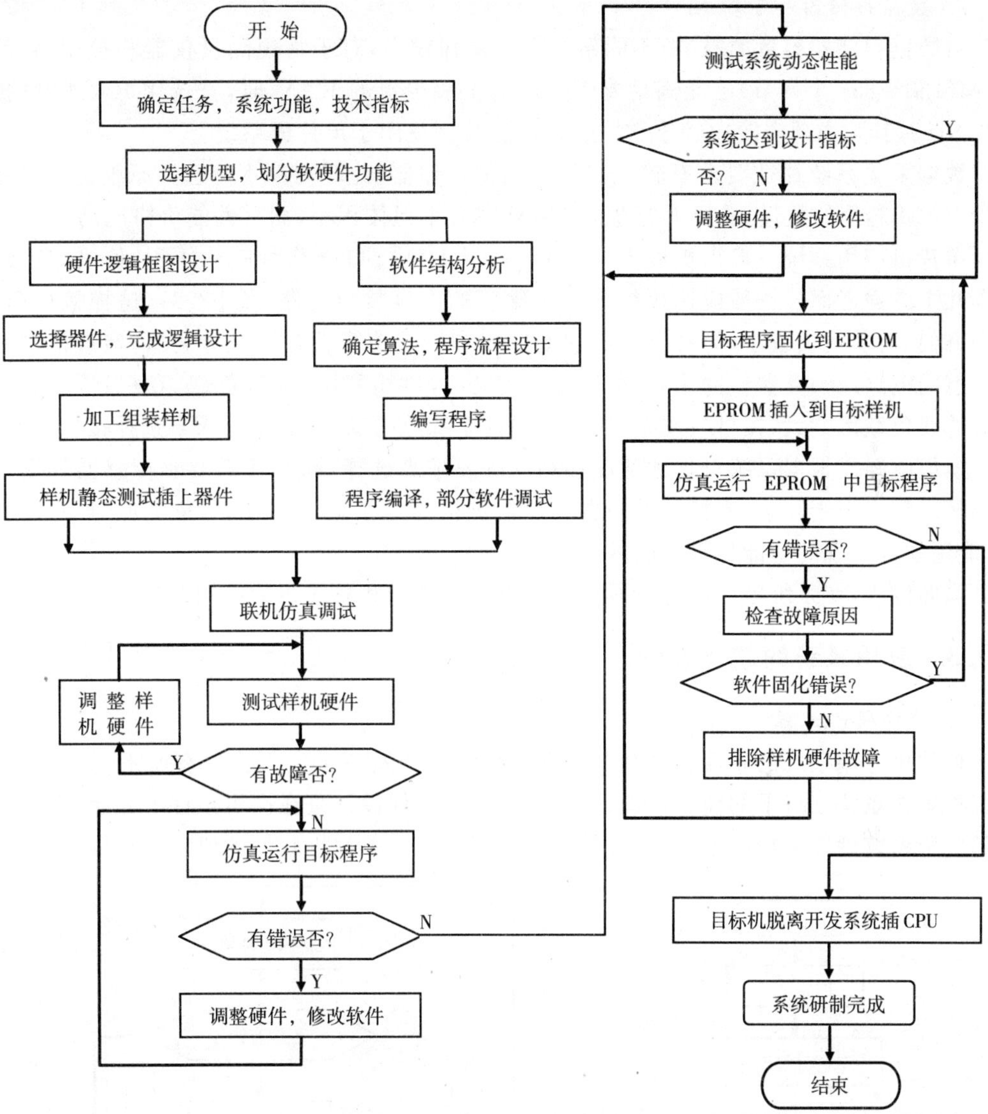

图8-1　单片机应用系统研制过程

8.3.2　应用系统硬件设计

硬件设计的任务就是根据总体设计要求，在所选择的机型基础上，具体确定系统中所要使用的元器件，绘出系统的电路原理图，必要时做一些部件环节实验，以验证电路的正确性，以及印制电路板设计与制作和样机的组装等。

1. 程序存储器

片内不带 ROM/EPROM 程序存储器的单片机，只要扩展一片 EPROM 作为程序存储器，便可灵活方便使用，仍然保持单片机的各种优点，性能价格比较高。由于容量不同的 EPROM 芯片价格相仿，一般应选用速度高，容量大的芯片，为软件的扩展留有余地。目前单片机的发展趋势之一是片内具备大容量的程序存储器，这样程序存储器就不需另外扩展了，有利于简化硬件结构，减少出故障的可能性。

2. 数据存储器和I/O接口

对数据存储器容量的需求，不同系统之间差别较大，对于常规测量仪器和控制器，片内RAM(128～256个字节)已能满足要求。若需扩展少量的RAM时，宜选用RAM/IO扩展芯片8155，其片内部资源比较丰富，接口方便，特别适用于单片机系统。

数据采集系统往往要求有较大容量的数据存储器，此时RAM的选择原则是尽可能地减少RAM芯片的数量，选择大容量的RAM芯片不但体积小，而且性能价格比高。

单片机应用系统一般需扩展I/O接口，选择I/O接口电路时应从体积，价格，负载，功能等几个方面考虑。一般应选用标准的可编程的I/O接口电路(如8255)，这样接口简单，使用方便，对总线负载小，但有时他们的I/O线和口的功能没有被充分利用，造成浪费。若用三态门电路或锁存器作为I/O接口则比较灵活，口线利用率高，负载能力强，可靠性高，但对总线负载影响大，接口较复杂，所以应根据系统总的输入、输出要求来选择接口电路。

模拟电路应根据系统对它的速度和精度等要求来选择，同时还需要和传感器等设备的性能相匹配。由于高速，高精度的模数转换器价格十分昂贵，因而应尽量降低对A/D的要求，能用软件实现的功能尽量用软件来实现。

除此以外，在系统硬件设计阶段还要考虑地址空间和总线驱动等问题。

8.3.3 应用系统的软件设计

1. 软件研制过程

单片机应用系统的软件设计和在现有系统机上开发一个应用软件有所不同，后者是在系统机操作系统支持下的纯软件设计，而单片机的软件设计是在裸机条件下开始设计的，而且随应用系统硬件结构的不同而不同。图8－2给出了单片机软件的研制过程框图。

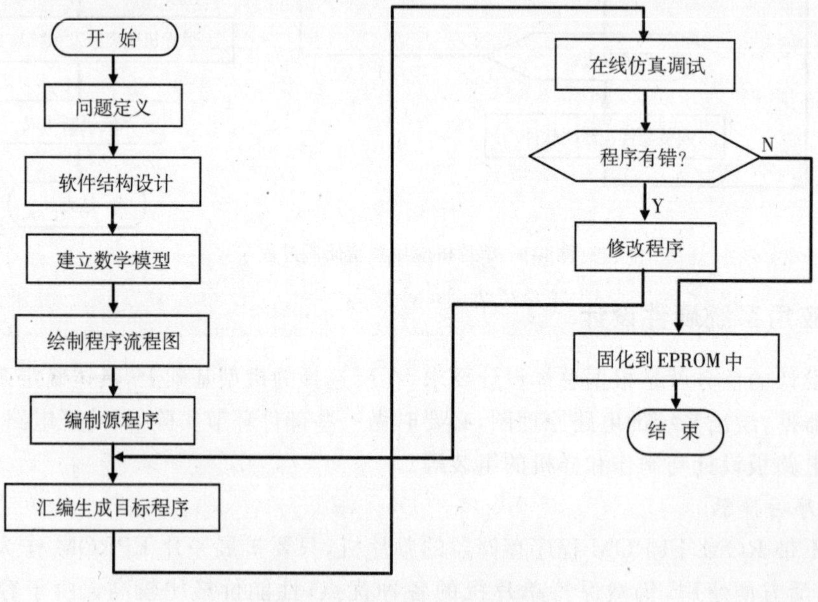

图8-2 单片机软件研制过程

2. 问题定义

软件所要完成的任务已在总体设计时规定，现在要结合硬件结构，进一步明确软件所承担的一个个任务细节，确定具体实施的方法。问题定义的基础是对系统应用场合的了解程度和正确的工程判断，它对软件设计及硬件设计提供指导。

首先要定义输入输出，确定数据的传输方式。数据的传输方式有串行和并行通讯，异步或同步通讯方式，选通或非选通输入输出，数据传输的速度，数据格式，校验方法以及所用的状态信号等。它们必须和硬件逻辑相协调一致。同时还必须应对输入数据进行适当处理。

将输入数据变为输出结果的基本过程，主要取决于对算法的确定。对实时系统，测试和控制有明确的时间要求，例如对模拟信号的采样频率，何时发送数据，何时接收数据，有多少延迟。同时必须考虑到可能产生错误类型和检测方法，在软件上作何种处理，以减少错误对系统的影响。

3. 软件结构设计

合理的软件结构是设计一个性能优良的单片机应用系统的基础，必须给予足够的重视。由问题的定义，系统的整个工作可分解为几个相对独立的操作，根据这些操作的相互联系的时间关系，设计一个合理的软件结构，使 CPU 有条不紊地完成这些操作。

(1) 顺序程序设计方法　对于简单的单片机应用系统，通常采用顺序程序设计方法，这种系统软件由主程序和若干个中断服务程序所构成。根据系统每个操作的性质，制定哪些操作由中断服务程序完成，哪些操作由主程序完成，并指定各个中断的优先级。

中断服务程序对实时事件请求作必要的处理，使系统能实时地并行完成各项操作，中断处理程序必须包括保护现场，中断服务，恢复现场，中断返回等 4 个部分。中断的发生是随机的，它可能在任意地方任何时刻中断程序的运行，无法预知这时程序执行的状态。因此在执行中断服务程序时，必须要对原有程序状态进行保护。保护现场的内容应是中断服务程序所使用的有关资源(如 PSW、ACC、DPTR 等)。中断服务程序是中断处理程序的主体，它由中断所要完成的功能确定，例如输入或输出一个数据等。恢复现场与保护现场相对应，恢复被保护的有关寄存器状态，中断返回使 CPU 回到被中断所打断的地方继续执行原来的程序。

主程序是一个顺序执行的无限循环的程序，不停地顺序查询各种软件标志，以完成对日常事务的处理。主程序的结构如图 8—3 所示。

主程序和中断服务程序之间的信息交换，一般采用数据缓冲器和软件标志(置位或清零位寻址区的某一位)方法。例如：定时 1 s 中断，置位标志 SS 通知主程序对日历时钟进行计数，主程序查询到 SS=1 时，清零该标志并完成时钟处理。又如 A/D 中断服务程序在读到一个完整数据时将数据存入约定的缓冲器，并置位标志以通知主程序对此数据进行处理。再如打印，主程序判断到打印机空闲时，将数据装入打印缓冲器，并允许打印中断和启动打印机。打印中断服务程序将一个个数据输出打印，打印完后关中断，并置位打印结束标志，以通知主程序打印机已空。

因为顺序程序设计方法容易理解和掌握，也能满足大多数简单的应用系统对软件的功能要求，因此是一种应用很广的方法。顺序程序设计的缺点是软件的结构不够清晰，软件的修改扩充比较困难，实时性能差。这是因为当功能复杂的时候，执行中断服务程序要花较多的时间，CPU 执行中断服务程序时不能响应低级或同级中断，这可能导致某些实时中断请求得不到及时响应，甚至会丢失中断信息。如果多采用一些缓冲器和标志，让大多数工作由主程序完成，中断服务程序只完成一些必需的操作,从而缩短中断服务程序的执行时间,这在一定程度上能提高系统的实时性,但是众多的软件标志会使软件结构变乱,容易发生错误,同时也给调试带来困难。

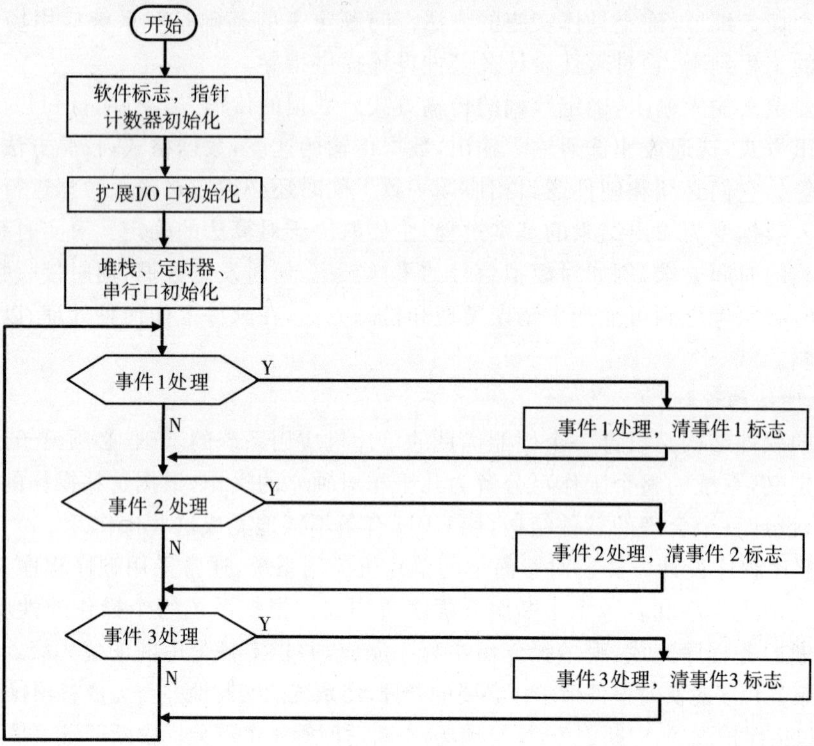

图8-3　主程序框图

(2) 采用实时多任务操作系统　由于单片机应用的不断深入和广泛,系统的功能要求越来越高,往往要求对多个任务同时进行实时控制,对各个对象的实时信息以足够高的速度进行处理并作出快速响应。例如,对于主从式的多级控制系统,主机一般是功能较强的计算机系统,从机采用单片机,从机完成数据的定时采集、计算、打印、显示以及与主机的通讯,这些操作都要并行地进行。

对于上述这种比较复杂的单片机应用系统,采用上面介绍的常规的顺序程序设计方法,就难达到较高的技术指标,只有采用实时多任务操作系统才能从根本上提高系统的实时性、并行性,才能使软件结构标准化、模块化,关于实时多任务操作系统的功能,结构和在实时多任务操作系统支持下的应用软件设计方法,请读者参考相应文献和书籍。

4. 程序设计技术

(1) 模块化程序设计　模块化程序设计是单片机应用中常用的一种程序设计技术,它是把一个功能完整的较大的程序分解为若干功能相对独立的较小的程序模块,各个程序模块分别进行设计,编制程序和调试,最后将各个调试好的功能模块联调成一个大的程序。

模块化程序设计的优点是单个功能明确的程序模块的设计和调试比较方便,容易完成。一个模块可以为多个程序所共享,还可以利用现成的程序模块。模块化程序设计的缺点是各个模块的连接有时有一些难度。程序模块的划分没有一定的标准,一般可以参考以下原则:每个模块不宜太大,力求使各个模块之间界限明确,在逻辑上要相对独立,尽量利用现成的程序模块。

(2) 自顶向下的程序设计　自顶向下程序设计时,先从主程序开始设计,从属程序或子程序用符号来代替。主程序编好后再编制各从属程序和子程序,最后完成整个系统软件的设计。自顶向下程序设计的优点是设计、调试和连接同时按一个线索进行,比较符合人们的日常思维,程序错误可以较早的发现。其缺点是上一级的程序错误将对整个程序产生影响,一处修改可能引起对整个程序的全面修改。

5. 程序设计

在选择好软件结构和所采用的程序设计技术后,便可着手进行程序设计,将问题的定义转化为具体的程序。

(1) 建立数学模型　根据问题的定义,描述出各输入变量和各输出变量之间的数学关系,此过程即为建立数学模型。数学模型的正确度是系统性能好坏的决定性因素之一。例如在直接数字控制系统中,采用数字 PID 控制算法或其他改进形式,其参数 PID 整定是至关重要的。在测量系统中,从模拟输入通道得到的温度,流量,压力等现场信息与该信息对应的物理量之间常常存在非线性关系,用什么样的公式来描述这种关系,进而进行线性化处理,这对仪器的测量精度起决定的作用。此外,还有为了削弱或消除干扰信号的影响选择什么样的数字滤波方法等。

(2) 绘制程序流程图　所谓程序流程图,就是把程序应完成的各种分立操作,表示在不同的框格中,并按一定的顺序把它们连接起来的框图,程序流程图也称为程序框图。通常在编写程序之前先绘制程序流程图。程序流程图以简明直观的方式对任务进行描述,并很容易据此编写出程序,故对初学者来说尤为重要。

在设计过程中,先画出简单的功能性流程图(粗框图),然后对功能流程图进行扩充和具体化,对存储器、寄存器、标志位等工作单元作具体的分配和说明,将功能流程图中每个粗框图的操作转变为对具体的存储器单元,工作寄存器或 I/O 口的操作,从而绘出详细的程序流程图(细框图)。

(3) 编写程序　在完成程序流程图设计以后,接着便可以编写程序了。单片机应用程序以前大多用汇编语言编写,现在较多的采用高级语言来编写,如采用 C51 编写。

编写程序时,应采用标准的符号和格式来书写,必要时作若干功能性注释,以利于以后的调试和修改。

6. 程序的汇编,调试和固化

源程序编好以后,尚需进行汇编或编译、调试,当满足设计要求后,即可将目标程序固化到芯片中。

8.3.4　应用系统的可靠性设计

由于单片机的应用已逐步深入到各个领域,对单片机应用系统的可靠性提出了越来越高的要求,特别是对工业控制,通讯等领域中的实时控制系统,最重要、最基本的技术指标就是系统的可靠性。

单片机应用系统的可靠性是指在规定的条件下,在规定的时间内可靠地完成规定功能的能力。由于单片机应用系统在实际工作过程中,可能会受到各种内部和外部的干扰而发生异常状态,因此抗干扰设计是系统研制中不可忽视的一个重要内容。

工业生产过程中的干扰,对于单片机应用系统主要有空间干扰,过程通道干扰,供电系统干扰。空间干扰一般远小于后两种干扰，而且可以用良好的屏蔽、正确的接地及高频滤波加以解决，故单片机应用系统中应重点防止供电系统与过程通道的干扰。

1. 供电系统干扰与抑制

来自供电系统以及通过导线传输，电磁耦合等产生的电磁干扰，是单片机系统工作不稳的重要原因。为了减少供电系统的干扰，通常采用的方法是加装电源低通滤波器，并采用带屏蔽层的电源变压器；交流电引线尽量短，引进接口靠近变压器和低通滤波器；采用分散独立功能块构成性能优良的直流稳压电路，增大输入输出滤波电容，减小电源的纹波系数等措施。目前已有高抗干扰性能电源或干扰抑制器的现行产品可供选购，可根据单片机设计系统的工作环境加以合理选择。

2. 过程通道的干扰和抑制

过程通道是指前向接口，后向接口与主机或主机相互之间进行信息传输的路径。在过程通道中长线传输的干扰是主要因素，而随着系统晶振频率越来越高，单片机系统过程通道的长线传输的干扰越来越不可避免。单片机应用系统中，传输线上的信息多为脉冲波，它在传输线上传输时会产生延时、畸变、衰减和通道干扰。为了保证长线传输的可靠性，主要采用的措施有光电耦合器隔离，双绞线和阻抗匹配等。

(1) 光电耦合器的隔离措施　采用光电耦合器可将主机与前向，后向以及其他主机部分切断电路的联系，能有效地防止干扰从过程通道进入主机。

光电耦合器的主要优点是能有效地抑制尖峰脉冲及各种噪声干扰，从而使过程通道上的信噪比大大提高。光电耦合器具有很强的抗干扰能力，这是因为光电耦合器的输入阻抗较大，一般为 100 Ω ~1 kΩ；其输入部分是在电流状态下工作；输入输出在内部通过光耦合实现，其间分布电容极小，一般仅为 0.5～2 pF，而且绝缘电阻高达 10^{11} ~10^{12} Ω 等。

在传输线较长，现场干扰很强的情况下，为了保证单片机系统有较高的可靠性，可用光电耦合器将单片机部分与其他所有外接通道进行完全隔离，浮置处理。

(2) 双绞线传输　在单片机实时系统的长线传输中，双绞线是较常用的一种传输线。与同轴电缆相比，双绞线虽然频带较差，但波阻抗高，抗共模噪声能力强。

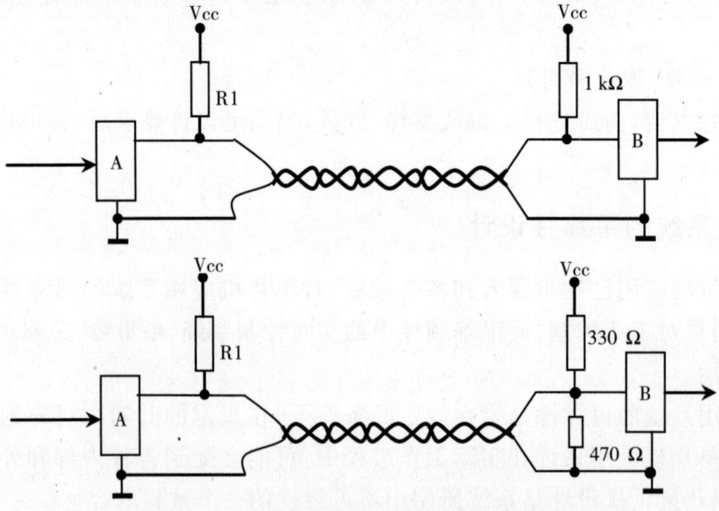

图8-4　双绞线长度5m以下时端部连接方法

在数字信号传递的长线传输中，根据传输距离不同，双绞线使用方法亦不同。当传输距离在 5 m 以下时，发送、接收端装负载电阻，如图 8－4 所示。若发射端的 IC 为集电极开路型（如 7407），接收端的 IC 电路用施密特型（如 7414），则抗干扰能力就更强些。

当远距离传送数据，或经过噪声大的区域时，可使用平衡输出的驱动器和平衡输入的接收器。发射、接收信号端都有末端电阻，选用双绞线也必须阻抗匹配合适，如图 8－5 所示。

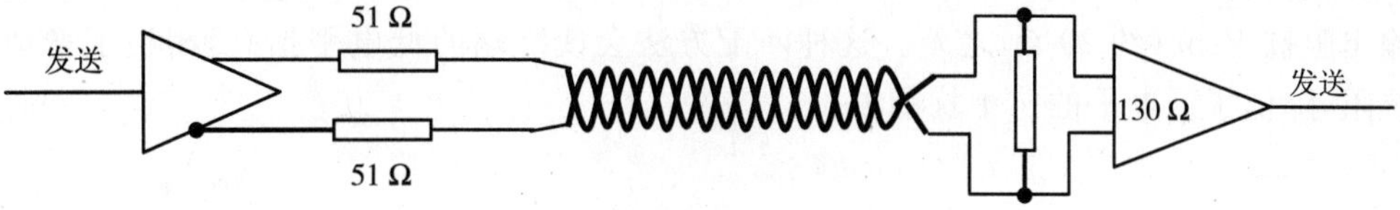

图8-5　双绞线长度数十米时端部联接方法

当双绞线与光电耦合器联合使用时可按图 8－6 所示方法联接。

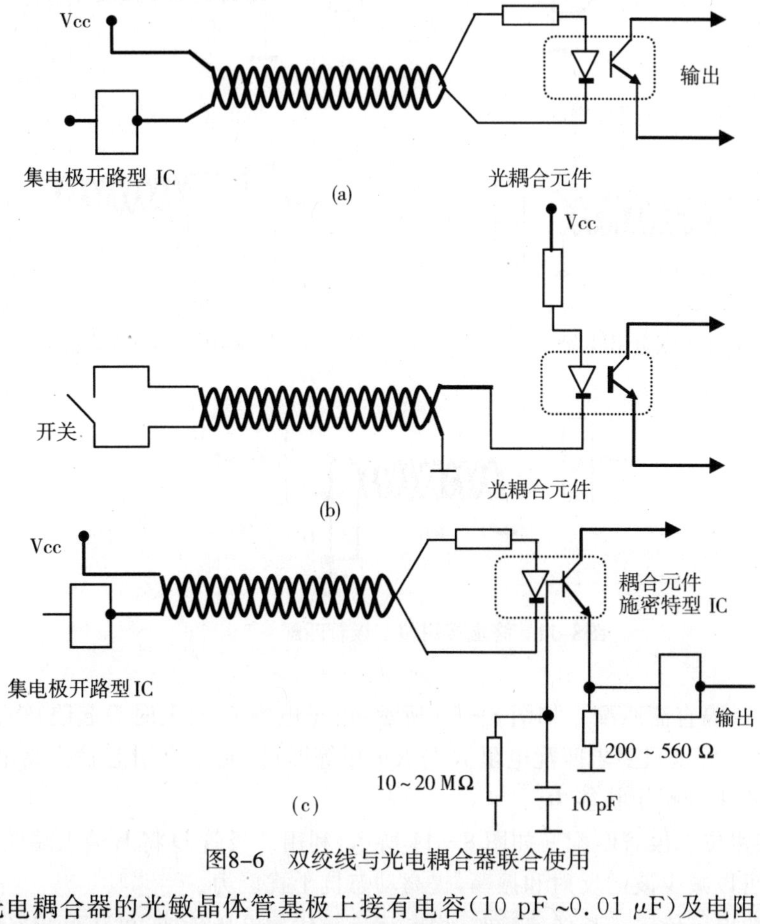

图8-6　双绞线与光电耦合器联合使用

若在光电耦合器的光敏晶体管基极上接有电容（10 pF ~0.01 μF）及电阻（10 ~20 MΩ），且输出接施密特集成电路，则会加大抗振荡与抗噪声的能力。

(3) 长线传输的阻抗匹配　长线传输时，阻抗不匹配的传输线会产生反射，使信号失真，其危害程度与系统的工作速度及传输线的长度有关。为了对传输线进行阻抗匹配，必须估算出它的特性阻抗 R_p。利用示波器观测的方法可以大致测定传输线特性阻抗的大小，测定方法如图 8－7 所示。

调节可变电阻R，当R与Rp匹配($R=Rp$)时，A输出波形畸变最小，反射波几乎消失，这时的R值可认为是该传输线的特性阻抗Rp。传输线的阻抗匹配有下列4种形式。

① 终端并联阻抗匹配　如图8—8所示，终端匹配电阻R_1、R_2的值按$Rp=R_1//R_2$的要求选取。一般R_1为220~330 Ω，而R_2可在270~390 Ω范围内选取。这种匹配方法由于终端阻值低，相当于加重负载，使高电平有所下降，故对高电平的抗干扰力有所下降。

② 始端串联电阻匹配　如图8—9所示，匹配电阻R的取值为Rp与A输出低电平时的输出阻抗Rsol(约20 Ω)之差。这种匹配方法会使终端的低电平抬高，相当于增加了输出抗阻，降低了低电平的抗干扰能力。

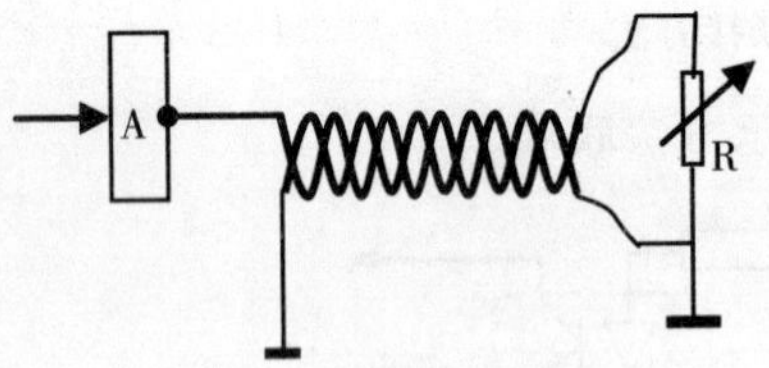

图8-7　传输线特征阻抗测试

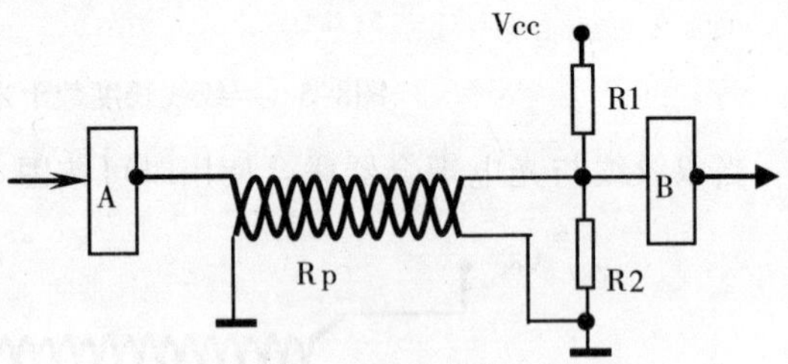

图8-8　终端并联阻抗匹配

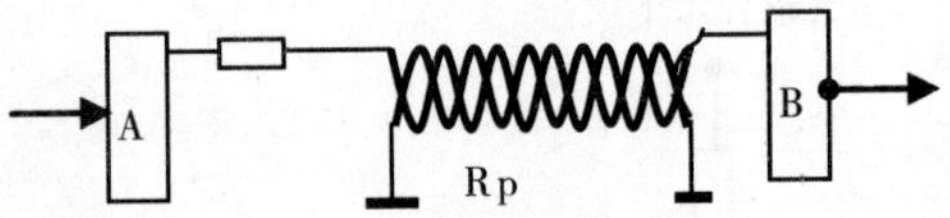

图8-9　始端串联电阻匹配

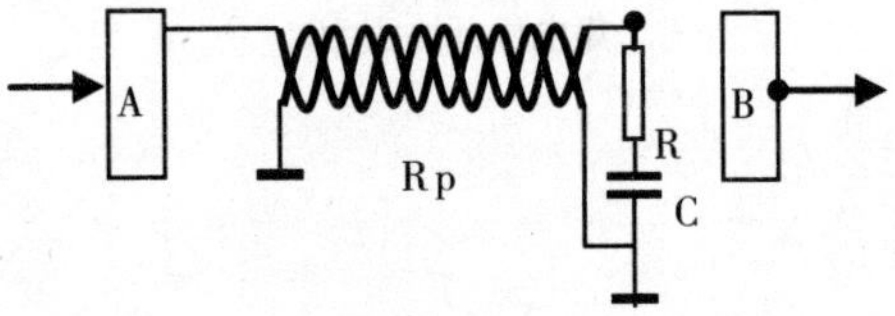

图8-10　终端并联隔直流匹配

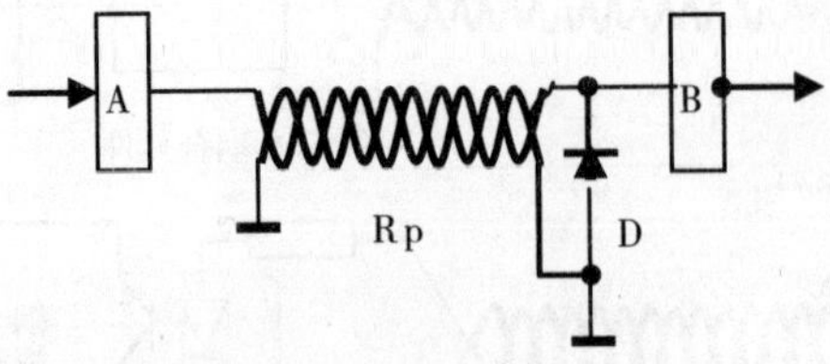

图8-11　终端接钳位二极管匹配

③ 终端并联隔直流匹配　如图8—10所示，由于电容C较大时只起隔离直流作用，并不影响阻抗匹配，所以只要求匹配电阻R与Rp相等即可。它不会引起输出高电平的降低，故增加了对高电平的抗干扰能力。

④ 终端接钳位二极管匹配　如图8—11所示，利用二极管D将B输入端低电平钳位在0.3 V以下。可以减少波的反射和振荡，提高动态抗干扰能力。

(4) 长线的电流传输　长线传输时，用电流传输代替电压传输，可获得较好的抗干扰能力。如图8—12所示。当传感器直接以0~10 mA(4~20 mA)电流在长线上传输，在接收端可并上500 Ω(或250 Ω)的精密电阻。将此电流转换成0~5 V(或1~5 V)电压，然后送入A/D转换器即可。

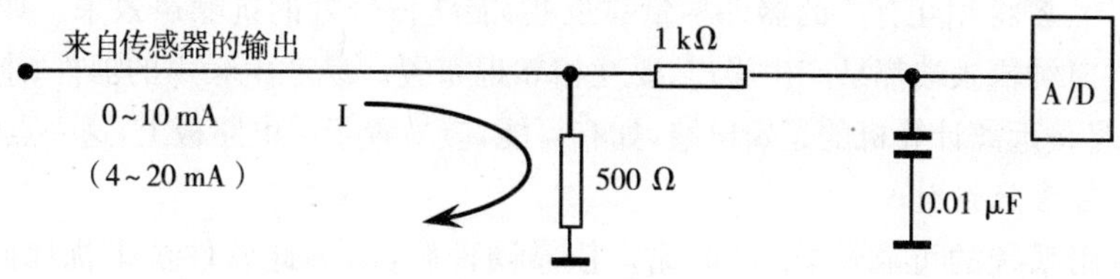

图8-12　传感器的长线电流输入

3. 印刷电路板及电路的抗干扰设计

印制电路板是单片机系统中器件、信号线、电源线等高度密集的一个综合体，设计得好坏对抗干扰能力影响很大，所以印制电路板设计决不单是器件、线路的简单布局安排，还必须符合抗干扰的设计原则。通常应采取如下的抗干扰措施。

(1) 地线设计　单片机系统中地线结构一般有系统地、数字地、模拟地和屏蔽地(机壳地)等。在实时控制系统中，接地是抑制干扰的重要办法，如能将接地和屏蔽正确结合起来使用可以解决大部分干扰问题。

① 正确选择单点接地与多点接地。在低频电路中，信号的工作频率小于1 MHz时，它的布线和器件的电感影响较小，而接地电路形成的环流对干扰影响较大，因而屏蔽线多采用一点接地。当信号频率大于10 MHz时，地线阻抗变得很大，此时应尽量降低地线阻抗，采用就近多点接地法。当工作频率在1~10 MHz之间时，如果用一点接地，其地线长度不应超过波长的1/20，否则宜采用多点接地。

② 数字、模拟电路应分开。电路板上既有高速逻辑电路，又有线性电路，应使它们尽量分开，而两者的地线不要相混，要分开与电源端的地线相连，并要尽量加大线性电路的接地面积。

③ 接地线应尽量加粗。若接地用线很细，接地电位则随电流的变化而变化，致使定时信号不稳，抗噪声性能变差。因此应将地线加粗，使他们能通过三倍于印制电路板上的允许电流。如有可能，接地用线应在$\phi 2 \sim \phi 3$ mm以上。

④ 接地线应构成闭合环路。只用数字电路组成的印制电路板接地时，根据经验，将接地电路做成闭合环路大多能明显地提高抗噪声的能力。其原因是：一块印制电路上有很多的集成电路，尤其是有耗电多的元件时，因受到地线粗细的限制，地线产生电位差，引起抗噪声能力下降，若结成环路，则其差值将缩小。

(2) 去耦电容配置　在印制电路板的各个关键部位配置去藕电容应视为电路板设计的一项常规做法。

① 电源输入端跨接10~100 μF的电解电容器。

② 原则上每个集成电路芯片都应安置一个0.01 μF的陶瓷电容器，当电路板面积紧张时亦可每4~10个芯片安置一个1~10 μF的限噪声用电容器——钽电容器。这种器件的高频阻抗特别小，在500 kHz~20 MHz范围内抗阻小于1 Ω，且漏电流很小(0.5 μA以下)。

③ 对抗噪声能力弱，关断时电流变化大的器件和ROM、RAM存储器件，应在芯片的电源线(Vcc)和地线(GND)间直接接入去藕电容。

(3) 印制电路板尺寸与器件布置 印制电路板大小要适宜，过大时，印制线条长，阻抗增加，不仅抗噪声能力下降，成本也高；过小时，则散热不好，同时易受邻近线的干扰。

器件布置时,若将相互有关的器件尽量靠近些,能获得较好的抗噪声效果。如时钟发生器、晶振和 CPU 的时钟输入端都易产生噪声,要互相靠近布置。易产生噪声的器件、小电流电路、大电流电路等应尽量远离计算机的逻辑电路,如有可能,应另置于一电路板上,这一点十分重要。

4. 软件的可靠性设计

单片机应用系统的可靠性,不可能完全依靠硬件解决,因此软件抗干扰性问题的研究已引起了人们的重视。

综合单片机控制系统,不可靠的表现形式大致有:数据采集误差加大,控制状态失灵,数据受干扰发生变化,程序运行失常等。当前在软件设计中常用的抗干扰对策有:

(1) 数据采集误差的软件对策　对于实时数据采集系统,除了在前向通道采取硬件措施外,可以采取数字滤波。在一般的数据采集系统中,人们常采用一些简单的数值,逻辑运算处理来达到滤波的效果。

① 算术平均值法　对一点数据连续采样多次,计算其平均值,以平均值作为该点的采样结果。这种方法可减少系统的随机干扰对采集结果的影响。一般取 3 ~5 次平均即可。

② 舍取法　当控制系统测量结果中的个别数据存在偏差时,为了剔除个别错误数据,可采用比较舍取法。即对每个采样点连续采样几次,根据所采样数据的变化规律,确定舍取办法来剔除偏差数据。例如"采三取二",即对每个采样点连续采样三次,取两次相近数据为采样结果。

③ 中值法　根据干扰造成采样数据偏大或偏小的情况,对一个采样点连续采集多个信号,并对这些采样点进行比较,取中值作为该点的采样结果。

④ 一阶递推数字滤波法　这是一种利用软件完成 RC 低通滤波器的算法,其公式为:

$$Y_n = QX_n + (1 - Q)Y_{n-1}$$

式中,Q—— 数字滤波器事件参数;

X_n—— 第 n 次采样时的滤波器的输入;

Y_n—— 第 n 次采样时的滤波器的输出。

采用软件滤波对消除数据采集中的误差可以获得满意结果。但应注意,选取何种方法必须根据信号的变化规律予以确定。

(2) 控制状态失常的软件对策　在大量的开关量控制系统中,例如 PLC,人们关注的问题是能否确保正常的控制状态。如果干扰进入系统,会影响各种控制条件造成控制输出失误,或直接影响输出信号造成控制失误。为了确保系统安全,可采取下述软件抗干扰措施:

① 软件冗余　对于条件控制系统,对控制条件的一次采样,处理控制输出改为循环地采样,处理控制输出。这种方法对于惯性较大的控制系统,具有良好抗偶然因素的干扰作用。

② 设置当前输出状态寄存单元　当干扰侵入输出通道,造成输出状态破坏时,系统能及时查询寄存单元的输出状态信息,及时纠正输出状态。

③ 设置自检程序　在处理器内的特定部件或某些内存单位设置状态标志,在开机后,程序在运行中不断循环测试,以保证系统中信息存储、传输、运算的高可靠性。

(3) 程序运行失常的软件对策　当系统受到干扰侵害,致使 PC 值改变,造成程序运行失常,导致程序的 PC 值指向其他非正常指令或操作数,从而不正常运行或将操作数作为指令执行,或 PC 值超出应用程序区,将非程序区中的随机数作为指令执行等。这些情况,都将造成程序的无序运行,最后由偶然巧合导致程序进入死循环状态。

当数据区及工作寄存器中数据被破坏，程序盲目地运行，将随机数作为指令运行结果，不可避免地会盲目执行一些存储器读写命令，而造成其内部数据的破坏。例如 MCS－51 单片机，当 PC 超出芯片地址范围（当系统扩展小于 64 K），如 CPU 获得一些虚假数据 FFH，相当于执行“MOV R7，A”指令，进而造成工作寄存器 R7 的内容变化。

对于程序运行失常的软件对策，主要是发现失常状态后及时引导系统恢复原始状态。

一是可以设置监视跟踪定时器：使用定时中断来监视程序运行状态。定时器的定时事件稍大于主程序正常运行一个循环的时间，而在主程序运行过程中执行一次定时器时间常数刷新操作。这样，只要程序正常运行，定时器不会出现定时中断；而当程序失常，不能刷新定时器时间常数而导致定时中断时，利用定时中断服务程序将系统复位。

二是可以设置软件陷阱：当 PC 失效时，则可用“LJMP ＃0000H”和“JB bit，rel”指令，在非程序区反复用“02000002000002…H”填满。这样，不论 PC 失控后指向哪一字节，最后都能导致程序返回到复位状态。

8.4　单片机应用系统调试

单片机应用系统调试是系统开发的重要环节。当完成了单片机应用系统的硬件、软件设计和硬件组装后，便可进入单片机应用系统调试阶段。系统调试的目的是要查出用户系统中软硬件设计中存在的错误及可能出现的不协调的问题，以便修改设计、最终使用户系统能正确、可靠、稳定地工作。最好能在方案设计阶段就一并考虑系统调试问题，如采取什么调试方法、使用哪些调试仪器以及何种开发工具等，以便在系统方案设计时将必要的调试方法综合进软硬件设计中，或提前做好调试准备工作。

系统调试包括软件调试、硬件调试以及软硬件联调。根据调试环境不同，系统调试又分为模拟调试与现场调试。各种调试所起的作用是不同的，它们所处的时间段也不一样，但它们的目标是一致的，都是为了查出用户系统中潜在的错误或不稳定因素。

8.4.1　单片机应用系统调试工具

在单片机应用系统调试中最常用的调试工具有以下几种：

1. 单片机开发系统

由于单片机本身不具备调试及输入程序的能力，因此单片机开发系统（又称为仿真器）是开发单片机应用系统不可缺少的工具，单片机应用系统的硬件设计以及软件的调试和修改都必须借助于该工具才能完成。开发系统功能的强弱、性能的好坏、软硬件调试环境的优劣严重影响和制约着应用系统开发的进度，甚至影响最终应用系统的质量。所以用户在准备开发单片机应用系统之前应多了解相关的开发系统的功能、性能指标等。单片机开发系统的主要作用是：

（1）应用系统硬件的诊断与检查；

（2）程序的输入与修改；

（3）硬件电路、程序的运行与在线仿真调试；

（4）程序的固化。

单片机开发系统实际上是一种计算机系统，是专门用来开发单片机应用系统的一种工具，它通常由一台系统机、一个通用在线仿真器和一个通用编程器组合而成，如图 8—13 所示。

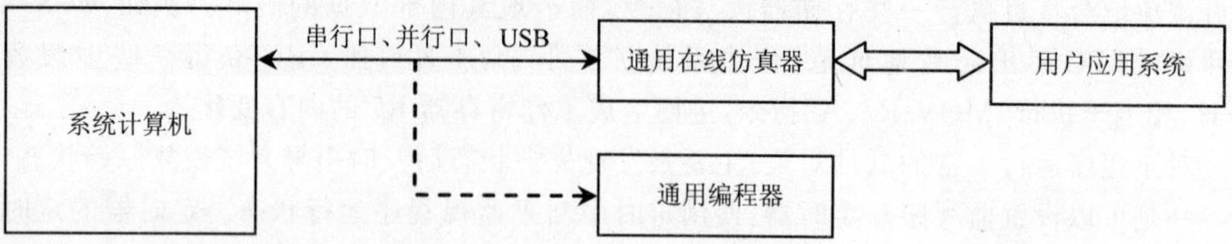

图8-13 通用单片机开发系统

2. 万用表

万用表主要用于测量硬件电路的通断、两点间阻值、测试点处稳定电流或电压值及其他静态工作状态。例如，当给某个集成电路芯片的输入端施加稳定输入时，可用万用表来测试其输出，通过测试值与预期值的比较，就可大致判定该芯片的工作是否正常。

3. 示波器

示波器可以测量模拟或数字信号电平、观察模拟信号波形及测量模拟信号频率，还可以同时观察多个信号的波形及它们之间的相位差。通过示波器可以对静态信号进行测试，也可以对动态信号进行观察和测试，而且测试准确性好。

4. 逻辑笔

逻辑笔可以测试数字电路中测试点的高低电平状态及脉冲信号的有无。假如要检测单片机扩展总线上连接的某译码器是否有译码信号输出，可编写一循环程序使译码器对一特定译码状态不断进行译码，运行该循环程序后，用逻辑笔测试译码器输出端，若逻辑笔上信号灯交替闪亮，则说明译码器有译码信号输出，否则译码器无译码信号输出。这样就可以初步确定由扩展总线到译码器之间是否存在故障。

5. 逻辑脉冲发生器与模拟信号发生器

逻辑脉冲发生器能够产生不同宽度、幅度及频率的脉冲信号，它可以作为数字电路的输入信号源。模拟信号发生器可产生具有不同频率的方波、正弦波、三角波、锯齿波等模拟信号，它可以作为模拟电路的输入信号源。

6. 逻辑分析仪

逻辑分析仪能够以单通道或多通道实时获取与触发事件的逻辑信号，可保存显示触发事件前后所获得的信号，供操作者随时观察、并作为软、硬件分析的依据，以便快速有效地查出软硬件中的错误。逻辑分析仪主要用于动态调试中信号的捕获。

8.4.2 单片机应用系统的一般调试方法

1. 硬件调试

硬件调试是利用开发系统、基本测试仪器（万用表、示波器等），通过执行开发系统有关命令或运行适当的测试程序（也可以是与硬件有关的部分用户程序段），检查用户系统硬件中存在的故障。硬件调试可分静态调试与动态调试两步进行：

(1) 静态调试

静态调试是在用户系统未工作时的一种硬件检查。

静态调试的第一步为目测。单片机应用系统中大部分电路安装在印制电路板上，因此对每块加工好的印制电路板要进行仔细的检查。检查它的印制线是否断线、是否有毛刺、是否与其他印制线或焊盘或过孔粘连、焊盘是否脱落、过孔是否有未金属化现象等。如印制板无质量问题，则将相应的集成电路芯片插座焊接在印制板上，并检查其焊点是否有毛刺，是否与其他印制线或焊盘或过孔粘连，焊点是否光亮饱满无虚焊。对单片机应用系统中所用的器件与设备，要仔细核对型号，检查它们对外连线是否完整无损，特别应检查电解电容、二极管以及其他芯片的极性是否有反接或跪腿等情况。通过目测查出一些明显的器件、设备故障并及时排除。

第二步为万用表测试，目测检查后，可进行万用表测试。先用万用表复核目测中认为可疑的连接线或接点，检查它们的通断状态是否与设计规定相符。再检查各种电源线与地线之间是否有短路现象，如有再仔细检查并排除，且一定要在集成电路芯片安装并上电之前排除。如果电源与地线之间短路，系统中的印制板、器件或使用的设备都可能被损坏，后果十分严重。所以，对电源与地线的处理，在整个系统调试过程中都要谨慎操作。如有集成电路芯片性能测试仪器，应尽可能地将要使用的芯片进行测试筛选，其他的器件、设备在购买或使用前也应尽可能做必要的测试，以便将性能可靠的器件、设备用于系统安装。

第三步为加电检查。加电检查一定是采用目测检查和万用表检查没有故障的前提下才能进行。在没加电状态下将芯片逐个插入印制板上的相应插座上，每插入一个芯片就检查一遍所有插座或器件的电源端是否有符合要求的电压值(单片机插座上的电源引脚上的电压值不应该大于5.5 V，否则联机时将损坏仿真器或其他集成电路芯片)，接地端电压值是否接近于零，接固定电平的引脚端是否电平正确。且在对芯片、器件的加电过程中，应细心观察芯片或器件是否出现打火、过热、变色、冒烟、异味等现象发生，如出现这些现象，应立即断电，然后通过目测或万用表仔细检查，找出产生的原因并加以解决，在未找到问题的原因之前绝不可再次盲目加电，以免造成更大的损失。

此外，也可以在加电期间，通过给逻辑功能简单的芯片加载固定输入电平，用万用表测量其输出电平的方法来判断该芯片的好坏，如将反相器的输入端接地，其输出端是否为高电平，否则，该反相器有问题。

第四步是联机检查。因为只有用单片机开发系统才能完成对用户系统的调试，而动态调试也需要在联机仿真的情况下进行。因此，在静态检查印制板、连接、器件等部分无物理性故障且一切电源电压正常后，即可将用户系统与单片机开发系统用仿真电缆连接起来。联机检查上述连接是否正确、畅通、可靠。

(2) 动态调试

动态调试是在用户系统工作的情况下发现和排除用户系统硬件中存在设计错误、器件故障以及连接错误等的一种硬件检查。由于单片机应用系统的硬件动态调试是在开发系统的支持下完成的，故又称为联机仿真或联机调试。动态调试的一般方法是由分到合、由近及远。

由分到合指的是，首先按逻辑功能将用户系统硬件电路分为若干模块，如程序存储器电路、A/D转换电路、输入输出电路、显示电路等模块进行单独调试。且调试某模块时，将整个电路板中与该模块无关的器件全部拔除，这样基本上可将故障范围限定在某个局部的电路上。当各独立电路模块调试无故障后，然后逐步将接近的相关模块加入到应用系统中，并每加入一个模块后再对各模块功能进行调试，若在这个过程中出现故障，则基本上是各电路模块协调关系上出了问题，如交互信号的联络、时序是否达到要求等。这种调试要直到所有电路加入应用系统中后各功能模块仍能正常稳定工作为止,由分到合的调试即告完成。在经历了这样一个调试过程后,大部分硬件故障基本上可以排除。

在有些情况下,由于功能要求较高或设备较复杂,使得某些逻辑功能模块电路较为复杂,为故障的准确定位带来一定的难度。这时可采取以处理信号流向为线索的办法,将信号流经的各器件按照距离单片机的逻辑距离进行由近及远的分层,然后分层调试。调试时,仍采取拔除无关器件的办法,逐层依次调试,最终将故障定位在具体的器件上。例如,调试外部数据存储器,可按层先调试总线电路、然后调试译码电路,最后调试存储芯片,利用开发系统对存储芯片进行循环读写操作,就能有效地调试数据存储器。显然,这种调试方法,可能出现的问题基本能局限在一个小范围内,因此有利于故障的发现和排除。

当采取由分到合或由近及远的方法调试完成后,整个应用系统应基本上能工作正常,但为了能更好地找出电路中的隐性问题,典型有效的方法是对电路各功能模块进行循环读写操作,使得电路中的主要测试点的状态能够用常规测试仪器(如万用表、示波器等)测试出来,依次检测电路各部分是否按预期的工作状态进行。

2. 软件调试

软件调试是通过对用户程序的汇编、连接、执行来发现程序中存在的语法错误与逻辑错误并加以排除纠正的过程。软件调试的一般方法是先独立后联机、先分块后组合、先单步后连续。

(1) 先独立后联机

从宏观来说,单片机应用系统中的软件与硬件是密切相关、相辅相成的。软件是硬件的灵魂,没有软件最好的硬件也是废物,系统将不可能工作;但软件要能很好地运行又必须要以硬件为基础,没有相应的硬件的支持,软件的功能便荡然无存。因此,将软件和硬件完全孤立开来是不可能的。当然,有部分用户程序(软件)与硬件的关联度较小,这时可以将功能相对独立的与硬件关联度较小的程序段抽取出来,与硬件设计和调试同步进行,以提高软件调试的速度。

与硬件有关部分的软件调试同样采取各功能模块独立调试的方法。当所有功能模块全部调试完成后,就可进行系统联调。在系统联调中,先对依赖于硬件的功能程序模块进行调试,然后对与硬件关联度较小的部分调试,最后进行两大部分程序的有机组合及总调试。

(2) 先分块后组合

如果用户系统规模较大、任务较多,如果采用笼统的方法从头至尾调试,既费时间又不容易进行错误定位,所以常规的调试方法是分别对与硬件关联度大和无关联(或关联度小)的程序模块进一步采用分模块调试,以提高软件调试的有效性。

在调试时所划分的程序模块应基本上保持与软件设计时的程序功能模块或任务一致。除非某些程序功能模块任务较大而不利于调试时才将其再细分为若干个子模块。但应注意,子模块不应划分得太细,否则在组合时会容易产生错误。

每个程序模块调试完后,将相互有关联的程序模块逐一组合起来加以调试,以解决在程序模块连接中可能出现的逻辑错误。对所有程序模块的整体组合是在系统联调中进行的。由于各个程序模块均已通过调试说明已基本排除内部错误,所以总体联调时程序的错误就大大减少,因而调试成功的可能性也就大大提高了。

(3) 先单步后连续

调试好程序模块的关键是实现对错误的正确定位及正确的修改。准确发现程序(或硬件电路)中错误的最有效的方法是采用单步加断点运行方式调试程序。单步运行可以了解被调试程序中每条指令的执行情况、程序运行中间结果,这样就可很容易发现程序设计的错误,从而排除错误。但是,如果对所有需调试的程序都以单步运行方式来查找错误的话,实在是一件既费时又费力的工作,而且对于一个有经验的软件设计人员来说,其程序设计错误率一般较低,所以为了提高调试效率,一般采取先使用断点运行方式以查看程序运行中间结果,将程序故障定位在一个较小的范围内,然后针对故障程序段再使用单步运行调试方法来精确定位错误所在,这样就可以做到调试的快捷和准确。一般情况下,即使在单步运行调试中无错误,最后也要连续运行调试,以防止某些错误在单步运行调试时被掩盖。

有些实时性操作(如中断等)利用单步运行调试无法完成调试工作,必须采取连续运行方法来调试。为了准确地对错误进行定位,可使用连续加断点运行方式来调试这类程序,即利用断点来一步步缩小故障范围,直至最终确定出错误位置并加以排除。

3. 系统联调

系统联调是指用户系统的软件在其硬件上实际运行,进行软硬件联合调试,从中发现硬件故障或软硬件设计错误。系统联调主要解决以下问题:

(1) 软硬件能否按预定要求配合工作?如果不能,那么问题出在哪里?如何解决?

(2) 系统运行中是否有潜在的设计时难以预料的错误?如硬件延时过长造成工作时序不符合要求,布线不合理造成有信号串扰等。

(3) 系统的动态性能指标(包括精度、速度参数)是否满足设计要求?

系统联调时,首先采取单步、断点、连续运行方式调试与硬件相关的各程序段,即可检验这些用户程序段的正确性,又可在各功能独立的情况下,检验软硬件的配合情况。然后,将软硬件按系统工作要求进行综合运行,采用全速断点,连续运行方式进行总调试,以解决在系统总体运行情况下软硬件的协调,从而提高系统的动态性能。在具体操作中,用户系统在开发系统环境下,先借用仿真器的单片机、存储器等资源进行工作。若发现问题,按上述软硬件调试方法准确定位错误,分析错误原因,找出解决办法。用户系统调试完后,将用户程序固化到用户系统的程序存储器,再借用仿真器单片机使用户系统运行,直至解决所有问题。最后,用户系统插上单片机即可正确工作(注意:不要忘记用户系统时钟、复位电路的调试,这部分电路是保证用户系统正确运行的最基本的电路)。

4. 现场调试

一般情况下,通过系统联调后,用户系统就基本上可以按照设计目标正常工作了。但由于用户系统运行的环境较为复杂(如环境干扰较为严重、工作现场有腐蚀性气体等),在现场工作之前,环境对系统的影响无法预测,这样就只能通过现场运行调试来发现问题,找出相应的解决办法;或者虽然已经在系统设计时考虑到了抗干扰的对策,但是否行之有效,还必须通过用户系统在实际现场的运行中来加以验证。另外,有些用户系统的调试是用模拟设备代替实际监测、控制对象的情况下进行的,这与实际现场运行是有区别的,这时就更有必要进行现场调试。

总之,一般来说现场调试对用户系统的调试是最后必须进行的一个过程,只有经过现场调试的用户系统才能保证其正确、稳定、可靠地工作。现场调试仍需利用开发系统来完成,其调试方法基本需采取联调方法来进行。

8.5 单片机应用系统设计与调试实例

本节以数控切绘机作为实例来说明如何进行 MCS－51 单片机应用系统的设计与调试。该数控切绘机的设计与开发主要经历了可行性分析、系统设计与系统调试 3 个阶段。

1. 可行性分析

数控设备是目前或者在可以预见的将来相当长一段时间以内生产自动化所必须具备的主要设备。目前中国是世界上最大的轻工产品生产、加工基地，中国加入 WTO 以后，中国的轻工业面临着巨大的市场机遇与挑战，可以说挑战多于机遇。如果国内轻工企业还不逐步加大科技投入，提高机械化生产的能力，机遇将会自然丧失，最终将被世界市场所淘汰。随着近年来计算机技术的大面积普及，中国的轻工行业也深受影响，行业内计算机辅助设计、数控加工等自动化系统的应用需求越来越大。而国外进口的数控切绘机存在产品价格昂贵、切割力度严重不足以及不适合中国国情（中国生产的被切割基质粒度不均匀、厚度不均匀、纹路不统一）。因此，研制一台适合中小轻工企业切绘和裁剪要求的机电一体化高精度数控设备，可以提高企业产品质量、全面提升市场竞争能力。

从技术角度来看，技术人员已经掌握了用单片机开发数控切绘机的各项技术，市场上有性能好、功能强、价格低的单片机及外围器件可供选择。因此，研制一台适合中小轻工企业切绘和裁剪要求的数控切绘机是有必要、也是可行的。

2. 系统设计

为了提出正确的设计方案，首先要对数控切绘机的具体功能要求进行详细的了解，确定各功能要求的具体性能指标。估计采用单片机技术能否达到其功能、性能指标要求，如果确认可以用单片机技术来开发，则首先要选择好单片机的种类。

在选择单片机时，首先要考虑的是单片机的性能指标，其次是其开发环境的优劣，同时考虑其市场的供应情况。综合各种因素，我们在开发数控切绘机时选择了与 MCS－51 单片机兼容的 WinBond 公司生产的 W78E58 单片机，具体选用的理由是：

(1) W78E58 单片机与 MCS－51 单片机兼容。其最高晶振频率可以达 40 MHz，内含 32 KB 程序存储器空间，从处理速度和程序空间来考虑可以满足要求，同时由于具备足够的程序存储器空间，因此系统可以不需要这部分扩展，从而简化了硬件的设计；

(2) W78E58 与 MCS－51 系列单片机一样，扩展外围器件简单，其开发工具丰富、有较好的开发环境，由于 W78E58 与 MCS－51 系列单片机兼容，这样就有很多的成功系统范例可以参考，既可以节省开发时间又可以保证系统的开发成功；

(3) 市场货源充足稳定，价格便宜。

因为单片机自身的资源不能满足数控切绘机的功能要求，故需要扩展相应地外围器件，主要包括：通信、数据存储器、不掉电存储、键盘与显示、控制驱动等部分。

由于数控切绘机需要高速接收上位计算机传输的大量数据，因而单片机自身的异步串行口和内部的 256 字节数据存储器不能满足要求。这样需要扩展通信电路和数据存储器电路，从图 8－14 可知系统扩展了异步通信电路（由 UART 芯片 8251A 和电平转换芯片 MAX232 组成）和 32 KB 数据存储器（由 2 片 62128RAM 芯片组成）。通信芯片 8251A 所需的时钟信号由 74LS04 组成的振荡电路经 74LS393 分频后提供。

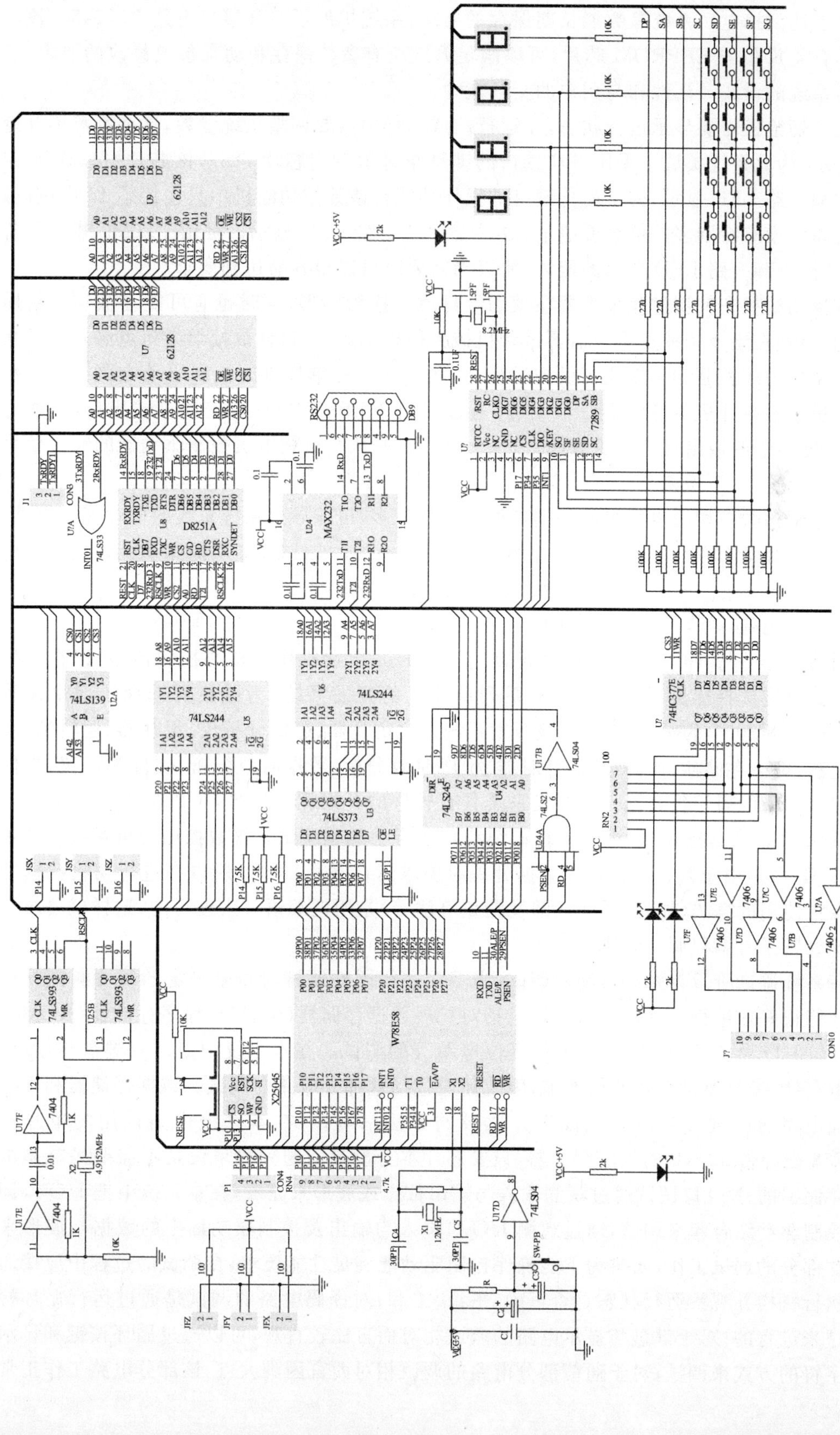

图8-14　一种数控切绘机原理图

为了达到掉电后系统参数能长期保存的要求，系统扩展了 SPI 接口电路 X25045。该芯片为具有 4 K 位的 EEPROM 芯片，可以满足系统所有参数保存和动态参数修改的要求，从而提高系统的设置灵活性和与用户的交互能力。

数控切绘机需要显示运行状态，在运行前或运行中需要调整系统参数，这些都离不开键盘与显示，为此系统扩展了采用 SPI 接口的键盘与显示专用芯片 7289，该芯片可以连接 64 个按键和 8 路 LED 显示，为了简化键盘的操作功能在该数控切绘机中只连接了 16 个按键，同时考虑到没有特别多的信息要显示，故只设计了 4 路 LED 显示。且由于 7289 芯片具备接 64 个按键和 8 路 LED 显示的能力，所以当需要时可以很容易达到要求。

数控切绘机在使用过程中需要在被切绘材质上描绘图形，同时也有可能在被切绘材质上切割，显然在绘或切的过程中需要带动机械执行机构运行，这样数控切绘机就必须具备相当的驱动能力才能驱动机械执行机构运行，为此必须扩展单片机的控制驱动电路。在该数控切绘机中因单片机本身的 I/O 口不够，通过采用 74LS377 锁存器扩展了输出口，并通过 74LS06 增大了的输出口的带负载能力，从而满足机械执行机构电机控制驱动器的输入信号要求。

考虑到该数控切绘机系统的外围扩展的芯片较多，可能导致系统总线的驱动能力不够，故采用了一片 74LS245 来提高数据总线的驱动能力，二片 74LS244 来提高系统地址总线的驱动能力。

3. 系统调试

因为选择了与 MCS－51 单片机兼容的 W78E58 单片机作为核心控制器，所以在选择开发工具时应选择能开发 MCS－51 系列单片机的开发系统，为此我们选择了南京伟福(WAVE)的 E2000 系列开发系统，该开发系统是集仿真器、逻辑分析仪、跟踪器、逻辑笔、波形发生器、影子存储器、代码覆盖、计时器、程序时效分析、数据时效分析、硬件测试仪、事件触发器等功能的通用仿真器。该开发系统具有较好的开发调试环境，可以进行汇编语言程序调试、C51 语言程序调试，也可进行汇编和 C51 混合编程调试。该数控切绘机系统软件采用 C51 编写，但由于其在进行切绘数据处理时要求运行平稳、柔和，所以在进行切绘数据处理时经常使用的算法(如直线算法、圆及圆弧算法等)是用汇编语言来编写的，这样就要求开发系统具备混合编程调试的能力。

在系统调试阶段首先进行硬件调试，当然在进行硬件调试时需要一定的相关测试软件配合才能很好地进行。硬件调试一般包括对扩展数据存储器(RAM)、程序存储器(ROM)、I/O 口与 I/O 设备、译码电路、晶振与复位电路等的调试。在本系统中因还有键盘与显示、不掉电存储、控制驱动以及通信要求，因此还应包括这部分电路的调试。数据存储器和不掉电存储电路的调试常采用写入读出并比较的方法来调试；在本系统中因选用的单片机 W78E58 内部带 32 KB 的程序存储器，只要芯片本身没有问题一般来说是不需要另外调试程序存储器的；I/O 口调试通过观测输入与输出数据或波形来完成，在本系统中把 I/O 口调试与控制驱动结合起来调试，通过观测 I/O 口输入与输出及控制驱动输出的数据与波形来完成这部分的调试工作，同时为了能确保控制驱动能满足性能要求，在调试的过程中应接通机械执行机构并观察运行状态是否正确、平稳、柔和；对译码电路的调试是通过运行循环检测程序来进行的；对于键盘与显示电路的调试相对而言比较直观，可以通过循环按键和显示按键字符的方式来调试；对于通信部分电路的调试相对而言困难大点，该部分电路工作正常与否不仅与自身的电路有关而且还与通信的另一端设备有很大的关系，一般而言对其调试需与软件联合起来调试，且通常的方法是先在通信的一端采用自发自收的方式调试通过，这样基本可以避开因为通信的另一端工作不正常而导致的调试失败，然后把通信的两端联合起来调试；对于晶振与复位电路等的调试可以通过观测其能否产生所需的正常信号以确定其工作是否正常。

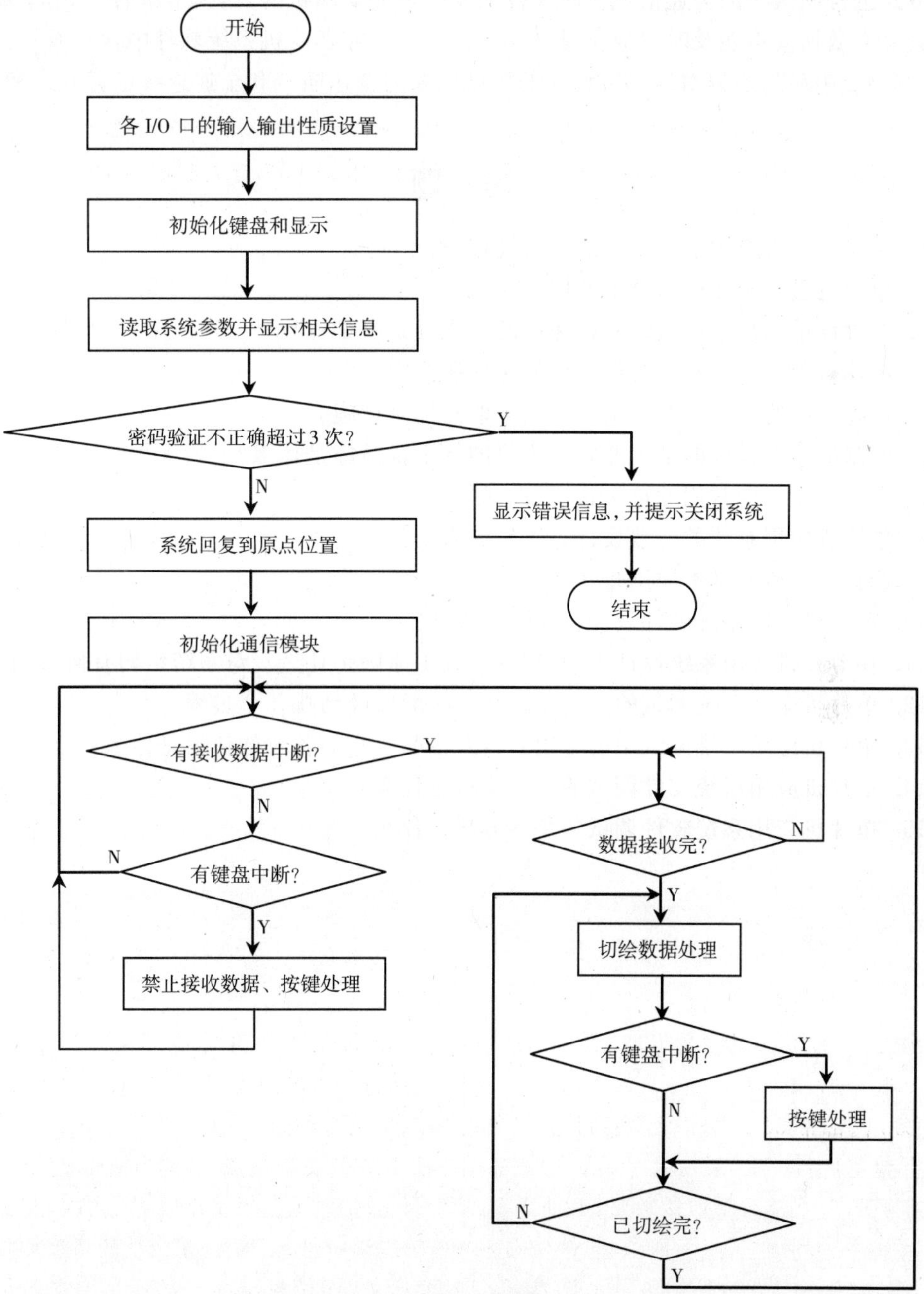

图8-15　系统软件主程序流程图

在该数控切绘机系统中，其系统软件与硬件是联系密切的，如独立调试软件存在一定的困难，所以在硬件调试完成后就直接进入软、硬件联调，即在调试软件时同时又检查软、硬件的协调情况。

图 8－15 为该数控切绘机系统软件主程序流程图。一般计算或事务性处理程序可通过单步或断点运行方式进行调试，而通信或 I/O 实时处理程序必须采用全速断点或全速连续运行方式进行调试。因为通信或实时事件的发生可能是随机的、连续不断的，若用单步调试可能会丢失数据或不能及时响应实时事件。由于该数控切绘机系统软件中含有通信中断和键盘中断处理程序，所以对这部分程序的调试应采用全速断点和全速连续运行方式来调试。

习　题

1. 简述单片机应用系统开发的一般过程。
2. 单片机适合于什么场合下使用?
3. 在设计单片机应用系统时应考虑的主要因素有哪些?
4. 单片机应用系统开发可行性分析包括哪些内容?
5. 过程通道的干扰主要包括哪些及采取的抑制措施?
6. 印制电路板设计的基本原则及主要的抗干扰措施是什么?
7. 在软件设计中常用的抗干扰对策有哪些?
8. 单片机应用系统的一般设计方法是什么?
9. 选择单片机的基本原则是什么?
10. 单片机应用系统硬件设计包括哪些内容?
11. 在单片机应用系统设计中，软硬件的分工原则是什么? 对系统结构有何影响?
12. 单片机应用系统调试的目的是什么? 一般要经历哪几个过程?
13. 单片机应用系统调试中的常用工具有哪些? 它们各自的作用是什么?
14. 单片机应用系统硬件调试的基本步骤是什么?
15. 单片机应用系统软件调试的基本方法是什么?

第 9 章　MCS—51 兼容单片机简介

单片机技术应用非常广泛，如手机、家电、工业控制、机器人控制等一些自动装置或智能装置与机器都离不开单片机技术。在我国，单片机的开发应用已 20 多年，已形成了一支庞大的技术开发队伍，为我国单片机应用积累了丰富的经验。随着微电子技术、计算机芯片技术的飞速发展，引起了单片机应用技术一日千里的变化。面对这种新形势，不断地及时地了解、调查国内外现状、总结经验、分析技术发展趋势来指导我国单片机应用技术的健康发展具有重要意义。长期以来，MCS—51 系列单片机一直统治着国内单片机市场，但近年来，国际上许多著名半导体厂竞相推出的各具特色的 MCS—51 系列兼容单片机，也深受国内广大用户的青睐。为了使读者了解这一动态，本章准备就目前国内较流行的几种 MCS—51 兼容单片机作一简要介绍。

9.1　Atmel 公司 AT89、AT90 和 AT91 系列单片机简介

美国 Atmel 公司是国际上著名的半导体公司，从 20 世纪 80 年代成立至今，短短的三十几年的时间已发展成为拥有先进的生产和设计技术、产品种类齐全、型号繁多的国际大公司，在某些技术领域已处于国际领先地位。Atmel 公司的产品主要涉及存储器、通信、多媒体、可编程逻辑器件、单片机及智能 IC 卡等。1994 年 Atmel 公司以 EEPROM 技术和 Intel80C31 单片机核心技术进行交换，从而取得了 80C31 核心的使用权，开始介入单片机市场。Atmel 将自身先进的 FLASH 存储器技术与 80C31 核心相结合，推出 AT89 系列单片机。之后，Atmel 公司在单片机领域继续拓宽，到目前为止，已形成三大系列，分别为 C51、AT90 和 AT91 系列。

9.1.1　AT89 系列单片机

1. AT89 系列 FLASH 单片机

AT89 系列单片机是 Atmel 公司最早推出的，也是功能最简单的一个单片机系列。该系列的所有单片机都是基于 80C31(或 80C32)内核的，内含 FLASH 程序存储器的 MCS—51 系列兼容机，属于 Atmel 公司 C51 系列单片机中的一个子系列。亦即 Atmel 公司的 C51 系列单片机不仅仅是 AT89 系列，除了这种 FLASH 型单片机系列外，还包括 OTP(One Time Programmable)型(87 系列)、ROM 型、片内无程序存储器型(80 系列)以及特殊应用型等多个子系列。当然，国内 AT89 子系列的用户要远远超过 C51 系列的其他子系列的用户，而且也是为了和 Atmel 公司另外两个系列 AT90 和 AT91 相比，因此我们一般就用 AT89 系列来指代 Atmel 公司的 C51 系列单片机，但要注意区别。

在 AT89 系列单片机中，都集成了 FLASH 程序存储器，这种存储器的全称为闪速可编程可擦除只读存储器(FEPROM——Flash Programmable and Erasable Only Memory)。

它与以前的程序存储器相比具有以下优点：

(1) 用户可自己写入，并根据需要灵活修改程序；

(2) 用电擦除而不是用紫外线擦除，不需要特殊的擦除设备；

(3) 写入与擦除的速度大大加快。

AT89系列并不是对80C31内核的简单继承，在多个型号中，Atmel公司有选择地加入了诸如看门狗定时器(WDT)、串行外围接口(SPI)等多种在80C31中不存在的外设资源，使其功能更强，使用更方便。

AT89系列FLASH单片机，就其编程方法而言可以分成两大类：一类是在线可编程ISP FLASH系列(In System Programmable Flash)，这类单片机内的FLASH存储器除了可常规并行方法编程外，还可以在线通过SPI口串行编程；第二类就是常规的FLASH系列，这种单片机只能用常规的并行方法编程。表9－1和表9－2分别给出了Atmel公司的ISP FLASH型和常规FLASH型单片机的资源明细。

表9－1 Atmel公司ISP FLASH型单片机分类及资源明细

型号	FLASH/KB	EEPROM/KB	RAM/B	定时器	串行口	I/O管脚	速度，(供电)	供电电压/V	封装	其他功能
标准型										
AT89S51	4		128	2	1	32	33 MHz，5 V	4.0－5.5	PDIP40 PLCC44 TQFP44	WDT
AT89S52	8		256	3	1	32	33 MHz，5 V	4.0－5.5		
AT89S53	12		256	3	1	32	24 MHz，5 V	4.0－6.0		
AT89S8252	8	2	256	3	1	32	24 MHz，5 V	4.0－6.0		
低压型										
AT89LS51	4		128	2	1	32	24 MHz，3 V	2.7－5.5	PDIP40 PLCC44 TQFP44	WDT
AT89LS52	8		256	3	1	32	16 MHz，3 V	2.7－5.5		
AT89LS53	12		256	3	1	32	12 MHz，3 V	2.7－6		
AT89LS8252	8	2	256	3	1	32	12 MHz，3 V	2.7－6		
增强型										
T89C51RB2	16		1280	3 PCA	1	32	40 MHz，5 V 30 MHz，3 V	2.7－5.5 2.7－3.6	PDIP40 PLCC44 VQFP44	WDT KBD
T89C51RC2	32		1280	3 PCA	1	32	40 MHz，5 V 30 MHz，3 V	2.7－5.5 2.7－3.6		WDT SPI
T89C51RD2	64	2	1280	3 PCA	1	32 48	40 MHz，5 V 25 MHz，3 V	3.0－5.5 2.7－3.6	VQEP44 PLCC68	WDT
T89C51AC2	32	2	1280	3 PCA	1	34	40 MHz，5 V 20 MHz，3 V	2.7－5.5 2.7－3.6	PLCC44 VQEP44 CABGA64	WDT A/D
T89C51IC2	32		1280	3 PCA	1	34	40 MHz，5 V 30 MHz，3 V	2.7－5.5 2.7－3.6	PLCC44 VQEP44	WDT SPI
小封装型										
T89C5115	18	2	512	3PCD	1	20	40 MHz，5 V 24 MHz，3 V	4.5－5.5 2.7－3.6	SOIC28 PILCC28 VQFP32 SOIC24	WDT A/D
AT89S4D12	8	128	256			5	12 MHz，3 V	3.0－3.6		SPI

表 9－2　Atmel 公司常规 FLASH 单片机分类及资源明细

<table>
<tr><th>型号</th><th>FLASH /KB</th><th>RAM /B</th><th>定时器</th><th>串行口</th><th>I/O 管脚</th><th>速度,(供电)</th><th>供电电压 /V</th><th>封装</th><th>其他功能</th></tr>
<tr><td colspan="10">标准型</td></tr>
<tr><td>AT89C51</td><td>4</td><td>128</td><td>2</td><td>1</td><td>32</td><td>33 MHz,5 V</td><td>4.0－6.0</td><td rowspan="4">PDIP40
PLCC40
TQPP44</td><td></td></tr>
<tr><td>AT89C52</td><td>8</td><td>256</td><td>3</td><td>1</td><td>32</td><td>33 MHz,5 V</td><td>4.0－6.0</td><td></td></tr>
<tr><td>AT89C55WD</td><td>20</td><td>256</td><td>3</td><td>1</td><td>32</td><td>33 MHz,5 V</td><td>4.0－5.5</td><td>WDT</td></tr>
<tr><td>AT89C51RC</td><td>32</td><td>512</td><td>3</td><td>1</td><td>32</td><td>33 MHz,5 V</td><td>4.0－5.5</td><td>WDT</td></tr>
<tr><td colspan="10">低电压型</td></tr>
<tr><td>AT89LV51</td><td>4</td><td>128</td><td>2</td><td>1</td><td>32</td><td>16 MHz,3 V</td><td>2.7－6.0</td><td rowspan="5">PDIP40
PLCC40
TQPP44</td><td></td></tr>
<tr><td>AT89LV52</td><td>8</td><td>256</td><td>3</td><td>1</td><td>32</td><td>16 MHz,3 V</td><td>2.7－6.0</td><td></td></tr>
<tr><td>AT89LV55</td><td>20</td><td>256</td><td>3</td><td>1</td><td>32</td><td>12 MHz,3 V</td><td>2.7－5.5</td><td></td></tr>
<tr><td>AT89LV55WD</td><td>20</td><td>256</td><td>3</td><td>1</td><td>32</td><td>12 MHz,3 V</td><td>2.7－5.5</td><td>WDT</td></tr>
<tr><td>AT89LV51RC</td><td>32</td><td>512</td><td>2</td><td>1</td><td>32</td><td>12 MHz,3 V</td><td>2.7－5.5</td><td>WDT</td></tr>
<tr><td colspan="10">低电压型</td></tr>
<tr><td>AT89C1051U</td><td>1</td><td>64</td><td>2</td><td>1</td><td>15</td><td>24 MHz,5 V
12 MHz,3 V</td><td>2.7－6.0</td><td rowspan="3">PDIP20
SOIC20</td><td rowspan="3">模拟比较器</td></tr>
<tr><td>AT89C2051</td><td>2</td><td>128</td><td>2</td><td>1</td><td>15</td><td>24 MHz,5 V
12 MHz,3 V</td><td>2.7－6.0</td></tr>
<tr><td>AT89C4051</td><td>4</td><td>128</td><td>2</td><td>1</td><td>15</td><td>24 MHz,5 V
12 MHz,3 V</td><td>2.7－6.0</td></tr>
</table>

注：① WDT——Watchdog Timer(看门狗定时器)；

② PCA——Programmable Counter Array(可编程计数器)；

③ KBD——Keybord Interface(键盘接口)；

④ SPI——Serial Perpheral Interface(串行外围接口)；

⑤ A/D——Anolog－to－Digtal Converter(模数转换器)。

上述两个系列的单片机还可继续分类，其中标准型、低压型、小封装型是两个系列所共有的，而 ISP FLASH 系列中还有增强型。标准型单片机指具有标准 80C31/80C32 配置，典型封装、典型 5V 供电的一类单片机；低压型是指典型供电电压可为 3 V 的一类单片机；小封装型是指具有 80C31 内核，指令及功能与 80C31 兼容，但采用小型封装，引脚数要少于标准型的一类 MCS－51 兼容机，可视为标准型的子集。ISP FLASH 系列中的增强型单片机增加了片内程序空间、数据空间和丰富的外设资源，而且每个型号都有－M 和－L 两种版本。－M 指常规的 5 V 供电，－L 指采用低压的 3 V 供电。增加的外设资源除了看门狗定时器(WDT)、串行外围接口(SPI)外，还增加了波特率发生器(BRG)、可编程计数阵列(PCA)、模数转换器(A/D)、兼容 IIC 总线的两线接口(TWI)、键盘接口(KBD)及实时时钟(RTC)等。不同型号配置情况不同，用户可根据具体要求灵活选择。

2. 其他子系列

Atmel 公司推出的 C51 系列除了 AT89 FLASH 子系列外，还有其他子系列，如 OTP 系列、ROM 系列、ROMless 系列、C251 兼容系列及专用系列等。Atmel 公司的 OTP 系列的特点就是芯片内部的程序存储器只能由用户编程一次。使用这种类型的单片机既可发挥用户可编程的优点，又免去向厂家提供掩膜代码的麻烦，同时还可以大幅度降低成本，所以非常适于产品开发。它的编程过程与 FLASH 单片机的编程过程基本相同。Atmel 公司的 ROM 型、ROMless 型和 C251 兼容单片机的特点和 MCS－51 系列单片机的同类产品是一致的，所不同的是其技术指标和功能有较大的改进。Atmel 公司的 C51 专用型单片机大体可分为 4 种：MP3 解码器专用单片机，内部包含 MP3 解码器及其他丰富外设；数据采集器专用单片机；读卡器专用单片机；多路 CAN 控制器专用单片机。

9.1.2 AT90 系列和 AT91 系列单片机

AT90 系列单片机，也称为 AVR 单片机，是一种精简指令（RISC）单片机。这种单片机对传统的基于累加器的结构进行了修改，采用 32 个通用工作寄存器，这 32 个工作寄存器在使用时每个都可以看做累加器，从而能开发出效率极高的代码。这种单片机和它的 C 编译器是同步研发的，在开发过程中，二者做过适当的调整，所以最终保证用 C 语言开发的目标代码从大小、优化程度、效率等各方面都达到了极高的水平。AVR 单片机还采用了流水线结构，可以实现一个时钟周期执行一条指令。通过 SPI 口和一般的商用编程器均能对 AVR 单片机进行编程。目前 AVR 单片机已经有多种型号，配置不尽相同，用户可选择使用。总体来说 AT90 系列（AVR 系列）单片机的功能比 AT89 系列单片机更强。

AT91 系列单片机，也称 ARM Thumb 单片机，是 Atmel 公司推出的功能更强的单片机。这种单片机内，集成了 ARM 7TDMI 32 位 RISC 处理机核心；采用 3 级指令流水线，提高了指令执行速度；通过 EBI（External Bus Interface）外部总线接口，可快速、灵活地和外部存储器相连；内部集成乘加运算器，具有类似 DSP 的数据处理能力；多个 PDC（Peripheral Data Controller）外围数据控制器通道，可以在 CPU 不参与的情况下与存储器及串行外设传输数据；功能强大的中断控制器可以独立处理内部和外部中断，以减小 CPU 的开销；具有像 USART、SPI、计数器、AD/DA、PWM 及 JTAG 接口等多种灵活配置和操作的外设；具有较低的功耗和较强的电源管理功能。与此同时，Atmel 公司提供了丰富的开发工具，从而可以减小风险，加快产品上市时间。总之，这种单片机非常适应于低功耗和需实时控制的嵌入式场合。

9.2 AT89C5X/LV5X 单片机原理

AT89C5X/LV5X 是目前国内应用最广泛的单片机之一。本节讲述它在原理上与 Intel 公司 80C31 的主要区别与改进之处，以及它们的功能参数。

9.2.1 AT89C5X/LV5X 单片机内部资源及引脚排列

AT89C5X/LV5X 是低功耗、高性能、采用 CMOS 工艺的 8 位单片机。它的硬件结构和指令系统与 Intel 80C3X 单片机完全相同，在应用中可直接替换。在 AT89C5X/LV5X 内部有 FLASH 程序存储器，既可用常规的编程器编程，也可在线使之处于编程状态对其编程。编程速度快，擦除时也无需紫外线，非常方便。AT89C5X/LV5X 可以认为是 Intel 80CX 的内核与 Atmel FLASH 技术的结合。

AT89C5X/LV5X 的主要资源比较情况见表 9－3。

表 9－3　AT89C5X/LV5X 产品资源比较

型号	FLASH /KB	RAM /字节	中断源	保密位	定时器 /计数器	I/O 口	供电/V	温度范围	频率 /MHz	封装
AT89C51	4	128	5	3	2	32	4～6	C,I	24,33	P40 J44 A44
AT89C52	8	256	6	3	3	32	4～6	C,I	0～33	
89C55WD	20	256	6	3	3	32	4～6	C,I	24,33	
89LV51	4	128	5	3	2	32	2.7～6	C,I	0～16	
89LV52	8	256	6	3	3	32	2.7～6	C,I	0～16	
89LV55	20	256	6	3	3	32	2.7～6	C,I	0～12	

注:① 温度范围:C——民用,0～＋70 ℃;I——工业品,－40℃～＋85 ℃;

② 封装:P40——40 脚 PDIP 封装;J44——44 脚 PLCC 封装;A44——44 脚 TQFP 封装。

由表 9－3 可以看出对应的 AT89C5X 与 AT89LV5X 的内部资源完全相同,而且它们的引脚也是完全兼容的,它们之间的差别仅在于工作电压范围和所能达到的最高频率不同。

AT89C5X/LV5X 单片机的封装及引脚排列如图 9－1 所示。

AT89C5X/LV5X 单片机的功能与 80C3X 单片机完全兼容,这里不再赘述。

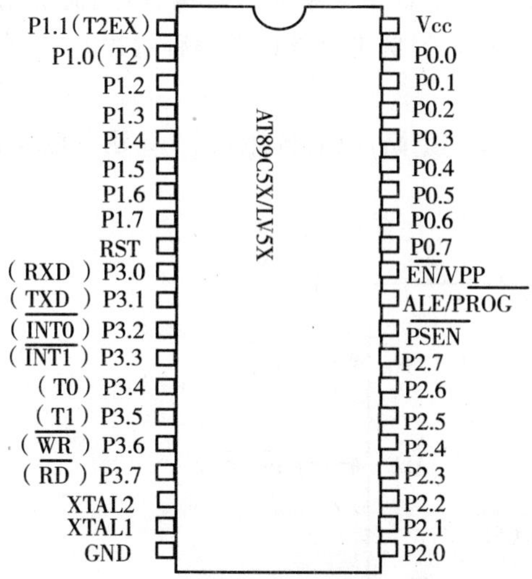

(a) 40 脚 PDIP 封装

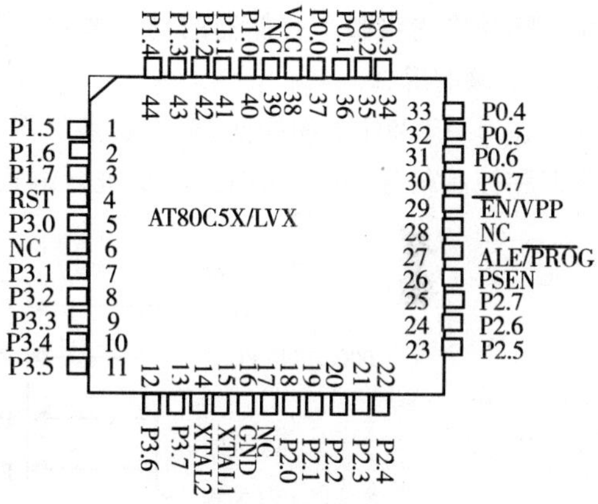

(b) 44 脚 PQFP/ TQFP 封装

图9-1 AT89C5X/LV5X的封装及引脚排列

9.2.2　AT89C5X/LV5X 的 FLASH 编程

AT89C5X/LV5X 单片机在出厂前,其内部的 FLASH 存储器都已被擦除,各存储单元的内容均为 FFH。编程电压即可选择 12 V 的"高压",也可选择与 Vcc 相同的"低压"。使用"低压"编程,单片机可以不脱离用户系统,而使用"高压"编程,和常规的并行方式编程器兼容。一种型号的单片机芯片是使用"高压"编程,还是使用"低压"编程,可以从芯片表面的标识或者芯片内部的识别码确定。表 9－4 列出了 AT89C5X/LV5X 的芯片表面标识和芯片内部的识别码。

表 9—4 AT89C5X/LV5X 的芯片表面标识和芯片内部的识别码

单片机		AT89C51	AT89C52	AT89C55WD	AT89LV51	AT89LV52
芯片表面标识	高压 编程 Vpp=12 V	AT89C51 XXXX YYWW	AT89C52 XXXX YYWW	AT89C55WD XXXX YYWW	AT89LV51 XXXX YYWW	AT89LV52 XXXX YYWW
	低压 编程 Vpp=5 V	AT89C51 XXXX—5 YYWW	AT89C52 XXXX—5 YYWW	—	—	—
芯片内部标识码	高压 编程 Vpp=12 V	(030H)=1EH (031H)=51H (032H)=FFH	(030H)=1EH (031H)=52H (032H)=FFH	(000H)=1EH (001H)=55H (200H)=06H	(030H)=1EH (031H)=61H (032H)=FFH	(030H)=1EH (031H)=62H (032H)=FFH
	低压 编程 Vpp=5 V	(030H)=1EH (031H)=51H (032H)=05H	(030H)=1EH (031H)=52H (032H)=05H	—	—	—

AT89C5X/LV5X 中各个型号的单片机编程过程大同小异，在两种编程模式下，内部的程序存储器阵列均是采用逐个字节写入的。若要对内部任意非空单元进行编程，则需要用片擦除操作先将整个存储器的内容清除。现以 AT89C51 为例讲解具体的编程过程。

1. *编程算法*

在对 AT89C51 编程前，首先要参考图 9—2 连接硬件电路，然后按照表 9—5 建立地址、数据和控制信号，并采用如下步骤进行编程：

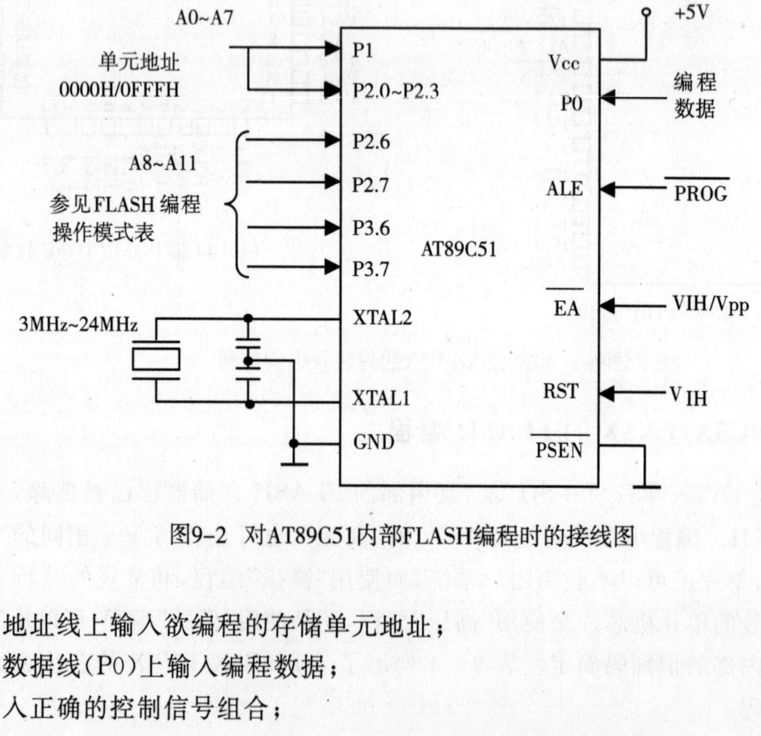

图9-2 对AT89C51内部FLASH编程时的接线图

(1) 在地址线上输入欲编程的存储单元地址；

(2) 在数据线(P0)上输入编程数据；

(3) 加入正确的控制信号组合；

(4) 在“高压”编程模式下使 EA/Vpp 为 12 V；

(5) 在 ALE/PROG 引脚上加一次负脉冲，可对 FLASH 存储器的一个字节或保密位进行编程。编程一个字节的周期是内部自定时的，典型时间不会超过 1.5 ms。改变编程的存储单元地址和编程数据重复步骤(1)～(5)，直到编程文件最后。

表 9－5　AT89C51 FLASH 存储器编程操作模式

操作模式		RST	$\overline{PSEN}$	ALE/$\overline{PROG}$	$\overline{EA}$/Vpp	P2.6	P2.7	P3.6	P3.7
写入代码		H	L	‾‾‾|_|‾‾‾	H/12V	L	H	H	H
输出代码		H	L	H	H	L	L	H	H
编程保密位	LB1	H	L	‾‾‾|_|‾‾‾	H/12 V	H	H	H	H
	LB2	H	L	‾‾‾|_|‾‾‾	H/12 V	H	H	L	L
	LB3	H	L	‾‾‾|_|‾‾‾	H/12 V	H	L	H	L
芯片擦除		H	L	‾‾‾|_|‾‾‾	H/12 V	H	L	L	L
读芯片识别码		H	L	H	H	L	L	L	L

注：① 根据实际情况选择编程电压(Vpp＝12 V 或 Vpp＝5 V)；

② 芯片擦除操作时要求$\overline{PROG}$的脉冲宽度为 10 ms，其他各种操作时，$\overline{PROG}$宽度范围为 1～10 μs。

2. 数据查询

在对 AT89C51 编程时，可用“数据查询”操作检查写周期是否结束。因为在写周期期间，对刚写入字节进行读操作将导致其反码的最高位出现在 P0.7 上，待写周期结束，真实的写入数据才在 P0 口出现。在写周期开始后的任何时间都可进行数据查询。

3. 准备好/忙信号

对 FLASH 存储器及保密位进行字节编程时，也可以用 RDY/BSY 信号监视编程情况。编程时，在 ALE/PROG 变高后，RDY/BSY(P3.4)被拉低表示此时正“忙”，编程结束后，RDY/BSY 信号被拉高表示“准备好”。

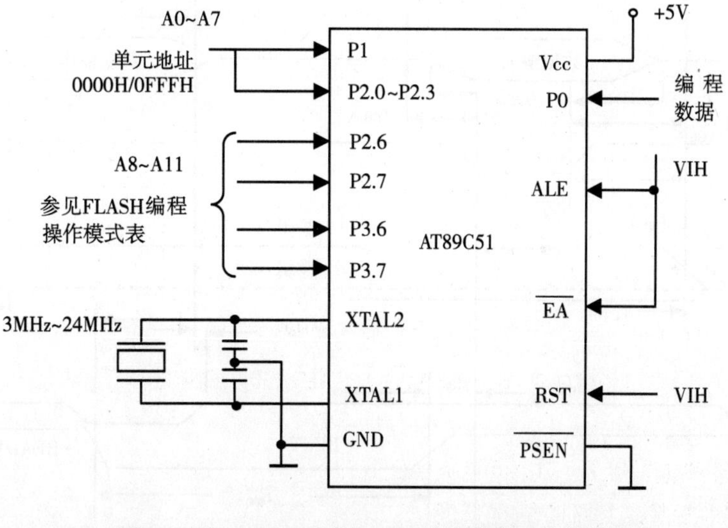

图9-3　对AT89C51内部FLASH校验编程时的接线图

4. 程序校验

如果保密位 LB1 和 LB2 没有被编程，那么就可以对 AT89C51 内部已编好的程序代码进行校验。接线的方法如图 9－3 所示，注意此时在 P0 口需外接 10 kΩ 的上拉电阻。程序保密位不能直接用上述方法校验，但可通过观察相应的功能是否被允许来校验。

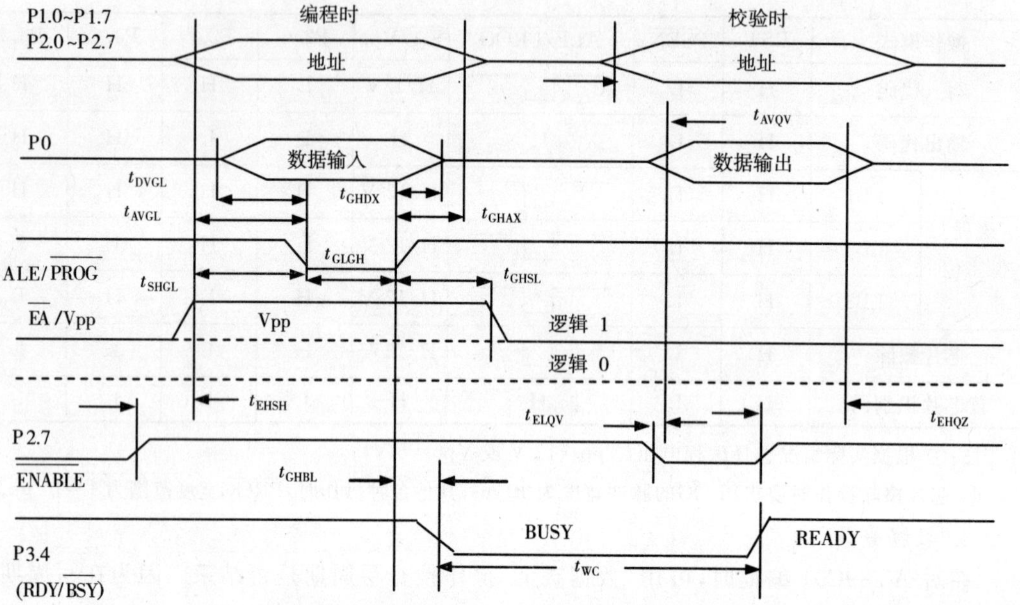

图9–4 采用“高压”模式时，FLASH编程和校验的时序图

AT89C51FLASH 存储器编程和校验的时序如图 9－4(高压编程模式)和图 9－5(低压编程模式)所示。有关 FLASH 编程与校验的参数见表 9－6。

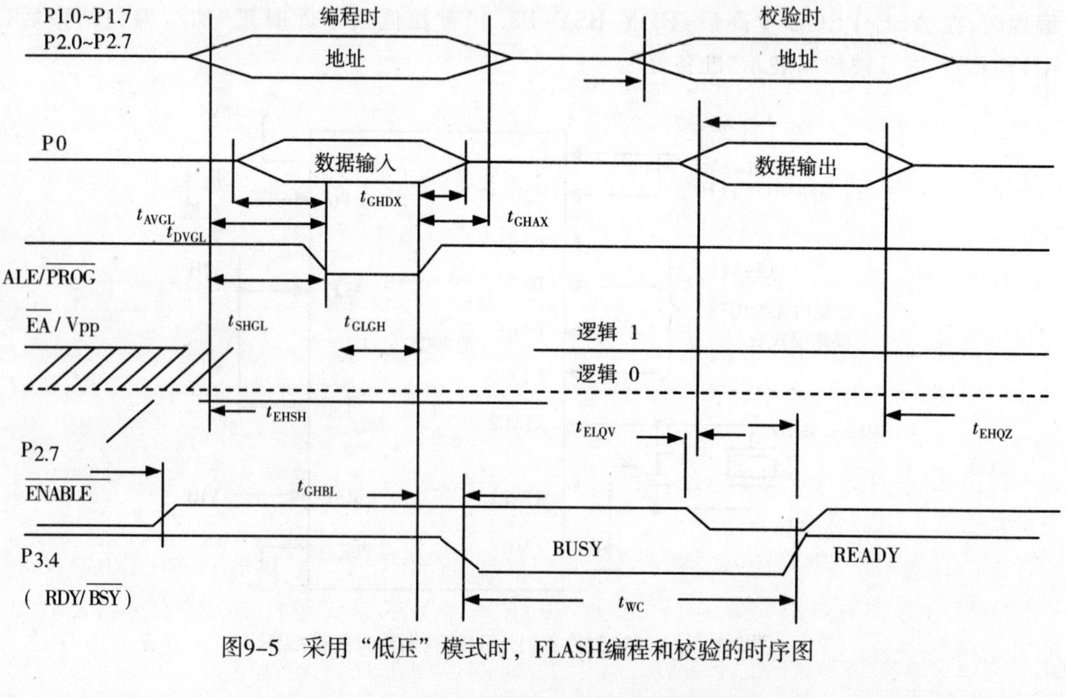

图9–5 采用“低压”模式时，FLASH编程和校验的时序图

表 9－6　FLASH 编程与校验的参数表(条件：T_A ＝0～＋70 ℃，V_{cc} ＝ 5.0 V±10%)

符号	参数	最小值	最大值	单位
V_{pp}	编程电压	11.5	12.5	V
I_{pp}	编程电流		1.0	mA
I/i_{CLCL}	振荡器频率	3	24	MHz
t_{AVGL}	地址建立到$\overline{PROG}$为低	48 t_{CLCL}		
t_{GHAX}	$\overline{PROG}$变低后地址保持不变	48t_{CLCL}		
t_{DVGL}	数据建立到$\overline{PROG}$变低	48 t_{CLCL}		
t_{GHDX}	$\overline{PROG}$变低后数据保持不变	48 t_{CLCL}		
t_{EHSH}	P2.7($\overline{ENABLE}$信号)为高到 V_{pp} 有效	48 t_{CLCL}		
t_{SHGL}	V_{pp} 建立到$\overline{PROG}$变低	10		μs
t_{GHSL}	$\overline{PROG}$变低后保持时间	10		μs
t_{GLGH}	$\overline{PROG}$脉冲宽度	1	110	μs
t_{AVQV}	地址有效到数据有效		48 t_{CLCL}	
t_{ELQV}	$\overline{ENABLE}$为低到数据有效		48 t_{CLCL}	
t_{EHQZ}	$\overline{ENABLE}$变高到数据浮空	0	48t_{CLCL}	
t_{GHSL}	$\overline{PROG}$变高到$\overline{BUSY}$信号变低		1.0	μs
t_{WC}	字节写周期时间		2.0	ms

注： 仅用于高压编程模式(V_{pp}＝12 V)下。

5. 芯片擦除

参照表 9－5 芯片擦除一行，施加正确的控制信号组合，并且保持 ALE/PROG 为低 10 ms，可对整个 FLASH 存储阵列进行擦除。擦除后每个单元都被写入“FF”。在对 FLASH 存储器重新编程之前，必须擦除芯片。

6. 读芯片识别码

AT89C5X/LV5X 系列单片机的每个型号都有识别码，如表 9－4 所示。读内部识别码和正常校验过程类似，只是将 P3.6 和 P3.7 也设置为低电平，读取内部的 30H～32H 单元内容。以 AT89C51 为例，其内部识别码如下：

(030H)＝1EH 表示由 Atmel 公司生产；

(031H)＝51H 表示型号为 AT89C51；

(032H)＝FFH 表示用“高压”(12 V)模式编程；

(032H)＝05H 表示用“低压”(5 V)模式编程。

7. FLASH 程序存储器保密位

AT89C51 内部有 3 个保密位，可分别设置为编程状态(用 P 表示)和不编程状态(用 U 表示)，由 3 个保密位决定的各种保密模式如表 9－7 所示。

当 LB1 被编程后，复位时，$\overline{EA}$引脚的逻辑电平被采样并锁存。如果单片机上电后没有复位，那么锁存器的初始值是一个随机数，并且会一直保持到复位信号有效为止。为了使 AT89C51 能正常工作，必须保证$\overline{EA}$引脚的锁存值与该引脚当前的逻辑电平一致。

表 9—7 AT89C51 的保密模式

序号	保密位			保密功能
	LB1	LB2	LB3	
1	U	U	U	不保密
2	P	U	U	禁止从外部程序存储器执行 MOVC 类指令读取内部程序存储器内容。复位时$\overline{EA}$引脚被采样且锁存，FLASH 存储器不能重新编程。
3	P	P	U	除具有序号 2 的全部功能，还禁止校验。
4	P	P	P	除具有序号 3 的全部功能外，还禁止从外部执行程序。

9.3 AT89CX051 单片机原理

AT89CX051 系列单片机是 Atmel 公司生产的 C51 系列单片机的子集。它包括 AT89C1051、AT89C2051、AT89C4051 三种型号。

9.3.1 AT89CX051 单片机内部资源及其与 AT89C51 的比较

1. AT89CX051 的内部资源

AT89CX051 系列单片机的内部资源情况参见表 9—8、9—9。

表 9—8 AT895X051 系列单片机内部资源情况表

型号	FLASH 程序存储器/KB	内部 RAM/B	串行口	中断源	程序保密位	16 位定时/计数器	可编程 I/O 口	模拟比较器	Brown-out 复位
AT89C1051	1	64	—	3	—	1	15	有	—
AT89C2051	2	128	1	5	2	2	15	有	—
AT89C4051	4	128	1	5	2	2	15	有	有

表 9—9 AT895X051 系列单片机内部资源情况表

型号	供电范围	温度范围	频率/MHz	封装	备注
AT89C1051	2.7～6.0 V	C,I	0～24	P20,S20	5 V 供电时，最高时钟 24 MHz，3 V 供电时，最高时钟 12 MHz。在 5 V 供电条件下，输出口线为低电平（<0.5V）时，典型吸入电流可达 20 mA，能直接驱动 LED 显示。 温度范围：C——0～+70 ℃，I——−40℃～+85 ℃
AT89C2051	2.7～6.0 V	C,I	0～24	P20,S20	
AT89C4051	2.7～6.0 V	C,I	0～24	P20,S20	

2. AT89CX051 系列单片机与 AT89C51 单片机的比较

AT89CX051 系列单片机与 AT89C51 单片机具有以下相同点：

(1) 都是 MCS—51 系列单片机的兼容机，都具有 80C31 内核；

(2) 都采用 CMOS 工艺制造，具有低功耗的掉电工作模式与待机工作模式；

(3) 融入了 Atmel 公司的 FLASH 存储器技术，内部都集成了方便使用的程序存储器；

(4) 内部具有 128 BRAM 存储器、2 个 16 位定时器/计数器、1 个全双工异步串行口、5 个中断源、2 级中断优先级以及与之相应的特殊功能寄存器。

AT89CX051 系列单片机与 AT89C51 单片机不同之处有：

(1) AT89C51 为 40 个或 44 个引脚封装的芯片，而 AT89CX051 是只有 20 个引脚封装。AT89CX051 无 P0、P2 口，只有 15 条可编程的 I/O 线。无 P0、P2 口，即表明 AT89CX051 不可能用“总线”模式外扩数据存储器、程序存储器以及输入输出口，故没有也不需要有 $\overline{PSEN}$、WR、RD 以及 ALE 等与“总线相关的控制信号；

(2) AT89C51 的供电电压范围为 4.0～6.0 V，与之相对应的低压芯片 AT89LV51 的供电电压范围为 2.7～6.0 V，而 AT89CX051 本身的供电电压范围就是 2.7～6.0 V，可见在供电电压方面它等同于 AT89LV51；

(3) AT89CX051 的每条 I/O 口线(典型吸入电流可达 20 mA)均可直接驱动 LED 显示，而 AT89C51 的 I/O 口线只有几毫安的驱动能力；

(4) 在 AT89CX051 中都集成有一个模拟电压比较器，P1.0 与 P1.1 分别与这个比较器的同、反相输入端复用，比较器的输出在内部接至 P3.6(P3.6 脚并未引出)，可在软件中读入 P3.6 并对其进行判断，以确定比较器两输入端电平的高低关系；

(5) AT89C4051 具有 Brown-out 复位功能。当 Vcc 低于检测阈值时(标称的检测阈值为 2.1 V±10%)，所有端口引脚(除了 P1.0、P1.1 外)都被弱上拉成高电平。当 Vcc 又恢复正常之后，内部可以自动产生一个复位信号(典型宽 15 ms)，P1.0(AIN0)如图 9－6 所示。

AT89CX051 系列的各个型号产品之间的区别主要表现为内部程序存储器容量的不同，现以典型产品 AT89C2051 为例做进一步说明。

AT89C2051 单片机内有 FLASH 程序存储器 2 KB，被广泛应用于低功耗、低电压、小体积的控制场合，它的引脚配置如图 9－7 所示。

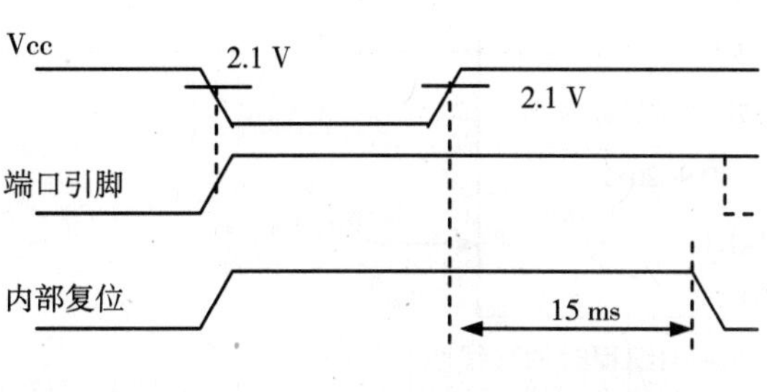

图9-6　AT89C4051中的Brown-out复位功能图

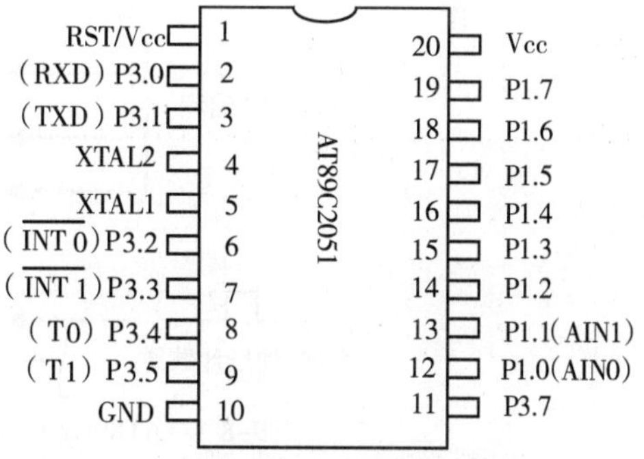

图9-7　AT89C2051引脚配置图

AT89C2051 的指令集与 AT89C51 指令兼容，但要注意：由于 AT89C2051 结构上的局限性使得某些指令不能执行或不存在，如 MOVX 和 MOVC 类指令。又因为 AT89C2051 的程序空间为 2 KB，其地址为 0～7FFH，故在执行 LCALL、LJMP、AJMP、SJMP、JMP@A＋DPTR 等无条件转移指令时，要切记目标地址不能超出最大的空间范围 7FFH，否则会产生不可预料的后果。当然这种限制也适应于诸如 CJNE、DJNZ、JB、JNB、JC、JNC、JBC、JZ、JNZ 等条件转移指令。

9.3.2 AT89C2051 单片机的 FLASH 编程

AT89C2051 内部有 2KB 的 FLASH 存储器，在出厂时它们均处于擦除状态，也即每个单元内容为 FFH。在编程时，每次只能进行一个字节，如果要对一非空子节重新编程，需要先将整个存储器内容全部擦除。由于 AT89C2051 只有 2 个端口，因此它不可能像 AT89C51 编程时那样，由 P1 口、P2 口并行输入欲编程的单元地址，而是采用在内部设置地址计数器的方法。这个计数器在 RST 引脚出现上升沿时，被复位为 000H，在 XTAL1 引脚上出现一个正脉冲将使计数器加 1。关于 AT89C2051 FLASH 编程操作模式参见表 9－10。

表 9－10 AT89C2051 FLASH 存储器编程操作模式

模式	RST/Vpp	P3.2/$\overline{\text{PROG}}$	P3.3	P3.4	P3.5	P3.7
写入代码	12 V		L	H	H	H
读出代码	H	H	L	L	H	H
编程保密位	12 V		H	H	H	H
	12 V		H	H	L	L
芯片擦除	12 V		H	L	L	L
读芯片识别码	H	H	L	L	L	L

1. 编程算法

在对 AT89C2051 FLASH 编程时，接线如图 9－8 所示。采用如下步骤对其行编程和校验：

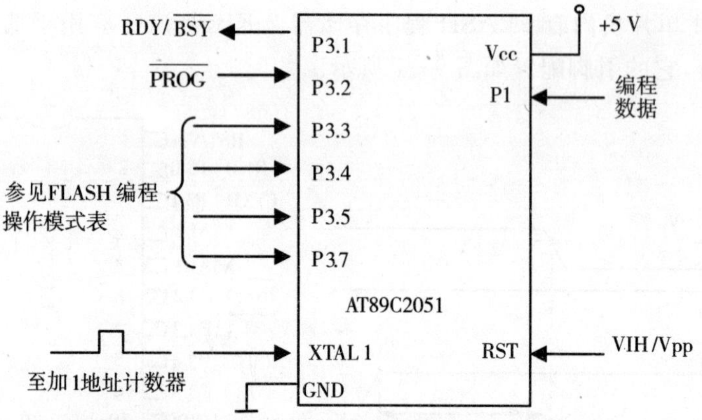

图9-8 对AT89C2051内部FLASH编程时的接线图

(1) 上电，且将 RST/Vpp 引脚与 $XTAL_1$ 引脚设为低；

(2) 将 RST/Vpp 引脚设置为高，使内部地址计数器复位为 0000H，再将 P3.2/$\overline{\text{PROG}}$ 设置为高；

(3) 根据编程模式在 P3.3、P3.4、P3.5、P3.7 引脚上加入正确的逻辑信号 L、H、H、H；

(4) 从 P1 口输入编程数据；

(5) 将 RST/Vpp 引脚电压升为 12 V；

(6) 在 P3.2/$\overline{\text{PROG}}$ 引脚加入编程脉冲，可编程一个字节或一个保密位。写一个字节的时间由内部定时，典型时间为 1.2 ms；

(7) 将 RST/Vpp 从 12 V 降为逻辑高电平，并将将 P3.3、P3.4、P3.5 和 P3.7 设置为 L、L、H、H，可对编程结果进行校验，校验数据从 P1 口输出；

(8) 准备编程下一个单元，在 XTAL1 引脚上加入正脉冲，使地址计数器加 1，在 P1 口输入新的代码数据；

(9) 重复(4)～(8)步，直到所有需要写入代码的单元都被编程；

(10) 将 XTAL1 设置为低，将 RST/Vpp 设为低，切断电源。

2. 数据查询

在对 AT89C2051 FLASH 编程时，可用“数据查询”模式检查写周期是否结束。因为在写周期期间，对刚写入字节进行读操作将使其反码的最高位出现在 P1.7 口线上，待写周期结束后，真实的数据就在 P1 口出现。数据查询可在写周期开始后的任意时间进行。

3. 准备好/忙信号

可以用 RDY/$\overline{\text{PSY}}$(准备好/忙)信号监控 AT89C2051 FLASH 和保密位编程时的状态。编程时，在 P3.2/$\overline{\text{PROG}}$变高后，P3.1(RDY/$\overline{\text{PSY}}$)被拉低，表示此时正“忙”。在编程结束后，P3.1(RDY/PSY)又重新为高，表示“准备好”。

4. 程序校验

若保密位 LB1 和 LB2 没有被编程，则可将 AT89C2051 FLASH 存储器中的代码读出进行校验。接线图如图 9－9 所示。

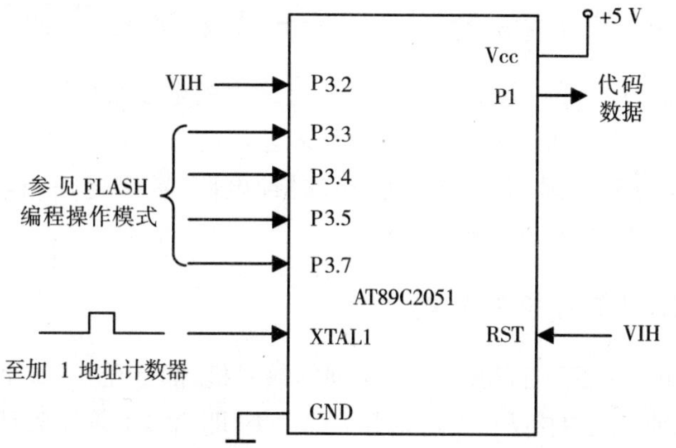

图9-9　对AT89C2051内部FLASH校验时的接线图

校验步骤如下：

(1) 将 RST/V_{PP}由低电平变为高电平，将内部地址计数器复位为 0000H；

(2) 按表 9—8“读出代码”一行，给 AT89C2051 加入正确的控制信号，从 P1 口读取输出代码数据；

(3) 在 XTAL1 引脚施加正脉冲，使地址计数器加 1；

(4) 与步骤 2 相同，再从 P1 口读取输出数据；

(5) 重复步骤 3、4，直至最后一个单元。

(6) 保密位不能直接校验，但可通过观察它们的功能是否被允许来确定。

5. 芯片擦除

按照表 9－11“芯片擦除”一行加入正确的控制信号组合，就可将整个 FLASH 存储器和保密位用电擦除。这里要注意，P3.2/PROG 引脚上的负脉冲要维持 10 ms。擦除后，

FLASH 存储器中的每个单元内容都又恢复成 FFH。

表 9－11 AT89C2051 保密模式

序号	保密位		保密功能
	LB1	LB2	
1	U	U	不保密
2	P	U	FLASH 存储器未编程单元不能再编程
3	P	P	除具有序号 2 的功能外，同时也不允许校验

6. 读芯片内部识别码

按照表 9－11"读芯片内部识别码"一行加入相应的控制信号组合。和代码读出校验过程类似，只是将 P3.5、P3.7 也置为低电平。读取 000H、001H 单元内容，返回值即为内部识别码。其中：(000H)＝1EH 表示本芯片由 Atmel 公司生产；(001H)＝21H 表示本芯片型号为 AT89C2051。

7. FLASH 存储器保密位

在 AT89C2051 芯片内有 2 个程序保密位，可分别设置为编程状态（用 P 表示）和不编程状态（用 U 表示）。由 2 个保密位确定保密模式如表 9－11 所示。在进行芯片擦除时，保密位被恢复为不编程状态。

9.4 Philips 公司 MCS－51 兼容单片机简介

荷兰皇家飞利浦（Philips）电子公司是世界上最大的电子集团公司之一，它在 60 多个国家和地区都有分公司，在欧洲名列榜首。Philips 公司的产品涉及多个领域，主要包括：模拟及混合信号处理、音视频处理、总线监控驱动、时钟电路、数字通信、显示驱动、数字逻辑电路、单片机、计算机外设接口及控制芯片等。

9.4.1 Philips 公司单片机的分类

Philips 公司的单片机都属于 MCS－51 系列的兼容机，都是在 51 单片机内核的基础上衍生而来的，型号有上百种。从内核结构上可划分为两大类，即 80C51 兼容系列和 16 位 XA 系列。

1. 8 位 80C51 系列

Philips 公司的 80C51 系列单片机都是在 80C51 的基础上衍生而来的，其种类繁多，可满足不同应用场合。这其中的许多产品在存储器、定时器、输入/输出口、中断、串行口等资源上做了不同程度的改进与增强，另外在有的型号中新增了诸如 IIC 接口、A/D 转换、PWM 输出等新的外设。这就使得在不同的应用中，用户总能从 Philips 公司的单片机中找到一款适合自己需要的型号。从内核结构上划分，Philips 公司的 80C51 兼容单片机可分为两大类，即 6 时钟内核类和 12 时钟内核类。所谓 6 时钟内核是指单片机的每个机器周期包括 6 个时钟周期，这是相对于传统 80C51 单片机而言的。所以在相同时钟频率下，采用 6 时钟内核的单片机执行速度更快。但需要注意这种分类方法并不很准确，因为许多 6 时钟内核单片机通过软件设置亦可工作在 12 时钟模式，反之亦然。

Philips 公司的 6 时钟内核单片机又可分为 4 类：①基于 6 时钟 51MX 内核的 51MX 系列，该系列单片机具有 16 MB 的空间寻址能力；②基于 6 时钟 80C51＋内核的 51LPC 系列，这个系列采用小型封装，适应低功耗应用场合；③基于 6 时钟 80C51＋内核的通用 51 系列；④最近推出的 LPC900 系列，目前只有 P89LPC932 一个型号。它的最大特点是采用每机器周期 2 个时钟的新内核，因此，严格讲这个系列不属于 6 时钟内核结构。此外它在片内还集成了多种外设，适用于低电压、低成本的应用场合。

实际上，Philips 公司的 12 时钟内核单片机也可分为基于 12 时钟的 80C51＋内核和标准 80C51 内核两大类，但在 Philips 公司的网站上这种差别不再被提及。

2. 16 位 XA 系列

Philips 公司的 16 位 XA 系列单片机是其 80C51 系列单片机的升级产品，“XA”(eXtended Architecture)即是扩展结构的意思，是 Philips 公司提出的专用名词。XA 单片机和 80C51 在原代码上保持兼容，亦即通过简单的变换，原来 80C51 的代码可在 XA 单片机中重用，从而获得更好的性能。这就使得 80C51 用户不必重新学习就可升级使用新一代的 16 位单片机。为了使 16 位 XA 单片机和 80C51 单片机能兼容，又不至于丧失其 16 位机的性能，这其中融入了 Philips 公司许多先进技术。XA 系列单片机除了采用 16 位 XA 内核外，还增加了相关外设，使其能适用于不同的场合，例如：PXAC37 中集成了 CAN(Controller Area Network)控制器，可在基于现场总线的应用中做主控结点；在 PXAH40 中集成了 4 个高速 USART(通用异步同步串行收发)口，使其更适宜于组网应用。

9.4.2　Philips 公司单片机硬件特点简介

Philips 公司提供了各种配置、适用于各种应用场合的 MCS－51 兼容单片机，可应用在各种各样的电子产品中。在应用时，可从存储器、运行速度、定时器/计数器、串行口、供电电压、模拟量处理等不同角度进行选择。

1. 存储器

Philips 公司提供包括 FLASH、EPROM、OTP 等多种程序存储器的单片机产品。EPROM 单片机具有用户可灵活修改程序的优点，但存在需要紫外线擦除的缺点；FLASH 单片机具有快速电写入、电擦除的优点，比较适宜于样机研发阶段；在产品初具规模时，选用 OTP 单片机是最理想的，它不但能免去较长的产品掩膜时间，加快产品的上市速度，而且能提供简单灵活的修改程序能力，使用户容易追踪市场信息及时对产品做出调整。

2. 运行速度

Philips 公司的 51 系列兼容单片机多数的最高时钟频率可达 33 MHz，这意味着，用户不需使用高价的其他结构的单片机产品，即可获得能满足需要的处理性能。

3. 定时/计数器

为了能满足不同的设计需要，Philips 公司提供了有不同定时/计数器配置的单片机产品，除了标准的 80C51 三个定时/计数器 T0 ~T2 外，还提供了增强的 PCA(可编程计数器阵列)CCU(比较捕捉单元)等。此外，大多数型号还提供看门狗定时器。

PCA 作为芯片的一个集成单元，是一种特殊的定时器，它和多达 5 个 16 位捕捉/比较模块相连，每个模块均可独立编程为在上升沿“与”(“或”)下降沿捕捉、软件定时、高速输出、脉宽调制四种工作模式。PCA 的每一路均和 P1 口的某条口线复用。Philips 公司提供 PCA 的单片机有 8XC51FX、8XC51RX＋等系列。使用这种单片机可简化软件设计，适用于有脉宽调制、高速 I/O 输出、计数等要求的场合。Philips 公司多数单片机提供了看门狗定时器，定时间隔在 2 000 个至 512 000 个指令周期之间可调。

4. 串行接口

几乎所有的 Philips 单片机都提供串形接口，有的型号还提供增强型 UART 接口，IIC 总线接口、CAN 总线接口、SPI 接口等。增强的接口 UART 除了具有标准 UART 的全部功能外，还增加了帧错误检测和自动从机地址识别的功能。

Philips 公司提出的 IIC(Inter Integrated Circuit)总线是一种两线、双向、可多主机操作的同步总线，在 100 Kbit/s 的速率下，传输距离可达 3 m。IIC 总线是一种工业标准，被广泛应用在各种电子产品中。使用片内集成 IIC 接口的单片机，可方便地组建基于 IIC 总线的应用系统，简化软件设计。CAN(Control Area Network)总线是一种现场总线，可在高噪声、恶劣环境下进行可靠的数据传输。SPI(Serial Peripheral Interface)接口采用 8 位 3 线串行接口模式，能在 CPU 和其他外设间进行高速串行通信，通信速率可高达几兆赫。

5. 供电电压

Philips 公司提供的单片机多为宽电压范围产品。ROM 和 OTPROM 型的 87/80C51/52/54/58、ROMless 型的 80C31/32 及 FX/RX＋等系列的供电电压范围一般为 2.7～5.5 V。Philips 的低功耗单片机(如 8XCLXXX 系列)供电电压范围可宽达 1.8～6 V。这一系列产品，因为采用了全静态内核设计，CPU 可完全停止工作，将功耗降至最低，重新运行时也不需要复杂的复位过程，且能保证内部数据不会丢失。

6. 模拟功能

Philips 公司的多种单片机提供片内 6 位或 10 位 A/D 转换器、PWM 输出及精密的电压比较器等。片内集成的 A/D 转换器，除了能提供最多达 8 个高阻抗输入通道外，还集成了采样/保持电路，使用户实现精密的数据采集系统变得很容易。PWM 输出模块可用来产生不同频率和占空比的波形信号，在实际应用中，可只改变频率或只改变占空比。例如，对于 8 位的 PWM，占空比为 0～100%，可有 255 种变化。利用 PWM 输出模块可方便实现 D/A 输出功能。片内集成的精密模拟电压比较器，具有低输入失调，可灵活配置的特点。使用电压比较器可实现多种功能，例如实现低成本的 A/D 转换器、阈值检测等。

7. 其他方面

为了提高系统的可靠性，除了提供看门狗定时器外，在某些型号的 Philips 单片机中还增加了振荡器故障检测和低电压检测功能。当振荡器频率低于预定义的频率范围或供电电压低于某个规定值时，芯片将产生预报警中断，以便软件能实时做出应急处理。

为了降低产品的电磁干扰，Philips 公司提供了一系列低电磁辐射单片机。在这个系列单片机中通过采用重新设计的内部时钟电路，可使辐射降低 20db。使用这种低辐射单片机能大大节省在电路设计时防电磁干扰方面所花的费用与精力。

9.5 Dalls－Maxim 公司 MCS－51 兼容单片机简介

美国达拉斯(Dalls)半导体公司是国际上著名的半导体公司，创建于 1984 年。20 多年来，Dalls 半导体公司开发出 400 余种基本产品，并在此基础上衍生出 2 000 多种各类集成电路产品。美国美信集成电路产品(Maxim Integrated Products)公司成立于 1983 年，是世界范围内模拟和混合信号集成电路产品的设计、开发与生产领域的领导者之一。2001 年 1 月，Maxim 公司收购了

Dalls 半导体公司，使其在集成电路设计、生产领域更具优势，实力更加雄厚。然而，Dalls-Maxim 公司的 MCS－51 系列兼容单片机基本上是在 Dalls 公司原有的单片机产品基础上发展而来的，大致可分为两大类：高速（High Speed）单片机和安全（Secure）单片机。下面分别加以简述。

9.5.1 Dallas 公司的 8 位高速单片机

为了提高指令的执行速度，从 1991 年开始，Dallas 公司开始对传统的 51 系列单片机进行多处改进。首先，采用重新设计的 CPU，使每个机器周期只需 4 个时钟周期而非 12 个；其次，给 CPU 增加一条内部数据总线，可消除影响性能发挥的结构性瓶颈现象；第三，增加 I/O 口驱动功率，加快访问外部存储器时口线的转换速度。以上措施使得在相同的频率下，大多数指令的执行速度要比传统的 8051 提高 3 倍。此外，大部分单片机芯片的最高使用时钟频率也由 12 MHz 提高到了 33 MHz 或 40 MHz。但有一点始终没变，就是保持高速单片机的指令集与传统 8051 单片机的指令集完全兼容。因此，原 8051 的用户无需修改软件，就可以使用高速单片机实现系统升级。

在采用新结构内核提高速度的同时，芯片的功耗也降低了。这是因为新的内核每个机器周期使用更少的振荡周期，亦即执行每条指令所需的能量降低了。为了进一步适应低功耗场合的应用，在某些型号的高速单片机中引入了电源管理运行模式。通过将每个机器周期包含 4 个时钟增加为每个机器周期包含 64 或 256 个时钟，可临时性降低功耗。新增的回切（SwichBack）功能使芯片在接收到一个外部中断或检测到串行口起始位后能自动返回到 4 个时钟每机器周期模式。此功能允许芯片在工作量较少时保持低速低功耗运行模式，必要时又可迅速恢复到全速工作状态。

Dallas 公司自 1997 年开始设计每机器周期只包括一个时钟的新单片机内核，现已推出基于这个内核的产品，如 DS89C420、DS89C430 等。这类单片机的指令系统与 8051 仍然 100％的兼容；可提供多种不同的总线寻址模式，允许用户按照特定应用要求，对芯片的工作进行优化；驻留在 ROM 中的自举加载器允许用户在任意时间对芯片的代码进行修改，使系统的设计非常灵活。自举加载器可由标准 PC 机通过串行口，使用任何终端仿真软件进行操作。Dallas－Maxim 公司的 8 位高速单片机的内部资源参见表 9－12。

表 9－12　DALLAS－MAXIM 公司 8 位高速单片机分类及资源比较

型号 性能	DS 80C310	DS 80C320	DS 80C323	DS87C520 /DS83C520	DS87C530 /DS83C530	DS 80C390	DS 87C550	DS 89C420	MAX7651 /7652
特点	高速	高速	低功耗	高速	有实时钟	有双 CAN 控制器	有 A/D 及 PWM	超高速	集成 A/D
每机器周期 1 时钟内核								是	
每机器周期 4 时钟内核	是	是	是	是	是	是	是		是
地址总线宽度	16 位 (64 KB)	16 位 (64 KB)	16 位 (64 KB)	16 位 (64 KB)	16 位 (64 KB)	22 位 (4 MB)	16 位 (64 KB)	16 位 (64 KB)	16 位 (64 KB)
内部程序 EPROM 或 ROM				16 KB	16 KB		8 KB		

续表

型号 性能	DS 80C310	DS 80C320	DS 80C323	DS87C520 /DS83C520	DS87C530 /DS83C530	DS 80C390	DS 87C550	DS 89C420	MAX7651 /7652
内部程序 FLASH								16 KB	16 KB
内部暂存数 据 RAM	256B	256B	256B	256B	256B	256B	256B	256B	256B
内部 MOVX SRAM				1 KB	1 KB	1 KB	1 KB	1 KB	
串行口	1	2	2	2	2	2	2	2	2
A/D 转换							8 通道 10 位		8 通道 12 位
PWM 输出							4×8 位或 2×16 位		2×8 位
外部中断	6	6	6	6	6	6	6	6	2
16 位定时 /计数器	3	3	3	3	3	3	3	3	3
看门狗 定时器		有	有	有	有	有	有	有	有
电源失效 中断/复位		有	有	有	有	有	有	有	
数据指针 DPTR	2	2	2	2	2	2	2	2	2
功率管理运行 模式(PMM)				有	有	有	有	有	
环形振荡器 (Ring OSC.)		有	有	有	有	有	有	有	
减小 EMI 工作模式				有	有	有	有	有	
加密锁				有	有		有	有	有
最高时钟 频率/MHz	25	33	18	33	33	40	33	33	12
工作电压/V	4.5～ 5.5	4.5～ 5.5	2.7～ 5.5	4.5～5.5	4.5～5.5	4.5～5.5	4.5～5.5	4.5～5.5	4.5～5.5
引脚与封装	PDIP40 PLCC44 TQFP44	PDIP40 PLCC44 TQFP44	PDIP40 PLCC44 TQFP44	PDIP40 PLCC44 TQFP44 CERDIP40	PLCC52 TQFP52 CERQUA- D52	PLCC68 LQFP64	PLCC68 PQFP80 CLCC68	PDIP40 PLCC44 TQFP44	TQFP64
其他					① 实时 时钟 ② 非易失 SRAM	① 有双 路 CAN 2.0B 控制器 ② 有数 学协处 理器		有在系 统（In system ）编程 功能	2.7～3.6 (MAX7652)

9.5.2　Dallas 公司的安全单片机

Dallas 公司安全单片机的最大特点是使用非易失 RAM(NVRAM)作程序存储器而不是使用 EPROM 或 ROM。这个特点就为增强系统的安全性提供了新的手段。因为采用自举程序加载器控制向 NVRAM 的程序加载，所以可采用一个 40 位或 80 位的加密密钥对地址和数据进行加密。任何装载到芯片内部 SRAM 的程序和数据都是经过加密的，任何非法访问的企图都会导致程序或数据自毁，这样就可以防止黑客窃取单片机中的程序和数据。在程序运行时，单片机取出经过加密的操作码，在一个机器周期内完成解密并执行。由于采用非易失的 SRAM，允许全速的存取访问，故指令解密不会引起任何延迟。另外在出现安全问题时，单片机能迅速擦除机密信息和敏感数据。安全单片机以两种形式提供：一种是芯片(Chip)式，需外接 SRAM 及锂电池；另一种是模块(Module)式，内部已经预装了 SRAM 及锂电池。

9.6　其他公司的单片机

STC15F2K60S2 单片机是国内生产厂宏晶科技有限公司的典型单片机产品，采用了增强型 8051 内核，片内集成：60KB Flash 程序存储器、1 KB 数据 Flash(EEPROM)、2048B RAM、3 个 16 位可自动重装载的定时/计数器(T0、T1 和 T2)、可编程时钟输出功能、至多 42 根 I/O 口线、2 个全双工异步串行口(UART)、1 个高速同步通信端口(SPI)、8 通道 10 位 ADC、3 通道 PWM/可编程计数器阵列/捕获/比较单元(PWM/PCA/CCU/DAC)、MAX810 专用复位电路和硬件看门狗等资源。另外，STC15F2K60S2 单片机内部还集成了高精度 R/C 时钟，可以省去外部晶振电路，单芯片就是最小应用系统，真正实现了一片芯片就是一台"单片机"的梦想。STC15F2K60S2 单片机的最大特点是具有在系统可编程(ISP)功能和在线调试功能，可以省去价格较高的专门编程器，开发环境的搭建非常容易，特别适合初学者自学学习。

管脚兼容的专用仿真芯片是 IAP15F2K61S2，作为校企合作的代表，IAP15F2K61S2 可直接当仿真器，特别适合教学，价格便宜，同系列 8－Pin 的单片机 STC15F100 更便宜，定时器只需要学习一种模式，模式 0(16 位自动重装载)即可，解决了 8051 单片机长期以来虽有四种模式，却定时不准和定时不够长的问题，并且串行口也做了重大改进，既简单方便，又速度快。

STC 单片机的型号的意义如下：

如 STC，12，C，20，52，AD

STC：出品的公司名。

12：产品大系列，STC 单片机有 89、90、10、11、12、15 这几个大系列，每个系列都有自己的特点。89 系列是老旧而传统的单片机，可以和 AT89 系列完全兼容，是 12T 单片机。90 是基于 89 系列的改进型产品系列。10 和 11 系列是有着便宜价格的 1T 单片机，有 PWM、4 态 IO 接口、EEPROM 等功能，但都没有 ADC 这个高级功能。12 是增强型功能的 1T 单片机，型号后面有"AD"的就有 ADC 功能的单片机。目前 12 系列是主流产品。15：15 系列是 STC 公司最新推出的产品，最大的特别是内部集成了高精度的 R/C 时钟，可以完全不需要接外部晶振。

C：这个位置一般是用来表示单片机工作电压的，如果是 C 或 F 表示这款单片机是 5 V 电压下工作的，如果是 LE 或 L 则表示这款单片机是工作在 3 V 电压下的。

20：这个位置是用来表示单片机内部 FLASH 空间大小的，同时也隐含着 EEPROM 和 RAM

空间的大小。在 STC12C2052 的空间就是 2 K,在 STC12C4052 的空间就是 4 K,再如 STC12C5A60S2 的 FALSH 空间是 60 K 字节,STC12C5A32S2 的 FLASH 空间是 32 K 字节。其中的 5A 是系列名的一部分,没有什么含义,也不会有 6A、8A,只有 5A 而已。

52:也是系列名的一部分,是小系列名。

AD:是功能后缀,表示有 ADC 功能的意思。如果后缀是 S2 就表示有 2 个串口的意思。

所以,STC12C2052 的空间就是 2 K,在 STC12C4052 的空间就是 4 K,而这两款单片机因为是同一系列的,所以可以通用,只是 FLASH 大小不一样。头文件可以共用一个。

说到头文件,也就是谈到单片机的功能区别了。如 STC12C2052AD 和 STC12C4052AD 在功能上是一样的,只有 FALSH 大小不同。可以共用 STC12C2052AD. h 这个头文件,STC12C5A60S2 和 STC12C5A32S2 的功能也一样,只是 FLASH 大小有差别,可以共用 STC12C5A60S2. h 的头文件。不只是头文件,同一系列的单片机的数据手册也是同一个,每个数据手册的第一页都会写明,本手册所涉及单片机型号,它们共用一个手册的。

另外,有一些系列名还有不同,比如 STC12C5604AD 中 56 表示的是系列名,04 表示的是 FALSH 大小。如果想了解 STC 单片机所有型号和系列关系,只要看一样东西就行了,那就是选型指南。STC 公司官网上可查到选型表,可供大家查阅选购。

Motorola 单片机

Motorola 是世界上最大的单片机厂商。从 M6800 开始。开发了广泛的品种,4 位、8 位、16 位、32 位的单片机都能生产,其中典型的代表有:8 位机 M6805、M68HC05 系列、8 位增强型 M68HC11、M68HC12、16 位机 M68HC16、32 位机 M683XX。Motorola 单片机的特点之一是在同样单片机种类简介的速度下所用的时钟频率较 Intel 类单片机低得多,因而使得高频噪声低,抗干扰能力强,更适合于工控领域及恶劣的环境。

MicroChip 单片机

MicroChip 单片机的主要产品是 PIC 16C 系列和 17C 系列 8 位单片机,CPU 采用 RISC 结构,分别仅有 33、35、58 条指令,采用 Harvard 双总线结构,运行速度快,低工作电压,低功耗,较大的输入输出直接驱动能力,价格低,一次性编程,体积小。适用于用量大、档次低、价格敏感的产品。在办公自动化设备、消费电子产品、电讯通信、智能仪器仪表、汽车电子、金融电子、工业控制等不同领域都有广泛的应用,PIC 系列单片机在世界单片机市场份额排名中逐年提高,发展非常迅速。

华邦 Winbond 公司的单片机(台湾厂家)

华邦公司的 W77、W78 系列 8 位单片机的脚位和指令集与 8051 兼容,但每个指令周期只需要 4 个时钟周期,速度提高了 3 倍,工作频率最高可达 40MHz。同时增加了 WatchDog Timer、6 组外部中断源、2 组 UART、2 组 Data pointer 及 Wait state control pin。W741 系列的 4 位单片机具有液晶驱动、在线烧录、保密性高、低操作电压(1.2 V~1.8 V)等功能。

MDT20XX 系列单片机

工业级 OTP 单片机,Micon 公司生产,与 PIC 单片机管脚完全一致,海尔集团的电冰箱控制器、TCL 通信产品、长安奥拓铃木小轿车功率分配器就采用这种单片机。

EM78 系列 OTP 型单片机

台湾义隆电子股份有限公司,直接替代 PIC16CXX,管脚兼容,软件可转换。

Scenix 单片机

Scenix 公司推出的 8 位 RISC 结构 SX 系列单片机与 Intel 的 Pentium Ⅱ 等一起被评选为

1998 年世界十大处理器。在技术上有其独到之处：SX 系列双时钟设置，指令运行速度可达 50/75/100MIPS(每秒执行百万条指令，XXX M Instruction Per Second)；具有虚拟外设功能、柔性化 I/O 端口，所有的 I/O 端口都可单独编程设定，公司提供各种 I/O 的库函数，用于实现各种 I/O 模块的功能，如多路 UART、多路 A/D、PWM、SPI、DTMF、FS、LCD 驱动等等，采用 EEPROM/FLASH 程序存储器可以实现在线系统编程. 通过计算机 RS232C 接口，采用专用串行电缆即可对目标系统进行在线实时仿真。

EPSON 单片机：

EPSON 单片机以低电压、低功耗和内置 LCD 驱动器特点闻名于世，尤其是 LCD 驱动部分做得很好，广泛用于工业控制、医疗设备、家用电器、仪器仪表、通信设备和手持式消费类产品等领域。目前 EPSON 已推出四位单片机 SMC62 系列、SMC63 系列、SMC60 系列和八位单片机 SMC88 系列。

东芝单片机：

东芝单片机门类齐全，4 位机在家电领域有很大市场，8 位机主要有 870 系列、90 系列，该类单片机允许使用慢模式，采用 32K 时钟时功耗降至 10UA 数量级. 东芝的 32 位单片机采用 MIPS 3000A RISC 的 CPU 结构，面向 VCD、数字相机，图像处理等市场。

LG 公司生产的 GMS90 系列单片机

与 Intel MCS－51 系列，Atmel 89C51/52、89C2051 等单片机兼容，CMOS 技术，高达 40MHZ 的时钟频率，应用于多功能电话、智能传感器、电度表、工业控制、防盗报警装置、各种计费器、各种 IC 卡装置、DVD、VCD、CD－ROM 等。

NS 公司单片机：

COP8 单片机是 NS(美国国家半导体公司)的产品，内部集成了 16 位 A/D，这是不多见的，在看门狗多路及 STOP 方式下单片机的唤醒方式上都有独到之处。此外，COP8 的程序加密也做得比较好。

Zilog 单片机：

Z8 单片机是 Zilog 公司的产品，采用多累加器结构，有较强的中断处理能力，开发工具价廉物美。Z8 单片机以低价位面向低端应用。很多人都知道 Z80 单板机。直到 20 世纪 90 年代后期，很多大学的微机原理还是讲述 Z80。

附录 A　MCS－51 指令表

十六进制代码	助记符	功　能	对标志影响				字节数	周期数
			P	OV	AC	CY		
算术运算指令								
28～2F	ADD A,Rn	(A)+(Rn)→A	√	√	√	√	1	1
25	ADD A,direct	(A)+(direct)→A	√	√	√	√	2	1
26,27	ADD A,@Ri	(A)+((Ri))→A	√	√	√	√	1	1
24	ADD A,＃data	(A)+data→A	√	√	√	√	2	1
38～3F	ADDC A,Rn	(A)+(Rn)+CY→A	√	√	√	√	1	1
35	ADDC A,direct	(A)+(direct) +CY→A	√	√	√	√	2	1
36,37	ADDC A,@Ri	(A)+((Ri)) +CY→A	√	√	√	√	1	1
34	ADDC A,＃data	(A)+data+CY→A	√	√	√	√	2	1
98～9F	SUBB A,Rn	(A)－(Rn)－CY→A	√	√	√	√	1	1
95	SUBB A,direct	(A)－(direct)－CY→A	√	√	√	√	2	1
96,97	SUBB A,@Ri	(A)－((Ri))－CY→A	√	√	√	√	1	1
94	SUBB A,＃data	(A)－data－CY→A	√	√	√	√	2	1
04	INC A	(A)+1→A	√	×	×	×	1	1
08～0F	INC Rn	(Rn)+1→Rn	×	×	×	×	1	1
05	INC direct	(direct)+1→direct	×	×	×	×	2	1
06,07	INC @Ri	((Ri))+1→(Ri)	×	×	×	×	1	1
A3	INC DPTR	(DPTR)+1→DPTR					1	2
14	DEC A	(A)－1→A	√	×	×	×	1	1
18～1F	DEC Rn	(Rn)－1→Rn	×	×	×	×	1	1
15	DEC direct	(direct)－1→direct	×	×	×	×	2	1
16,17	DEC @Ri	((Ri))－1→(Ri)	×	×	×	×	1	1
A4	MUL AB	(A) * (B)→AB	√	√	×	√	1	4
84	DIV AB	(A)/(B)→AB	√	√	×	√	1	4
D4	DA A	对 A 进行十进制调整	√	√	√	√	1	1
逻辑运算指令								
58～5F	ANL A,Rn	(A)∧(Rn)→A	√	×	×	×	1	1
55	ANL A,direct	(A)∧(direct)→A	√	×	×	×	2	1
56,57	ANL A,@Ri	(A)∧((Ri))→A	√	×	×	×	1	1
54	ANL A,＃data	(A)∧data→A	√	×	×	×	2	1

续表

十六进制代码	助记符	功　能	对标志影响				字节数	周期数
			P	OV	AC	CY		
52	ANL direct,A	(direct)∧A→direct	×	×	×	×	2	1
53	ANL direct,#data	(direct)∧data→direct	×	×	×	×	3	2
48～4F	ORL A,Rn	(A)∨(Rn)→A	√	×	×	×	1	1
45	ORL A,direct	(A)∨(direct)→A	√	×	×	×	2	1
46,47	ORL A,@Ri	(A)∨((Ri))→A	√	×	×	×	1	1
44	ORL A,#data	(A)∨data→A	√	×	×	×	2	1
42	ORL direct, A	(direct)∨(A)→direct	×	×	×	×	2	1
43	ORL direct,#data	(direct)∨data→direct	×	×	×	×	3	2
68～6F	XRL A,Rn	(A)⊕(Rn)→A	√	×	×	×	1	1
65	XRL A,direct	(A)⊕(direct)→A	√	×	×	×	2	1
66,67	XRL A,@Ri	(A)⊕((Ri))→A	√	×	×	×	1	1
64	XRL A,#data	(A)⊕data→A	√	×	×	×	2	1
62	XRL direct,A	(direct)⊕(A)→direct	×	×	×	×	2	1
63	XRL direct,#data	(direct)⊕data→direct	×	×	×	×	3	2
E4	CLR A	0→A	√	×	×	×	1	1
F4	CPL A	$(\overline{A})$→A	×	×	×	×	1	1
23	RL A	A 循环左移 1 位	×	×	×	×	1	1
33	RLC A	A 带进位循环左移 1 位	√	×	×	√	1	1
03	RR A	A 循环右移 1 位	×	×	×	×	1	1
13	RRC A	A 带进位循环右移 1 位	√	×	×	√	1	1
C4	SWAP A	A 半字节交换	×	×	×	×	1	1
		数据传送指令						
E8～EF	MOV A,Rn	(Rn)→A	√	×	×	×	1	1
E5	MOV A,direct	(direct)→A	√	×	×	×	2	1
E6,E7	MOV A,@Ri	((Ri))→A	√	×	×	×	1	1
74	MOV A,#data	data→A	√	×	×	×	2	1
F8～FF	MOV Rn,A	(A)→Rn	×	×	×	×	1	1
A8～AF	MOV Rn,direct	(direct)→Rn	×	×	×	×	2	2
78～7F	MOV Rn,#data	data→Rn	×	×	×	×	2	1
F5	MOV direct,A	(A)→direct	×	×	×	×	2	1
88～8F	MOV direct,Rn	(Rn)→direct	×	×	×	×	2	2
85	MOV direct1,direct2	(direct2)→direct1	×	×	×	×	3	2

续表

十六进制代码	助记符	功　能	对标志影响				字节数	周期数
			P	OV	AC	CY		
86,87	MOV direct,@Ri	((Ri))→direct	×	×	×	×	2	2
75	MOV direct,＃data	data→direct	×	×	×	×	3	2
F6,F7	MOV @Ri,A	(A)→(Ri)	×	×	×	×	1	1
A6,A7	MOV @Ri,direct	(direct)→(Ri)	×	×	×	×	2	2
76,77	MOV @Ri,＃data	data→(Ri)	×	×	×	×	2	1
90	MOV DPTR,＃data16	data 16→DPTR	×	×	×	×	3	2
93	MOVC A,@A+DPTR	((A)+(DPTR))→A	√	×	×	×	1	2
83	MOVC A,@A+PC	((A)+(PC))→A	√	×	×	×	1	2
E2,E3	MOVX A,@Ri	((Ri)+(P2))→A	√	×	×	×	1	2
E0	MOVX A,@DPTR	((DPTR))→A	√	×	×	×	1	2
F2,F3	MOVX @Ri,A	A→(Ri)+(P2)	×	×	×	×	1	2
F0	MOVX @DPTR,A	A→(DPTR)	×	×	×	×	1	2
C0	PUSH direct	(SP)+1→SP,(direct)→(SP)	×	×	×	×	2	2
D0	POP direct	((SP))→direct,(SP)−1=SP	×	×	×	×	2	2
C8～CF	XCH A,Rn	(A)↔(Rn)	√	×	×	×	1	1
C5	XCH A,direct	(A)↔(direct)	√	×	×	×	2	1
C6,C7	XCH A,@Ri	(A)↔((Ri))	√	×	×	×	1	1
D6,D7	XCHD A,@Ri	$(A)_{0\sim3}$↔$((Ri))_{0\sim3}$	√	×	×	×	1	1
		位操作指令						
C3	CLR C	0→Cy	×	×	×	√	1	1
C2	CLR bit	0→bit	×	×	×		2	1
D3	SETB C	1→Cy	×	×	×	√	1	1
D2	SETB bit	1→bit	×	×	×		2	1
B3	CPL C	$\overline{Cy}$→Cy	×	×	×	√	1	1
B2	CPL bit	($\overline{bit}$)→bit	×	×	×		2	1
82	ANL C,bit	(Cy)∧(bit)→Cy	×	×	×	√	2	2
B0	ANL C,/bit	(Cy)∧($\overline{bit}$)→Cy	×	×	×	√	2	2
72	ORL C,bit	(Cy)∨(bit)→Cy	×	×	×	√	2	2
A0	ORL C,/bit	(Cy)∧$\overline{bit}$→Cy	×	×	×	√	2	2
A2	MOV C,bit	(bit)→Cy	×	×	×	√	2	1
92	MOV bit,C	Cy→bit	×	×	×	×	2	2

续表

十六进制代码	助记符	功　能	对标志影响				字节数	周期数
			P	OV	AC	CY		
控制转移指令								
11	ACALL addrll	(PC)+2→PC,(SP)+1→SP $(PC)_L$→(SP) (SP)+1→SP,$(PC)_H$→(SP) addrll→PC10～0	×	×	×	×	2	2
12	LCALL addr16	(PC)+2→PC,(SP)+1→SP $(PC)_L$→(SP),(SP)+1→SP $(PC)_H$→(SP),addr16→PC	×	×	×	×	3	2
22	RET	((SP))→PCH,(SP)－ 1→SP ((SP))→PCL,(SP) －1→SP	×	×	×	×	1	2
32	RETI	((SP))→PCH,(SP) －1→SP ((SP))→PCL,(SP) －1→SP	×	×	×	×	1	2
01	AJMP addrll	addrll→PC10～0	×	×	×	×	2	2
02	LJMP addr16	addr16→PC	×	×	×	×	3	2
80	SJMP rel	(PC)+rel→PC	×	×	×	×	2	2
73	JMP @A+DPTR	(A)+(DPTR)→PC	×	×	×	×	1	2
60	JZ rel	(PC)+2→PC,若(A)=0,则 (PC)+rel→PC	×	×	×	×	2	2
70	JNZ rel	(PC)+2→PC, 若(A)≠0,则 (PC)+rel→PC	×	×	×	×	2	2
40	JC rel	(PC)+2→PC, 若 Cy=1,则 (PC)+rel→PC	×	×	×	×	2	2
50	JNC rel	(PC)+2→PC, 若 Cy=0,则 (PC)+rel→PC	×	×	×	×	2	2
20	JB bit,rel	(PC)+3→PC, 若(bit)=1,则 (PC)+rel→PC	×	×	×	×	3	2
30	JNB bit,rel	(PC)+3→PC, 若(bit)=0,则 (PC)+rel→PC	×	×	×	×	3	2
10	JBC bit,rel	(PC)+3→PC, 若(bit)=1,则 0→bit,(PC)+rel→PC					3	2
B5	CJNE A,direct,rel	(PC)+3→PC, 若(A)不等于(direct),则(PC)+rel→PC,若(A)<(direct),则 1→Cy	×	×	×	×	3	2
B4	CJNE A,#data,rel	(PC)+3→PC,若(A)不等于data,则(PC)+rel→PC,若(A)<data,则 1→Cy	×	×	×	×	3	2
B8～BF	CJNE Rn,#data,rel	(PC)+3→PC,若(Rn)不等于data,则(PC)+rel→PC,若(Rn)<data,则 1→Cy	×	×	×	×	3	2

续表

十六进制代码	助记符	功　能	对标志影响				字节数	周期数
			P	OV	AC	CY		
B6,B7	CJNE @Ri,#data,rel	(PC)+3→PC，若((Ri))不等于data,则(PC)+rel→PC,若((Ri))<data,则1→Cy	×	×	×	×	3	2
D8～DF	DJNZ Rn,rel	(PC)+2→PC,(Rn)－1→Rn,若(Rn)≠0，则(PC)+rel→PC	×	×	×	×	2	2
D5	DJNZ direct,rel	(PC)+3→PC,(direct)－1→direct,若(direct)≠0，则(PC)+rel→PC	×	×	×	×	3	2
00	NOP	空操作	×	×	×	×	1	1

附录 B　MCS－51 指令助记符注释表

MCS－51 指令助记符及含义

ADD——Addition

ADDC——Add with Carry flag

SUBB——Subtract With Borrow

INC——Increment

DEC——Decrement

MUL——Multiply

DIV——Divide

DA——Decimal Adjust

MOV——Move

MOVC——Move Code

MOVX——Move External RAM

PUSH——Push

POP——Pop

XCH——Exchange

XCHD——Exchange low－order Digit

ANL——And Logical

ORL——OR Logical

XRL——Exclusive－OR Logical

CLR——Clear

CPL——Complement Logical

RL——Rotate Left

RLC——Rotate Left with Carry flag

RR——Rotate Right

RRC——Rotate Right with Carry flag

SWAP——Swap

ACALL——Absolute Subroutine Call

LCALL——Long Subroutine Call

RET——Return from Subroutine

RETI——Return from Interrupt

AJMP——Absolute Jump

LJMP——Long Jump

SJMP——Short Jump

JZ——Jump if Accumulator is Zero

JNZ——Jump if Accumulator is Not Zero

JC——Jump if Carry flag is Set

JNC——Jump if No Carry flag

JB——Jump if direct Bit Set

JNB——Jump if direct Bit Not Set

JBC——Jump if direct Bit Set & Clear Bit

CJNE——Compare Jmp if Not Equal

DJNZ——Decrement Jump if Not Zero

NOP——No Operation

附录C　常用的缩写符号

MCS—51常用缩写符号，其意义如下：

A	累加器ACC
(A)	累加器的内容
AB	累加器ACC和寄存器B组成的寄存器对
direct	直接地址，取值范围为0～0FFH
(direct)	直接地址指出的单元的内容
＃data	立即数，表示一个常数，取值范围为0～0FFH
@	间接寻址
+	加
—	减
*	乘
/	除
∧	与
∨	或
⊕	异或
=	等于
<	小于
>	大于
<>	不等于
→	传送
↔	交换
×	寄存器
(×)	×寄存器的内容
((×))	由×寄存器的内容指向单元的内容
Ri	i=0、1，表示数据指针R0或R1
(Ri)	R0或R1的内容
((Ri))	R0或R1的内容指向单元的内容
$	本条指令起始地址
rel	相对偏移量，其值为—128～+127
rrr	指令编码中rrr三位值由工作寄存器Rn确定，R0～R7对应的rrr为000～111

附录 D ASCII(美国信息交换标准码)表

高位 低位		0 000	1 001	2 010	3 011	4 100	5 101	6 110	7 111
0	0000	NUL	DLE	SP	0	@	P	`	p
1	0001	SOH	DC1	!	1	A	Q	a	q
2	0010	STX	DC2	“	2	B	R	b	r
3	0011	ETX	DC3	#	3	C	S	c	s
4	0100	EOT	DC4	$	4	D	T	d	t
5	0101	ENQ	NAK	%	5	E	U	e	u
6	0110	ACK	SYN	&	6	F	V	f	v
7	0111	BEL	ETB	‘	7	G	W	g	w
8	1000	BS	CAN	(	8	H	X	h	x
9	1001	HT	EM	)	9	I	Y	i	y
A	1010	LF	SUB	*	：	J	Z	j	z
B	1011	VT	ESC	+	；	K	[	K	{
C	1100	FF	FS	，	<	L	\	l	|
D	1101	CR	GS	—	=	M	]	m	}
E	1110	SO	RS	.	>	N	↑	n	～
F	1111	SI	US	/	?	O	←	o	DEL

表中缩写语含意如下：

NUL	空	DLE	数据链换码
SOH	标题开始	DC1	设备控制 1
STX	正文结束	DC2	设备控制 2
ETX	本文结束	DC3	设备控制 3
EOT	传输结果	DC4	设备控制 4
ENQ	询问	NAK	否定
ACK	承认	SYN	空转同步
BEL	报警符	ETB	信息组传送结束
BS	退一格	CAN	作废
HT	横向列表	EM	纸尽
LF	换行	SUB	减
VT	垂直制表	ESC	换码
FF	走纸控制	FS	文字分隔符
CR	回车	GS	组分隔符
SO	移位输出	RS	记录分隔符
SI	移位输入	US	单元分隔符
DEL	作废	SP	空格

附录 E C51 的库函数

C51 软件包的库包含标准的应用程序,每个函数都在相应的头文件(.h)中有原型声明。

如果使用库函数,必须在源程序中用预编译指令定义与该函数相关的头文件(包含了该函数的原型声明)。例如:

```
#include<stdio.h>
#include<ctype.h>
```

如果省掉头文件,编译器则期望标准的 C 参数类型,从而不能保证函数的正确执行。C51 库函数的分类总表见附表 1。各函数的返回值及参数要求可以打开头文件查阅。

附表 1 C51 库函数

分类文件	函数	特性	功能
字符函数 CTYPE.H	isalpha	重入	用于检测字符,转换字符(如大小写转换)等
	isalnum	重入	
	iscntrl	重入	
	isdigit	重入	
	isgraph	重入	
	isprint	重入	
	ispunct	重入	
	islower	重入	
	isupper	重入	
	ispace	重入	
	isxdigit	重入	
	toascii	重入	
	toint	重入	
	tolower	重入	
	—tolower	重入	
	toupper	重入	
	—toupper	重入	
一般 I/O 函数 STDIO.H	—getkey	重入	用于串行口操作、操作前需先对串行口初始化
	getchar	重入	
	gets	非重入	
	ungetchar	重入	
	putchar	重入	
	printf	重入	
	sprintf	重入	
	puts	重入	
	scanf	重入	
	sscanf	重入	

续表

分类文件	函数	特性	功能
标准函数 STDLIB. H	atof atol atoi rand srand	非重入 非重入 非重入 重入 非重入	将字符型参数转换成浮点型、长型或整型产生随机数
串函数 STRING. H	memchr memcmp memcpy memccpy memmove memset strcat strncat strcmp strncmp strcpy strncpy strlen strchr strpos strrch strrpos strspn strcspn strpbrk strrpbrk	重入 重入 重入 非重入 重入 重入 非重入 重入 重入 非重入 重入 非重入 重入 重入 重入 重入 重入 非重入 非重入 非重入 非重入	用于字符串操作如串搜索、串比较、串拷贝、确定串长度等
数学函数 MATH. H	abs cabs fabs labs exp log log10 sqrt cos sin tan acos asin	重入 重入 重入 重入 非重入 非重入 非重入 非重入 非重入 非重入 非重入 非重入 非重入	完成数学运算（求绝对值、指数、对数、平方根、三角函数、双曲函数等）

续表

分类文件	函数	特性	功能
	atan atan2 cosh sinh tanh fpsave fprestor	非重入 非重入 非重入 非重入 非重入 重入 重入	
绝对地址访问 BSACC. H	CBYTE DBYTE PBYTE XBYTE CWORD DWORD PWORD XWORD	重入 重入 重入 重入 重入 重入 重入 重入	对不同的存储空间作为字节(或字)的绝对地址访问
内部函数 INTRINS. H	—crol— —cror— —irol— —iror— —lrol— —lror— —nop— —testbit—	重入 重入 重入 重入 重入 重入 重入 重入	对应于汇编中的循环移位指令 RRA(r)和 RLA(l),不同的是对不同类型的参数可以移 n 位,第一个字母表示参数类型 C—字符型 i—整型 L—长整型 nop 对应于汇编 NOPtest 对应于汇编 JBC
变量参数表 STDARG. H	va-start va-arg va-end	重入 重入 重入	
全程跳转 SETJMP. H	Setjmp longjmp	重入 重入	
特殊功能寄存器访问 REG51. H REG52. H			对 51、52 的 SFR 和 SFR 可寻址位进行定义

附录 F　常用集成电路引脚图

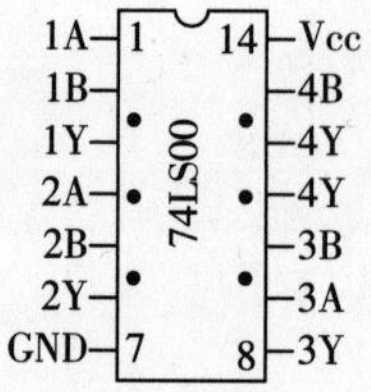

$Y=\overline{AB}$
2 输入四与非门

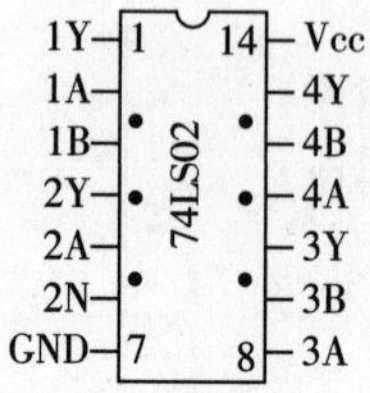

$Y=\overline{A+B}$
2 输入四与非门

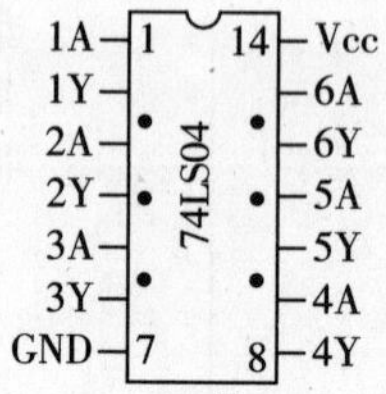

$Y=\overline{A}$
六反相器

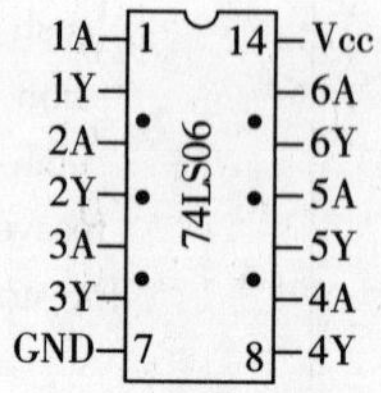

$Y=\overline{A}$
集电极开路高压输出的
六反相器缓冲器/驱动器

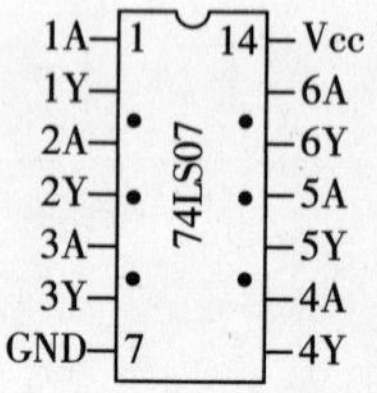

Y=A
集电极开路高压输出的
六缓冲器/驱动器

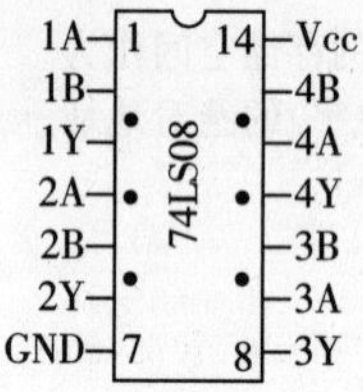

Y=AB
2 输入四与非门

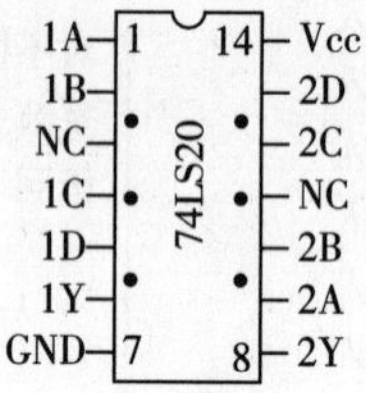

$Y=\overline{ABCD}$
4 输入双与非门

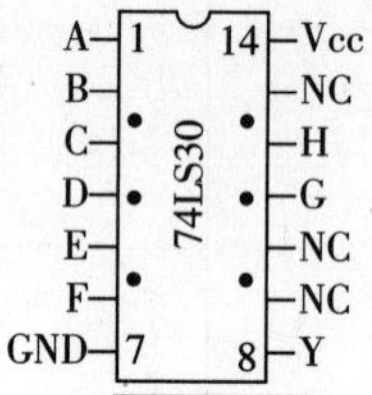

$Y=\overline{ABCDEFGH}$
8 输入与非门

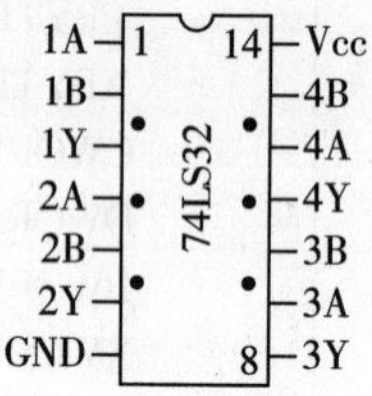

Y=A+B
2 输入四或门

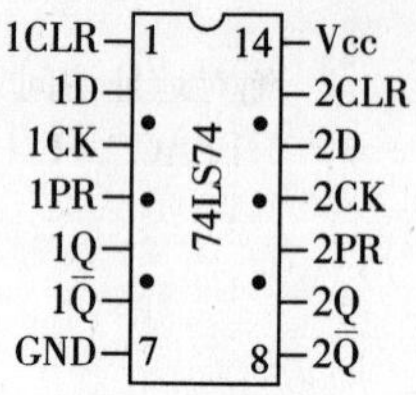

双 D 触发器
(带预置和清零)

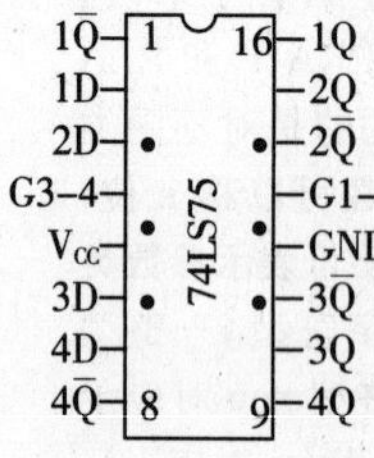

四位双稳态 D 锁存器

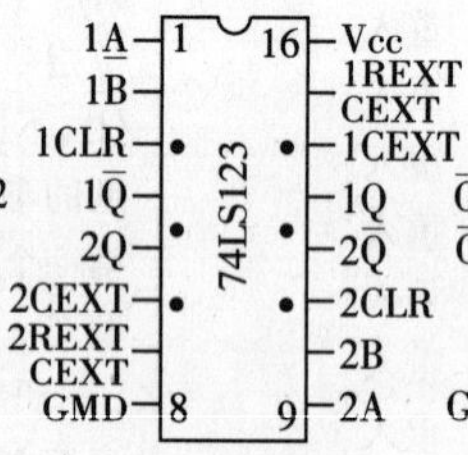

双可再触发的
单稳多谐振荡器

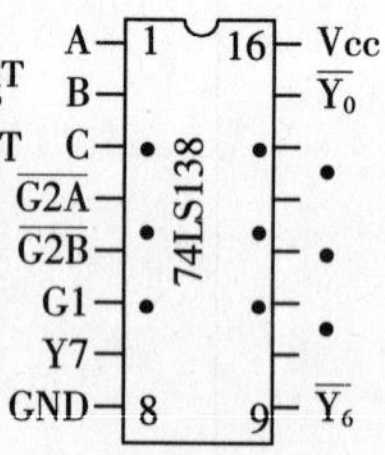

3-8 线译码器/分配器

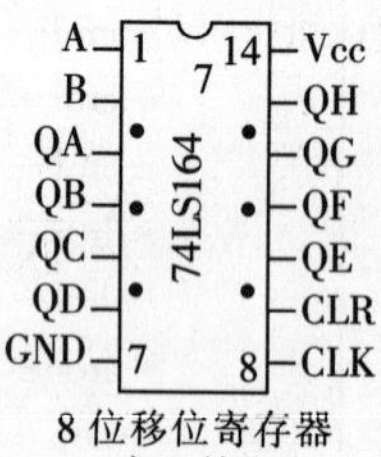

8 位移位寄存器
(串入并出)

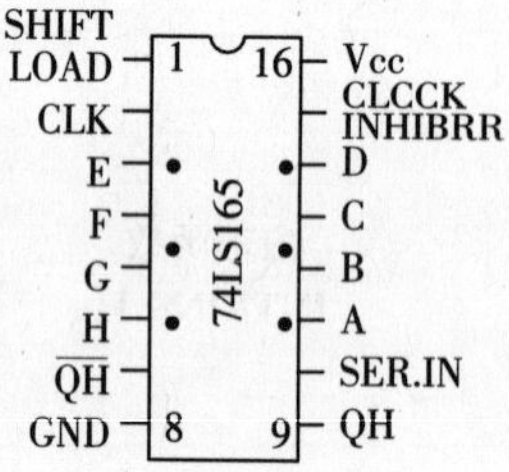

8 位移位寄存器
(并入串出)

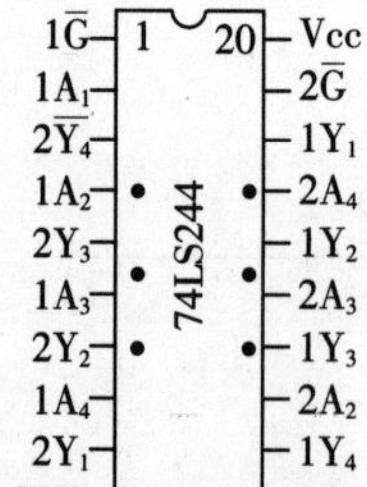

8 缓冲器/总线驱动器
(三态,非反相)

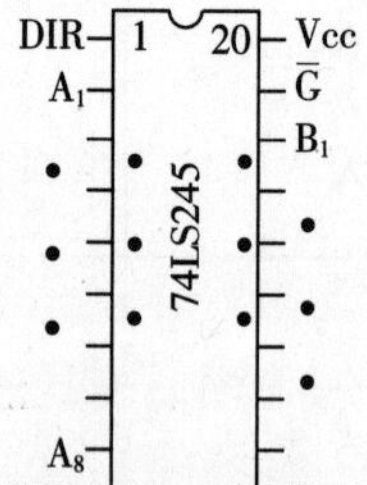

8 总线传送接收器
(三态,非反相)

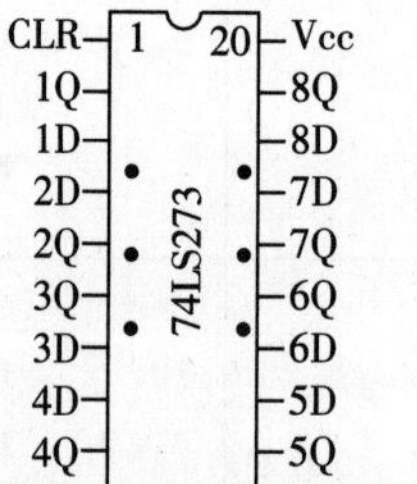

8D 触发器

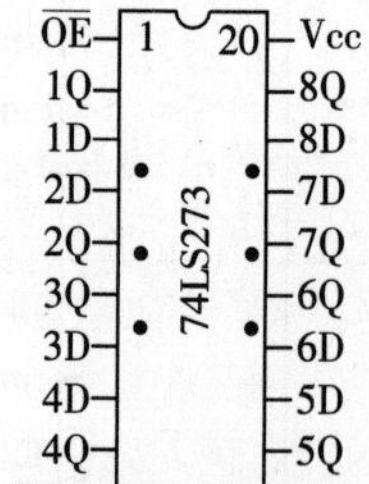

8D 锁存器
(三态)

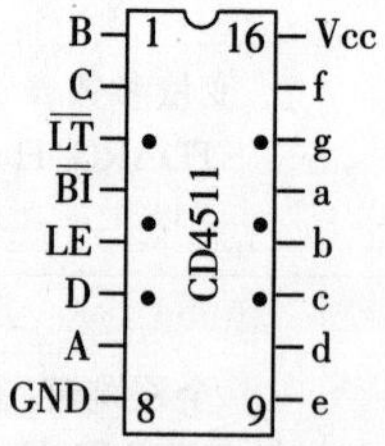

BCD 至七段锁存/
译码/显示驱动器

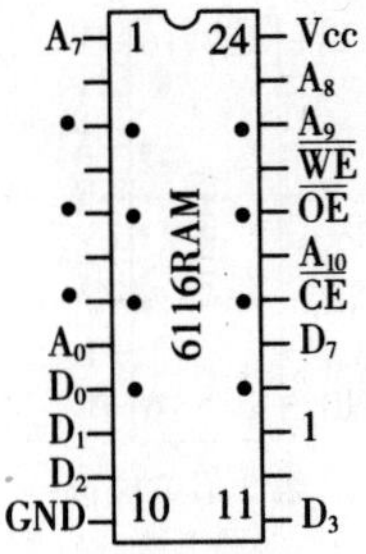

6116 静态 RAM

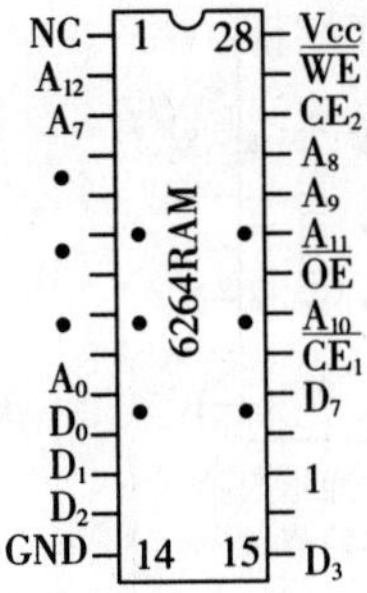

6264 静态 RAM

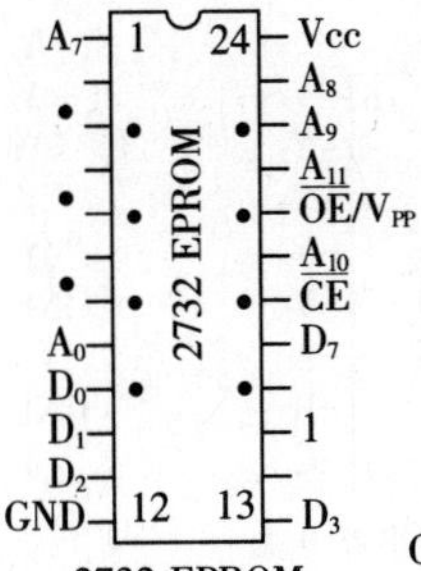

2732 EPROM

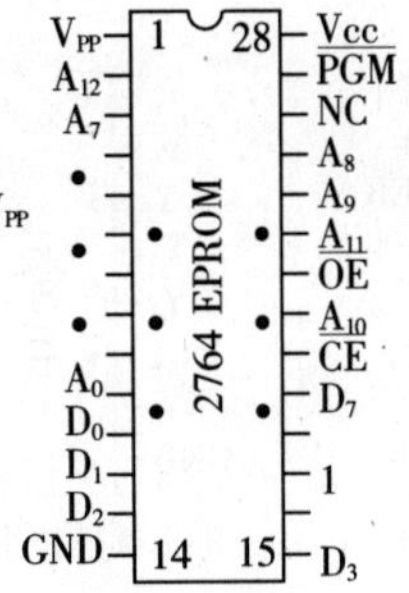

2764 EPROM

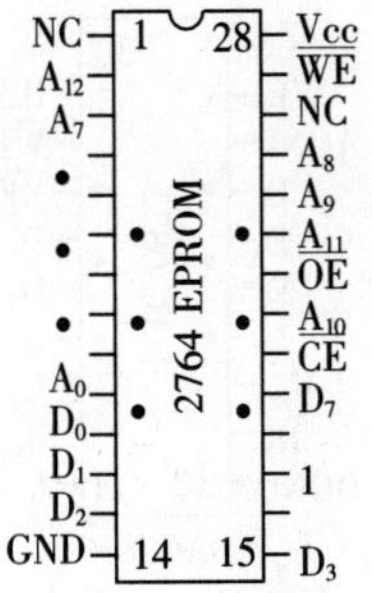

2864A EEPROM

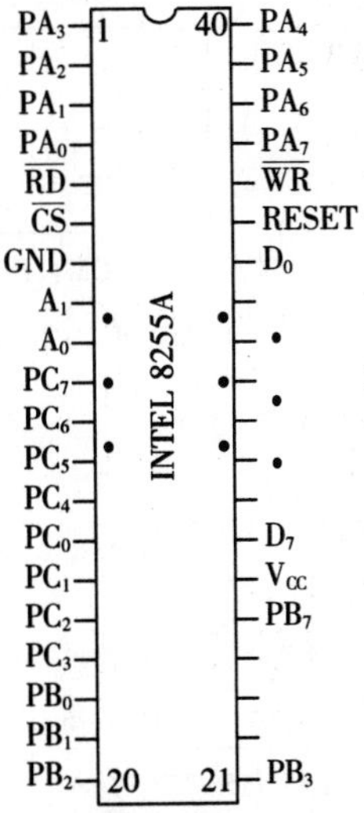

INTEL 8255A

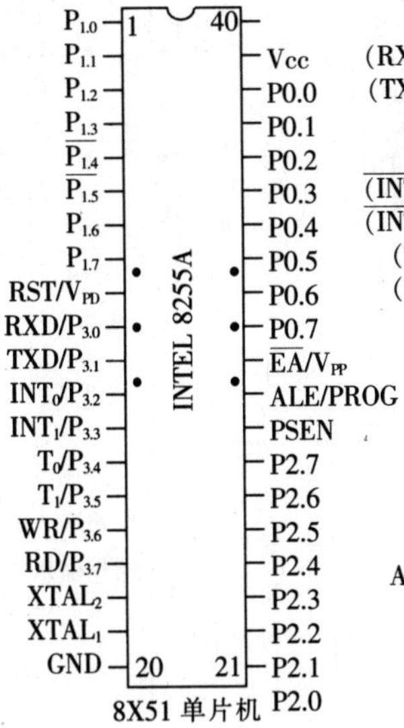

8X51 单片机

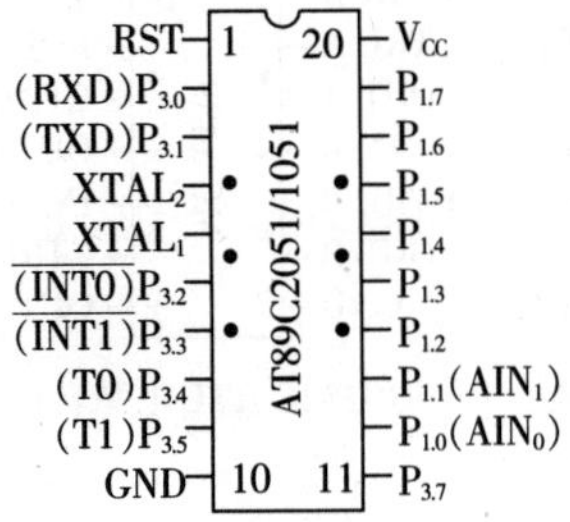

AT89C2051
AT89C1051

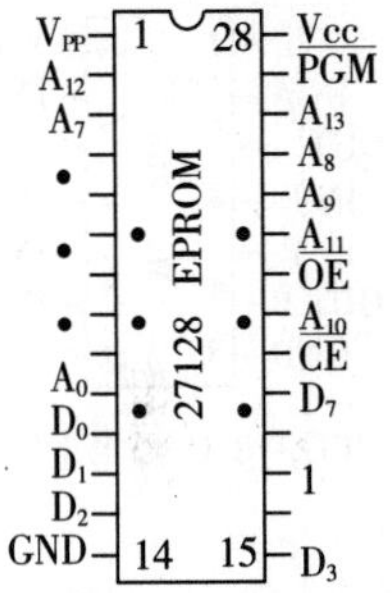

27128 EPROM

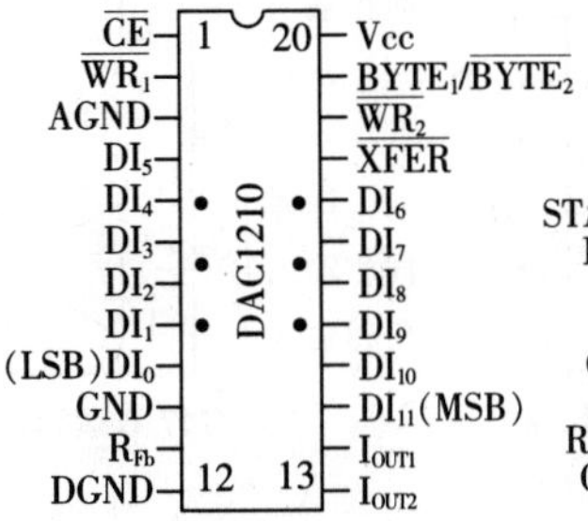

DAC1210
12 位 D/A 转换器

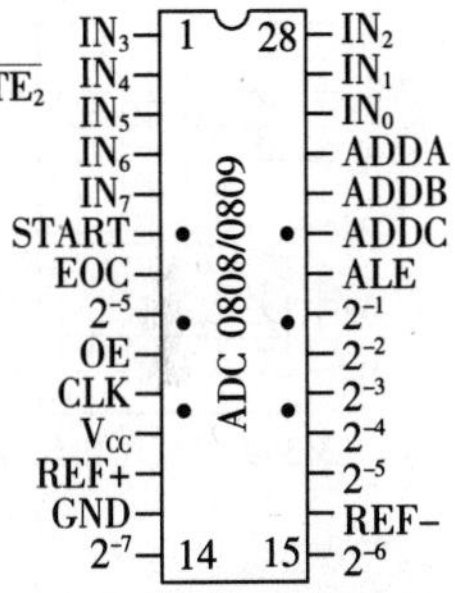

ADC0808/0809

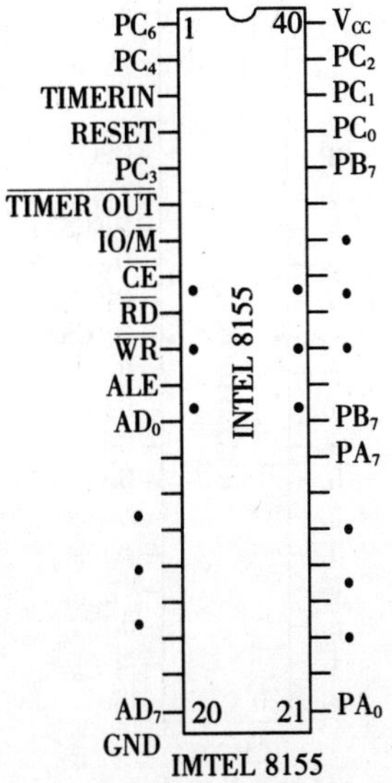

IMTEL 8155

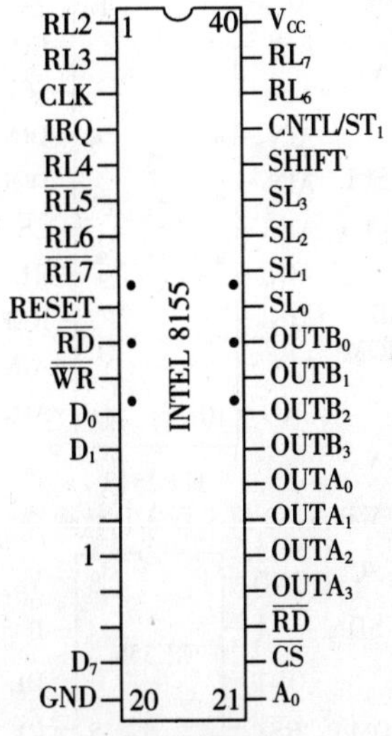

IMTEL 8279

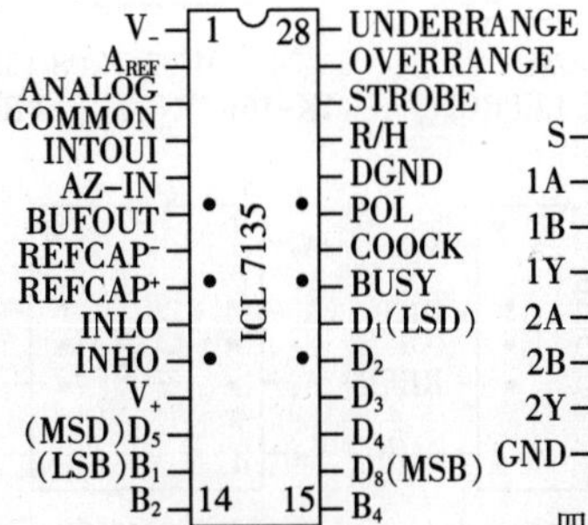

4 位半双积分 A/D
转换器 ICL7135

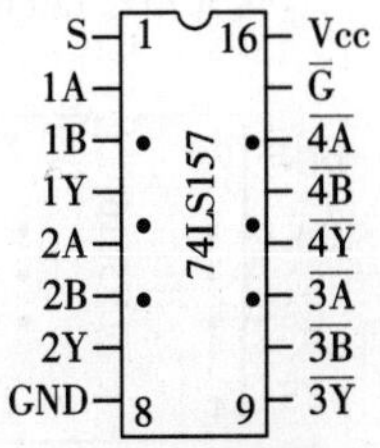

四 2 选 1 数据
选择器/多路开关

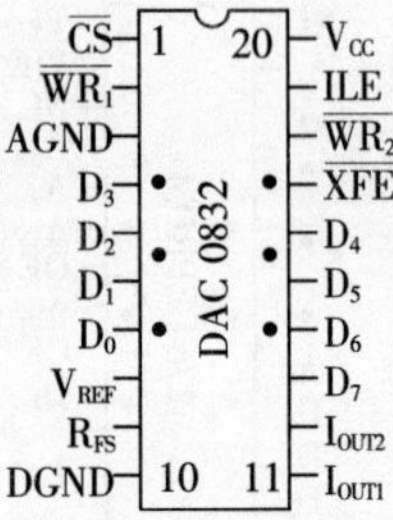

DAC0832

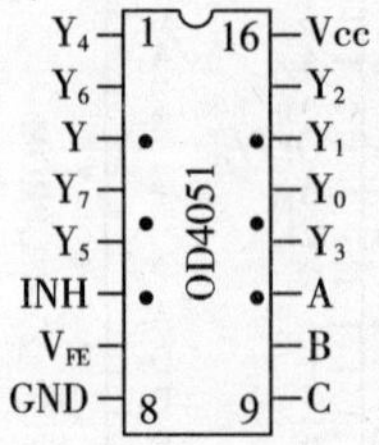

8 通道模拟多路开关

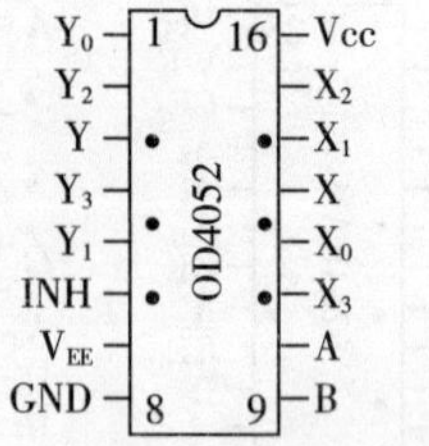

双 4 通道模拟
多路开关

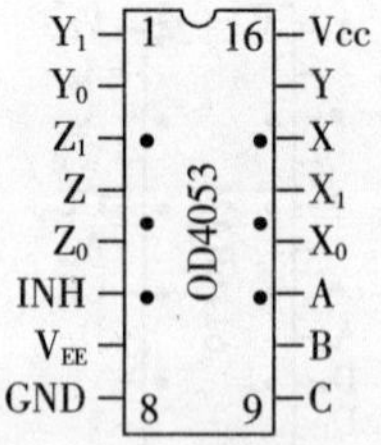

三组 2 通道模拟
多路开关

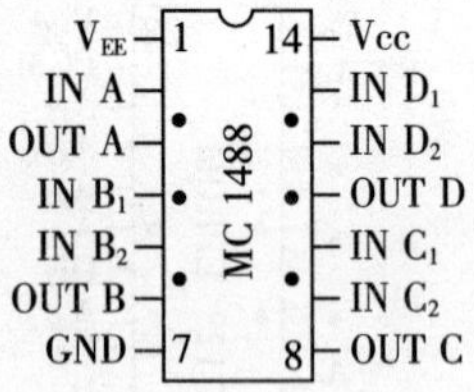

TTL-RS232C 电平转换

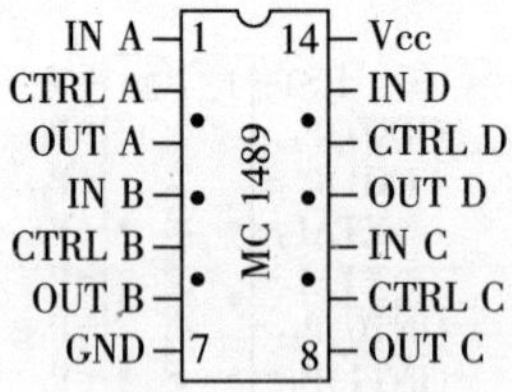

RS232C-TTL 电平转换

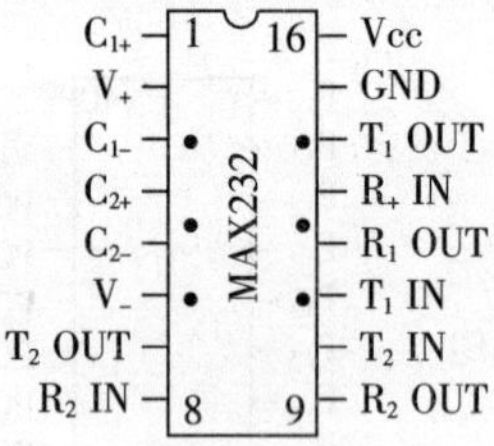

MAX232 双组接
收发送器

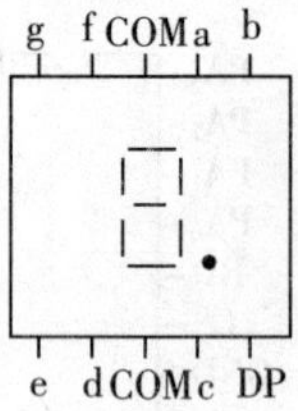

FND500LED 数码管

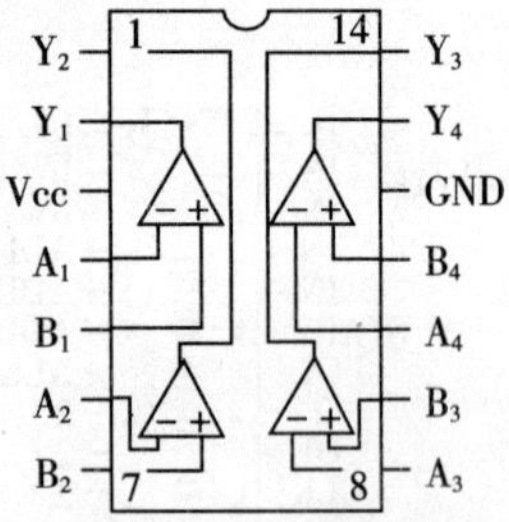

LM339 四电压比较器

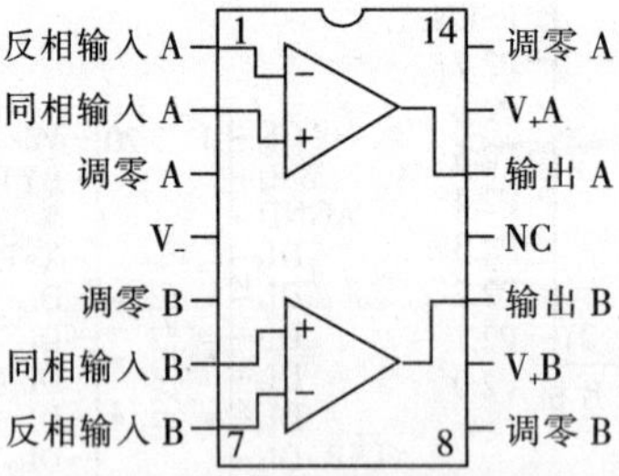

747 双运算放大器

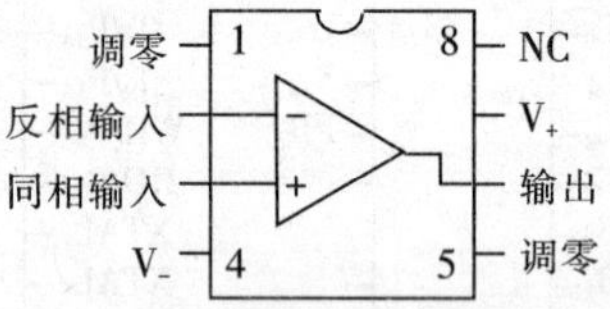

注：LF355/356/357 的
外引脚与 μA741 相同
μA741 单运算放大器

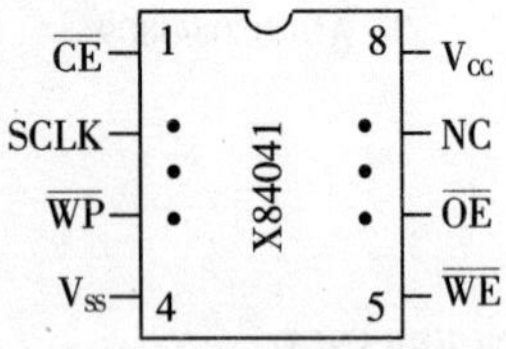

X84041
4K 位串行 EEPROM

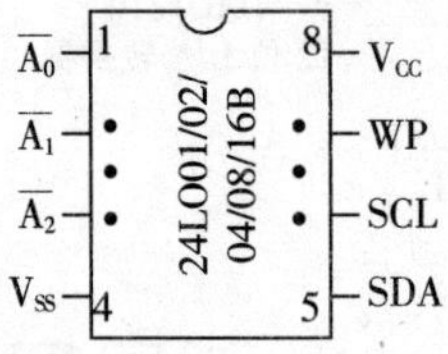

24LC01/02/04/08/16B
1K-16K 位串行 EEPROM

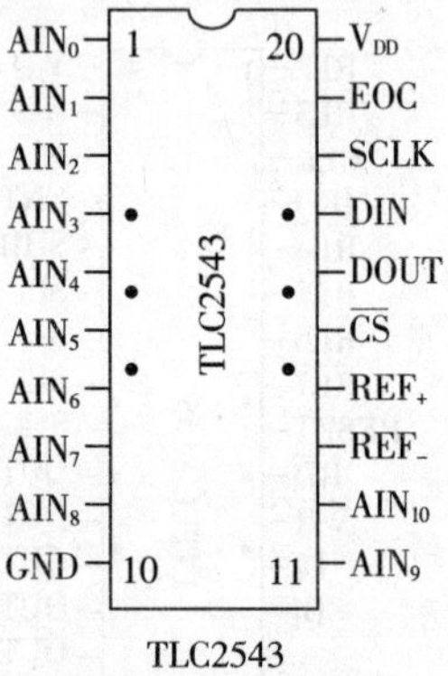

TLC2543
12 位串行 A/D 转换器

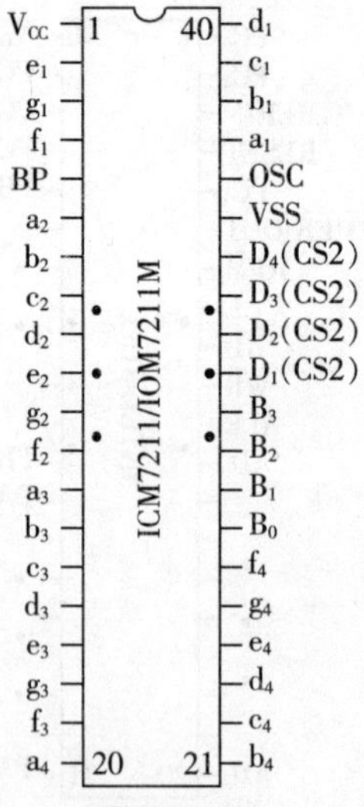

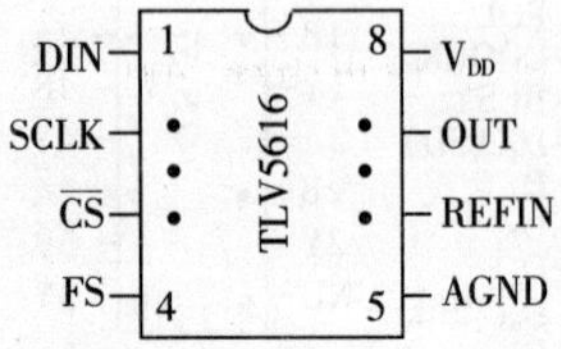

TLV5616
12 位串行 D/A 转换器

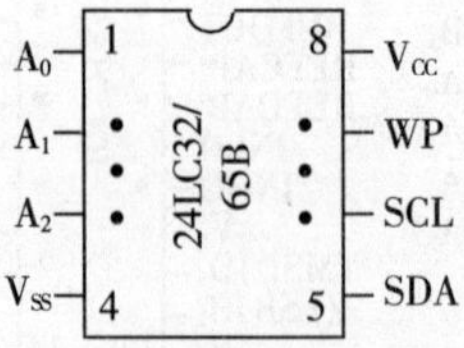

24LC32/65B
32-64K 位串行 EEPROM

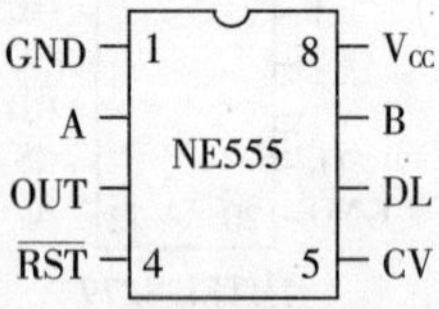

HE555

ICM7211
4 位液晶驱动器

参考文献

[1] Intel Corp. Microcontroller Handbook,1986

[2] 张友德等. 单片微型机原理、应用与实验. 上海:复旦大学出版社,2000

[3] 李朝青. 单片机原理及接口技术. 北京:北京航空航天大学出版社,1996

[4] 胡汉才等. 单片机原理及其接口技术. 北京:清华大学出版社,2000

[5] 薛钧义等. 单片微型计算机及其应用. 西安:西安交通大学出版社,1997

[6] 李群芳等. 单片微型计算机与接口技术. 北京:电子工业出版社,2001

[7] 何立民. 单片机应用系统设计(系统配置与接口技术). 北京:北京航空航天大学出版社,1990

[8] 何立民. 单片机应用文集(1). 北京:北京航空航天大学出版社,1991

[9] 何立民. 单片机应用文集(2). 北京:北京航空航天大学出版社,1992

[10] 孙涵芳等. 单片机的原理与应用. 北京:北京航空航天大学出版社,1989

[11] 张国雄等. 测控电路. 北京:机械工业出版社,2001

[12] 于凤明等. 单片机原理及接口技术. 北京:中国轻工业出版社,1998

[13] 徐爱钧等. 单片机高级语言 C51 应用程序设计. 北京:电子工业出版社,1998

[14] 徐德民等. 最新 C 语言程序设计. 北京:电子工业出版社,1990

[15] 杨路明等. C/C++程序设计教程. 湖南:湖南科学技术出版社,2001

[16] 李广弟等. 单片机基础. 北京:北京航空航天大学出版社,2001

[17] 涂十亮等. 单片微机软件设计技术. 重庆:科学技术文献出版社重庆分社,1989

[18] 浦昭邦等. 测控仪器设计. 北京:机械工业出版社,2001

[19] 王毅. 单片机器件应用手册. 北京:人民邮电出版社,1994

[20] 李朝青. PC 机及单片机数据通信技术. 北京:北京航空航天大学出版社,2002

[21] 唐俊翟等. 单片机原理与应用. 北京:冶金工业出版社,2003

[22] 李建忠. 单片机原理及应用. 西安:西安电子科技大学出版社,2002

[23] 张培仁等. MCS—51 单片机原理与应用. 北京:清华大学出版社,2003

[24] 刘光斌等. 单片机系统实用抗干扰技术. 北京:人民邮电出版社,2003

[25] 付家才等. 单片机控制工程实践技术. 北京:化学工业出版社,2004

[26] 马忠梅等. 单片机的 C 语言应用程序设计. 北京:北京航空航天大学出版社,2003

[27] 王晓君等. MCS—1 兼容单片机原理与选型. 北京:电子工业出版社,2003

[28] 李朝青等. 单片机原理及串行外设接口技术. 北京:北京航空航天大学出版社,2008

[29] 郭天祥.新概念 51 单片机 C 语言教程——入门、提高、开发、拓展. 北京:电子工业出版社,2009

[30] 孙焕铭等.51 单片机 C 程序应用实例详解. 北京:北京航空航天大学出版社,2011

[31] 李肇庆等.并行端口技术. 北京:国防工业出版社,2005.

[32] 于东等.总线接口与通信协议. 北京:中国标准出版社,2009
[33] 谭浩强.C 程序设计. 北京:清华大学出版社,2005
[34] 王金单片机论坛. http://www.wang1jin.com/
[35] 谢维成等. 单片机原理与应用及 C51 程序设计. 北京:清华大学出版社,2007
[36] 唐颖等. 单片机原理与应用及 C51 程序设计. 北京:北京大学出版社,2008
[37] 安彩利等. 单片机原理与 C51 编程. 西安:西安交通大学出版社,2008

图书在版编目(CIP)数据

单片机原理及应用 / 杨恢先,黄辉先主编. — 湘潭:湘潭大学出版社,2013.1

21 世纪高等院校规划教材

ISBN 978-7-81128-472-0

Ⅰ. ①单… Ⅱ. ①杨… ②黄… Ⅲ. ①单片微型计算机—高等学校—教材 Ⅳ. ①TP368.1

中国版本图书馆 CIP 数据核字 (2013) 第 026573 号

责任编辑:丁立松
封面设计:刘 扬
出版发行:湘潭大学出版社
社 址:湖南省湘潭市 湘潭大学出版大楼
电话(传真):0731-58298966 邮编:411105
网 址:http://xtup.xtu.edu.cn
印 刷:湘潭市风帆印务有限公司
经 销:湖南省新华书店
开 本:787×1092 1/16
印 张:19.5
字 数:487 千字
版 次:2013 年 1 月第 1 版 2013 年 1 月第 1 次印刷
书 号:ISBN 978-7-81128-472-0
定 价:38.00 元